中国帝王列传

ZHONG GUO DI WANG LIE ZHUAN

主 编 李新静

中国海洋大学出版社
·青岛·

声 明

书中参考使用的部分图片,由于版源不详,无法与著作权人一一取得联系,未能及时支付稿酬,在此表示由衷的歉意。请相关著作权人与我社联系。

联系人:徐永成

联系电话:0086—532—82032643

E-mail:cbsbgs@ouc.edu.cn

图书在版编目(CIP)数据

中国帝王列传/李新静主编.—青岛:中国海洋大学出版社,2013.5

ISBN 978-7-5670-0286-9

Ⅰ.①中… Ⅱ.①李… Ⅲ.①帝王-列传-中国-古代 Ⅳ.①K827=2

中国版本图书馆 CIP 数据核字(2013)第 107828 号

出版发行	中国海洋大学出版社		
社　　址	青岛市香港东路 23 号	邮政编码	266071
出 版 人	杨立敏		
网　　址	http://www.ouc-press.com		
电子信箱	xianlimeng@gmail.com		
订购电话	0532—82032573(传真)		
责任编辑	孟显丽	电　　话	0532—85901092
印　　制	日照日报印务中心		
版　　次	2013 年 7 月第 1 版		
印　　次	2013 年 7 月第 1 次印刷		
成品尺寸	185 mm × 260 mm		
印　　张	23.75		
字　　数	537 千字		
定　　价	29.80 元		

前 言

　　中华帝王,自始皇嬴政起,铸就了一部洋洋洒洒长达2000余年的封建王朝史。皇帝作为历史的重要角色之一,是当时左右和影响国家、民族的关键人物,他们的是非功过、治乱兴替,在一定意义上事关国家盛衰、民族兴亡、个人成败,并对现代人了解中国封建历史具有相当重要的意义。

　　本书汇集了从秦始皇至清末帝溥仪,近400位中国历代皇帝传记,并采用纪传体裁,以人物为本位,以历代皇帝为篇,按历史朝代的先后顺序,对时间事件尽可能予以轻重取舍,为每朝每代的皇帝都做以小传,利用简单而出自有据的引证,描绘各皇帝的兴衰际遇、文治武功、重大历史事件。本书简洁明晰、通俗易读,是一部认识和研究中国历代皇帝的重要资料。

　　书中材料基本来自正史,也兼采别史、稗史的记载。每篇既带有浓厚的传记色彩,也不乏神奇的趣闻、生动的细节。每篇篇首的史评,编撰者全部引自正史,相信对读者会有所裨益。

　　由于编撰者学力所限,书中舛误之处在所难免,敬请读者、专家批评指正。

编　者
2013年6月2日

目录

秦

1 | 秦始皇嬴政
3 | 秦二世胡亥
4 | 秦王子婴

西汉

6 | 汉高祖刘邦
8 | 汉惠帝刘盈
10 | 汉前少帝刘恭
10 | 汉后少帝刘弘
11 | 汉文帝刘恒
12 | 汉景帝刘启
14 | 汉武帝刘彻
16 | 汉昭帝刘弗陵
18 | 汉宣帝刘询
19 | 汉元帝刘奭
21 | 汉成帝刘骜
22 | 汉哀帝刘欣
23 | 汉平帝刘衎
24 | 汉孺子刘婴

新

25 | 新帝王莽
28 | 新更始帝刘玄
28 | 新建世帝刘盆子

东汉

29 | 汉光武帝刘秀
32 | 汉明帝刘庄
33 | 汉章帝刘炟
34 | 汉和帝刘肇
35 | 汉殇帝刘隆
35 | 汉安帝刘祜
36 | 汉顺帝刘保
36 | 汉冲帝刘炳
37 | 汉质帝刘缵
37 | 汉桓帝刘志
38 | 汉灵帝刘宏
39 | 汉少帝刘辩
40 | 汉献帝刘协

三国

42 | 魏文帝曹丕
44 | 魏明帝曹叡
45 | 魏齐王曹芳
46 | 魏高贵乡公曹髦
47 | 魏元帝曹奂
47 | 蜀昭烈帝刘备
50 | 蜀后主刘禅
53 | 吴大帝孙权

55	吴会稽王孙亮
56	吴景帝孙休
57	吴末帝孙皓

西晋

58	晋武帝司马炎
60	晋惠帝司马衷
61	晋怀帝司马炽
62	晋愍帝司马邺

东晋

63	晋元帝司马睿
65	晋明帝司马绍
66	晋成帝司马衍
67	晋康帝司马岳
67	晋穆帝司马聃
68	晋哀帝司马丕
68	晋废帝司马奕
69	晋简文帝司马昱
69	晋孝武帝司马曜
70	晋安帝司马德宗
71	晋恭帝司马德文

十六国

72	前凉昭公张寔
72	前凉成公张茂
73	前凉文公张骏
73	前凉桓公张重华
74	前凉威公张祚

74	前凉冲公张玄靓
74	前凉悼公张天锡
75	成汉武帝李雄
75	成汉幽公李期
75	成汉昭文帝李寿
76	成汉归义侯李势
76	汉光文帝刘渊
77	汉昭武帝刘聪
79	汉隐帝刘粲
79	前赵秦王刘曜
80	后赵高祖石勒
81	后赵海阳王石弘
82	后赵太祖石虎
83	后赵彭城王石遵
83	后赵义阳王石鉴
84	后赵新兴王石祗
84	冉魏武悼天王冉闵
85	前燕文明帝慕容皝
85	前燕景昭帝慕容儁
86	前燕幽帝慕容暐
86	前秦惠武帝苻洪
87	前秦明帝苻健
87	前秦厉王苻生
88	前秦宣昭帝苻坚
90	前秦哀平帝苻丕
90	前秦高帝苻登
90	前秦后主苻崇
91	后秦武昭帝姚苌
91	后秦文桓帝姚兴
92	后秦后主姚泓
92	后燕成武帝慕容垂

93	后燕惠愍帝慕容宝
93	后燕昭武帝慕容盛
94	后燕昭文帝慕容熙
94	后燕惠懿帝高云
95	北燕文成帝冯跋
95	北燕昭成帝冯弘
96	西燕济北王慕容泓
96	西燕威帝慕容冲
96	西燕王段随
97	西燕王慕容顗
97	西燕王慕容瑶
97	西燕王慕容忠
98	西燕河东王慕容永
98	西秦宣烈王乞伏国仁
98	西秦武元王乞伏乾归
99	西秦文昭王乞伏炽磐
99	西秦后主乞伏暮末
100	后凉懿武帝吕光
100	后凉灵帝吕纂
101	后凉后主吕隆
101	南凉武王秃发乌孤
101	南凉康王秃发利鹿孤
102	南凉景王秃发傉檀
103	北凉武宣王段业
103	北凉武宣王沮渠蒙逊
104	北凉哀王沮渠牧犍
104	北凉酒泉王沮渠无讳
105	西夏武烈帝赫连勃勃
105	西夏废主赫连昌
106	西夏后主赫连定
106	翟魏天王翟辽

107	翟魏末帝翟钊
107	南燕献武帝慕容德
108	南燕末帝慕容超
109	西凉武昭王李暠
109	西凉后主李歆
110	西凉冠军侯李恂

南北朝

111	宋武帝刘裕
112	宋少帝刘义符
113	宋文帝刘义隆
114	宋孝武帝刘骏
115	宋前废帝刘子业
116	宋明帝刘彧
118	宋后废帝刘昱
119	宋顺帝刘准
119	齐高帝萧道成
121	齐武帝萧赜
122	齐郁林王萧昭业
123	齐海陵王萧昭文
124	齐明帝萧鸾
125	齐东昏侯萧宝卷
126	齐和帝萧宝融
127	梁武帝萧衍
128	梁简文帝萧纲
129	梁豫章王萧栋
129	梁武陵王萧纪
130	梁元帝萧绎
130	梁贞阳侯萧渊明
131	梁敬帝萧方智

页码	条目
131	陈武帝陈霸先
132	陈文帝陈蒨
132	陈废帝陈伯宗
133	陈宣帝陈顼
133	陈后主陈叔宝
134	北魏道武帝拓跋珪
135	北魏明元帝拓跋嗣
136	北魏太武帝拓跋焘
137	北魏南安王拓跋余
138	北魏文成帝拓跋濬
139	北魏献文帝拓跋弘
139	北魏孝文帝元宏
142	北魏宣武帝元恪
143	北魏孝明帝元诩
143	北魏孝庄帝元子攸
144	北魏长广王元晔
144	北魏节闵帝元恭
145	北魏安定王元朗
145	北魏孝武帝元修
146	东魏孝静帝元善见
147	西魏文帝元宝炬
147	西魏废帝元钦
148	西魏恭帝拓跋廓
148	北齐文宣帝高洋
149	北齐废帝高殷
150	北齐孝昭帝高演
151	北齐武成帝高湛
151	北齐后主高纬
152	北齐幼主高恒
153	北周孝闵帝宇文觉
153	北周明帝宇文毓

154 | 北周武帝宇文邕
155 | 北周宣帝宇文赟
156 | 北周静帝宇文阐

隋

157 | 隋文帝杨坚
159 | 隋炀帝杨广
162 | 隋恭帝杨侑

唐

163 | 唐高祖李渊
165 | 唐太宗李世民
169 | 唐高宗李治
171 | 武周圣神皇帝武则天
174 | 唐中宗李显
175 | 唐睿宗李旦
177 | 唐玄宗李隆基
179 | 唐肃宗李亨
181 | 唐代宗李豫
183 | 唐德宗李适
184 | 唐顺宗李诵
185 | 唐宪宗李纯
186 | 唐穆宗李恒
188 | 唐敬宗李湛
188 | 唐文宗李昂
190 | 唐武宗李炎
191 | 唐宣宗李忱
193 | 唐懿宗李漼
194 | 唐僖宗李儇

195 | 唐昭宗李晔
196 | 唐哀帝李柷

五代

197 | 后梁太祖朱温
198 | 后梁郢王朱友圭
198 | 后梁末帝朱友贞
199 | 后唐庄宗李存勖
200 | 后唐明宗李嗣源
201 | 后唐闵帝李从厚
202 | 后唐末帝李从珂
202 | 后晋高祖石敬瑭
203 | 后晋出帝石重贵
204 | 后汉高祖刘知远
205 | 后汉隐帝刘承祐
205 | 后周太祖郭威
206 | 后周世祖柴荣
208 | 后周恭帝柴宗训

十国

209 | 吴武帝杨行密
209 | 吴景帝杨渥
210 | 吴宣帝杨隆演
210 | 吴睿帝杨溥
210 | 南唐烈祖李昪
211 | 南唐元宗李璟
212 | 南唐后主李煜
213 | 前蜀高祖王建
213 | 前蜀后主王衍
214 | 后蜀高祖孟知祥

214	后蜀后主孟昶
215	闽国太祖王审知
215	闽国嗣主王延翰
216	闽国惠宗王延钧
216	闽国康宗王昶
216	闽国景宗王曦
217	闽国天德帝王延政
217	楚国武穆王马殷
218	楚国衡阳王马希声
218	楚国文昭王马希范
218	楚国废王马希广
219	楚国恭孝王马希萼
219	楚国后主马希崇
219	南汉高祖刘䶮
220	南汉殇帝刘玢
220	南汉中宗刘晟
221	南汉后主刘鋹
221	荆南武信王高季兴
222	荆南文献王高从诲
222	荆南贞懿王高保融
222	荆南侍中高保勖
222	荆南侍中高继冲
223	吴越武肃王钱镠
223	吴越文穆王钱元瓘
223	吴越忠献王钱弘佐
224	吴越忠逊王钱弘倧
224	吴越忠懿王钱弘俶
224	北汉世祖刘崇
225	北汉睿宗刘承钧
225	北汉少主刘继恩
225	北汉英武帝刘继元

北宋

- 227 | 宋太祖赵匡胤
- 231 | 宋太宗赵炅（赵匡义 赵光义）
- 232 | 宋真宗赵恒
- 233 | 宋仁宗赵祯
- 235 | 宋英宗赵曙
- 236 | 宋神宗赵顼
- 237 | 宋哲宗赵煦
- 238 | 宋徽宗赵佶
- 240 | 宋钦宗赵桓

南宋

- 242 | 宋高宗赵构
- 244 | 宋孝宗赵昚
- 245 | 宋光宗赵惇
- 246 | 宋宁宗赵扩
- 247 | 宋理宗赵昀
- 249 | 宋度宗赵禥
- 249 | 宋恭宗赵㬎
- 250 | 宋端宗赵昰
- 251 | 宋少帝赵昺

辽

- 252 | 辽太祖耶律阿保机
- 254 | 辽太宗耶律德光
- 255 | 辽世宗耶律阮
- 256 | 辽穆宗耶律璟
- 257 | 辽景宗耶律贤
- 258 | 辽圣宗耶律隆绪

259 | 辽兴宗耶律宗真
260 | 辽道宗耶律洪基
262 | 辽天祚帝耶律延禧

金

264 | 金太祖完颜阿骨打
265 | 金太宗完颜晟
266 | 金熙宗完颜亶
267 | 金海陵王完颜亮
269 | 金世宗完颜雍
271 | 金章宗完颜璟
272 | 金卫绍王完颜永济
272 | 金宣宗完颜珣
274 | 金哀宗完颜守绪
275 | 金末帝完颜承麟

西夏

276 | 夏景宗李元昊
277 | 夏毅宗李谅祚
278 | 夏惠宗李秉常
278 | 夏崇宗李乾顺
279 | 夏仁宗李仁孝
280 | 夏桓宗李纯祐
280 | 夏襄宗李安全
280 | 夏神宗李遵顼
281 | 夏献宗李德旺
281 | 夏末帝李睍

元

- 283 | 元太祖铁木真
- 285 | 元太宗窝阔台
- 287 | 元定宗贵由
- 288 | 元宪宗蒙哥
- 289 | 元世祖忽必烈
- 291 | 元成宗铁穆耳
- 292 | 元武宗海山
- 293 | 元仁宗爱育黎拔力八达
- 295 | 元英宗硕德八剌
- 296 | 元泰定帝也孙铁木儿
- 297 | 元天顺帝阿速吉八
- 297 | 元文宗图帖睦尔
- 298 | 元明宗和世㻋
- 298 | 元宁宗懿璘质班
- 299 | 元顺帝妥懽帖睦尔

明

- 301 | 明太祖朱元璋
- 305 | 明惠帝朱允炆
- 306 | 明成祖朱棣
- 308 | 明仁宗朱高炽
- 310 | 明宣宗朱瞻基
- 311 | 明英宗朱祁镇
- 313 | 明代宗朱祁钰
- 314 | 明宪宗朱见深
- 316 | 明孝宗朱祐樘
- 317 | 明武宗朱厚照
- 320 | 明世宗朱厚熜
- 322 | 明穆宗朱载垕

323	明神宗朱翊钧
325	明光宗朱常洛
327	明熹宗朱由校
330	明思宗朱由检

清

333	清太祖努尔哈赤
335	清太宗皇太极
337	清世祖福临
338	清圣祖玄烨
342	清世宗胤禛
344	清高宗弘历
346	清仁宗颙琰
348	清宣宗旻宁
350	清文宗奕詝
352	清穆宗载淳
353	清德宗载湉
355	清宣统帝溥仪

| 357 | 后　记 |
| 358 | 参考文献 |

秦始皇嬴政

生卒时间：公元前259年—公元前210年
在位时间：公元前246年—公元前210年（公元前221年—公元前210年称帝）

> 秦王续六世之馀烈，振长策而御宇内，吞二周而亡诸侯，履至尊而制六合，执棰拊以鞭笞天下，威振四海。秦王之心，自以为关中之固，金城千里，子孙帝王万世之业也。然秦以区区之地，千乘之权，招八州而朝同列，百有馀年矣。然后以六合为家，殽函为宫，一夫作难而七庙堕，身死人手，为天下笑者，何也？仁义不施而攻守之势异也。
>
> ——《史记·秦始皇本纪》

离奇身世

公元前259年，一个具有秦王室血统的婴儿降生在赵国都城邯郸。这个男孩的父亲是秦国的庄襄王。当时的战国七雄连年征战，民不聊生。庄襄王被作为人质抵扣在赵国，遇见了商人吕不韦的侍妾赵姬，十分喜爱，就娶了她。赵姬在怀孕13个月后生下一子，名字叫赵政，也就是后来统一天下的秦始皇嬴政。

作为一个并不受宠爱的人质的儿子，嬴政自幼跟母亲留在赵国相依为命。此时庄襄王经吕不韦从中斡旋已经回到秦国，之后吕不韦

秦始皇嬴政

又花费大量金钱和精力将赵姬母子接回秦国。

登上王位

庄襄王在位三年便去世了。公元前246年，13岁的赵政即位为秦王。即位时由于年少，国政由相国吕不韦把持，称之为仲父。吕不韦既把持朝廷，又与太后（赵姬）私通偷情。吕不韦权利很大，直接影响到赢政的统治。吕不韦怕奸情暴露酿成大祸，便把假宦官嫪毐作为自己的替身献给太后。从此，嫪毐便得到赵姬的宠爱，亦以秦王假父自居，是继吕不韦之后又一股强大的政治势力。

公元前238年，22岁的秦始皇举行冠礼。嫪毐发动叛乱，被早有准备的秦始皇率兵镇压。嫪毐被缉拿，车裂而死，嫪毐与太后的两个私生子也被摔死。秦始皇随后免除吕不韦的相职，把吕不韦放逐到巴蜀，吕不韦服毒自尽。

一统天下

秦始皇亲政后，听取丞相李斯进献的灭六国的建议，着手规划统一六国的大业。秦始皇采取远交近攻、分化离间、连横的策略，发动秦灭六国之战，先后于秦始皇17年（前230年）灭韩、19年（前228年）灭赵、22年（前225年）灭魏、24年（前223年）灭楚、25年（前222年）灭燕、26年（前221年）灭齐，最终建立了中国历史上第一个大一统的中央集权的专制主义国家——秦朝。

统一天下后，秦始皇首先确立了帝国最高首领的名号为"皇帝"。皇帝拥有至高无上的地位和权力；皇帝自称曰"朕"；皇帝的命令叫做"制"或"诏"；只限皇帝使用的、以玉质雕刻的大印称为"玺"。秦王赢政做了中国历史上第一个皇帝，自称"始皇帝"。不可一世的秦始皇说："朕为始皇帝。后世以计数，二世、三世以至于万世，传之无穷。"秦始皇于公元前219年，率领文武群臣到泰山举行封禅大典，祭告天地。

秦始皇在政治、经济、文化各领域先后采取了诸多措施，试行全面改革。他汲取了战国时期设置官职的具体经验，建立了一套相当完整的中央集权制度和政权机构。中央设立了三公九卿；地方上，废分封，立郡县，以郡、县为基本行政单位，把全国分成三十六郡并作为中国统一后管理的标准模式。

为结束各地法规极端混乱的局面，秦始皇颁布了各项法令。一是《秦律》颁布全国执行；二是统一度量衡；三是统一货币；四是统一和简化文字；五是颁行私田和赋役制度。

此外，秦始皇修建秦直道，大大便利了国内交通；修建灵渠，加强了对珠江流域的控制；修建长城，使之成为抵御北方胡族侵略的重要防线；南征南越，将福建、浙江、两广纳入中国版图。北击匈奴，夺回河套地区，纳入中国版图。至此，奠定了中国统一的多民族中央集权国家的基本格局。

奢欲苛政

国家一统，秦始皇志得意满，从此考虑享受玩乐。他在统一六国之后，意图修建阿房宫，又派人设计建造秦始皇陵。始皇陵最多时用工72万人，他又发30万人修筑长城。如此大兴土木，惹得民怨沸腾，孟姜女哭长城的故事在民间广为流传。

公元前213年，秦始皇下达"焚书令"，将《诗》、《书》及诸子百家书籍统统烧毁，并以制造妖言、迷乱黔首为罪名搜捕460余人（多为儒生）全部坑埋于骊山深谷，史称"焚书坑儒"。

为求长生不老之药，秦始皇接连不断出巡，还派方士徐福率童男女数千人至东海求神仙。公元前210年，秦始皇死于他第5次东巡途中，终年50岁。

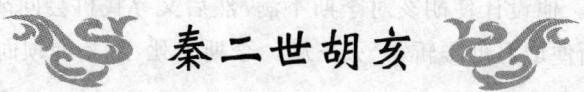

秦二世胡亥

生卒时间：公元前230—公元前207年
在位时间：公元前210—公元前207年

> 始皇既殁，胡亥极愚，郦山未毕，复作阿房，以遂前策。云"凡所为贵有天下者，肆意极欲，大臣至欲罢先君所为"。诛斯、去疾，任用赵高。痛哉言乎！人头畜鸣。不威不伐恶，不笃不虚亡，距之不得留，残虐以促期，虽居形便之国，犹不得存。
>
> ——《史记·秦始皇本纪》

沙丘之谋　登上皇位

胡亥，秦始皇的少子，从小恃宠娇惯，放纵玩乐，人称"花花太岁"。

公元前210年，秦始皇最后一次出巡，路上一病不起，留下了长子扶苏继承皇位的遗嘱，还没来得及送出便与世长辞。当时与父随行的胡亥才20岁，仍是个玩性正盛的公子哥。丞相李斯恐引起天下大乱，密不发丧，只有胡亥、赵高和几个亲近的宦官知道内情。天气炎热，为掩尸臭，李斯命令每车载"一石鲍鱼"。就这样，队伍浩浩荡荡一路臭气熏天，急急忙忙向咸阳赶去。而在路上，居心叵测的赵高说服李斯，趁机策动了一场篡改遗诏、扶立胡亥的政变。

出身宦官的赵高善于逢迎，一直很得胡亥的欢心。赵高抓住胡亥想做皇帝的心理，想借此飞黄腾达，便以他三寸不烂之舌，说得胡亥飘飘欲帝，从而将胡亥牢牢地控制住。赵高深知李斯的地位举足轻重，于是他威胁利诱，说服了李斯一起支持胡亥继承皇位。

▮ 害死手足　逼死大臣

　　胡亥和赵高、李斯一起毁掉原来遗嘱，立胡亥为太子，又伪造了诏书历数扶苏和蒙恬的罪行，令他们自裁。扶苏本是忠义之人，接到诏书后泪如泉涌，含冤自刎而死；蒙恬虽疑其中有诈，但也束手就擒。

　　公元前208年，胡亥即位，是为秦二世。随后，胡亥在赵高的唆使下，开始了残忍的屠杀。

　　他先在咸阳市将12个兄弟处死，又将6个兄弟和10个姐妹碾死。除了兄弟姐妹外，对朝中的大臣，也大开杀戒。他先派人到监狱中逼蒙恬自杀，又派人逼蒙恬的弟弟蒙毅自尽。在其逼迫下，右丞相冯去疾和将军冯劫等朝中老臣也皆选择自尽。与此同时，赵高将自己的亲信一个个安插进去，朝中的要职遍布赵高的党羽。最后，赵高想除掉李斯。他设计使胡亥对李斯不满，然后又寻找机会向胡亥诬陷了李斯三个罪名，于是李斯便遭五刑腰斩、一灭三族。李斯一死，赵高便顶而替之，做了丞相。

▮ 指鹿为马　昏庸亡国

　　公元前207年，在一次朝会上，赵高弄来一只鹿作为礼物献给胡亥，对胡亥说这是一匹好马。胡亥听了不禁笑出了声："丞相怎么开这样的玩笑，这明明是只鹿，你怎么说是马呢？"赵高仍然坚持说是马，胡亥便问在场的大臣们。大臣们因为害怕赵高的权势，很多人便随声附和着说是马。其他人有的说是鹿，有的装聋作哑。事后，赵高便根据大臣们的不同说法区别对待：对说是鹿的人一律找借口杀死，对说马的人则被当成自己一派的人。

　　而此时的胡亥一心想享乐一生，对赵高的阴谋动作毫无防备。他对赵高说："人这一生就像飞奔的马过墙的缝隙一样快，做了皇帝，我想尽心享乐，爱卿你看呢？"这正合赵高心意，从此更加大胆地专权。

　　胡亥肆意放纵自己的欲望。他大量征发全国的农夫修造阿房宫和骊山墓地，调发五万士卒来京城咸阳守卫，同时让各地向咸阳提供粮草。除了常年的无偿劳役外，农民的赋税负担日益加重，农民起义相继在各地爆发，各地称王割据的不计其数。

　　胡亥并不了解天下的真实情况，等到陈胜吴广起义军队逼近了都城咸阳才猛然醒悟过来，原来就有篡位之心的赵高干脆先动手了。赵高的女婿领着上千人，直闯胡亥的行宫，最后逼得胡亥抽剑自刎，死在了最宠信的赵高之手。

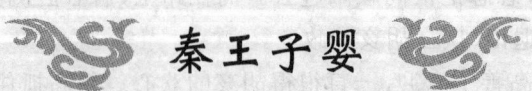

秦王子婴

生卒时间：？—公元前206年
在位时间：公元前206年—公元前206年

> 秦之积衰，天下土崩瓦解，虽有周旦之材，无所复陈其巧，而以责一日之孤，误哉！俗传秦始皇起罪恶，胡亥极，得其理矣。复责小子，云秦地可全，所谓不通时变者也。纪季以酅，春秋不名。史官读秦纪，至於子婴车裂赵高，未尝不健其决，怜其志。婴死生之义备矣。
>
> ——《史记·秦始皇本纪》

诛杀赵高

秦子婴是皇太子扶苏的嫡长子，即秦始皇的长孙。

秦二世胡亥被赵高所杀之后，赵高欲自立为王，但发现群臣并不支持，于是公元前207年，迎立子婴即皇帝位。随后，赵高声称民变四起，秦地比统一前更小，建议子婴称王而不称帝，子婴于是改称秦王。

子婴即位五天后，赵高令子婴实行斋戒，到宗庙行礼，接受传国的玉玺。子婴便与他的两个儿子谋议说："丞相赵高杀了秦二世，害怕群臣们诛杀他，便假作是行德义而立我为王。我听说赵高竟与楚国约定，消灭我国的宗族后瓜分土地在关中称王。现在要我斋戒，到宗庙敬祀祖先，这是想趁机在宗庙中杀死我。我推托有病不能去，丞相一定会亲自来到我这里；他一来我们就杀了他。"

赵高几次派人来请，子婴都不去宗庙。果然，他亲自来到斋宫，子婴便命令心腹刺死赵高，并诛灭赵高三族。

投降刘邦

40余日后，刘邦义军最先进入关中。子婴遂用绳子绑缚自己，坐上由白马驾驶的白色马车，身着死者葬礼所穿的白装束，并携带玉玺和兵符至刘邦军前投降。刘邦并没有处死子婴，而是把他交给随行的吏员看管。秦国至此灭亡，共立国15年零47天。

一个多月后，项羽亦率领大军到达关中。项羽入咸阳城后，立刻杀死子婴，并进行了大屠杀及纵火。

西汉

汉高祖刘邦

生卒时间：公元前256年—公元前195年
在位时间：公元前206年—公元前195年

> 初，高祖不修文学，而性明达，好谋，能听，自监门戍卒，见之如旧。初顺民心作三章之约。天下既定，命萧何次律令，韩信申军法，张苍定章程，叔孙通制礼仪，陆贾造《新语》。又与功臣剖符作誓，丹书铁契，金匮石室，藏之宗庙。虽日不暇给，规摹弘远矣。是以颂高祖云："汉帝本系，出自唐帝。降及于周，在秦作刘。涉魏而东，遂为丰公。"丰公，盖太上皇父。其迁日浅，坟墓在丰鲜焉。及高祖即位，置祠祀官，则有秦、晋、梁、荆之巫，世祠天地，缀之以祀，岂不信哉！由是推之，汉承尧运，德祚已盛，断蛇著符，旗帜上赤，协于火德，自然之应，得天统矣。
>
> ——《汉书·高帝纪》

早年经历

公元前256年，刘邦出生于沛县丰邑（今江苏丰县）中阳里。他的母亲曾在湖岸上休息，梦中与神相交遇。当时雷电交加，天空阴暗，他的父亲太公前往看视，就看见蛟龙伏在他的母亲身上，不久怀孕，便生下了刘邦。

小时候的刘邦不肯干家人的生产活计，游手好闲，属市井无赖之徒。后来他通过考试做了泗水的亭长（亭长是管十里以内的小官），时间长了，和县里的官吏们混得很熟，在当地也小有名气。一次，他碰上秦始皇出巡。远远看去，秦始皇坐在精美华丽的车上威风八面，羡慕得他脱口而出"大丈夫就应该像这样啊"！

刘邦的妻子是吕公的女儿，名叫吕雉。吕公初到小沛定居，因为和沛令是好友，很多人听说了他和县令的关系，纷纷上门拜访，刘邦也去凑热闹。当时接待客人的主簿萧何宣布了一条规定：凡是贺礼钱不到一千钱的人，一律到堂下就坐。刘邦不管这些，他没带一个钱，却对负责传信的人说："我出贺钱一万！"吕公听说，赶忙出来亲自迎接。吕公见刘邦气宇轩昂，与众不同，非常喜欢，请入上席就坐。刘邦不但白吃了一顿饭，酒足饭饱之后，吕公又将他盛情留下，提出将自己的女儿嫁给他为妻。就这样，40多岁仍孑然一身的刘邦便和吕氏结了婚，这就是以后历史上有名的吕后，并为高祖生了一儿一女。

汉高祖刘邦

起兵反秦

秦朝末年，秦始皇修骊山墓需要大批劳力。刘邦受命押送徒役去骊山，路上徒役们纷纷逃走。刘邦估计等到了骊山也就会都逃光了，所以走到芒砀山时就停下来饮酒，趁着夜晚把所有的役徒都放了。刘邦说："你们都逃命去吧，从此我也要远远地走了！"徒役中有十多个壮士愿意跟随他一块走。

刘邦乘着酒意，夜里抄小路通过沼泽地。走在前边的人回来报告说："前边有条大蛇挡在路上，还是回去罢。"刘邦已醉，说："大丈夫走路，有什么可怕的！"于是赶到前面，拔剑去斩大蛇。大蛇被斩成两截，道路打开了。继续往前走了几里，他醉得厉害了，就躺倒在地上。后边的人来到斩蛇的地方，看见有一老妇在黑夜中哭泣。有人问她为什么哭，老妇人说："有人杀了我的孩子，我在哭他。"有人问："你的孩子为什么被杀呢？"老妇说："我的孩子是白帝之子，变化成蛇，挡在道路中间，如今被赤帝之子杀了，我就是为这个哭啊。"众人以为老妇人是在说谎，正要打她，老妇人却忽然不见了。后面的人赶上了刘邦，刘邦醒了。那些人把刚才的事告诉了刘邦，刘邦暗暗高兴，更加自负，那些追随他的人也渐渐地畏惧他了。

公元前209年，秦末农民起义爆发。陈胜、吴广率领起义军攻占了陈州以后，陈胜建立了"张楚"政权，和秦朝公开对立。与此同时，刘邦的好友沛县主吏萧何、曹参杀了沛县县令开城门迎进刘邦，推举他为沛公，领导大家起事。刘邦便设祭坛，立赤旗，自称赤帝的儿子，举起了反秦大旗。秦末农民战争中还有一支强大的力量，这就是原来楚国贵族的后代项羽和叔父项梁的队伍，他们在吴中（现在江苏的苏州市）起兵。在项梁死后，项羽决定和刘邦一起西进关中。

公元前207年12月，刘邦率大军率先到达了咸阳东边不远处的灞上（今陕西省西安市东），秦王子婴见大势已去，献城投降，秦国至此灭亡。

楚汉之争

刘邦进入了咸阳城后,以"关中王"自居,并将军队撤退到了灞上。刘邦召集当地的名士,和他们约法三章:杀人者死,伤人及盗抵罪,其他秦朝的苛刻法制一律废除,得到了民心支持。

一个月后,项羽攻破函谷关领兵直奔关中而来,准备消灭刘邦军。自知不敌的刘邦只带了樊哙、张良和一百名精锐亲兵亲赴鸿门谢罪。鸿门宴上,刘邦凭借沉着和冷静,最终全身而退。

不久,项羽入咸阳,杀死了秦王子婴。同时分封十八诸侯,封刘邦为汉王,领巴蜀及汉中地。项羽自称西楚霸王,掌握军队最高统帅权。楚怀王熊心被尊为义帝。刘邦只好忍气吞声接受封号,于4月领兵入汉中并烧毁栈道(用木板架在悬崖上铺成的道路),表示再也无意出兵。11月,刘邦挥军东出,拜韩信为大将,明修栈道,暗渡陈仓,名为义帝发丧,派人联络诸侯,公开声讨项籍,拉开了为时4年的楚汉战争。直至公元前202年,项羽全军覆没,穷途末路的项羽最后在乌江自刎而死。

建立汉朝

公元前202年,刘邦举行登基大典,成为汉王朝的开国君主。

称帝后的刘邦最不放心的就是在各地怀有不轨之心的异姓王。他先收拾的是韩信。吕后命萧何用计,将韩信诱骗入宫抓捕,亲自将韩信逼死在长乐宫中,留下一个"成也萧何,败也萧何"的典故。除了韩信,其他诸侯王如彭越等人也被消灭。对于六国的后裔,刘邦将他们和地方的名门望族共十几万人全部迁到关中居住,置于中央控制之下,消除了后顾之忧。刘邦还通过将萧何下狱来打击削弱相权。通过一系列引导、整合以及铁腕手段打击权臣、强化皇权,使得汉王朝的统治越来越巩固。

同时,刘邦致力于恢复和发展社会经济。经过长达八年的战乱,面对建国之初的汉朝人口稀少、经济凋敝的状况,刘邦汲取了道家"无为而治"的精华,采取了一系列措施解决劳动力不足,调动生产积极性,并采用"和亲"策略使匈奴对中原的骚扰大为减少,使得汉初的农业和社会经济很快得到恢复,给中原人民一个相对安定的生产环境。

公元前195年,心力交瘁的汉高祖刘邦病逝。

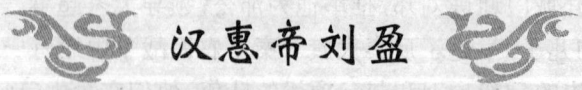

汉惠帝刘盈

生卒时间:公元前211年—公元前188年
在位时间:公元前195年—公元前188年

> 孝惠内修亲亲，外礼宰相，优宠齐悼、赵隐，恩敬笃矣。闻叔孙通之谏则惧然，纳曹相国之对而心说，可谓宽仁之主。曹吕太后亏损至德，悲夫！
> ——《汉书·惠帝纪》

太子之位

刘盈是汉高祖刘邦与吕后的儿子。刘盈小时候，父亲刘邦还是一个小小的亭长，他和母亲以及姐姐要经常到地里干活。后来父亲反抗秦朝，他也就处于一种颠沛流离的生活之中。母亲和爷爷被楚军抓去做了人质，他和姐姐在跟父亲逃跑时还被刘邦几次推下车，以便能跑得快。刘邦的属下夏侯婴几次下车将他们姐弟抱上了车，方才得以被送到关中。直至刘邦消灭了项羽的势力取得楚汉战争的胜利，公元前205年，刘盈被立为太子。

因刘盈文弱，外表没有英武帝王之气，所以刘邦不太喜欢他，而是喜欢他宠爱的戚夫人所生的儿子如意，想把刘盈废掉，立如意做太子。在刘盈母亲吕太后的多方运作下，并请出"商山四皓"作为老师，方得以保全太子地位。公元前195年，刘邦病死，16岁的刘盈继承皇位，是为汉惠帝。

承上启下

惠帝刘盈继承皇位后，基本上继承了父亲的政策，而且有父亲的一批有经验的大臣辅佐，在经济、文化等方面采取了诸多措施。

经济方面，惠帝继续推行刘邦时期的与民休息政策。他先后下诏，制订恢复、发展经济的政策，使西汉初年的经济继续向前发展。

文化方面，惠帝在公元前191年废除"挟书律"。"挟书律"是秦始皇在进行焚书时实行的一项法令，除了允许官府有关部门可以藏书外，民间一律禁止私自藏书。惠帝废除了这一法令，使得长期受到压抑的儒家思想和其他思想都开始活跃起来，为儒家被汉武帝确定为国家的统治思想提供了前提条件。

惠帝还大规模整修长安城，整修后的长安城在当时的世界享有盛名。

英年早逝

惠帝早死的重要原因是母亲吕后的残忍。刘邦活着的时候，戚夫人多次撺掇刘邦，企图废去刘盈的太子之位，改立戚夫人之子刘如意为太子所用。手段极为恶劣，无所不用其极。这使得吕后十分怨恨戚夫人及刘如意。刘邦死后，对原来曾威胁惠帝太子地位的戚夫人，吕后开始报复：将戚夫人的儿子赵王如意骗到长安用毒酒杀死，残忍地将戚夫人的四肢砍断，挖去眼睛，熏聋双耳，灌药使她变成了哑巴，最后扔到了茅房，叫做"人彘"，除掉了后患。

惠帝在看到那个"人彘"并知道是戚夫人后，受到极大刺激，痛哭不止，此后便生病长达一年之久。从此，惠帝不再上朝处理政务，每天就是饮酒作乐、迷恋后宫。

公元前188年，23岁的惠帝去世，皇位仅坐了7年。

汉前少帝刘恭

生卒时间：公元前191年—公元前184年
在位时间：公元前188年—公元前184年

继承皇位

公元前188年，汉惠帝刘盈死后，因为惠帝皇后张嫣没有生子，于是吕雉找来惠帝妃子中一个美人的儿子刘恭过继到皇后张嫣身下并杀死其母；同年9月，吕雉太后拥立3岁的刘恭即帝位，是为前少帝，由吕后称制。

虽然吕雉做得天衣无缝，但年少的刘恭不知道从哪里听到的风声，知道了自己并非皇后亲生的，而自己的亲生母亲却被祖母皇太后杀死了。于是，刘恭非常气愤，扬言道："太后怎么能杀了我母亲而把我说是她的儿子呢？我现在年龄还小只能忍着，等我长大了以后一定要给我母亲报仇。"

小皇帝说出去的话很快传到了吕雉的耳朵里。吕雉不寒而栗，越想越觉得不安，于是决定对小皇帝下手。

怨言致死

吕雉把刘恭送进永巷宫囚禁，对外宣称皇帝病了，任何人也不见，紧接着颁发告示：皇帝病重，经久不愈，以致神志昏乱失常，不能继承帝位供奉宗庙祭祀，应找人代替。众臣畏于吕后权势，看后齐呼："太后圣明啊！您废除精神失常皇帝的这个做法是为了百姓的安居乐业和大汉王朝的繁盛着想，我们都愿意跟随、辅佐太后治理汉朝。"

吕雉见大家都同意，公元前184年将原本是自己扶上去的小皇帝秘密废杀。

汉后少帝刘弘

生卒时间：？—公元前180年
在位时间：公元前184年—公元前180年

刘弘原名叫刘义，是汉惠帝的儿子，本来被封为常山王，在吕雉废除了刘恭的皇帝之后，他"幸运"地被吕雉挑选为皇位的继承人选。公元前184年，吕雉命刘义继任帝位，并改名为刘弘。

当上皇帝的刘弘老老实实地听吕雉摆布,当了4年多有名无实的皇帝。当吕雉一死,原来的老臣周勃、陈平等人借机清除吕雉家族的原有势力,恢复刘氏皇室的权力,选定代王刘恒作为新皇帝(即汉文帝)并迎入长安。刘弘于公元前180年被诛杀。

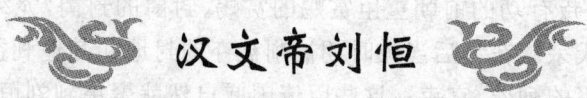

汉文帝刘恒

生卒时间:公元前202年—公元前157年
在位时间:公元前180年—公元前157年

> 孝文皇帝即位二十三年,宫室、苑囿、车骑、服御无所增益。有不便,辄弛以利民。专务以德化民,是以海内殷富,兴于礼义,断狱数百,几致刑措。呜呼,仁哉!
>
> ——《汉书·文帝纪》

▶ 幸事降临

刘恒的母亲薄氏是个被虏来的宫女,在刘邦偶然一"幸"中怀孕生下了刘恒。刘邦后来又把她忘了,薄氏母子只得小心翼翼地活着,逢事多加考虑,处处谨慎小心,刘恒也就在朝臣的眼里留下了一个"贤智温良"的印象。公元前197年,通过萧何等朝臣举荐,7岁的刘恒总算时来运转,被封为代王。刘邦死后,吕后倒很同情薄夫人,让她去代国陪伴儿子。

薄夫人和刘恒本以为此生必定老死边陲,可是,一件意想不到的喜事降临。吕后死后,宫廷发生变乱,太尉周勃、丞相陈平诛杀诸吕,控制了朝政。此时,大臣们开始筹划皇位的继承。大家认为小皇帝刘弘根本就不是惠帝后代,不宜保留;而代王刘恒是现存高皇帝儿子中年龄最大、为人仁孝宽厚的一个,是最合适的人选,于是请刘恒到长安去做皇帝。

面对这天上掉下来的馅饼,刘恒自然不敢相信,于是同母亲薄夫人商量。薄夫人曾在汉宫备尝艰难,深知宫闱权力之争风云变幻、残酷无情,也不敢贸然决定,便派弟弟薄昭偷偷进入长安打听。薄昭很快回复,说事实如此,无可怀疑。这样,刘恒在随从的陪同下,进了代邸。在丞相陈平、太尉周勃等群臣再三劝进下,刘恒接受了献上的玉玺和符节,即天子位。

▶ 巩固帝基

登上皇位后,刘恒当即发布即位公告,并"赦天下,赐民爵一级,女子百户牛酒,脯五日"。之后,他围绕着巩固自己的统治,采取了一系列措施。

他首先培植自己的亲信。即位后的文帝对跟随他进京的随从封官晋爵，并把亲信安插到各要害部门，逐渐排挤掉了不满他登基的大臣，使政权牢牢地掌握在自己的手中。

为了汉王朝的江山社稷，他又先后提拔了一批贤能之士。同时通过表彰、赏赐功臣的方法，将平叛有功的前朝重臣赏赐的赏赐、封爵的封爵，笼络了人心。之后，刘恒又恢复了刘氏宗族在吕后当政时期被削被夺的封地和其他利益，还给了曾随从刘邦征战夺取天下的列侯、官吏。这些臣僚国戚自然就聚集到刘恒的周围，这样，以刘恒为中心的汉王朝统治集团就形成了。

刘恒"恩威并重"，在给予赏赐的同时，还对位高权重的大臣进行了抑制和排挤。对于周勃这个灭诸吕、拥戴刘恒当皇帝的头号功臣，刘恒确实感激他，给了他最高的奖赏。但是他对周勃却不如对自己的旧属那样放心使用，所以在刘恒稳定自己的地位后，还是以列侯归国的名义把周勃免了职。

勤俭安民

汉初无为而治的统治思想在刘恒身上得以进一步发展，他所采取的基本国策是与民休息、安定百姓。刘恒在他即位不久，就接连下了两道旨在赡养鳏寡孤独、贫穷困窘的人的诏书。为了刺激农业生产的恢复和发展，他曾"开藉田"、"亲率耕"，又采纳晁错"贵五谷而贱金玉"的主张，实行以粮食换取爵位或赎罪的政策。他曾多次降低田税。公元前167年，他曾一度宣布"除田之租税"。这些政策的实施，使汉朝国力迅速恢复，文景之治的局面有了雏形。

刘恒不论在国事开支方面还是在个人用度方面，都精打细算、简朴从事。他常穿的是粗糙的黑色绸料衣；他宠幸慎夫人，但不让她穿拖到地面的长衣，帷帐不准用带有绣花的贵重丝织品，以免带起奢侈浮华的风气。

公元前179年，刘恒即位不久，便和平地解决了南粤问题。对于北方的匈奴，刘恒基本采取和亲与防御政策，保持了边塞地区的安定。

文帝刘恒从谏如流。在诤谏面前，他肯承认自己的过失并及时纠正。有一次署长冯唐直言不讳地说："云中郡太守魏尚，优待士卒，打了很多胜仗，匈奴不敢接近云中，但却因上报战功时交的敌人首级比他报的数字差了6颗人头，陛下就把他罢官、削爵、判刑。这可谓立了大功不受赏，出了小错受重罚。"刘恒听了，当天就派遣冯唐持节赦免魏尚，恢复他的职务，并升任冯唐为车骑都尉。

公元前157年，刘恒死于长安未央官，享年45岁。

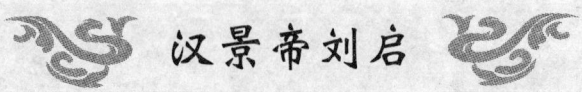

汉景帝刘启

生卒时间：公元前188年—公元前141年
在位时间：公元前157年—公元前141年

> 孔子称"斯民,三代之所以直道而行也",信哉!周、秦之敝,罔密文峻,而奸轨不胜。汉兴,扫除烦苛,与民休息。至于孝文,加之以恭俭,孝景遵业,五六十载之间,至于移风易俗,黎民醇厚。周云成、康,汉言文、景,美矣!
>
> ——《汉书·景帝纪》

削藩平叛　悔诛晁错

刘启,汉高祖刘邦之孙,文帝刘恒之子。公元前157年,文帝病逝,32岁的刘启即位,是为汉景帝。

刘启上台伊始,就不得不面对同姓王可能谋反的问题。于是,他在晁错的建议下开始实行削藩的政策。

西汉开国之初,刘邦分封了一些同姓诸侯王。这些诸侯王的封地和权力都很大,他们拥有军队、自置官职,政治力量和经济力量不断增长,到文帝时诸侯王已经成为中央朝廷的严重威胁。晁错胸怀大志,博学多才,景帝即位以后,任命他为内史,旋又拜为御史大夫,位列三公。他以为,藩王势力强大而又最危险的是吴王刘濞。刘濞是刘邦之侄。开国以后,刘濞即收买人心、发展势力,成为威胁最大的诸侯王。故此,晁错主张先削吴王的封地。晁错的主张遭到了外戚窦婴的反对,削吴的事只好暂时搁了下来。不过,此外的楚、赵、胶西三国分别以罪被削,一时诸侯喧哗,反响强烈。这样,各藩王自然把晁错视为眼中钉。

吴王刘濞见朝廷削藩,就开始联合七个藩王发动叛乱,史称"七国之乱"。他们以"诛晁错、清君侧"为借口,一时势大。景帝刘启在慌乱之中,又听了与晁错有隙的袁盎的谗言,杀了晁错,以为天下战事自平,但他错了。景帝杀掉晁错后,他的诏谕却受到了吴王无情的嘲笑:"我已经是东方的皇帝了。还有谁配给我下诏?"他当然不会就此停止叛乱。此时,景帝方才后悔杀了晁错,于是派周亚夫讨伐吴楚叛军。不出三个月,七国之乱就被平定。

休养生息　安民治国

景帝即位后,继承了文帝的治国方针,继续保持安定局面,发展生产,休养生息。他宣布允许人们迁徙到地广人稀的地区去发展生产。为了鼓励农民生产,他又宣布减免一半田租,将田租从汉文帝时期的"十五税一"改为"三十税一"。景帝一直重视农业生产,直到晚年,还不断地强调农桑之本的重要。

为了与民休息,景帝从不大肆使用民力。轻刑也是景帝比较重视的一项安民措施。景帝曾数次大赦天下,为了避免枉屈无辜,景帝调决狱务必先宽,一切都要体现宽厚仁慈。

景帝奉行老子的无为而治思想,学术上则对诸子采取兼容并蓄的态度,允许百家争鸣。景帝在崇尚道学的同时,也很注重儒家的教化作用。当时为儒家设立了不少博

士官,《诗》《书》《春秋》等均立博士,这种活跃局面大大提高了儒家思想的影响力。

为了维护汉匈和睦关系,景帝继续采取汉初以来与匈奴和亲的政策,还在汉匈边界设置关市,互通有无,大大促进和便利了汉匈之间的经济文化交流。他在位期间,维护安定,与民休息,使当时社会经济稳定发展,终于发展出了"文景之治",是西汉王朝的升平时代。

景帝刘启于公元前141年死于未央宫,终年48岁。

汉武帝刘彻

生卒时间:公元前156年—公元前87年
在位时间:公元前140年—公元前87年

> 汉承百王之弊,高祖拨乱反正,文、景务在养民,至于稽古礼文之事,犹多阙焉。孝武初立,卓然罢黜百家,表章六经。遂畴咨海内,举其俊茂,与之立功。兴太学,修郊祀,改正朔,定历数,协音律,作诗乐,建封禅,礼百神,绍周后,号令文章,焕焉可述。后嗣得遵洪业,而有三代之风。如武帝之雄材大略,不改文景之恭俭以济斯民,虽诗书所称,何有加焉!
>
> ——《汉书·武帝记》
>
> 孝武穷奢极欲,繁刑重敛,内侈宫室,外事四夷。信惑神怪,巡游无度。使百姓疲敝起为盗贼,其所以异于秦始皇者无几矣。然秦以之亡,汉以之兴者,孝武能尊先王之道,知所统守,受忠直之言。恶人欺蔽,好贤不倦,诛赏严明。晚而改过,顾托得人。此其所以有亡秦之失而免亡秦之祸乎?
>
> ——《资治通鉴·汉纪十四》

汉武帝刘彻的母亲王美人曾梦见太阳入怀,于公元前156年产下刘彻。刘彻4岁时被册立为胶东王。而能当上皇太子,则全靠他的姑妈长公主。长公主想把自己的女儿陈阿娇许配给刘彻,刘彻也算是聪明伶俐,回答道:"如果能娶阿娇为妻,我一定要造一所金屋子给她。"这也是"金屋藏娇"的来历。这句话让长公主和在场的汉景帝很是高兴。汉景帝废掉太子刘荣后,不久就把7岁的刘彻立为皇太子,并请来德高望重的卫绾来做刘彻的老师。本来就聪明的刘彻很喜欢学习,涉猎极广,对儒学经典、骑射、文学都有很大兴趣。

汉武帝刘彻

公元前140年，16岁的汉武帝刘彻登位，决意要革弊图新，创一番事业。

招贤纳才　独尊儒术

汉武帝认为，改革的首要任务就是招贤纳才。于是，养士录贤，征召求才使得汉武帝身边一时间聚集了大批优秀的人才，如董仲舒、主父偃、司马迁、司马相如、卫青、霍去病、张骞等等，从而形成一代文臣武将人才济济的局面。

汉初以"清静无为"的黄老之说盛行全国。到汉武帝继位，社会经济有了新发展，无为而治的黄老思想已不能适应地主阶级的要求。公元前135年，汉武帝采纳了董仲舒的新儒家学说。

董仲舒在公元前140年的贤良对策中提出了他的理论。他主张"罢黜百家，独尊儒术"，统一思想，强调大一统，加强中央集权，提倡"君权神授"，把道家的道统变成封建的法统，提倡儒家的仁政，同时强调法治，为汉武帝集权中央、统一思想、一统天下提供了理论依据。

汉武帝为独尊儒术，在全国范围内推行儒学教育体制。公元前124年，汉武帝接受了董仲舒的建议兴办太学。太学是我国第一所国立大学，它定期地、经常地向朝廷输送文官，是政府各级官员的主要来源。除此之外，汉武帝还号召在郡国兴办地方学校。这样，儒学成为士人的进身阶梯，天下士人为进入仕途，纷纷统一到儒家思想中来。

为改变政府官员的构成，武帝通过一系列法令、措施，建立并健全了由察举、太学、征召以及公车上书等组成的以选拔文官为主的用人制度。

在充实、加强统治机构的同时，汉武帝还大力加强中央集权。首先是削弱相权、强化皇权，并打破列侯拜相的旧制，任命出身贫苦的儒生公孙弘为丞相，彻底摧毁了军功贵族的特权；同时采取了"强干弱枝"的政策，公元前127年颁布了"推恩令"，清除分封制，削弱了地方割据势力。

开拓疆土　穷兵黩武

对外政策及措施方面，汉武帝开疆拓土，威震四方，巩固和发展了多民族统一帝国。

汉武帝在位期间，发动了3次大规模的反击匈奴之战。战争中接连出现几位著名的将军：李广、卫青和霍去病，为汉武帝立下了汗马功劳，将匈奴打得撤退到大沙漠以北，出现"匈奴远遁，而漠南无王庭"的局面，从而收复大片国土，解除了百年以来的匈奴边患，使中国北部地区得到开发。

在打通了西域后，汉武帝派张骞、苏武等人出使西域，张骞还打通了中原通往欧洲的"丝绸之路"，使中华民族与其他民族之间的经济文化交往日益频繁。

实基强源　悔过罪己

在加强中央集权的同时，汉武帝推行了改革币制等一系列经济政策，并重视农耕

和水利建设。他兴修的漕渠、郑国渠等大规模水利工程对当时农业生产起了很大作用。

此后，自认为创下丰功伟绩的汉武帝，开始自我满足、骄奢淫逸。他到处修建苑囿、宫殿，内饰穷极豪华。他先后出巡十几次，最长行程达一万八千里。沿途赏赐所用帛百余万匹，钱金以巨万计，所费远远超过秦始皇。耗费完国库，汉武帝还想着自己能长生不老，于是他迷信鬼神，寻求长生不老仙药，还不断派人到海上求仙。

老年的汉武帝，有一次梦见数千木人打他，醒后病倒，他认为是臣下诅咒造成的，于是出现"巫蛊之祸"，先后牵连其中并遭到杀害的皇室贵族及大臣有数万人。临近驾崩的汉武帝最终从一连串的错误中醒悟，开始反思自己一生的所作所为，检讨自己的过错。不久，汉武帝又遣散了所有的方士，并于当年6月下"罪己诏"，标志着汉武帝一生政策的一大转折。

公元前87年，汉武帝刘彻在完成了对身后事的安排后，终于闭上了眼睛。

汉昭帝刘弗陵

生卒时间：公元前94年—公元前74年
在位时间：公元前87年—公元前74年

> 昔周成以孺子继统，而有管、蔡四国流言之变。孝昭幼年即位，亦有燕、盖、上官逆乱之谋。成王不疑周公，孝昭委任霍光，各因其时以成名，大矣哉！承孝武奢侈余敝师旅之后，海内虚耗，户口减半，光知时务之要，轻繇薄赋，与民休息。至始元、元凤之间，匈奴和亲，百姓充实。举贤良、文学，问民所疾苦，议盐、铁而罢榷酤，尊号曰"昭"，不亦宜乎！
>
> ——《汉书·昭帝纪》

尧母传说

汉武帝巡狩，路过一地。观天相的"望气者"对武帝刘彻说此地肯定有奇女，武帝即下令寻找。果然一会儿的功夫，随行官员就找到一位年轻漂亮的女子。据说此女从出生伊始就双拳握紧，虽年已十多岁，但依然不能伸开。武帝伸出双手将这女子手轻轻一掰，少女的手便被分开，在手掌心里还紧紧地握着一只小玉钩。武帝心感奇特，随后命人将此女带回皇宫，叫她钩弋。此女便是汉昭帝的母亲赵氏。公元前94年，赵氏怀孕14个月分娩，产子取名弗陵。

立子杀母

公元前91年，发生了著名的"巫蛊之祸"。皇后卫子夫、太子刘据因受人诬陷不能自明而起兵，兵败后自杀。失去长子4年之间武帝一直没有立太子。武帝一生有6个儿子，巫蛊之祸后，可以继承皇位的共有4人。刘弗陵作为最年幼的少子，聪明伶俐，极像武帝少年之时，武帝有心立他为继承人。为防止自己死后少子年幼母后临朝，武帝将刘弗陵的生母赵钩弋赐死，消除了太后专权的隐患，同时挑选一位忠实可靠的大臣辅佐幼子。经过反复筛选，武帝认为霍光（霍去病同父异母兄弟）最合适。于是在临死前三天，武帝将一幅画郑重地交给霍光。图画上一位老人抱着一个孩童正在接受诸侯大臣的朝拜。老人是周公，孩童是周成王，意思希望霍光像周公辅佐成王那样承担起辅佐刘弗陵的重任。同时，又加封金日䃅为车骑将军、上官桀为左将国、桑弘羊为御史大夫，让他们共同辅佐皇太子刘弗陵。

公元前87年，武帝驾崩，年仅8岁的刘弗陵即位，霍光成为昭帝的辅命大臣。从此，霍光以大司马大将军领尚书事，决策汉朝政府一切政事。

针对武帝末年因对外战争、封禅等所造成的国力严重损耗，农民负担沉重，使得国内矛盾激化的情况，刘弗陵在霍光等的辅佐下，多次下令减轻人民负担，减轻赋税，与民休息。对外方面，昭帝一方面加强北方戍防，另一方面重新与匈奴和亲，以改善双方的关系，从而使得武帝时期的大规模战争停止下来，有助于国内经济的恢复与发展。经济方面，昭帝于公元前81年召开"盐铁会议"，对武帝时各方面政策进行讨论，取消了酒的专卖，而保留盐铁专卖。

昭帝时，因霍光内外措施得当，使得武帝后期遗留的矛盾基本得到了控制，缓解了社会危机。但是，霍光推行的改革方针却遭到一些人的反对，朝廷内部的斗争进一步激化，盐铁会议后的第二年，便发生了上官桀、桑弘羊等人密谋策划的宫廷政变。

识人之明

公元前80年，燕王刘旦等人加紧了政变的准备工作。燕王刘旦带了大批金银珠宝贿赂长公主、上官桀、桑弘羊等人，以求支持他夺取帝位。他们袭用"清君侧"的故伎，令人以燕王的名义上书昭帝，捏造说霍光正在检阅京都兵备，要推翻昭帝，自立为帝。于是，上官桀趁霍光休假，将这封奏章送到昭帝手中。

次日早朝，在家的霍光得知上官桀的举动，就站在张贴那张汉武帝时所绘"周公负成王图"的画室之中，不去朝见昭帝。昭帝下诏召大将军。霍光进宫，除下将军冠叩头自责，昭帝说："将军戴上冠。我知道这奏书是假的，将军无罪。"霍光说："陛下怎么知道的？"昭帝说："将军到广明亭去，召集郎官部属罢了。调校尉到现在不到十天，燕王怎么能知道呢？况且将军要干坏事，并不需要校尉。"当时昭帝才14岁，尚书和左右的人都感到惊讶。这样，一场旨在除掉霍光的计划泡汤了。

上官桀等人干脆铤而走险发动武装政变。不料，他们的阴谋被一名官员告发，昭帝将上官桀、桑弘羊等主谋政变的大臣统统逮捕，诛灭家族。长公主、燕王刘旦自知不得赦免，先后自杀身亡。自此，朝廷渐趋安定。

公元前77年，昭帝亲政，但军权大事仍委诸霍光。"成王不疑周公，昭帝委任霍

光"成为美谈。在昭帝和霍光的治理下,大汉政治清明、社会和谐、经济繁荣,出现了"中兴"局面。

公元前 74 年,汉昭帝刘弗陵因病而亡,年仅 21 岁。

汉宣帝刘询

生卒时间:公元前 91 年—公元前 49 年
在位时间:公元前 74 年—公元前 49 年

> 孝宣之治,信赏必罚,综核名实,政事、文学、法理之士咸精其能,至于技巧、工匠、器械,自元、成间鲜能及之,亦足以知吏称其职,民安其业也。遭值匈奴乖乱,推亡固存,信威北夷,单于慕义,稽首称藩。功光祖宗,业垂后嗣,可谓中兴,侔德殷宗、周宣矣!

——《汉书·宣帝纪》

▌大难不死 一步登天

汉宣帝刘询,算是个平民皇帝。他刚出生 5 个月时就因"巫蛊事变"中祖父戾太子刘据谋反连坐进了监狱,后因汉武帝重病,下令杀掉长安狱中所有犯人,由于狱官邴吉的保护,4 岁的刘询得以死里逃生,流落民间。

刘询自小聪敏好学,常跟着朋友斗鸡走马、打架斗殴,过着民间小混混的生活。对于他的"浪子回头",功臣是父亲的旧部张贺。张贺对刘询极为关心。从六七岁起,张贺就自己出钱给刘询找老师,使他受到了良好的教育。等刘询长到十六七岁,张贺又给他娶了妻子,这就是以后的许皇后。

公元前 74 年,汉昭帝去世。由于昭帝无子,皇位继承人就只有从诸侯王中选择了。其时,许多大臣都倾向于立汉武帝的儿子中唯一剩下的广陵王刘胥,但这一建议遭到了霍光的反对。为了继续把持朝政,一开始他决定由昌邑王刘贺即帝位。刘贺进宫以后胡作非为,仅做了 27 天的皇帝,就被废除了。最终,霍光选中了来自民间、没有政治背景的刘询。于是,年仅 18 岁的刘询一步登天,登上了皇位。

▌忍中求变 消灭霍氏

汉宣帝即位之初,朝政差不多全部掌握在霍光手里。拥立汉宣帝之后,作为三朝元老的霍光成为当时实际的最高统治者,他的权势和声望达到了无以复加、登峰造极的地步。

作为想创下一番事业的刘询,当然会把霍氏集团作为他亲政的最大障碍。早在民间时,刘询对霍光的权势和威风就有风闻。他一即位,就明显地感觉到了朝廷内部来自霍光集团咄咄逼人的政治压力。但他初即位,势单力薄,凭着一个皇帝的称号是不能和霍光相抗衡的,所以在刘询即位伊始,当霍光故作姿态表示还政于他时,他非常"诚恳"地回绝了,并表示非常信任霍光,请霍光继续主持朝政,他还专门下诏褒奖霍光的扶立之功。

公元前68年,霍光去世。此时的刘询开始逐渐把权力收归己手,亲理朝政。霍光虽然死了,但霍家的亲属和亲信还控制着中央政府的各个机要部门,兵权也掌握在他们手中。为此,汉宣帝首先采取行动,通过解除、明升暗降等方法,架空了霍氏集团的核心人物,削夺了霍家把持的权力。

面对汉宣帝的全面夺权,霍氏集团内部惶恐不安,决定铤而走险,发动叛乱。但是,叛乱很快遭到失败,汉宣帝将霍氏势力一举消灭,并将参加叛乱的人都处以极刑,最终确立了他的绝对统治。

励精图治　中兴盛世

完成了消灭霍氏势力的汉宣帝,开始掌握政权,日理万机。

汉宣帝首先要做的,就是加强君权。他下令无论是吏民上书,还是诏令的拟定发布,都由中书负责,不需经过尚书,从制度保证了君权的独尊。随后,汉宣帝又开始对吏治的整顿。他把刺史、郡守的选用看成整顿吏治的重要环节,"循名责实",以便以后对他们的政绩进行考核,大大改变了过去吏治苛严和败坏的现象。汉宣帝在位25年,先后颁布了10次大赦令。另外,他继续执行轻徭薄赋、发展生产的政策。经过一系列的政策调整,使国计民生种种状况较之前朝有了大大的改观,形成了中兴盛世。

汉宣帝在对待匈奴的问题上,功勋卓著。公元前72年,匈奴侵略乌孙,乌孙向汉廷求救。汉宣帝派军联合乌孙夹击匈奴,这是汉武帝之后对匈奴采取的一次最大规模的军事行动。在这场战争后,匈奴逐渐衰弱,终于在公元前61年,匈奴表示归服西汉中央政府,从此,汉匈之间结束了长达150多年的战争状态,同时也密切了塞北各族(部落)与中原地区的汉族在政治、经济、文化上的联系。

公元前61年,汉宣帝派兵平息了西羌族的叛乱,并留兵屯田加强了西汉中央政府对西羌的控制。汉宣帝以后几百年,北方边境不见烽火,一片和平景象。

公元前49年,宣帝逝世,终年42岁。

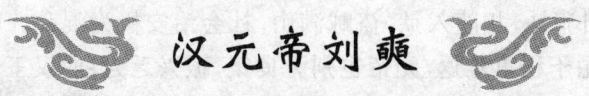

汉元帝刘奭

生卒时间:公元前76年—公元前33年
在位时间:公元前49年—公元前33年

> 元帝多材艺，善史书。鼓琴瑟，吹洞箫，自度曲，被歌声，分刌节度，穷极幼眇。少而好儒，及即位，征用儒生，委之以政，贡、薛、韦、匡迭为宰相。而上牵制文义，优游不断，孝宣之业衰焉。然宽弘尽下，出于恭俭，号令温雅，有古之风烈。
>
> ——《汉书·元帝纪》

尊师重儒

公元前49年，宣帝逝世，汉宣帝刘询的长子27岁的刘奭即位。

刘奭从小就深受儒学熏陶，长大以后，更是将柔仁好儒的性格体现得淋漓尽致。他见宣帝治国重用刑法，十分不忍，劝谏汉宣帝说："陛下持刑太深，宜用儒生。"宣帝听后怒形于色，认为汉朝历来沿用霸王之道。刘奭偏好纯儒，恐怕是一个性格懦弱的低能继承人。他有意更换太子，但又不愿背弃自己已故的患难之妻、刘奭的生母许皇后，所以一面叹息"乱我家者必太子也"，一面还是把帝位传给了刘奭。

任用奸臣

汉元帝尊师重儒，自然他的师傅和儒生就成为朝中重臣的多数派。但在处处受儒生牵制的情况下，还是会想找一些能陪他一起玩乐的小人陪在身边，石显便是其中最主要的一个，他依靠刘奭宠信，以中书令官职专权十几年。

石显少年时因犯法而受宫刑，不得不入宫为宦官。他嘴巴灵巧、头脑狡猾、内心歹毒，不但精通朝务、左右逢源，而且能用心计和语言探测出元帝尚未明讲或难于言传的内心含意。随着宠信加深，中书的权力日益增大，自然就会与那些所谓的儒家忠臣产生矛盾，于是朝中形成了以石显为首的中书势力和以肖望之、周堪为首的势力的对立局面。双方明争暗斗，愈演愈烈。刘奭性格柔弱，对此采取折中态度，最终未能保住师傅的地位、性命。从此，正直派官员失去了首领，更处于被动和困难境地。

朝纲不整

汉元帝在位期间，也采取了一些政策，试图振兴国家，但是终因积弊太深，加之刘奭本人柔弱无能又宠信奸臣，未能如愿。元帝曾减省刑罚70多项，并连年大赦。但今日大赦，明日犯法，相随入狱，盗贼满山，社会治安极为混乱。而节俭方面，奢靡之风有增无减。由于积重难返，元帝也别无良策，振兴乏力，西汉王朝只能走下坡路。

公元前54年，匈奴单于与西汉约定"汉与匈奴为一家，毋得相诈相攻"，并三次进长安入朝，向汉元帝请求和亲。后宫里有很多从民间选来的宫女，却都不愿意嫁到匈奴。这时，有一个宫女毅然表示愿意去匈奴和亲。此女名叫王嫱，又叫昭君。去匈奴前，王昭君向元帝告别。元帝看到她的美丽，很想将她留下，但已经晚了。昭君的出塞和亲,使得匈奴同汉朝和好达半个世纪。

到了晚年的元帝,贪图安逸。虽治国无能,但极好书法、精通乐律,使他常常宴聚宫女乐师,不理政事。公元前33年,元帝病重。他很想废除太子刘骜,改立定陶王刘康为太子,但又因宣帝宠爱刘骜,怕废刘骜而对宣帝不孝。最后,在旧臣史丹劝谏下,打消易储的念头,并诏托史丹尽心辅佐太子。当年,元帝刘奭死于未央宫。

汉成帝刘骜

生卒时间:公元前51年—公元前7年
在位时间:公元前33年—公元前7年

> 成帝善修容仪,升车正立,不内顾,不疾言,不亲指,临朝渊嘿,尊严若神,可谓穆穆天子之容者矣!博览古今,容受直辞。公卿称职,奏议可述。遭世承平,上下和睦。然湛于酒色,赵氏乱内,外家擅朝,言之可为於邑。建始以来,王氏始执国命,哀、平短祚,莽遂篡位,盖其威福所由来者渐矣!
> ——《汉书·成帝纪》

酒色皇帝

元帝刘奭做太子的时候,独宠司马良娣。司马良娣去世以后,刘奭从此不再亲近众姬妾。宣帝刘询无奈之下,选美女王政君入宫,伴刘奭一夜怀孕。刘骜诞生后,深受祖父汉宣帝的喜爱。刘奭即位后,自然就把刘骜立为太子、立王政君为皇后。公元前33年,元帝去世,19岁的刘骜继位,是为汉成帝。

早在太子时,刘骜就生性放荡,即位后的成帝就越发纵情声色、奢靡无度。刘骜一生中有两个皇后。第一个许皇后由于无子,最后失宠被废。第二个是赵皇后"赵飞燕"。她本是阳阿公主家舞女,因身轻善舞,被微行至阳阿公主家的成帝看到,便召入宫中;以后又召其妹赵合德入宫,两姐妹十年间受宠于刘骜。为了能顶而代之,赵飞燕姐妹设计陷害许皇后,并摧残宫中其他已怀孕的嫔妃,以至"生子者杀,堕胎者无数",原因就是其始终没有生子。

为政与创新

成帝刘骜虽喜歌舞酒色,但也比较喜欢研究政治以外的一些学问,因此成帝时期科技、文化有着长足的发展。其间,出现了总结北方特别是关中地区农业生产技术的著名农书《氾胜之书》。公元前28年,汉成帝时期就给后人留下了世界公认的最早的太阳黑子的记载;此外,还留下了我国古代最详细的哈雷彗星观察记载。在

文化上,汉成帝时进行了一次大规模的图书收集、整理工作。这项工作由当时的著名学者刘向父子具体负责,编成了一部我国最早的图书分类目录《七略》。

公元前8年,成帝设置三公制度。他将丞相职权一分为三,加强了皇帝的专制独裁。但汉成帝刘骜在位27年,外戚王氏始终把持着朝中大权。

汉成帝一直无子,在位晚期身体多病,意识到不会再有儿子,便立侄子定陶王刘欣为太子。公元前7年,成帝在长安宫中突然病故,时年46岁。

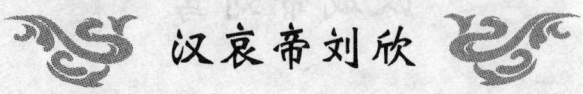

汉哀帝刘欣

生卒时间:公元前25年—公元前1年
在位时间:公元前7年—公元前1年

> 孝哀自为藩王及充太子之宫,文辞博敏,幼有令闻。赌孝成世禄去王室,权柄外移,是故临朝娄诛大臣,欲强主威,以则武、宣。雅性不好声色,时览卞射武戏。即位痿痹,末年寝剧,飨国不永,哀哉!
>
> ——《汉书·哀帝纪》

公元前9年,汉成帝刘骜因无子,决定议以藩王为太子。所议人选一个是中山王刘兴,一个就是定陶王刘欣。于是,成帝把刘兴和刘欣都召来,以考察谁是太子人选。

刘欣从小就受到了良好的儒学教育,对儒家礼节了如指掌,因此入朝时便带上了太傅、国相和中尉,刘兴却只有太傅侍从。汉成帝刘骜自然就喜欢上了这个遵纪守法的好青年了。于是,他首先问刘欣:"为什么把太傅、国相、中尉都带入朝?"刘欣回答说,按规定诸侯王来朝可由国中两千石官陪同,傅、相、中尉都是两千石官,所以就让他们陪着入朝。成帝又让他背《诗》,他不仅背得非常流畅,还能解说其中意义。而成帝考问刘兴为什么只带太傅一人入朝,刘兴却回答不出,让他背《尚书》也背不出。而后吃饭的时候,刘兴出了洋相,很贪吃,以至吃得太饱而不得不把裤带解开;相比之下,刘骜自然就喜欢刘欣。次年,成帝就下诏立刘欣为太子。

施政困难重重

西汉王朝当时正潜伏着由外戚王氏集团和生活奢侈腐朽的官僚、贵戚所引起的巨大的统治危机。汉哀帝在位七年,几乎是竭尽全力试图来挽救危机,力图起死回生。

由藩王当上皇帝的刘欣,自然知道外戚王氏集团的擅权专政,即位伊始,他就针对王氏集团,极力削其权,使得汉哀帝在位时期外戚王氏集团暂时不能兴风作浪。

面对积难重重的统治局面,刘欣极力试图缓和阶级矛盾,下令罢乐府官,限制田宅和奴婢数量。无奈在为了维护既得利益的贵戚、大官僚反对的情况下,哀帝只好下诏暂缓实行。

断袖之癖由来

汉哀帝刘欣不爱美女爱须眉,专好男宠。哀帝发现传报时刻的董贤长得漂亮,于是便把他弄到了身边,从此爱宠万分。

不久,董贤就被任为驸马都尉侍中,从此长期侍从哀帝左右。一次午睡,董贤与刘欣同床,刘欣醒后发现衣袖被董贤身体压住,但董贤睡得很香。为了不把董贤弄醒,刘欣就用刀把衣袖割断。"断袖之癖"就由此而来。刘欣爱董贤之深,难以形容,甚至到后来,哀帝还想把西汉的江山禅让给这个男宠,幸有大臣极力劝阻,方才作罢。

就是在这样内外交困之中,哀帝于公元1年病故,享年26岁。

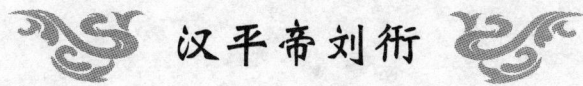

汉平帝刘衎

生卒时间:公元前9年—公元5年
在位时间:公元前1年—公元5年

> 孝平之世,政自莽出,褒善显功,以自尊盛。观其文辞,方外百蛮,亡思不服;休征嘉应,颂声并作。至乎变异见于上,民怨于下,莽亦不能文也。
> ——《汉书·平帝纪》

刘衎是中山孝王刘兴之子,汉元帝之孙。公元前1年,哀帝刘欣死,他没有儿子,与他血缘最近的刘衎顺理成章地登上帝位,是为平帝。

伴随着刘衎上台的,还有一个历史上重要的人物,此人就是王莽。王莽是太皇太后王政君的侄儿,在王政君当上太后的时候开始进入官场,但却碰上了专爱男宠的哀帝。哀帝把大权都交给男宠董贤,王莽自然只有靠边站的份。直到哀帝一命呜呼,又加上姑妈王政君的安排,王莽这才掌握朝中大权。执掌大权的王莽,当然不希望大权旁落,所以当平帝即位要将母亲卫氏接到京城做皇太后时,王莽害怕卫氏外戚分割他的权力,便令卫姬留居中山,不准她到京都长安。

公元3年,平帝年满11岁。王莽运用权谋,巧妙地把自己的女儿嫁给平帝做皇后。从此,王莽更是横行无忌。

随着平帝的日渐长大,其对王莽专权跋扈日益不满,逐渐有了除掉王莽之心。

王莽于是先下手为强,除掉平帝。公元5年冬,王莽以进贡窖酒为名,置毒于酒中,平帝喝后便一命呜呼,享年14岁。

汉孺子刘婴

生卒时间:公元3年—公元23年
在位时间:公元5年—公元8年

公元5年,王莽鸩杀了年仅14岁的汉平帝后,以"兄弟不得相为后"为借口,不拥立年龄都较大的53个诸侯王。最后,王莽看中了广戚侯刘显的儿子,年仅2岁的刘婴。刘婴被立为皇太子,尊平帝王皇后为皇太后,而王莽则自任"摄皇帝",刘婴完全就是王莽称帝前的傀儡而已。待王莽代汉自立的时机成熟后,刘婴也就完成了他的使命,被王莽废为"安定公",之后就在囚笼般的安定府中度过了15年。

公元23年,王莽被杀,刘婴被更始帝派人杀死。

新帝王莽

生卒时间：公元前45年—公元23年
在位时间：公元9年—公元23年

> 王莽始起外戚，折节力行，以要名誉，宗族称孝，师友归仁。及其居位辅政，成、哀之际，勤劳国家，直道而行，动见称述。岂所谓"在家必闻，在国必闻"，"色取仁而行违"者邪？莽既不仁而有佞邪之材，又乘四父历世之权，遭汉中微，国统三绝，而太后寿考为之宗主，故得肆其奸慝，以成篡盗之祸。推是言之，亦天时，非人力之致矣。及其窃位南面，处非所据，颠覆之势险于桀、纣，而莽晏然自以黄、虞复出也。乃始恣睢，奋其威诈，滔天虐民，穷凶极恶，毒流诸夏，乱延蛮貉，犹未足逞其欲焉。是以四海之内，嚣然丧其乐生之心，中外愤怨，远近俱发，城池不守，支体分裂，遂令天下城邑为虚，丘垅发掘，害遍生民，辜及朽骨，自书传所载乱臣贼子无道之人，考其祸败，未有如莽之甚者也。昔秦燔《诗》、《书》以立私议，莽诵《六艺》以文奸言，同归殊涂，俱用灭亡，皆炕龙绝气，非命之运，紫色蛙声，馀分闰位，圣王之驱除云尔！
>
> ——《汉书·王莽传》

⬛ 洁身恭谨

相传，刘邦斩白蛇时，蛇曾告诉刘邦，说他将贵为天子，广有四海，但它决心跟他捣乱，"你斩我头我闹你头，斩我尾我闹你尾"。刘邦毅然将它拦腰斩断。结果，大汉帝国的江山在中间出了乱子：在两汉之间，横插进一个为时17年的新朝。传说，这个短命王朝的缔造者王莽便是那条蛇转世。

王莽,字巨君。父亲王曼,是皇太后王政君的同父兄。因王曼去世早,成帝大封诸舅时,王莽一家仍然过着孤贫寒酸的生活,未能蒙受皇恩。然而,王莽并未因此怨恨。在家里,他恭谨地侍奉寡母和寡嫂,教育亡兄留下的侄儿;在社会上,他广交名人儒士,小心翼翼地侍奉执掌朝廷大权的伯父与叔父,逐步赢得了伯父王凤的好感。这位权臣弥留之际嘱托王政君和汉成帝授给王莽一官半职,王政君答应了。于是,公元前22年,王莽被任命为黄门郎,迈进了皇朝大门。几年下来,年方30的王莽,官至骑都尉光禄大夫侍中,开始进入朝廷的权力中枢。

▲ 新帝王莽

与那些终日追逐声色狗马的王氏子弟相比,王莽绝非那种志骄意满之辈,他爵位越高,节操愈谦。公元前8年,王莽的叔父,处在重病之中的大司马、大将军王根,要求离职养病。于是,人品出众的王莽,靠着王氏外戚多年来的势力获得了这个高位。

登上这个一人之下、万人之上的高位后,王莽仍克己修行,延聘贤良名士幕僚,赏赐的钱财全用来分给这些名士,而自己更加俭朴。他母亲生病,公卿大臣派夫人前来探视,出来迎接客人的王夫人,穿着短衣布裙,那些贵夫人竟把她当做王莽家的奴婢了。

代汉自立

王莽纵然深藏不露,还是没等在大司马的位子上坐稳,就被赶下了台,原因是汉哀帝刘欣上台了。但是,哀帝未彻底剪除王氏外戚的势力,特别是不敢丝毫触动太皇太后王政君,给王莽留下了卷土重来的机会。蛰居南阳的王莽,积极结交士人,沽名钓誉。这时候,王莽的儿子王获杀死了一个奴隶,这本来算不了什么大事,但王莽痛斥儿子,叫王获自杀以偿命。王莽的行为赢得了极大的声誉,朝野上下纷纷请求恢复王莽的官职。终于,哀帝迫于压力,征王莽回京师长安。

汉哀帝刘欣死后,新即位的汉平帝太过年幼,于是太皇太后下令把军政大权交给王莽。王莽上任后的第一件事情就是奏免了汉哀帝的男宠大司马董贤,接着又把丁、傅两家外戚赶出京师。大权在握的王莽开始对朝廷进行大清洗,排斥异己,还获得"安汉公"的封号。为了进一步巩固自己的位置,王莽费使女儿成为汉平帝的皇后。不久,王莽便获得了"宰衡"的称号,位列上公。

已生篡位之心的王莽,发现日渐长大的汉平帝对自己不满,于是便先下手为强,鸩杀了平帝,拥立年仅2岁的刘婴做"孺子",自己做起"摄皇帝"来。

公元8年,王莽郑重其事地来到未央宫前殿,在皇帝的宝座上坐下来,宣布自己代汉而立,定国号为"新"。王莽举行了登基大典,下诏封孺子婴为"安定公"。宣读完策令之后,王莽拉着年仅5岁的刘婴流涕嘘唏:"当初周公居摄,成帝长大后便还政了。我原也欲效法周公,无奈天命难违,不得如意。"哀叹良久,中傅把刘婴带下殿,北面称臣。王莽最终代汉而立,建立了他的新王朝。

"新政"种种

王莽代汉而立后,依照《周礼》设计了一套对社会进行"复古"改革的蓝图,试图缓解自西汉中叶以来的社会危机,巩固新朝地主阶级的统治,是为"新政"。

新政的主要内容就是"王田令"、"私属令"、"五均"、"赊贷"、"六管"以及官僚体制改革等内容,其中最能体现王莽改革蓝图的"王田令"和"私属令"的确抓住了西汉末年矛盾的核心。但是,他的改革方案富于幻想,根本行不通。"新政"不但加重了劳动人民的负担,也触动了官僚地主、富商大贾的利益,因此,新政的实地实施,很快就成为贪官污吏向老百姓敲诈勒索的又一个新手段,于是新政危机四伏。

日暮途穷

此时,边陲归附已久的匈奴南下攻掠,周边其他各族也相继举兵。王莽于是募天下的囚徒、甲卒进军匈奴,并派去监军使者整顿军纪。而使者到达边境后,与带兵将领串通一气,索取贿赂,劫掠百姓。一群饿虎又加上一帮饿狼,边陲鸡犬不宁。

外患未除,内乱又起。王莽的三个得力干将又有篡位的心,于是王莽就将这三人降职的降职、斩首的斩首。

失去了朝野的支持,也没有了可供自己使唤的爪牙,王莽唯一可信赖的,就是自己的儿孙了。偏偏他的儿孙不争气,不但不帮他解忧,还准备着代王莽做皇帝。王莽一气之下,又把自己的儿孙统统杀掉。公元20年,王莽废掉了皇太子王临,将其赶出京师。与此同时,农民起义的烈火开始燃遍大江南北。

边陲的烽烟,四郡的义兵,朝廷的阴谋,使得焦头烂额的王莽疲于奔命,已无有力措施。饥民从四面八方涌入长安。王莽于是专门设"养赡官"救济饥民,但这些"养赡官"都是吸吮民脂民膏的好手,他们象征性地把一点点赈济粮米发放给饥民,饥民饿死者十之七八。王莽任命的管理长安市场交易的中黄门王业,乘机勾结富商大贾,贱买贵卖,大发横财。一天,王莽听说长安城中饿殍满地,就问王业这是怎么回事。王业说:"那只是一些流民。"他拿来一个肉羹给王莽看,说:"城中居民都吃这个,"王莽竟信以为真。

公元22年,农民起义军向洛阳和长安杀过来。王莽孤注一掷,在昆阳与绿林军展开决战,结果莽军大败,主力丧失殆尽。公元23年,起义军攻破长安城的宣平门,王莽被一个商人一刀结果了性命。

新更始帝刘玄

生卒时间：？—公元 25 年
在位时间：公元 23 年—公元 25 年

公元 17 年，绿林起义军在鄂西一带起义，刘玄被绿林军拥立为帝。刘玄能当上皇帝，就因为他是刘邦的后裔，而且手中无兵权，便于控制。公元 23 年，刘玄登坛称帝，而他并没有丝毫王者气质，在迁都长安城见朝臣时，汗流浃背，张口结舌，说不出话来，过了半天才结结巴巴地宣布建元"更始"。

刘縯与刘秀兄弟率七八千人起义，加入绿林军。更始政权建立后，这两兄弟在昆阳大战中以少胜多，大败王莽的军队，也因此声名鹊起、威名大震。此时的刘玄自然感觉到刘縯刘秀兄弟是榻旁之虎，于是，刘玄处心积虑，找了一个借口杀掉了刘縯。领兵在外的刘秀，听说兄长被杀，心里很难过，但却驰奔宛城谢罪。他不敢为兄长发丧，还装出一副安然自若的样子。刘玄见此情景很惭愧，不杀刘秀，反而拜刘秀为破虏大将军，封武信侯。

公元 23 年，绿林军攻入长安，杀掉王莽，新朝灭亡。公元 24 年，刘玄迁都长安，以为天下已定，玩乐享受的性情开始膨胀，终日沉迷酒色而不问政事。

他的所作所为，引起了朝臣的不满，也被另外一支起义军所利用，这就是"赤眉军"。赤眉军不愿臣服于刘玄，便自己也立了个小皇帝刘盆子，建元"建世"。当绿林军攻占长安以后，赤眉军也赶来瓜分胜利的果实。而更始政权这时发生了内讧，刘玄在无奈之下，向赤眉军表示投降，被封为长沙王，不久就被赤眉军所杀。

新建世帝刘盆子

生卒时间：公元 10 年—？
在位时间：公元 25 年—公元 27 年

> 圣公靡闻，假我风云。始顺归历，终然崩分。赤眉阻乱，盆子探符。虽盗皇器，乃食均输。
>
> ——《后汉书·刘玄刘盆子列传》

建世帝刘盆子虽是汉宗室后裔，但家道中衰，在称帝前只是个放牛娃。他只是赤眉军为讨伐更始帝刘玄时能有名正言顺的借口而拉上皇位的。公元 25 年 9 月，赤眉军利用更始政权内的绿林军将领王匡等为内应攻入长安，推翻了更始政权。但在第二年的春天，赤眉军就在刘秀的逼迫下，不得不离开长安。

公元 27 年初，刘盆子和赤眉军一起陷入刘秀军队的重重包围之中，饥困至极，刘盆子等被迫投降，"建世"政权覆灭。刘盆子也完成了他招牌皇帝的使命，不知所终。

东汉

汉光武帝刘秀

生卒时间：公元前6年—公元57年
在位时间：公元25年—公元57年

> 炎正中微，大盗移国。九县飙回，三精雾塞。人厌淫诈，神思反德。光武诞命，灵贶自甄。沈几先物，深略纬文。寻、邑百万，貔虎为群。长毂雷野，高锋彗云。英威既振，新都自焚。虔刘庸、代，纷坛梁、赵。三河未澄，四关重扰。神旌乃顾，递行天讨。金汤失险，车书共道。灵庆既启，人谋咸赞。明明庙谟，赳赳雄断。於赫有命，系隆我汉。
>
> ——《后汉书·光武帝纪》

起兵南阳　成名昆阳

刘秀是汉高祖刘邦的九世孙。刘秀的祖父无爵可袭，只当了个都尉，而刘秀的父亲刘钦则只能当个南顿县令，后来刘钦去世，9岁的刘秀便由当萧县县令的叔父刘良抚养长大。

年轻时的刘秀，处事谨慎，讲信用。后来到京都长安，进入太学学习。有一次，他在新野见到后来的阴皇后阴丽华，觉得长得漂亮，心中顿生爱慕之情；后来到了长安后，见到执金吾（负责监督、检查京都及附近地区治安的长官）出行时有很多车马随从，就大为感慨地说："仕宦当作执金吾，娶妻当得阴丽华。"而他大哥刘縯却性情刚毅，交结雄俊人物，颇有取天下的野心。

新莽末年爆发了农民大起义，刘縯和刘秀兄弟趁机于公元22年起兵，以重建汉朝为口号，大肆招兵买马。这时，绿林起义军迅速发展到10余万人，但其中派系林立,无法统一号令,为了行动统一,将领们都主张拥立一个刘姓的皇帝,但随后又为皇帝的人选争执不休。因为刘縯有威望,治军严明。南阳一带的豪杰人物,都认为刘縯最为合适。而新市、平林军的将领们大都喜欢散漫放纵,担心立了刘縯不得自由,于是就找到了既无兵权又胆小怕事的刘玄,拥立为"更始皇帝",既成事实,刘縯和他的拥护者不得不默认。

更始帝刘玄即位后,很快打下昆阳,接着又打下了临近的郾城(今河南郾城县)和定陵(今河南郾城县西北)。南阳一带的情况使王莽震惊,调遣43万人马前往昆阳镇压,结果被刘秀率军大败。

昆阳一战,刘縯和刘秀因此声名鹊起。而刘玄自然感觉到刘縯兄弟是榻旁之虎,于是处心积虑,找了一个借口杀掉了刘縯。

刘秀听到兄长被杀的消息后,非但没有找刘玄算账,还跑到宛城请罪。刘秀面见刘玄,仍然是和颜悦色,压根儿就不主动提长兄被杀一事。他孝服不穿,丧事不举,言谈饮食犹如平时。而每当刘秀独居,总是不喝酒、不吃肉,以此寄托哀伤。身边的人发现他枕席上有哭泣的泪痕,叩头劝他自宽,他却否认说:"没有的事,你不要胡说。"刘玄见刘秀没有反对他的意思,有些惭愧,拜他为破虏大将军,封武信侯。

经营河北　一统乾坤

公元23年,刘玄的军队相继拿下了长安和洛阳。刘玄到了洛阳后,派刘秀以更始政权大司马的身份前往河北。

刘秀初到河北,每到一处,考察官吏,平反冤狱,释放囚徒,废除王莽苛政。由于他实行宽厚的政策,所做之事均都顺应民心,因而较为稳定。随后,更始皇帝派使节赶到河北,封刘秀为萧王,并命令刘秀停止一切军事行动。这表明刘玄已经对刘秀不放心,刘秀便以"河北未平"为理由拒绝应征去长安,刘秀与刘玄的裂痕从此开始明朗化。

公元24年,刘秀调集各郡兵力,先后击破并收编了铜马、高潮、重连等农民起义军,大大加强了刘秀的军事实力。这时,赤眉军正迅猛地向长安进兵。刘秀认为争夺天下的时机已经到来,于是在公元25年称帝。

刘秀即位后,轻易占据了洛阳。进入洛阳后,刘秀下令严禁军队暴横抢掠,使得洛阳百姓很快从内心归顺了刘秀。

这时,刘秀最大的对手就只剩下赤眉一支起义军了。公元27年,疲惫不堪的赤眉军在宜阳被刘秀亲率大军包围,拥有10余万人的赤眉军竟然一时不知所措,只得投降。刘秀大喜,下令给饥饿的投降士兵发放食物,并优待樊崇等赤眉将领。平定赤眉军后,刘秀又经过十几年的时间,最终结束了群雄割据的局面,取得天下的统一。

以柔治国　虚怀大度

统一天下后,刘秀确立了一套新的治国方略,核心是好儒任文、以柔治国。

刘秀"未及下车，先访儒雅"，想方设法把一些著名儒学人物拉到自己的身边，封官授爵，以礼相待，使得他身边很快就集中了如范升、陈元、杜林、刘昆等一大批学者。刘秀自己就是一个爱好儒学的人，当朝廷议事结束以后，经常与文武大臣一起讲论儒学经典里的道理。刘秀有时亲自主持和裁决当时今文经学和古文经学的争论。除非紧急时刻，刘秀从不讲军事问题。

刘秀用加封厚遇的办法让功臣们交出手中的权力，各自回到家中养尊处优，并用文吏取代功臣。

刘秀常常显示出一种恢廓大度、平易谦和的气度。公元29年，割据陇右的隗嚣分别接到公孙述和刘秀的招降信，犹豫未决，就派他的将军马援先后去公孙述的成都和刘秀的洛阳考察。马援到成都，公孙述接见他时戒备森严，而等到了洛阳刘秀接见马援时，却只是便衣便服，独自一人接见马援。刚见马援，他就微笑着说："您游历在两个皇帝之间，见多识广。今天见到您，我深感惭愧了。"马援见刘秀如此平易谦和，立即叩头说："当今的局势下，不只是君主在选择臣下，臣下也在选择君主。我现在从远方来，陛下接见我连警卫都没有，就不提防我是间谍刺客吗？"刘秀笑着说："你不会是刺客，只是个说客罢了。"马援心悦诚服，回去后劝隗嚣归附刘秀。隗嚣不听，他就脱身自己归服。

慎严齐家　律己责人

刘秀在位期间，从不放纵奢侈。他还颁布了一些有利于奴婢的政令，并多次下令免罪徒为庶民，减轻租税徭役，发放赈济，兴修水利。

刘秀对于臣下的歌功颂德、阿谀奉承，常能持一种清醒的、有时是厌恶的态度，而表扬一些刚正不阿的官吏。

刘秀大姐湖阳公主的奴仆大白天行凶杀人。洛阳县令董宣不管公主阻挠，吩咐衙役把凶手逮捕，当场处决。公主立即回宫告到刘秀那里，刘秀大怒，立刻令董宣进宫，吩咐内侍当着湖阳公主的面，责打董宣，想替公主消气。

董宣说："陛下是一个中兴的皇帝，应该注重法令。现在陛下让公主放纵奴仆杀人，还能治理天下吗？用不着打，我自杀就是了。"说罢，他挺起头就向柱子撞去。刘秀连忙吩咐内侍把他拉住，董宣已经撞得血流满面了。刘秀要他给公主叩个头谢罪。董宣坚决不叩，刘秀也只好笑了笑，下命令说："把这个硬脖子撵出去！"湖阳公主不满地说："陛下现在做了天子，怎么反而对付不了小小的洛阳令？"刘秀笑着说："这就是天子与平民百姓不同啊。"后来刘秀奖励了董宣，给他加了一个"强项令"的美名。

公元57年，光武帝刘秀因操劳过度病逝。

汉明帝刘庄

生卒时间：公元28年—公元75年
在位时间：公元57年—公元75年

> 明帝善刑理，法令分明。日晏坐朝，幽枉必达。内外无幸曲之私，在上无矜大之色。断狱得情，号居前代十二。故后之言事者，莫不先建武、永平之政。
> ——《后汉书·显宗孝明帝纪》

靠母为储

刘秀原本立的太子是刘疆，但那是在他最宠爱的皇后阴丽华还没有为他生孩子之前，等到阴丽华生下刘庄后，就已经注定刘疆的太子位将要不保。

刘秀很宠爱刘庄，在刘庄少年时代，就请来经学大师桓荣教他学习，并让他在自己身边学习和观察政务。有一次，刘秀下令检查天下土地和户口。大臣们汇报时，12岁的刘庄就站在刘秀身后。刘秀在检查文书时发现有这么一句话："颖川、弘农可问，河南、南阳不可问。"刘秀莫名其妙，就问大臣，可大臣们面面相觑，谁也说不出个所以然来。这时，站在刘秀身后的刘庄站出来说："河南是首都所在地，中央官吏都住在这里，而南阳是陛下的故乡，陛下的亲戚多居住于此，因此对这两个地方的田亩数字，负责检查的官员们不敢多问。"话音刚落，大臣们的赞扬声四起。刘秀也很高兴，于是有了立刘庄为太子的想法。

偏偏刘疆的母亲郭皇后不识时务地跳了出来，她因失宠而生怨恨，经常用言语讽刺阴丽华和刘秀。刘秀知道后大怒，于是废黜了郭皇后，另立阴丽华为皇后。靠山一去，原皇太子刘疆自然心灰意冷，于是上书刘秀，请求让位。刘秀在推托再三后答应了，于是刘庄就成为太子。公元57年，刘秀逝世，刘庄即位。

稳定朝政

明帝刘庄深知自己的皇位来路不算太正，朝中不满的声音也很多，所以即位之初，刘庄采取了一味退让的方针。等到羽翼丰满后，刘庄立即对不满或叛乱之人采取残酷的镇压，稳定了朝政。

刘庄统治时期纲纪整肃、吏治谨严。一次，刘庄赐给西域使者10匹丝绸，而负责登记的人误写为100匹，刘庄发现后大怒，急召负责登记的人进殿，命令侍卫将其按住，自己手持大棒，狠狠揍他。在刘庄的躬亲政务和严格监督下，政府取得很多有效的政绩。公元69年，刘庄命著名的水利工程专家王景、王吴负责治理黄河，制服了黄河水患。

社会安定,国力恢复,面对北匈奴势力的猖狂侵扰,刘庄一改守势,采取积极进攻的战略。公元 73 年,刘庄命令窦固会同南匈奴及鲜卑等少数民族讨伐北匈奴,拉开了东汉同北匈奴之间的战争序幕。之后,窦固派班超出使西域,班超不辱使命,使鄯善王依附汉朝。从此以后,西域逐渐成为中原帝国的一部分。

公元 67 年,刘庄派蔡愔前往印度,将佛教正式引入中国,并修筑了中国第一个佛教寺庙白马寺。

公元 75 年,汉明帝刘庄因病去世。

汉章帝刘炟

生卒时间:公元 57 年—公元 88 年
在位时间:公元 75 年—公元 88 年

> 魏文帝称"明帝察察,章帝长者"。章帝素知人厌明帝苛切,事从宽厚。感陈宠之义,除惨狱之科。深元元之爱,著胎养之令。奉承明德太后,尽心孝道。割裂名都,以崇建周亲。平徭简赋,而人赖其庆。又体之以忠恕,文之以礼乐。故乃蕃辅克谐,群后德让。谓之长者,不亦宜乎!在位十三年,郡国所上符瑞,合于图书者数百千所。乌呼懋哉!
>
> ——《后汉书·肃宗孝章帝纪》

刘炟是汉明帝的第五个儿子。幼年被明帝马皇后收养,并以马氏为外家;公元 75 年即位,是为汉章帝。

东汉外戚宦官专权,始于汉章帝刘炟。东汉初期,曾鉴于西汉王莽篡位的教训,不允许外戚干政。但刘炟却把这一规定给废除了,外戚窦氏集团开始进入政治权力中枢。窦氏集团依靠刘炟的皇后窦氏,逐渐掌握了朝廷大权,日益嚣张,引得当时朝野上下无不侧目。

窦氏势力的恶性膨胀,引起了章帝刘炟的重视。有一天,刘炟命窦宪同游,路过沁水公主的田地时,刘炟故意问:"现在公主的田地属于谁啊?"窦宪支支吾吾地说不出话来,刘炟痛斥道:"你私自夺取公主田地,该当何罪?你现在如此骄横,与秦朝赵高指鹿为马有何两样!即便是贵如公主,都遭到你欺压,何况普通的平民百姓?我要杀你,就如杀鸡!"窦宪慌忙跪下请罪。至此,窦氏势力才有所收敛。

章帝刘炟统治时期,在西域设置了都护府加强管理,多年在西域为官的班超,因受到当地军民的爱戴,于是上书刘炟,请求留屯西域。刘炟同意了班超的请求。班超在西域团结各族人民,有效地遏止了北匈奴的侵扰并使得西域各国除龟兹外,都愿意臣服于汉。后来,班超又请求出使乌孙国并引乌孙国使者回访汉朝,表示友好。

这件事情,使班超在西域的威望大增,西域诸国都愿意受班超的节制,这为东汉政府再次同西域密切交往铺平了道路。

章帝刘炟曾亲自主持整顿经学。公元79年,刘炟在白虎观开会,议定五经异同。班固将这次会议的讨论记录整理成书,取名《白虎通》,这是一部把儒学思想法典化的著作。同时在公元82年,班固在妹妹班昭的帮助下,完成了《汉书》的初稿。

公元88年,章帝刘炟去世。

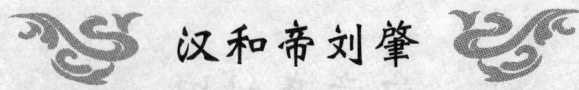

汉和帝刘肇

生卒时间:公元79年—公元105年
在位时间:公元88年—公元105年

> 自中兴以后,逮于永元,虽颇有弛张,而俱存不扰,是以齐民岁增,辟土世广。偏师出塞,则漠北地空;都护西指,则通译四万。岂其道远三代,术长前世?将服叛去来,自有数也?孝和沈烈,率由前则。王赫自中,赐命强氂。抑没祥符,登显时德。殇世何早,平原弗克。
>
> ——《后汉书·孝和孝殇帝纪》

刘肇生母梁贵人,由于母家被窦皇后诬陷获罪,忧愤而死,不能生育的窦皇后就收养了幼小的刘肇。

公元88年,刘肇即位,窦皇后也顺理成章地改称窦太后。由于刘肇年仅10岁,窦太后便将大权掌握在自己手中。公元89年,窦宪请缨出战大败北匈奴,从此匈奴的势力退出了漠北地区。窦宪班师回朝后,被封为位在三公之上的大将军,后来又被封为武阳侯。对匈奴作战的胜利,使得窦氏外戚集团的政治势力更上一层楼。

到了公元92年,年满14岁的刘肇开始不满于自己无权的地位,与窦氏集团产生了矛盾。在受到窦氏企图谋害的威胁以后,刘肇先下手为强,准备消灭窦氏集团。但由于窦太后专权,刘肇不能直接接触朝中大臣,因此他只有依靠自己身边的宦官。中常侍郑众,机敏沉着,足智多谋,得到刘肇的信任,于是刘肇就与郑众暗中商议,决定对窦氏采取行动。在宦官势力的配合下,刘肇出其不意地将窦宪党羽一网打尽,全部处死,又派兵包围大将军府,收回窦宪的大将军印绶,逼令窦氏父子兄弟自杀,而后将为官的窦氏宗族宾客全部罢免。这场夺权斗争,以刘肇的胜利而告终,但自此也开了东汉宦官与外戚争权的先河。消灭外戚窦氏集团后,立下汗马功劳的宦官纷纷得到奖赏,宦官郑众更是因此而受到刘肇的信任。

公元96年,窦太后死去,刘肇的身世也真相大白。刘肇知道生母并非窦氏而是梁氏后,非常悲痛。朝中大臣赶紧联名上疏,要求去掉窦太后尊号,不让她和先帝合葬在一起。刘肇否决了,他说:"虽然窦宪兄弟横行不法,但太后深明大义,生活俭朴,勤劳国事。我跟她生活了十多年，都很清楚。你们不要多说了。"但是，为了表示对生身母亲的怀念，刘肇追尊生母梁氏为皇太后，然后一一对梁氏家人予以分封，东汉历史上势力最大、为害最烈的外戚集团梁氏就此发萌。

公元105年，和帝刘肇去世。享年27岁。

汉殇帝刘隆

生卒时间：公元105年—公元106年
在位时间：公元106—公元106年

汉殇帝刘隆是和帝与邓皇后少子，出生100多天，和帝去世。按照传统，继承皇位的应是和帝的长子刘胜。但刘胜有病，多年不愈，故先立刘隆为皇太子，接着在当天夜里，襁褓中的刘隆正式即皇帝位。邓皇后汉称邓太后，临朝听政。

8月，在邓太后忙于发号施令之际，仅做了8个月皇帝的刘隆悄然离世。因夭折而亡，故谥"孝殇皇帝"。

汉安帝刘祜

生卒时间：公元93年—公元125年
在位时间：公元107年—公元125年

> 孝安虽称尊享御，而权归邓氏，至乃损彻膳服，克念政道。然令自房帷，威不逮远，始失根统，归成陵敝。遂复计金授官，移民逃寇，推咎台衡，以答天眚。既云哲妇，亦"惟家之索"矣。
> ——《后汉书·孝安帝纪》

汉殇帝的过早夭折，使清河王刘庆的儿子刘祜得以位及九重。公元106年，13岁的刘祜即位。

安帝刘祜在位期间，东汉王朝已经开始走向衰落，内忧外患，诸事多艰。先有西北边疆战事频繁，西域各国因不满都护的苛政，纷纷叛汉；长达11年之久的羌族起义，使得东汉元气大伤；后又是国内灾害不断，人民困苦不堪。

而在朝中，以邓太后为首的邓氏外戚集团又继续把持朝政。面对这种情况，一批官僚士大夫准备发动政变，但消息不慎走漏，邓太后迅速反击，将政变扼杀在襁褓之中。

直到公元121年，邓太后去世，长期受制于邓太后的安帝得以亲政。为了便于自

已亲政，安帝刘祜在朝廷中开始了一场针对邓氏集团的行动，最终将邓氏集团消灭。安帝在他统治时期，主要精力都放在了镇压邓氏集团和废太子另立等宫廷事务上。

公元125年，安帝刘祜在南巡途中去世。

汉顺帝刘保

生卒时间：公元114年—公元144年
在位时间：公元125年—公元144年

> 古之人君，离幽放而反国祚者有矣，莫不矫鉴前违，审识情伪，无忘在外之忧，故能中兴其业。观夫顺朝之政，殆不然乎？何其效僻之多与？孝顺初立，时髦允集。匪砥匪革，终沦嬖习。保阿传土，后家世及。冲天未识，质弑以聪。陵折在运，天绪三终。
>
> ——《后汉书·孝顺孝冲孝质帝纪》

公元125年，安帝刘祜在巡游途中去世，随行的阎皇后密不发丧，回宫后安排好诸事才宣告消息，并派人迎立济北王刘寿的儿子刘懿为帝。但是，这刘懿不久就因病死去。阎太后为了继续专权，将刘懿已死的消息封锁，并着手寻找其他皇位继承者。为防止意外事变，他们又把宫门关闭，并派重兵把守。

阎太后瞒得了不知底细的大臣，却瞒不了宫中的宦官。宦官孙程等人密谋起事，杀死亲阎氏宦官，迎接济阴王刘保即皇帝位。

顺帝刘保登上云台，召集公卿百僚，并命令士兵严密把守南、北宫诸门。取得绝对优势后，刘保即派人到阎太后那里夺取到玉玺，又派人去逮捕并处死阎显等人，将太后迁往离宫。于是，一场宫廷夺权斗争结束，顺帝刘保回到皇帝位。

顺帝刘保当政时期，东汉王朝的统治已经是江河日下、天灾不断，农民起义频繁。东汉政府为镇压起义耗费了大量军饷，士兵们则受尽虐待、怨声载道。

亲政后的刘保，被不断的内忧外患搞得焦头烂额，最后实在无能为力，只好听之任之。他宠爱贵人梁氏，便将其册立为皇后，又封梁氏的父亲梁商为大将军，因此以梁冀为首的梁氏集团逐渐掌握了政治大权。

公元144年，顺帝刘保逝世，终年30岁。

汉冲帝刘炳

生卒时间：公元142年—公元145年
在位时间：公元144年—公元145年

汉冲帝刘炳是汉顺帝刘保唯一的儿子,母亲虞贵人。公元144年,汉顺帝刘保病重,刘炳被立为皇太子。是年8月,顺帝去世,年仅2岁的刘炳继位。

冲帝即位后,汉顺帝的梁皇后以皇太后的身份临朝称制,其兄大司马大将军梁冀主持朝政。汉冲帝在位期间,正值东汉王朝的多事之秋,在他在位的短短5个月时间里,全国各地动乱不绝。不过,这一切对汉冲帝来说,既不知道,也不重要,其时他正在与病魔做着最后的抗争。

公元145年,仅做了5个月小皇帝的刘炳病重去世,终年3岁。

汉质帝刘缵

生卒时间:公元137年—公元146年
在位时间:公元145年—公元146年

年仅3岁的冲帝夭折后,梁冀为控制皇帝而选择了刘缵,刘缵本来只是一个地方诸侯王,于公元145年即皇帝位。梁太后依然以皇太后的身份临朝称制,而朝政基本上控制在梁冀手中。梁冀此人,专横跋扈,无所不为,引起了一些正直朝臣的抵制。以太尉李固为首的一些士族官僚纷纷上书批评梁冀的所作所为,力求矫正时弊,但都遭到了梁冀的打击和压制。

朝廷上梁冀颐指气使、不可一世的样子,使8岁的汉质帝也看不下去了。一次朝会中,他当着群臣的面叫梁冀是"跋扈将军"。梁冀害怕之余,吩咐亲信暗中把毒药搀在饼中,质帝吃过毒饼,顿觉气闷肚痛,中毒身亡。

汉质帝刘缵仅仅做了18个月的皇帝,公元146年去世。年仅9岁。

汉桓帝刘志

生卒时间:公元132年—公元167年
在位时间:公元146年—公元167年

前史称桓帝好音乐,善琴笙。饰芳林而考濯龙之宫,设华盖以祠浮图、老子,斯将所谓"听于神"乎!及诛梁冀,奋威怒,天下犹企其休息。而五邪嗣虐,流衍四方。自非忠贤力争,屡折奸锋,虽愿依斟流彘,亦不可得已。桓自宗支,越跻天禄。政移五幸,刑淫三狱。倾宫虽积,皇身靡续。

——《后汉书·孝桓帝纪》

▌终除梁冀

公元146年,质帝被大权在握的梁冀毒死。随后,梁冀又一手将河间孝王刘开的孙子,15岁的刘志推上帝位,是为桓帝。

桓帝刘志即位后,大权被梁冀所掌握。梁冀先后将朝中异己统统罢黜或杀掉,然后将所有亲戚均封为官,权力达到顶点。而朝中政事,无不由梁冀决定;官员们升迁任免,都要先到他家里谢恩,才能再去办理手续;地方郡县每年进献的贡品,要先把上等的送给梁冀,然后才把次等的献给桓帝。梁冀穷奢极欲,修建豪宅,贪婪残暴,民愤极大。

刘志对梁冀的横暴也早有怨恨,但梁冀将他的两个妹妹安插在刘志身边,因此不敢发作。直到公元159年,梁皇后病死,刘志方才开始策划诛灭梁氏。他将宦官唐衡、单超等人召集起来,密谋诛除梁冀,并用牙齿咬单超手臂出血为盟。安排妥当后,他开始行动,很快逼梁冀、孙寿自杀,梁、孙家族全部弃市,其他公卿大臣因牵连而死的数十人,故吏宾客被罢免的有300多人,一时朝廷为空,百姓们无不拍手称快。

▌党锢之祸

但诛灭梁冀以后,朝廷的大权又落到因谋诛梁冀有功的宦官单超等5人手中,世称"五侯"。他们挟持桓帝,滥行淫威。不久,刘志因害怕他们势力强大到严重威胁皇权,对五侯又慢慢开始限制,最后总算解决了此5人的擅权。

此时东汉国库基本枯竭,刘志一方面对农民加重剥削,另一方面减借百官俸禄,借王、侯国租税和卖官,为灵帝时更大规模的卖官开了先河。

种种弊政的实施,使得一部分正直的官吏和一些太学生联合发起"清议"。刘志为了保障中央对地方的控制,杀掉了胆敢在他宣布大赦的时候杀人的地方官,接着发动禁锢"党人"事件,镇压打击宦官的直臣。而这时,以皇后邓氏为首的外戚势力逐渐膨胀起来。

公元167年,桓帝刘志暴病而亡,年36岁。

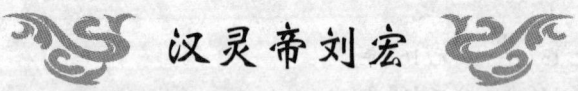

汉灵帝刘宏

生卒时间:公元156年—公元189年
在位时间:公元167年—公元189年

> 《秦本纪》说赵高谲二世,指鹿为马,而赵忠、张让亦给灵帝不得登高临观,故知亡敝者同其致矣。然则灵帝之为灵也优哉!灵帝负乘,委体宦孽。徵亡备兆,《小雅》尽缺。麋鹿霜露,遂栖宫卫。
> ——《后汉书·孝灵帝纪》

灵帝刘宏，是桓帝的亲堂侄。公元167年，因桓帝无子，由桓帝的皇后窦妙立为皇帝，灵帝登基时，年仅12岁。

年少的刘宏在某些事物方面需要宦官照顾引导，所以对宦官极其依赖。灵帝设了张让、赵忠等中常侍，人们称之为"十常侍"。他们把持朝政，不仅封侯受赏，连他们的父兄子弟也被派往各州郡做官。灵帝甚至对人说："张常侍（张让）是我父，赵常侍（赵忠）是我母。"

宦官专权后，在全国实行独裁统治。只要有人对他们稍有不满，他们就诬告陷害，或流放禁锢，或杀身灭族；在经济上，兼并土地，巧取豪夺；在生活上，腐化糜烂，挥金如土。

对于皇帝刘宏而言，最重要的还是如何让自己这一生快乐地度过。平时，他爱用4匹白驴驾车，在御苑驱驰。达官贵人竞相仿效，一时间驴子备受青睐、身价暴涨，驴价等于马价。他给狗戴上文臣戴的进贤冠，佩上绶带，逗它们玩。

刘宏不爱江山爱经商。他在后宫中设置了一个市集，让宫女们贩卖物品，互相盗窃争斗。他脱去龙袍，换上商人的服装，在市肆中饮宴取乐。

国库挥霍得差不多之后，刘宏开始大肆卖官。他在西园悬出卖官的公开价格：两千石官，交钱2000万文；四百石官，交钱400万文；县令、县长，当面议价。缺有好坏，价有高低。到富庶地方去的，交现款；贫穷地区，先议好价，到任以后加倍交纳，这是公开的。还有"黑市"交易：三公，1000万钱；卿，500万钱。除了皇帝这个位子不卖外，其他官位都可以拿钱买。而结果就是买官的人上任后更加盘剥百姓，使原本就已十分尖锐的阶级矛盾达到白热化，引发了轰轰烈烈的农民大起义。

公元184年，由张角领导的黄巾起义爆发。灵帝任命何进为大将军，督率大军驻守洛阳，保卫京师；任皇甫嵩、朱儁为左、右中郎将，率军进剿对洛阳威胁最大的颍川黄巾军；遣北中郎将卢植率军进剿冀州黄巾军。几经战斗，颍川、南阳黄巾军先后失利，张角病亡。听说"黄巾贼"被剿灭，灵帝大为亢奋，改元中平。他一面封赏将士，一面对起义群众进行血腥报复，每郡被杀的黎民都有数千人。

公元189年，年方34岁的灵帝结束了荒唐的一生。

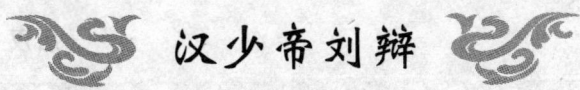

汉少帝刘辩

生卒时间：公元176年—公元190年
在位时间：公元189年—公元190年

刘辩是宫女何氏为汉灵帝生的一个皇子，母以子贵，何氏也因此而进封贵人，两年后又被立为皇后。而不久，后宫王美人生了一子，取名"协"。何皇后气急败坏，毒杀了王美人。

长大后的刘辩，行为轻佻。灵帝不喜欢他，欲立刘协为皇太子。但刘辩之母是皇后，他是嫡长子，他的舅舅何进位居大将军，握有重兵。所以，立太子的事情搁置下来。

谋诛宦官

公元189年，汉灵帝病死，少帝即位。国家大权被外戚何进掌握。从此，宦官和外戚展开夺利之争。何进忿恨宦官蹇硕算计他，意欲铲除。当时中军校尉袁绍，也嫉恨宦官专权，两人不谋而合。于是，何进召并州牧董卓等人统兵进逼京师，但张让等一群宦官很快就找到机会，杀掉何进。听说何进被杀，袁绍和何进的部将带兵反攻，攻入后宫，杀掉宦官2000人。

张让等无力还击，便劫持少帝刘辩和陈留王刘协出逃，路上正好遇到董卓引兵救驾。少帝见到董卓的军队骄横跋扈，吓得直哭，说不出话来，还是年仅9岁的刘协把事变的经过简略地说了一下。董卓自此认为刘协比刘辩贤能，遂有废立之心。

刘辩被废

"挟了天子"，董卓当然就可以"令诸侯"了。于是，董卓唆使手下爪牙上疏，请求罢免司空刘弘，任命董卓为司空。接着，他大会群臣，集议废立之事，然后胁迫太后，废刘辩为弘农王，立刘协为帝。

第二年，袁绍等起兵讨伐董卓，董卓派人逼迫刘辩喝毒酒自杀，时年15岁。

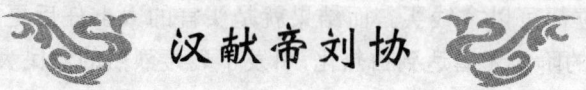

汉献帝刘协

生卒时间：公元181年—公元234年
在位时间：公元189年—公元220年

> 传称鼎之为器，虽小而重，故神之所宝，不可夺移。至令负而趋者，此亦穷运之归乎！天厌汉德久矣，山阳其何诛焉！献生不辰，身播国屯。终我四百，永作虞宾。
> ——《后汉书·孝献帝纪》

公元189年，董卓宣布废除少帝刘辩，立陈留王刘协为帝，从此，9岁的陈留王刘协成为东汉的末代皇帝，是为献帝。

立献帝后，董卓完全控制了朝政大权，他的军队在洛阳劫掠财物，奸淫妇女，无恶不作。

董卓的专权，引起各地豪强的不满。公元190年，各地以讨伐董卓的名义纷纷起兵，并组成了联军进攻董卓，正式拉开了东汉末年军阀混战的序幕。联军从北、东、西三面来包围洛阳，董卓无力对抗，于是挟持刘协由洛阳迁都长安。

公元192年，王允与董卓义子吕布密谋刺杀董卓成功，但不久王允被杀，刘协又落入李傕、郭汜等人手中。

公元195年,李傕、郭汜发生内讧,在长安城中对攻。李傕派兵将刘协、皇后、宫人及大臣们劫去。不久,刘协在杨奉、董承等的护卫下东逃,来到洛阳。

这时中原地区袁绍和曹操两大势力正进行着频繁的政治和军事斗争,孙策占据江东,刘表占据荆州,刘璋割据益州,凉州为韩遂、马腾占有,公孙度盘踞辽东,刘备此时正在依附幽州的公孙瓒。公元196年,曹操抢先率军进驻洛阳,取得了"挟天子以令诸侯"的地位,接着便命令刘协迁都许昌。刘协不甘心做傀儡,于是写好密诏,命董承、刘备等密谋除去曹操,结果事情泄漏,董承等人被曹操所杀。

公元207年,曹操基本完成对北方的统一,随后便置三官署,置丞相、御史大夫,曹操自为丞相。

公元214年,刘协的伏皇后秘密请求其父杀掉曹操,结果密信被发现。曹操知道后,大发雷霆,命令刘协废掉伏皇后,将伏皇后关到监狱里。此时的伏皇后正有身孕,不久幽闭而死。伏皇后所生的两个儿子也被毒死,伏氏宗族被处死100多人。

公元220年,曹操病死,其子曹丕袭爵为魏王。就在这一年,曹丕逼刘协禅位于他,建立魏,东汉灭亡。

刘协被废后,被封为山阳公,直到公元234年病死,享年54岁。

三国

魏文帝曹丕

生卒时间：公元187年—公元226年
在位时间：公元220年—公元226年

> 文帝天资文藻，下笔成章，博闻强识，才藝兼该；若加之旷大之度，励以公平之诚，迈志存道，克广德心，则古之贤主，何远之有哉！
> ——《三国志·文帝纪》

▌潜心砥砺　终为太子

曹丕是曹操的次子，4岁就开始学骑马射箭，自幼就跟随父亲南征北战，过着戎马生活。父亲的四处征伐、文功武略，言传身教地影响着曹丕兄弟，也培育了他们政治上统驭江山的雄心。公元197年，曹操遭到张绣围攻，勇将典韦战死，长子曹昂和侄子曹安民为救曹操战死，曹丕成为曹操的长子。

"挟天子以令诸侯"的曹操将名存实亡的东汉王朝的大权完全掌握在自己手中，为曹丕称帝奠定了坚实的基础。公元208年，曹操赤壁之战大败而归。此后，曹操和孙权、刘备三分天下的局面逐渐形成。

而此时，曹丕正为争夺魏王太子的位置，与众兄弟明争暗斗。在曹操的25个儿子中，能够有资格被立为王太子的，有被立为正室的卞夫人所生的曹丕、曹彰、曹植、曹熊、曹冲，因此争斗就在他们几人之间展开。

按照嫡长子继承的传统制度，曹丕在争立太子的过程中具有最为优越的条件。但曹丕面对的是几位才识卓越亦雄心勃勃的兄弟，其中最早对曹丕构成威胁的是他同父异母的小弟曹冲。曹冲聪敏过人，五六岁时就留下了后人熟知的曹冲称象的故事。曹冲经常为那些平时勤勉而因某一过失触犯刑律的将吏向曹操请求宽刑,经曹冲辨明冤情而免遭杀戮的有几十人。曹操非常喜爱这个儿子,经常对群臣称赞曹冲,有让曹冲继承事业之心。不过,曹冲的寿命不长,13岁时就因病死去。曹操十分悲痛,对众子说:"这是我的不幸,却是你们兄弟的大幸!"

后来让曹丕提心吊胆的是二弟曹植。曹植平时生活简朴、不尚华丽,却是能文能武、才思敏捷,每当曹操问以军国大事,都能应声而答,因此特别受到曹操的宠爱。当时杨修、丁仪等人也都向曹操进言,劝曹操立曹植为太子。

曹植虽文才优于曹丕,在政治斗争方面却不是曹丕的对手。曹丕听从贾诩的话,表现出宽厚仁德、奉行仁人志士简约勤勉的精神,朝夕兢兢业业。论筹谋夺权、治理国家,曹丕有胜曹植一筹的才干,使得曹操对他看法越来越好。而曹植饮酒无度,行为不检点,又不注意掩饰,多次犯了曹操的禁忌,曹操决定立曹丕为太子。

公元217年,曹丕终于被立为魏王太子。公元220年,曹操病逝。曹丕接管了父亲的官衔和职权。

▍篡位称帝　兄弟相煎

曹丕任魏王兼丞相后,为广泛培植势力,创立了九品中正制,即以贤能有见识的人来担任中正,由他们品评本郡的人才,分为九品,然后由吏部任命为官,确实选拔了一些人才。

公元220年10月,曹丕正式接受汉献帝的禅位,登基称帝,建立魏国。

即位后的曹丕,为巩固自己的统治地位,给自己的父亲上尊号为"武皇帝",并分遣诸兄弟返回各自的封地。回临淄的曹植心灰意冷,借酒浇愁,醉后行为自然疏狂。

消息传来,曹丕不禁大怒,命人将曹植押来,想严治曹植之罪。曹丕说:"你我在亲情上虽然是兄弟,可在官场上却是君臣!你怎么敢蔑视礼法!以前先王在世时,常向别人夸耀你的文章,我怀疑你是找人代笔写的。现在限你七步之内吟出一首诗来。假如你真能七步成诗,我免你一死,否则决不宽恕!"

曹植说:"请出题。"曹丕说:"我和你是兄弟,就以此为题,但不许涉及'兄弟'字样。"曹植站起身来,慢慢走动,不到七步,诗已顺口而出:"煮豆燃豆萁,豆在釜中泣。本是同根生,相煎何太急!"曹丕听了,动了手足之情,于是贬曹植为安乡侯,曹植以其超群的文才总算逃过了一次危难。

而曹丕为了削弱诸弟的力量,对他们多方限制、处处防范。诸王在封地内形同软禁,曹氏兄弟们人人自危,不敢有少许违逆的举动。曹丕分封诸王的目的不是为了屏障中央,而是为了防止诸弟争权,这个目的确实达到了,但也造成皇室孤立无援,使日后司马懿父子能够较为容易地篡夺曹氏的大权。

▍一代文豪　一世枭雄

曹丕在位期间,平息了当地胡人的反抗,进一步巩固了曹魏在北方的统治。然

而，更为人称道的，还是他的文采。他和父亲曹操、兄弟曹植在文坛上的造诣有口皆碑，经常与"建安七子"等才华横溢的文人在一起赋诗唱和，稳稳领导着邺城文坛；曹丕另著有《典论》一书。这部文学理论批评专著，总括了建安时期各位名作家的诗文成就和特点，为不朽之作。

曹丕屡次对东吴和蜀汉用兵，都未能成功。公元226年，伐吴失败的曹丕病倒，不久便病重死去。

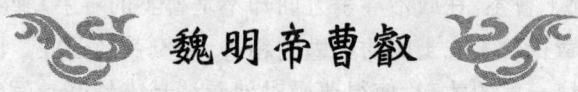

魏明帝曹叡

生卒时间：公元206年—公元239年
在位时间：公元226年—公元239年

> 明帝沉毅断识，任心而行，盖有君人之至概焉。于时百姓凋弊，四海分崩，不先聿修显祖，阐拓洪基，而遽追秦皇、汉武，宫馆是营，格之远猷，其殆疾乎！
>
> ——《三国志·魏书·明帝纪》

▌意外得宠　任贤罢浮

曹叡的生母甄氏，原是袁绍儿子袁熙的妻子。曹丕当年随曹操攻破邺城，发现甄氏很美，便娶为妻，不久就生曹叡。后来，曹丕又宠爱郭贵妃，甄氏逐渐失宠。曹丕继位为魏王后，郭贵妃一心想做正宫，便对甄氏大肆排挤，甚至造谣说曹叡不是曹丕的儿子。曹丕信以为真，对甄氏更加冷淡，最终还下令勒死了甄氏。年幼的曹叡随着母亲的失宠，开始感受宫中冷暖。

一次，他随父亲曹丕外出打猎，不多时，就见山中被驱赶出母子二鹿，曹丕马上拔箭射死母鹿，回头看见小鹿已跑到曹叡马前，于是大声喊："快射死它！"曹叡却没有动手，抽泣着对曹丕说："陛下已射死鹿母，我怎忍心再将鹿子杀死？"曹丕听后，怦然心动，拍着曹叡的肩膀说道："我儿真是仁德之主啊！"于是，他扔掉弓箭，罢猎回宫。这次围猎使曹叡在宫中的地位有了转机，并使曹丕有了立他为太子的打算。公元226年，曹丕死，曹叡即位登基，是为魏明帝。

明帝即位后，首先下令对前朝大臣优抚，赢得了他们的支持；又下令司马懿等人到各地独当一面，把中央政府的权力紧紧地抓在了自己的手中。公元229年，明帝下令制定《新律》，对官员进行法律监督。由于明帝重贤任能，国内局势一直比较稳定，农业、手工业及商业都有所发展。

南御吴蜀　北平辽东

公元227年，蜀汉丞相诸葛亮开始北伐。曹叡采取防御战略，下令避开蜀汉丞相诸葛亮的北伐势头，不与其正面交锋；又任用谋臣司马懿与诸葛亮对峙，逼得诸葛亮六次北伐皆以失败而告终，于公元234年死在五丈原，蜀汉再无能力进攻曹魏，最后被曹魏所灭。

公元226年，孙权御驾亲征，进攻曹魏的江夏郡，魏将文聘据城坚守。消息传到洛阳后，曹魏一些大臣请求出兵援救，曹叡却说："孙权的优势是在水上，现在离开水面进行陆战，就根本不可能成功。现在，文聘据城坚守，说明孙权的突击没有成功。所以孙权必定不会久留。"几天后，果然传来孙权撤退的消息，大臣们对曹叡的判断力极为佩服。

公元238年，曹叡派司马懿前往辽东，讨伐公孙渊，平定辽东。

大兴土木　挥霍淫乐

曹叡喜欢大兴土木，并将大批民夫征调到洛阳服役，致使土地大片荒芜，无人耕耘。曹叡还喜欢出游，命令马钧造成指南车，然后乘车随意游玩，后宫充斥大量美女，皇后毛氏稍有怨言，就被他赐死。

曹叡荒淫无度，却一直未有子嗣。为使皇位有人接替，他便从宗室中领养两个儿子。

公元239年，曹叡病死，只有35岁。

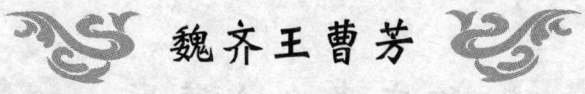

魏齐王曹芳

生卒时间：公元231年—公元274年
在位时间：公元239年—公元254年

> 古者以天下为公，唯贤是与。后代世位，立子以適；若適嗣不继，则宜取旁亲明德，若汉之文、宣者，斯不易之常准也。明帝既不能然，情系私爱，抚养婴孩，传以大器，托付不专，必参枝族，终于曹爽诛夷，齐王替位。高贵公才慧夙成，好问尚辞，盖亦文帝之风流也；然轻躁忿肆，自蹈大祸。陈留王恭己南面，宰辅统政，仰遵前式，揖让而禅，遂飨封大国，作宾于晋，比之山阳，班宠有加焉。
>
> ——《三国志·魏书·三少帝纪》

魏明帝临死前，将曹芳托付给曹爽和司马懿二人，希望他们能辅佐曹芳兴魏而

统一天下。魏明帝死后，公元239年，曹芳即位，由司马懿和曹爽轮流处理一切政事。

司马懿为曹魏政权立了大功，受到曹丕和曹叡重视，才成为两代君王的顾命大臣。曹爽自然对司马懿十分嫉妒，想方设法除掉他。司马懿装聋作哑，暂时忍让，给曹芳上书说自己年老有病，要求退职闲居，曹芳在曹爽的授意下，立即准奏。

告老还家的司马懿装病不出，但曹爽对他还是不放心。恰在这时，李胜任青州刺史，前来辞行。曹爽灵机一动，让他假借到太傅府上辞行，趁机察看司马懿的动静。于是，李胜来到太傅府，只见司马懿面容憔悴地躺在床上，由两个侍女扶着，才勉强撑起身来。李胜对他说："我要去青州上任了，向您来辞行！"司马懿含糊地说："并州接近边疆，可要好好防备！"李胜说："是青州！"司马懿说："你从并州来？"李胜没有办法，只好借用纸笔，才对司马懿说明白。司马懿看了好一会儿才说："原来是青州哇，我病得耳聋眼花了，刺史路上保重吧！"说完，司马懿用手指指嘴巴，侍女捧上汤水，司马懿故意手颤没拿稳，弄得满身粥浆。最后，他流着泪对李胜说："我年老力衰，活不久了，剩下两个儿子，要托曹大将军照顾，请李刺史在曹将军面前多多美言。"待李胜走后，司马懿便披衣起床，对司马师和司马昭说："李胜回去必定要跟曹爽说，他不会再怀疑我了。"

李胜把相见的情况向曹爽报告后，曹爽满心高兴，对司马懿不再戒备。于是，在公元249年，曹爽跟着曹芳，借口出城祭祖打猎去了。司马懿趁机发动政变，控制了洛阳城，并将曹爽兄弟全部处死，诛灭三族，曹魏的军政大权从此归司马懿控制。

公元251年，司马懿因病身亡，他的儿子司马师继承了父亲的职位，总揽了一切军政大权，把曹芳完全当成了一个摆设，最终废掉了曹芳。

曹芳退位后，到齐国居住，西晋建立后被封为邵陵公，公元274年死去，终年43岁。

魏高贵乡公曹髦

生卒时间：公元241年—公元260年
在位时间：公元254年—公元260年

公元254年，司马师废掉曹芳，将曹髦推上皇位。曹髦即位时，年仅14岁，但他非常清楚朝廷的大权被司马师掌握的现实，既然司马师能废曹芳而立曹髦，那么也可以废曹髦而立他人，所以曹髦极力推辞，却未得允许，最后只得登基。

曹髦即位后，崇尚节俭，并派侍中到各地观察民风民俗，处理冤案，考察地方官的执政情况，是一位试图做中兴之君的年轻皇帝。

曹髦即位第二年，扬州都督、镇东将军毋丘俭起兵讨伐司马师。刚刚割掉眼睛上瘤子的司马师率军得胜，不久眼睛进血而死。公元257年，诸葛诞起兵反对司马昭，司马昭打败并诛杀诸葛诞，从此将曹魏军政大权完全集中到自己手里。

曹髦始终只有虚名而无实权，郁闷之中写下《潜龙》一诗："伤哉龙受困，不能跃深渊。上不飞天汉,下不见于田。蟠居于井底,鳅鳝舞其前。藏牙伏爪甲,嗟我亦如然。"

不料,司马昭看到此诗,大为恼火。公元260年的一天,司马昭佩剑上殿,曹髦不满地瞪眼看他,司马昭叱责道:"看我干什么?"曹髦低头不语。这时,受司马昭控制的朝臣也在旁边说道:"大将军功德卓著,应为晋公。"曹髦仍低头不语,司马昭厉声说道:"我父兄三人立有大功,封我为晋公,还不容许吗?"曹髦答道:"谁敢不从?"司马昭接着又说:"《潜龙》诗里,把我们当做鳅鳝,是什么意思?"曹髦听后,汗流如雨,司马昭冷笑着退下殿去。

曹髦回到后宫,即召侍中王沈三人,说道:"司马昭之心,路人皆知,我不能坐等被废的耻辱,请你们与我一道讨伐他。"王沈等劝告无效,见势不妙,忙向司马昭报告去了。

曹髦亲自率领宫中侍卫从宫中冲出来,正好碰上正想冲进皇宫的贾充率领的三千甲兵。曹髦大声呵斥道:"我是天子,你们闯入宫廷,想杀君王吗?"禁兵面面相觑,都不敢动。贾充见状,对他身边的成济喊道:"司马公养活你,就是为了今天。你看你该怎么办?"成济得令,回头问贾充:"是杀还是绑?"贾充说道:"这还用问吗?"成济领会,操戈朝曹髦猛刺,20岁的曹髦当即死于车旁。

魏元帝曹奂

生卒时间:公元246年—公元302年
在位时间:公元260年—公元265年

曹奂,曹操之孙,燕王曹宇之子。公元260年,曹髦被司马昭派人杀害,曹奂即位。

公元263年,司马昭率三路大军进攻蜀国。懦弱无能的后主刘禅投降,蜀汉灭亡。平蜀后的司马昭在积极筹措篡位之际忽然中风,暴病而亡。司马昭死后,司马炎继为相国、晋王。

公元265年,司马炎逼曹奂禅位,改国号为晋,魏国遂亡。曹奂退位时,年仅20岁,司马炎对他还算宽大,使他得享天年,寿终正寝。

蜀昭烈帝刘备

生卒时间:公元160年—公元223年
在位时间:公元221年—公元223年

> 先主之弘毅宽厚，知人待士，盖有高祖之风，英雄之器焉。及其举国托孤於诸葛亮，而心神无贰，诚君臣之至公，古今之盛轨也。机权幹略，不逮魏武，是以基宇亦狭。然折而不挠，终不为下者，抑揆彼之量必不容己，非唯竞利，且以避害云尔。
>
> ——《三国志·蜀书·先主传》

起兵初创业

刘备是汉景帝的儿子中山靖王刘胜的后代。因刘氏皇族枝叶的不断繁茂，到刘备的时候，已经是家境贫寒，平日只得以编鞋织席维持生计。不过，刘备从小就怀有大志，他在家乡的大桑树底下玩乐时说："我将来一定要乘上有真正篷盖的天子之车。"

东汉末年爆发黄巾起义，朝廷派大军镇压起义军，刘备加入镇压起义军的行列。正是这次起兵，使刘备与关羽、张飞二人结识，"桃园三结义"成为兄弟。刘备因镇压义军"有功"，

蜀昭烈帝刘备

被朝廷任命为安喜县尉，但随后因鞭笞前来巡视各县督察官吏并收受贿赂的督邮，挂印而去。走投无路的刘备，投奔幽州军阀公孙瓒。

这时，群雄逐鹿中原，各地军阀混战不已。曹操进攻徐州牧陶谦，陶谦派人向公孙瓒告急，刘备受命前往徐州援救。陶谦见刘备兵力不多，给了他四千人马，封他为豫州刺史，让他屯驻小沛。陶谦病死后，刘备趁机接管徐州，开始跻身于军阀之列。但随后袁术勾结吕布，袭击刘备的后方下邳。刘备腹背受敌，只得投奔曹操。曹操举荐刘备为豫州牧，与刘备共同出兵对付吕布，将吕布杀掉。这时，刘备又被曹操上表推举为左将军。

煮酒论英雄

刘备虽依附于曹操之下，但他有自己的雄心大志，生怕遭到曹操的猜疑，常在院子里刨地种菜，一副悠然自得、胸无大志的样子。

此时的曹操权倾朝野，汉献帝要外戚董承设法除掉曹操。他写了一道密诏缝在衣带里，又把这条衣带送给董承。董承接到衣带中的密诏，觉得自己力量不够，认为刘备是皇室的后代，就秘密找刘备商量一起干，刘备同意了。

没多久，曹操邀刘备喝酒。两个人谈着谈着，很自然地谈到天下大事上。曹操拿起酒杯，说："您看现在那么多人在争夺天下，有几个算得上英雄呢？"刘备说："袁绍久在冀州经营，号称拥兵百万，有良将数十人，又曾诛杀宦官，平定宦官之祸，可称

得上英雄。"曹操笑言:"袁绍刚愎自用,有雄心而无进取之心,称不上英雄。"刘备又说:"公孙瓒固守辽东;刘表坐拥荆州,雄踞一方,应该算得上英雄。"曹操又说:"此二人虽有根据地,但胸无大志,更不能称做英雄。"刘备又说:"孙策、孙权偏安东吴之地,又有传国玉玺,能称得上英雄了吧?"曹操摇摇头说:"偏安东吴,不在中原地区,只能称得上一方豪杰,算不上英雄。"刘备说:"那么我说不上来了。"曹操面露笑容,从容地对刘备说:"依我看,当代的天下英雄,只有你我二人。"

听到曹操这句话,刘备大吃一惊,身子打了一个寒战,以为密谋事情败露,连手里的筷子也掉了下来。恰好天边响起一声响雷。刘备一面俯下身子拾筷子,一面说:"这个响雷可厉害,把人吓成这个样子。"这样,他总算把惊慌的神情掩饰过去。

喝完酒,刘备一面和董承联络,一面找机会离开许都。袁术因被曹军打败,想经徐州北上投奔其兄袁绍,曹操准备派兵截击,刘备趁机请求前往。曹操未加考虑,随口答应,刘备立即领兵脱离曹操而去。

郭嘉等人听说此事,连忙来见曹操,大声说道:"主公不可放刘备出去!刘备出去后必然叛变作乱!"曹操一听,不觉后悔,马上派人追赶,但刘备已走得无影无踪了。

第二年春天,有人向曹操告发董承和刘备在许都合谋反对曹操的事。曹操把董承杀了,决心亲自发兵征讨刘备。刘备兵少,抵挡不住曹操的进攻,只好放弃徐州往冀州投奔袁绍。一个多月后,刘备散失的部众渐来会集,力量渐渐恢复。

三顾茅庐

这时,袁绍与曹操在官渡大战,全军溃败,刘备遂南下投奔荆州太守刘表。刘表让刘备屯驻新野,防备曹军南下。

刘备虽有关羽、张飞等几员猛将,但缺乏才能出众的军师谋主。因此,刘备渴慕贤才奇士,三赴隆中请孔明出山。刘备虚心请教天下之事,诸葛亮分析了曹、孙、刘当时各自占有的天时、地利与人和因素,提出了占荆襄、夺益州三分天下的战略,这就是历史上有名的"隆中对"。

隆中对后,刘备遭到曹操的大军进攻,离开新野南逃,在当阳长坂坡被曹操团团包围。刘备抛却妻子,只带领诸葛亮、张飞、赵云等人突围而走。赵云孤身怀抱刘备弱子刘禅,杀出重围。

公元208年,刘备与孙权联合,在赤壁火烧曹操水军,击溃曹军,开始有了三分天下的雏形。

平定荆州、益州 夺取汉中

赤壁之战后,刘备的实力和地盘与曹、孙相比仍难抗衡,因此如何进一步增强势力、扩张地盘便成了当务之急。

刘备占有荆州后,便着手进取益州。当时的益州是汉朝宗室刘璋的领地,他懦弱无能。当初曹操打下荆州,刘璋极为害怕,就想归附,他便派张松去荆州拜见曹操。谁知曹操对张松十分冷淡,张松极为恼火,便辞别曹操,去见刘备。刘备对张松诚恳热情,使张松十分感动,于是将益州地图献给刘备。随后在张松等人的支持下,刘备攻下成都,自称益州牧。

曹操见刘备夺得益州,便率兵来攻。刘备大败曹军并乘胜占领汉中,扩展了疆域。此后,在部下的拥戴下,刘备自称汉中王。

刘备自立为汉中王后不久,就得到曹丕自立为大魏皇帝的消息。以诸葛亮为首的文武大臣面请刘备称帝。于是公元221年,刘备在成都举行即位仪式,定国号为蜀汉。

彝陵之战

在荆州与曹操作战的关羽水淹七军,势不可挡,威震华夏。于是,曹操与孙权结盟,共同袭杀了关羽。至此,对于刘备至关重要的荆州落入孙权手中,孙刘联盟彻底破裂。

刘备即位之后的第一件事就是进攻东吴,夺回荆州,报仇雪恨。而没有等刘备出兵,张飞的部将叛变,杀掉了张飞。刘备一连丧失两员猛将,力量大大削弱。

此时东吴孙权听说刘备出兵声势很大,也有些害怕,派人向刘备求和,但遭到刘备的拒绝。孙权知道讲和已经没有希望,就派陆逊为大都督,带领五万人马抵抗。

公元222年,蜀军从巫县到彝陵(今湖北宜昌东)沿路扎下了几十个大营,又用树木编成栅栏,把大营连成一片,前前后后长达700里地。但是陆逊一直按兵不动,双方相持了半年。一天晚上,陆逊命令将士每人各带一束茅草和火种,预先埋伏在南岸的密林里,只等三更时候,就直奔江边,火烧连营,蜀军几乎全军覆没,历史上称为"彝陵之战"。

对于已进入暮年的刘备来说,这个沉重打击使他心情郁闷终致一病不起,后来病势加重,急召诸葛亮、李严、赵云到白帝城,托付后事。

公元223年,刘备在白帝城病死,享年63岁。

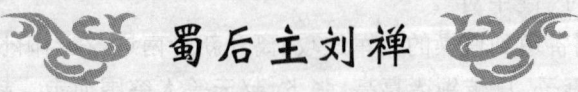

蜀后主刘禅

生卒时间:公元207年—公元271年
在位时间:公元223年—公元263年

> 后主任贤相则为循理之君,惑阉竖则为昏暗之后,传曰"素丝无常,唯所染之",信矣哉!礼,国君继体,逾年改元,而章武之三年,则革称建兴,考之古义,体理为违。又国不置史,注记无官,是以行事多遗,灾异靡书。诸葛亮虽达於为政,凡此之类,犹有未周焉。然经载十二而年名不易,军旅屡兴而赦不妄下,不亦卓乎!自亮殁后,兹制渐亏,优劣著矣。
>
> ——《三国志·蜀书·后主禅》

刘禅,小名阿斗。其母为甘夫人。公元208年,当阳长坂坡一战,幸得赵云拼死救出。刘备夺取益州后,刘禅才结束了颠沛流离的生活,当上了太子。

公元223年,刘备去世,刘禅继位为帝,改元建兴。

刘禅以诸葛亮为丞相,又封他为武乡侯,无论大小诸事都由诸葛亮决定。诸葛亮受刘备临终委托,在其后的10余年时间中,将蜀汉治理得井井有条。

蜀汉联和　平定南中

刘禅上台后,诸葛亮就把整顿内政、发展蜀中经济和与孙权重修旧好作为首先必须解决的几件大事。公元223年,诸葛亮派尚书郎邓芝出使东吴,邓芝不辱使命,说服孙权和曹魏断绝关系,专与蜀汉联和。

在恢复吴蜀联盟的同时,诸葛亮又集中精力整顿内政,奖励生产,积聚粮草。过了两年,蜀汉的经济情况好转,诸葛亮见条件成熟,遂于公元225年亲率大军平定南中叛乱。蜀军所到之处,节节胜利。不久,就扫清外围地区,深入南中腹地,收降少数民族首领孟获。

诸葛亮平定南中后,派驻地方长官,教少数民族人民发展农业和手工业,南中地区从此得到开发。平定后方后,诸葛亮开始积极准备,以图北出祁山进取中原。公元227年,诸葛亮将朝政安排妥当后,准备北伐,临行前向刘禅上了千古流传的《出师表》。

北出祁山　进取中原

诸葛亮北出祁山后,接连攻取天水、南安、安室三郡。消息传到洛阳,魏明帝急调大军西上,抵御蜀军主力。

这时,诸葛亮决定派兵占领街亭。在讨论人选时,诸葛亮不顾众议,决定提拔马谡为先锋。

马谡没有打仗的经验,自以为熟读兵书,根本不听左右的劝告,坚持要在山上扎营,结果被魏军切断了山上的水源,蜀军自乱阵脚。魏军看准时机发起总攻,使得蜀军大败,马谡只好自己杀出重围逃回祁山。

马谡失了街亭,而魏兵在司马懿的率领下,却穷追不舍,大兵突至城下。当时的诸葛亮把所有的精锐部队全都派出去了,身边只有一些老弱士兵。无奈之中,诸葛亮命令将城中所有旌旗放下,将城门大开,军士扮成平民百姓,手持扫帚,洒扫街道。他自己身披鹤氅,头戴华阳巾,手拿鹅毛扇,引二小童携琴一张,来到城楼上凭栏而坐,焚香操琴。司马懿看后,倒吸一口凉气,觉得城内肯定埋有重兵,传令退兵而去,诸葛亮得以安全撤回汉中。

诸葛亮对街亭失守十分痛心,挥泪处死了马谡。接着,诸葛亮又上书刘禅,自请处分。刘禅接到奏章,不知该怎么办才好。有个大臣说:"既然丞相有这个意见,就依着他吧。"刘禅就下诏把诸葛亮降级为右将军,以后又下诏恢复了诸葛亮的丞相职务。

秋风五丈原

公元229年,孙权正式称帝。刘禅派使臣到东吴,向孙权祝贺,并订立了新的盟约,约定互不侵犯,在灭魏之后平分曹魏之地。

公元234年,诸葛亮作好充分准备,率十万大军发动了他生平中最后一次北伐。他派使者到东吴,约孙权同时发起攻势,东西配合,使魏国两面受敌。4月,诸葛亮出斜谷口,到了渭水南岸的五丈原,与司马懿相持于渭水之南。蜀军纪律严明,在获胜数阵之后,诸葛亮在上方谷设下埋伏,用奇计将司马懿的军马诱入谷中,山上一齐丢下火把来,烧断谷口,火势冲天。魏兵死伤无数,司马氏三父子奔突无路,以为此番定死无疑,抱头痛哭。突然天降骤雨,司马懿父子免于一死。见此情景,诸葛亮不禁长叹一声:"天不佑蜀!"至此,司马懿高挂免战牌,坚守不出。诸葛亮见司马懿深沟高垒不出战,不禁郁闷致病积劳成疾。

后主刘禅得到诸葛亮生病的消息,派大臣李福到五丈原慰问。李福看到诸葛亮病势渐重,哭了起来。诸葛亮睁开眼睛,对李福说:"我懂得您想问些什么。您所要问的人,我看就是蒋琬吧。"李福说:"丞相说的是。皇上正要我问丞相万一身子不好,由谁来继任您的工作。那蒋琬之后,谁可以继任呢?"

诸葛亮说:"可以由费祎接替。"李福还想再问下去,诸葛亮闭上眼睛不回答了。几天后,诸葛亮去世,享年54岁。蜀汉各路人马按照诸葛亮生前嘱咐,有秩序地撤退。

亡国之君　乐不思蜀

诸葛亮死后,继任的蒋琬等人已无法约束刘禅,在宦官黄皓弄权下,蜀汉朝政日益腐败。尤其是公元246年蒋琬病死后,刘禅更是肆无忌惮,贪图享乐的性格如脱缰野马般自由发展起来。

公元263年,魏军攻下汉中,刘禅投降。司马昭对刘禅十分优待,封他为安乐县公。刘禅作为亡国之君,却怡然自得,乐不思归。有一次,司马昭大摆酒宴,请刘禅和原来蜀汉的大臣参加;宴会中间,还特地叫了一班歌女演出蜀地的歌舞。一些蜀汉的大臣看了这些歌舞,想起了亡国的痛苦,伤心得差点儿掉下眼泪。只有刘禅咧开嘴看得挺有劲,就像在他自己的宫里一样。司马昭问刘禅说:"您还想念蜀地吗?"刘禅乐呵呵地回答说:"这儿挺快活,我不想念蜀地了。"

有蜀臣在旁边听了,回到刘禅的府里,便教他说:"以后如果晋王再问起您,您应该流着眼泪说:'我祖上的坟墓都在蜀地,我心里很难过,没有一天不想那边。'这样说,也许晋王还会放我们回去。"

刘禅点点头说:"你说得很对,我记住就是了。"后来,司马昭果然又问起刘禅,说:"我们这儿待您不错,您还想念蜀地吗?"刘禅就把话原原本本背了一遍。他竭力装出悲伤的样子,但是挤不出眼泪,只好闭上眼睛。

司马昭看了他这个模样,心里早明白了一大半,笑着说:"这话好像不是你说的啊!"刘禅吃惊地睁开眼睛,望着司马昭说:"对,对,正是他们教我的。"司马昭不由得笑了,没有杀他。

公元271年,刘禅死于洛阳,终年66岁。

吴大帝孙权

生卒时间:公元181年—公元252年
在位时间:公元222年—公元252年

> 孙权屈身忍辱,任才尚计,有勾践之奇英人之杰矣。故能自擅江表,成鼎峙之业。然性多嫌忌,果于杀戮,暨臻末年,弥以滋甚。至于谗说殄行,胤嗣废毙,岂所谓贻厥孙谋以燕翼子者哉?其后叶陵迟,遂致覆国,未必不由此也。
>
> ——《三国志·吴书·吴主权》

割据江东

公元181年,江东豪门长沙太守孙坚的次子孙权出生。孙坚死后,其长子孙策带兵投靠袁术。孙策作战骁勇,再加上他的军队纪律严明,得到百姓的支持。就在孙策雄心勃勃地准备北伐夺取中原之际,意外被暗箭射中面颊。孙策自己知道不行了,将官印授予孙权,对孙权说:"若论率江东之众,冲锋陷阵,与天下英雄争高下,你不如我;若论举贤任能,使众人齐心协力保有江东,我不如你,你当善自为之!"当夜,孙策身亡,年仅26岁。

孙权继承了其父兄的事业,初时统治并不巩固。江东名士周瑜稳住了军心,与张昭等说服众人齐心辅佐幼主。

孙权用心搜罗人才,周瑜便向孙权推荐了好友鲁肃。于是,孙权把鲁肃单独留下谈心。孙权说:"现在汉室衰落,天下扰乱。我想继承父兄的事业,像齐桓公、晋文公一样来扶助天子,建立霸业,您看怎么样?"鲁肃说:"汉室不可复兴,曹操也难以一时扫除。为将军您打算,只有安定后方,成鼎立势,以观天下之变。再乘北方多变之秋,剿除黄祖,进伐刘表,将长江流经之地全部占有,然后就可以称帝王之号以图天下。这乃是汉高祖的功业啊!"孙权听了十分高兴,决定采纳鲁肃的意见。

由于孙权重用人才,江东地方文臣武将人才济济,出现了一片兴旺景象。随后孙权平定山越人,又率兵击败黄祖,逐步统一了江南之地,从此在江东建立了割据的政权。

联刘抗曹

公元208年,曹操平定北方以后,率领大军南下。刘表的儿子刘琮听到曹军声势浩大,先派人求降了,曹操于是自江陵顺流东下。

诸葛亮对刘备说:"事情很危急了,请您派我向孙权求救。"刘备同意,诸葛亮便与鲁肃一同去见孙权,说服孙权共同论抵抗曹军。

正在这时,曹操派人给孙权送来了书信,称以天子名义,率水陆大军80万前来征讨。孙权把这封信递给部下看,大伙儿看了都刷地变了脸色,说不出话来。张昭等东吴官员纷纷主张投降。孙权听着觉得不是滋味,就走出屋子,鲁肃也跟着出来。

孙权拉着鲁肃的手,说:"你说说,该怎么办呢?"鲁肃说:"刚才张昭他们说的话全听不得。要说投降,我鲁肃可以投降,将军就不可以。因为我投降了,有机会还可以当个州郡官员。将军如果投降,该当如何?"孙权叹了口气说:"刚刚大家说的,真叫我失望。只有你说的才合我的心意。"散会以后,鲁肃劝孙权把正在鄱阳的大将周瑜召回来商量。

周瑜一到柴桑,孙权又召集文武官员讨论。周瑜慷慨激昂地说:"曹操名为汉相,实是汉室的奸贼。这次他自己来送死,哪有投降他的道理。"他还分析了曹军不习水战等诸多不利条件。孙权听完周瑜的话,站起来拔出宝剑,把案几砍去一角。他严厉地说:"谁要再提投降曹操,就跟这案桌一样。"

第二天,孙权便任命周瑜为都督,叫他同刘备协力抵抗曹操。

周瑜领兵进军,在赤壁和曹军碰上。果然,曹军士兵不服水土,很多得了疫病。双方一交锋,曹军就打了败仗,被迫撤退到长江北岸。周瑜率领水军进驻南岸,和曹军隔江遥遥相对。随后,庞统献连环计使曹操上当,把战船用铁索拴在一起。周瑜又巧施"苦肉计"并借刀杀人,让曹操杀掉了熟悉水性的刘表降将,接着让部下黄盖派人送了一封信给曹操,表示要脱离东吴投降曹操,对此曹操深信不疑。

隆冬的十一月,天气突然回暖,刮起了东南风。当天晚上,黄盖带领一批士兵分乘十条大船,每艘船上都装着枯枝,浇足了油,外面裹着布幕,插着旗帜,后面跟随着一批船只,像箭一样驶向江北。

东吴船队离开北岸约二里后,黄盖命令士兵放火,火船闯进曹军水寨。那里的船舰,都连在一起,火借风势,风助火威,很快地都燃烧起来,一眨眼工夫已经烧成一片火海。曹军士兵烧死淹死者,不计其数。周瑜马上带领精兵渡江进攻,最后曹操拖着残兵败将逃回了北方。

赤壁大战之后,三国分立的局面基本形成,孙权把都城迁至建业(今南京市)。

夺取荆州

公元219年,刘备与曹操战事又起,驻守荆州的关羽也出兵攻打曹操的襄阳、樊城两地,并在樊城外水淹七军,威名大震。曹操无奈之下,便想利用孙刘两家之间的矛盾,与孙权联合攻打关羽。

东吴鲁肃曾主张吴蜀和好，一起对付曹操。后来鲁肃死了，接替他职务的大将吕蒙，就和鲁肃的主张不同。吕蒙，是三国时东吴的著名大将，少时家贫，年幼从军，没有条件读书。赤壁大战，吕蒙因勇猛过人、战功显著，晋升为偏将军。吕蒙接替了鲁肃的职位以后，向孙权上书要求出兵对付关羽，说："刘备、关羽君臣，都是反复无常的人，不能把他们当盟友看待。"

正好在这个时候，曹操派使者来联络，孙权表示同意。最终，孙权杀了关羽父子，将荆州全部夺回。

刘备为报关羽、张飞之仇，出兵再争荆州，孙权派陆逊前往抵御。陆逊设计火烧连营，将刘备大军击溃，取得全胜，吴蜀联盟彻底破裂。

公元220年，曹操病死，子曹丕代汉称帝，建立魏国。曹丕为加强对东吴的控制，再三要求孙权把儿子孙登送到魏国作人质，孙权自然拒绝了，魏吴之间战火又起。孙权于是主动派人前往蜀汉，与其修好，蜀汉丞相诸葛亮也想继续执行联吴抗曹的策略方针，吴蜀联盟重新建立。孙权便得以抽身对付南侵的魏军，使得曹丕无可奈何地撤军北还。

此时，吴蜀联盟关系融洽，国内统治十分稳固。公元229年，孙权正式建立吴国。即位后的孙权，继续执行即位前的政治军事和经济政策，发展江南经济，使江南社会生产力逐步上升，东吴的国力也越来越强盛。

而到了晚年的孙权却刚愎自用，猜忌贤臣，与年轻时候简直判若两人，致使丞相顾雍无故遭受陷害被软禁、江夏太守刁嘉被陷害、大将军陆逊忧愤而死。

公元252年，孙权病死。

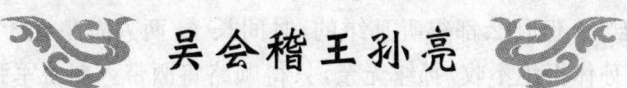

吴会稽王孙亮

生卒时间：公元243年—公元260年
在位时间：公元252年—公元258年

> 孙亮童孺而无贤辅，其替位不终，必然之势也。
> ——《三国志·吴书·三嗣主·孙亮》

公元243年，孙权幼子孙亮出生。孙权本来立的太子是孙和，但孙权的长女全公主平常与孙和母子不合，因此在孙权面前经常挑拨，使得孙权废黜孙和，立孙亮为太子。

公元252年，孙权驾崩。诸葛恪便辅佐太子孙亮即位，随后将东吴大权掌握在自己的手中。诸葛恪是东吴名臣诸葛瑾之子，蜀相诸葛亮之侄。诸葛恪虽极有才干，但性情狂傲，一直不被父亲和叔父等人所欣赏，因此在掌权后，诸葛恪非常想建立政绩,以提高自己的威望,于是便大行惠政,使得民心大悦。

诸葛恪想树立军威,发兵进攻曹魏,却以东吴的大败告终。这次出征劳而无功、损失严重,使他开始失去民心。见此机会,素来受诸葛恪轻视的孙峻便趁机在孙亮面前诬告诸葛恪,而孙亮对诸葛恪也有不满,二人便合谋诛杀了诸葛恪。

公元258年,孙綝起兵又将孙亮抓获,并押送孙亮到会稽为会稽王。

公元260年,孙亮被逼自杀而亡。

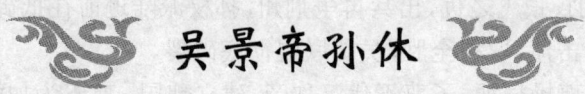

吴景帝孙休

生卒时间:公元234年—公元264年
在位时间:公元258年—公元264年

> 休以旧爱宿恩,任用兴、布,不能拔进良才,改弦易张,虽志善好学,何益救乱乎?又使既废之亮不得其死,友于之义薄矣。
> ——《三国志·吴书·三嗣主·孙休》

孙亮被废之后,孙权的第六个儿子孙休在众大臣的拥护下登基称帝。孙休能够当上皇帝,孙綝的功劳最大,因此孙休在即位后不久,将孙綝封爵为侯并将吴国军政事务交给孙处理。

孙休贵为君主,但什么都得听孙綝的,时间长了,两人发生了矛盾。有一次,孙綝给孙休献酒,孙休拒绝不收,孙綝无奈,只得顺路将酒带入左将军张布家。在张布家,喝醉的孙綝乘着酒兴大发牢骚:"当初废黜孙亮时,许多人劝我自立为帝,可我以为陛下贤明,所以迎立他为君。不是我,陛下如何能当上皇帝?可今天我奉献礼物,陛下竟然拒不接收!这口气实在难以下咽,以后有机会,我一定要改立新君。"说者无意,听者有心。张布将孙綝送回家后,赶紧向孙休报告,孙休决定对孙綝继续优崇赏赐,使其不备,然后趁机好作准备。

公元258年的腊月初八,孙休举行宴会,准备趁机杀掉孙綝,可孙綝因预感不祥,称病不去赴宴。孙休便派使者强请入宫中,命武士将其斩杀。

孙休诛灭孙綝后,开始亲政。他创建国学,设太学博士制度,并诏立五经博士。孙休即位之时,东吴国力已开始衰落。在国内,各个实力集团争权夺利,大大削弱了中央集权的力量;在国外,魏国不断地侵扰边境,沿海一带又有海贼骚扰,内外交困。孙休想励精图治,发展农业生产,整顿吏治,增强国力,但终因整个统治阶级的日益腐败而收效甚微。

公元264年,孙休突发重病,不久死去。

吴末帝孙皓

生卒时间：公元 242 年—公元 283 年
在位时间：公元 264 年—公元 280 年

> 皓之淫刑所滥，陨毙流黜者，盖不可胜数。是以群下人人惴恐，皆日日以冀，朝不谋夕。其荧惑、巫祝，交致祥瑞，以为至急。昔舜、禹躬稼，至圣之德，犹或矢誓众臣，予违女弼，或拜昌言，常若不及。况皓凶顽，肆行残暴，忠谏者诛，谗谀者进，虐用其民，穷淫极侈，宜腰首分离，以谢百姓。既蒙不死之诏，复加归命之宠，岂非旷荡之恩，过厚之泽也哉！
> ——《三国志·吴书·三嗣主·孙皓》

孙休临死前，一直没有立太子，张布等人面见皇太后，要求立孙皓为君。皇太后说："我一个寡妇，知道什么国家大事，只要你们觉得这样做对国家有利就行了。"于是，大臣们将孙皓迎回，立为吴帝。

孙皓即位之初，还像个明君，进行了一系列改革，但在皇位稳定后，立即暴露出荒淫残暴的本性，整日沉湎于酒色之中，不问政事。

公元 265 年，孙皓又派人将朱太后杀害，随后又将孙休的 4 个儿子遣送到一个偏远小城，到达后便将其兄弟杀害。

孙皓荒淫好色。张布的女儿曾经很受孙皓的宠爱。孙皓杀掉张布后的一天，孙皓故意问张美人："你父亲到哪儿去了？"张美人气愤地说："被奸贼杀死了。"这话气得孙皓命人用木棒捶死了她。后来，孙皓因思恋张美人美貌，又命人刻制她的木像，整天放在座位旁边。有一次，孙皓问左右："张布还有女儿吗？"有人说有，但已出嫁。孙皓马上命人将其抢进宫，对其大加宠爱，昼夜与她厮混，不理朝政。

孙皓又叫工匠用金子打制数以千计的各种首饰，然后让宫人们戴着这些首饰摔跤相扑，以此为乐。这些首饰往往早晨戴上，晚上就坏，坏了马上另做，工匠们也趁机偷盗，于是吴国国库为之一空。尽管后宫佳丽数千，孙皓仍不满足，还要让宦官在各地寻找。孙皓还规定，两千石以上大臣的女儿，凡年龄在 15 岁以上的要经过挑选后方准出嫁。

孙皓经常在宫中设宴，让大臣们陪饮，而且还逼参加酒宴的大臣喝醉，让侍臣任意嘲弄公卿大臣。他还专门设立黄门郎十人，站在大臣背后，如果哪个大臣酒后胡言乱语或略有失礼，他们都向孙皓禀报，甚至因孙皓最恨别人看自己，所以有人看孙皓也是有罪。于是，因酒醉失态获罪的官员不少。

孙皓命人将水流引入宫内，如果对后宫哪个姬妾看不顺眼，马上杀掉，扔进水中。孙皓杀人的方法很多，剥人面皮，挖人眼睛……残酷之极，亘古未有；加上他荒淫无耻，所以，到了吴国末年，孙皓已是众叛亲离。

公元 279 年，西晋派大军分六路向东吴进攻，吴军久疏战阵，一触即溃。公元 280 年，晋军兵临建业城下，孙皓见大势已去，只得投降，4 年后病死。

晋武帝司马炎

生卒时间：公元235年—公元290年
在位时间：公元265年—公元290年

> 武帝宇量弘厚，造次必于仁恕；容纳谠正，未尝失色于人；明达善谋，能断大事，故得抚宁万国，绥静四方。其弃所大以资人，掩其小而自托，为天下笑，其故何哉？良由失慎于前，所以贻患于后。且知子者贤父，知臣者明君；子不肖则家亡，臣不忠则国乱；国乱不可以安也，家亡不可以全也。是以君子防其始，圣人闲其端。而世祖惑荀勖之奸谋，迷王浑之伪策，心屡移于众口，事不定于己图。元海当除而不除，卒令扰乱区夏；惠帝可废而不废，终使倾覆洪基。夫全一人者德之轻，拯天下者功之重，弃一子者忍之小，安社稷者孝之大；况乎资三世而成业，延二孽以丧之，所谓取轻德而舍重功，畏小忍而忘大孝。圣贤之道，岂若斯乎！虽则善始于初，而乖令终于末，所以殷勤史策，不能无慷慨焉。
>
> ——《晋书·世祖武帝纪》

代魏称帝　结束分裂

曹操生前，就对司马炎的祖父司马懿进行压制。常说司马懿有"狼狈之相"，但曹丕及后来的明帝曹睿都重用司马懿，使得司马氏终于代魏自立。

司马炎虽是司马昭的长子，但并不受父亲的重视，而司马昭对另一个儿子司马攸更感兴趣。司马昭把司马攸过继给自己的哥哥司马师，并打算立为世子。他每次见到司马攸，便拍着晋王的宝座对他说："这是桃符（司马攸的小名）的座位。"宠爱之情溢于言表。

而司马炎是个天生的政治家，他几乎完全秉承了父祖的天性，既有足以左右形势的谋略，同时也有着一副宽厚仁慈的外表，加上许多重臣也以历史上废嫡长引起祸乱的事例劝司马昭，司马昭终于不得不接受了大臣们的建议，立司马炎为世子。

公元265年，司马炎接受了魏帝曹奂的禅让，建立晋朝。

为了使国家从动乱的环境中摆脱出来，为统一打下牢固的基础。司马炎即位后，采取了无为与宽松的怀柔政策。他下令让已成为陈留王的魏帝载天子旌旗，行魏正朔，同时又赐安乐公刘禅子弟一人为驸马都尉，然后又解除了对汉室的禁锢。这一箭三雕之法，缓和了朝廷内患，安定了蜀汉人心，还赢得了吴人的好感，进而为吞并东吴取得了主动权。

这时，东吴皇帝孙皓荒淫残暴、杀人无数，朝野内外人人自危、噤若寒蝉。东吴人开始转向西晋寻求寄托，一些将领率众倒戈投降西晋。公元270年，司马炎派羊祜进行灭吴的准备工作。

羊祜是一个卓有谋略的军事家，镇边后力尽职守，不负众望。他一方面占领要害之处和膏腴之地，另一方面实行屯田，为日后的军事行动打下了雄厚的物质基础。在此基础上，他又采取攻心战，取得吴人的信任。与羊祜对峙的是东吴名将陆抗，他也采取了与之同样的态度。权臣贾充等人却从中阻挠，使司马炎始终下不了灭吴的决心。最终，羊祜于公元278年含恨而逝。

羊祜临终之时推荐了另一位名将杜预接替了他的职务。杜预没有辜负羊祜的期望，上任伊始就表现出了卓越的军事才能。他首先袭击了驻守在要害之地的吴军，大获全胜，之后轻而易举地赶走自己的劲敌张政。这时，担任训练水军重任的王睿向朝廷上了一份情真意切的文表，传达他灭吴的心愿，与此同时，杜预也请求伐吴之期。在他们的一再请求下，司马炎终于下了灭吴的决心。

公元279年，司马炎下令伐吴，孙皓投降西晋。至此，东吴灭亡。

▌发展生产　容忍奢侈

统一全国后，司马炎着手颁布新的土地制度，以占田制取代自东汉末年以来实行的屯田制。之后，沉醉于大一统局面的晋武帝，生活上开始奢侈起来。

他开始大规模修建祖先的陵庙，12根巨大的铜柱皆镀以黄金，饰以明珠。他还收留了孙皓宫中5000多宫女，以至后宫超过10000人。因为人数太多，他只能驾着羊车漫游，一些想接近皇帝、一睹天颜的后妃，便在门前插上竹叶并撒上盐巴，以使贪吃的羊走过自己门前时能够停下。

自魏明帝后，社会风气就趋于奢侈，司马炎又使晋朝上下掀起了奢侈之风。太尉何曾即以奢侈著名，他的帷帐车服，穷极绮丽，厨膳滋味，过于王者。而尚书任恺的奢侈更超过何曾，每顿饭就要花去万钱。在这种情形下，人人以夸富为荣，个个以斗富为乐。石崇是当时有名的富豪，他宴请客人时总让美女敬酒，如果客人饮酒不尽，便将美女斩首。

司马炎由于纵欲过度,很快就体虚理亏朝不保夕。公元290年,这位开国皇帝与世长辞。

晋惠帝司马衷

生卒时间:公元258年—公元306年
在位时间:公元290年—公元306年

> 不才之子,则天称大,权非帝出,政迩宵人。物号忠良,于兹拔本,人称妖孽,自此疏源。古者败国亡身,分镳共轸,不有乱常,则多庸暗。岂明神丧其精魄,武皇不知其子也!
>
> ——《晋书·孝惠帝纪》

白痴皇帝 凶残皇后

公元290年,司马炎因纵欲过度病死,32岁的太子司马衷即位登基。

司马衷即位之前,就屡有笑话。有一次,他在皇家花园中玩,听到蛤蟆叫,就问左右:"它是为官家叫,还是为私家叫?"对于这种令人啼笑皆非的问题,侍从们早已司空见惯,知道如何糊弄他了。当下有人便熟练地回答:"在官地里叫的是为官,在私家地里叫的是为私。"司马衷很满意。又有一次,听说许多地方百姓因饥荒而饿死,他觉得不可理解,说:"为什么不吃肉糜(肉粥)?"

司马炎立司马衷,自然是封建制度立长不立幼的规定使然。司马炎很喜欢他这个孙子,因此,司马衷成为太子。

即位后的司马衷,根本就不懂得朝政,国家大事都被外戚杨氏掌握。杨氏代表人物杨骏,是唯一的顾命大臣。司马衷即位后,杨骏便以皇帝名义,给自己加了诸多头衔,百官听命于他一人的权力。但杨骏的所作所为,为朝廷内外大多数人所不齿,而且很快就给他带来灭顶之灾。

皇后贾氏的父亲贾充是司马炎时代的权臣,他善于阿谀奉承,于是司马炎纳贾充之女为太子妃。但这贾妃长得身材短小,皮色青黑,眉上有一疵,其丑无比,而且阴险毒辣、凶狠狡诈,把白痴太子治得服服帖帖,对她又害怕又喜欢,以致很少去接近东宫别的女人。

这时,贾后越来越不满杨骏的专政,策划诛杀杨骏,废杨太后。公元291年,楚王司马玮与淮南王司马允发动政变,杀掉杨骏。一年之后,贾后便对杨太后下了毒手,将杨太后活活饿死。至此,杨氏一族遂被灭尽。

除掉杨氏后,贾后又以司马衷的名义,派人将掌握兵权的楚王司马玮和东安王司马路捕杀。贾后大权在握,便开始荒淫放恣、为所欲为。这个又黑又矮的丑女人,私生活特别放荡,经常派人在洛阳城内外物色美貌少年入宫和她鬼混。贾后虽然与许多男人淫乱,却只生了3个女儿,直到40多岁,还是没有儿子。但为了在司马衷死后,还能继续擅权,于是她假称自己已经怀孕,偷梁换柱,将贾午的儿子抱来抚养,谎称是惠帝的儿子,并以他来替代太子。废太子后。赵王司马伦和孙秀开始了杀贾后的行动。行动获得了成功,贾氏亲族党羽均被灭族,贾后被赐死。

贾后死后,八王之乱随之揭幕,起事的是各宗室诸王,司马衷总是被势力强者或捷足先登者挟持,成为他们号令天下的傀儡。直至公元305年"八王之乱"结束。这场历时16年的混战,造成了几十万人死亡、上百万人流亡,城市毁坏,土地荒芜,北方经济受到严重的破坏。白痴皇帝这时也走到了生命的尽头。

公元306年,晋惠帝司马衷突然吃面饼中毒死去。究竟是谁下的毒,到现在也无从揭晓,成为一个疑案。

晋怀帝司马炽

生卒时间:公元283年—公元313年
在位时间:公元306年—公元311年

公元306年,晋惠帝食饼中毒身亡,司马炎最小的儿子司马炽继位。司马炽虽有心治国、谦虚谨慎、精通经史,却无法扭转已经混乱不堪的局面。

这时,动乱正在全国各地继续发展。公元308年,匈奴族刘渊在平阳(今山西临汾)称帝,石勒和王弥在起兵失败后先后投奔刘渊,迅速恢复了实力。晋都洛阳被刘曜、石勒等人率兵多次攻掠。司马炽下诏征调地方武装援京师,但当时的局面已使各地方政府自顾不暇,竟没有一个人发兵勤王。

公元311年,晋王朝内部发生内讧,司马越与晋怀帝司马炽发生矛盾,公开交战,严重削弱了守洛阳城的防御力量。此时的洛阳城,已无兵可守,城内粮草又早已被抢掠一空,已经到了人吃人的地步。晋怀帝司马炽也想随百官出逃,结果既无卫队又无船只的晋怀帝司马炽刚走出西掖门,就遭到盗贼的沈劫,不得不返回宫中。

不久,晋怀帝司马炽被攻入洛阳的刘曜、石勒等人的部队俘获,洛阳城也被完全焚毁。司马炽被送往平阳(今山西临汾),刘聪封他为左光禄大夫,平阿公,并将自己不要的一个小妾赏给司马炽为妻。刘聪对他这个亡国之君极尽讽刺侮辱之能事,经常不分场合地侮辱他。公元313年新年的时候,刘聪大宴群臣,让司马炽穿着青衣给大家斟酒。晋旧臣庾珉等见怀帝遭受此等侮辱,伤心得号啕大哭起来,刘聪十分恼火,下令将庾珉等十余人全部杀害,怀帝司马炽亦被毒死,时年30岁。

晋愍帝司马邺

生卒时间：公元 300 年—公元 317 年
在位时间：公元 313 年—公元 316 年

> 怀帝承乱得位，羁于强臣，愍帝奔播之后，徒厕其虚名，天下之政既去，非命世之雄才，不能取之矣！
>
> ——《晋书·孝愍帝纪》

晋怀帝被杀后，司马邺被推上前台，开始了他做西晋末代皇帝的生涯。此时的西晋王朝已被少数民族部队冲击得千疮百孔，几近灭亡。

刘曜攻破洛阳之后，随即攻陷长安，纵兵抢掠。这时灾情不断，战争加上天灾，使关中出现了前所未有的大饥荒，百姓死亡者十之八九。

镇守长安的刘曜，被西晋臣民联合攻击，经过大小数百次战争，被打得大败而逃，长安城重新回到西晋王朝的手中。大将赝鼎听说关中形势大好，决定带司马邺入关，定都长安，以号令四方，并在长安立司马邺为皇太子。公元 313 年，晋怀帝司马炽被毒死，司马邺正式即位，改元建兴。

称帝后的司马邺几次下诏，命令地方官前往长安勤王，但各地方官员都拥兵自重，谁也不愿为这个小皇帝卖命。

公元 316 年，刘曜卷土重来，再次围攻长安。此时，长安城中无粮无兵，大部分人不是饿死，就是逃走。后来，愍帝也断了粮，于是在群臣的哭泣声中，出城门向刘曜投降，西晋遂告灭亡。

司马邺的命运也跟司马炽一样，受尽刘聪的侮辱。刘聪打猎，他得拿着戟在前面开道。沿途百姓有认识的，往往指着他说："这就是从前在长安的天子。"刘聪大宴群臣，他得去斟酒、刷酒具。刘聪上厕所，他得拿着便桶的盖。见到这种情景，晋朝旧臣只能偷偷落泪。即便是这样，刘聪却还是没有放过司马邺。公元 317 年，这个末代皇帝被毒死，时年 18 岁。

东晋

晋元帝司马睿

生卒时间：公元 276 年—公元 322 年
在位时间：公元 317 年—公元 322 年

> 帝性简俭冲素，容纳直言，虚己待物。恭俭之德虽充，雄武之量不足。虽复六月之驾无闻，而鸿雁之歌方远，享国无几，哀哉！
>
> ——《晋书·中宗元帝纪》

▌奠基建邺

司马睿，司马懿的曾孙，他的父亲司马觐曾为琅邪王。父亲死后，他继承王位，一直统帅扬州江南的军事，在南方名城建康坐镇，在西晋皇族中，地位和名望并不高。他带去了一批北方的士族官员，其中最有名望的是王导。

司马睿清楚，自己据守江东，如果没有当地的士族撑腰，很难站稳脚。赴任之初，由于司马睿资质不高，名声不响，到任很长一段时间，当地的士族，竟没有一个前来拜见他的。他十分忧虑，便向王导请教。

王导有个堂哥王敦，在扬州做刺史。王导把王敦请到建康，两人想出一个主意来。这年三月初三，按照当地的风俗，百姓和官员都要到江边

晋元帝司马睿

去"求福消灾"。这一天,王导让司马睿坐上华丽的轿子到江边去,前面有仪仗队鸣锣开道,王导、王敦和从北方来的大官、名士,一个个骑着高头大马跟在后面,排成一支十分威武的队伍。世家大族的头面人物纪瞻、顾荣在人群中见了这大队人马,十分惊奇,才带头拜于道左。

归来后,王导又向司马睿献计说:"顾荣、贺循是江南士大夫的领袖,若能把他们提拔到官场中来,南方士族便没有不服的了。"司马睿便派人请顾荣、贺循,二人应命而至。当司马睿聘请到顾荣、贺循之后,纪瞻等名士也都相继汇集到司马睿身边,时人称他们为"百六椽"。在这些名士的拥戴下,司马睿很快确立了自己在江东的地位。北方的世家大族和南方的土著世家联合起来,支持司马睿成功地建立了政权。

一马为龙

当时琅邪王司马睿与其他四位宗室藩王同时渡江南下,而只有司马睿创建了江南的政权,故当时有童谣:"五马齐渡江、一马化为龙。"五马即司马氏五王。

公元317年,晋愍帝被害的消息传到建康。百官请上尊号,司马睿即位,为晋元帝,成为东晋的开国皇帝。

登基那一天,司马睿换上朝服,文武百官簇拥着他升堂坐定,接受百官朝贺。他看到百官匍匐朝贺,三呼万岁,于是踌躇满志、神采飞扬,备感今日之荣耀、富贵来之不易。他想着想着,情不自禁地将身子向左挪了挪,腾出半个御床,用手指王导说道:"王爱卿,请到御床上来坐,寡人与卿共享荣华富贵!"众大臣闻听此言,都惊得不知所措了。王导更是慌忙跪在地上,拜了又拜,诚惶诚恐地说道:"如果太阳跟普通的生物在一起,生物还怎么能得到阳光的照耀呢?"司马睿笑着点点头,说:"王爱卿真是朕的栋梁之臣啊!"王导这一番话,说得晋元帝又高兴又感激。

苟安难安

晋元帝司马睿即位的时候,黄河流域的政权更迭频繁,广大人民陷入水深火热之中,他们盼望东晋北伐恢复统一。而司马睿唯恐北伐不利,动摇他苦心经营的基业,故对北伐消极、冷漠、敷衍塞责。

苟且偷安之风弥漫于上层人物的东晋,爱国将领祖逖是坚持北伐的为数不多将领之一。公元313年的一天,祖逖向司马睿提出北伐的主张。司马睿无意北伐,可是祖逖的北伐主张义正词严,使司马睿无法拒绝。而且,北伐得到了人民群众的响应,司马睿不得不同意祖逖的主张,但只供给1000人粮饷和3000匹布,不给兵器,也不调配军队。而祖逖多次大败石勒军队,不久就收复了黄河以南的大量土地。正当祖逖正要进军河北之时,生怕祖逖势力发展的司马睿派自己的亲信牵制,最终使得祖逖壮志难酬、抱恨而死。

东晋立国功臣王敦,在控制长江上游的军事大权后,政治野心与日俱增,逐渐威胁到东晋朝廷。祖逖死后,王敦认为无人是他的敌手,遂于公元322年发动叛乱。于是,元帝亲帅军队驻于郊外,但王敦率叛军一路势如破竹,很快兵临建康城下。逼得司马睿不得不首先请和,忍着怒气给叛军首领加官晋爵。王敦遥控朝政,为所欲为。司马睿眼睁睁地看着王敦飞扬跋扈,逼辱朝廷,却无可奈何。

公元322年,遂忧愤成疾的司马睿抱恨死去。

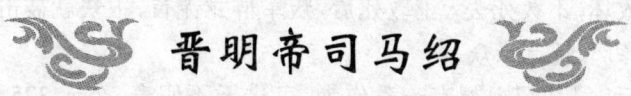

晋明帝司马绍

生卒时间:公元298年—公元325年
在位时间:公元322年—公元325年

> 帝聪明有机断,尤精物理。于时兵凶岁饥,死疫过半,虚弊既甚,事极艰虞。属王敦挟震主之威,将移神器。帝崎岖遵养,以弱制强,潜谋独断,廓清大祲。改授荆、湘等四州,以分上流之势,拨乱反正,强本弱枝。虽享国日浅,而规模弘远矣。
>
> ——《晋书·肃宗明帝纪》

公元322年,司马睿病死,其长子司马绍即位,是为晋明帝。

司马绍文武全才,礼贤下士,与当时名臣都有非常亲密的关系。他喜欢习武,又与将士们亲如一家,这使他深得朝野内外的拥护。

王敦控制朝廷以后,曾想废掉司马绍,但由于大臣们的拥护,使其阴谋未能得逞。司马绍即位后,王敦图谋篡位。有一次晚上,他与侄儿王允之喝酒,王允之不胜酒力,便去先睡了。这时王敦心腹来访,两人商量了半天谋反之事,竟然把睡在内屋的王允之忘了。后来王敦想起赶紧去看王允之,并准备杀掉他。来到内屋,见王允之在床上吐得狼藉不堪,认为他还没有醒,于是就放弃了杀他的心。其实,王允之并没有醉,马上向司马绍报告了此事。

▌独胆查敌　平定叛乱

当王敦加紧准备再次起兵时,突患重病,于是决定加快叛乱起兵的准备过程。司马绍已知道王敦的想法,为了做到知己知彼,他决定亲自到王敦军营中侦察,于是换了衣服偷偷来到王敦驻军的地方。司马绍正在观察时,有人对他起了疑心,便向王敦报告。王敦听了军人对来人相貌的描述后,大吃一惊,立即派人前去追赶司马绍。这时司马绍已经观察完毕,正快马加鞭地往回跑。不久来到一个镇上,马拉屎,他就用水灌泡,使其迅速冷却;又看见路旁有位老大娘,司马绍便将自己的七宝鞭交给她,说:"后面如果有骑兵追来,您可以将此鞭给他看。"说完,他便骑马飞奔而去。不一会,骑兵追来,问老大娘:"你可曾见到一人从这里骑马逃走?"老大娘回答道:"早已去远了。"她还把鞭拿给他们看。五位骑兵哪里见过这般镶嵌着宝玉的珍奇鞭具,便围上来仔细

观看,又见马粪极冷,以为已经跑远了,就不再追赶,司马绍得以安全脱身。

司马绍在掌握了王敦的情况后,决心讨伐王敦。他下诏宣布王敦的罪状,并宣布亲征。王敦见到诏书后,气得病情加重,于是便派人率兵进攻建康。司马绍亲自率领士兵加强防卫,大败其军。

王敦气急败坏,不久死去。王敦死后,叛军群龙无首,很快就被击溃。王敦已死,司马绍命掘墓暴尸,斩首示众。

平定内乱后,司马绍很想有一番作为,可惜天不假寿,公元 325 年便因病去世,年仅 27 岁。

晋成帝司马衍

生卒时间:公元 320 年—公元 342 年
在位时间:公元 325 年—公元 342 年

> 帝少而聪敏,有成人之量。及长,颇留心万机,务在简约。雄武之度,虽有愧于前王;恭俭之德,足追踪于往烈矣。
>
> ——《晋书·显宗成帝纪》

▌舅乱天下

司马衍是司马绍的长子。公元 325 年,司马绍病死,年仅 5 岁的司马衍登基。由于年幼,大权都落到了成帝的舅舅庾亮手中。

庾亮掌权后的第一件事情,就是报复他愤恨的司马宗和虞胤。这两人在司马绍在世时,深得宠信,掌管了禁兵和宫门钥匙。明帝生病后,庾亮曾在夜里送表奏,向司马宗索要入宫的钥匙,司马宗不但不给,而且还责备他说:"这是皇宫,难道是你自家的门户吗?"明帝病重后,不愿见人,因此不让群臣进见。庾亮便怀疑司马宗和虞胤有意作乱。现在自己大权在握,庾亮便派人以谋反的罪名逮捕司马宗,司马宗拒捕被杀。庾亮又把他的 3 个儿子废为庶人,然后将虞胤降职。

过了许久,年幼的司马衍偶尔想起白发苍苍的司马宗,便问庾亮道:"往常那位白头公公怎么不见了。"庾亮回答说:"他因为谋反罪被杀了。"司马衍便一边哭泣一边说:"舅舅说人家是贼,就把人家给杀了。如果人家说舅舅做贼,那又该怎么样呢?"这几句话说得义正词严、理直气壮。庾亮理亏心虚,无言以答,吓得变了颜色。

▌幼帝遭劫

公元 328 年,临淮太守苏峻起兵叛乱,一路攻进了建康。苏峻攻占建康后,将府库里的财物任意挥霍,只给司马衍留下了几担米维持生活。

庾亮等人逃到寻阳后,立即召集人马,起兵向建康进发。苏峻便把司马衍迁到了石头城,想挟天子以令诸侯。到达石头城后,苏峻将一个仓库的库房作为行宫,让成帝栖身。勤王将士与叛军对峙数月之后,终于将其击败,抓住并斩首了苏峻。最后,勤王将士攻破石头城,将被囚禁的司马衍救出。

苏峻之乱平定后,司马衍又将朝廷大权交给了庾亮,然后自己一直没有管理朝政。公元342年,司马衍病死,年仅22岁。

晋康帝司马岳

生卒时间:公元321年—公元344年
在位时间:公元342年—公元344年

公元342年,成帝司马衍病死,司马岳被擅权的庾冰拥立为帝。

司马岳在他的短短两年统治时间里,最重要的国事就是未成功的北伐。此时北方与东晋并存的政权中,主要是石虎的后赵政权。石虎为了掠夺江南财富,准备亲率大军,讨伐东晋。

这时,东晋庾冰、庾翼兄弟控制朝政,欲率众北伐石虎。庾翼擅自发兵4万,于公元343年自武昌出发。这时,石虎也在加紧征兵,到公元344年,后赵诸州奇兵百余万人。但因石虎颇信巫术,太史令占卜说不宜南行,石虎才停止了向东晋的大规模进攻。同年9月,23岁的晋康帝还没有看到北伐取得多大进展,便因病死去。

晋穆帝司马聃

生卒时间:公元342年—公元361年
在位时间:公元344年—公元361年

公元344年,司马岳之子、年仅两岁的司马聃由母亲抱着举行登基盛典,宣布改元,是为穆帝。

因权臣庾翼未及北伐,便得病死去,庾氏集团的擅权终告结束。大臣们一席商议,将东晋王朝交给了桓温。

既有雄才、又有野心的桓温有意收复失地,想借北伐建功立业提高声威。这时,占据蜀地的成汉政权日趋衰落。公元346年,桓温便率兵伐成汉,一举灭蜀,于是名声大振。公元354年,东晋政权同意由桓温率军北伐,桓温不负众望,收复洛阳。

桓温掌握了东晋朝政大权,而年龄渐长的穆帝司马聃因无法亲政,沉迷于颓废荒淫的宫廷生活中,并因此身体虚弱经常患病。公元361年,19岁的穆帝得病而亡。

晋哀帝司马丕

生卒时间：公元340年—公元365年
在位时间：公元361年—公元365年

司马丕是成帝司马衍的长子，公元361年，穆帝司马聃死后，由司马丕继承帝位。

桓温的势力在哀帝在位期间继续扩展，成为东晋最有实权的人物。为增加东晋的财力，改变土著与侨居户籍的赋税不均，减少社会矛盾，在桓温主持下，于公元364年颁布"土断令"，让北方南迁的侨民，与当地土著居民一样编入户籍，纳租服役，取消了过去给予北方侨民的优待。由于这次土断规模较大，效果显著，故史称"庚戌土断"。

而幻想长生不老的哀帝，整日与道士炼丹，不理国政，终致中毒，于公元365年病死。

晋废帝司马奕

生卒时间：公元341年—公元386年
在位时间：公元365年—公元371年

恒温擅权

司马奕是哀帝司马丕同母弟。公元365年，哀帝病死，因其无子，皇太后下诏，司马奕继兄为帝，是为废帝。但这时，朝廷实权都操纵在权臣桓温手中。

公元369年，早有代晋称帝野心的恒温，为了提高威势，率军进行第3次北伐。这次北伐的目标是前燕，但由于缺乏统筹安排，桓温孤军深入，而且粮草已尽，又有报称前秦军队援救前燕，遂匆忙退兵。

第三次北伐失败，使桓温的名声一落千丈。正当桓温为此垂头丧气、无计可施之际，亲信郗超却献上一计。郗说："明公此败，不干一件惊天地之事，难以挽回影响。只有学伊尹、霍光，废立皇帝，方可重振雄威。"桓温闻计大喜，于是造谣说，司马奕早有阳痿症，不能过夫妻生活，他的3个儿子，都是司马奕的美人田氏、孟氏通奸所生。司马奕放纵美人淫乱后宫，理应为国人所不齿，一时天下人议论纷纷。桓温则以此为借口，逼皇太后下诏废掉司马奕。

公元371年，桓温拿着皇太后的懿旨，然后召集百官于朝堂。按《霍光传》上所述霍光废昌邑王的程序，以太后令，宣布废皇帝为东海王。惊恐和羞辱使一向循规蹈矩、谨慎行事的司马奕面如死灰，被押着走上一辆低规格的牛车离开了皇宫，后来又降为海西县公。

忍屈避祸

降封为海西县公的司马奕,深知自己身处险境之中,言行稍有不慎,即有随时被害的危险。于是,他不得不表现出愚钝无知、无所事事的样子,整日酣饮,纵情声色,甚至生了孩子也溺死不养,以示心无远志。桓温知其安于屈辱,无意东山再起,也就不再加害他,司马奕由此总算是保全了性命。

公元386年,废帝司马奕病死,享年45岁。

晋简文帝司马昱

生卒时间:公元320年—公元372年
在位时间:公元371年—公元372年

> 帝少有风仪,善容止,留心典籍,不以居处为意,虽神识恬畅,而无济世大略,故谢安称为惠帝之流,清谈差胜耳。
>
> 《晋书·太宗简文帝纪》

公元371年,权臣桓温废黜司马奕,将元帝司马睿的小儿子司马昱拥立为帝。

司马昱少年时举止文雅、清心寡欲、喜好史册典籍,尤好清谈玄言,这使得偏好佛教的东晋臣民对他倒有些好感,就连桓温也觉得他是个人才。而即位时的司马昱已是知天命之年,况且立他为帝的桓温,已经把朝政大权牢牢掌握在手中,所以,司马昱也只有做个坐在龙椅上的傀儡,任由桓温行事了。

司马昱自当皇帝以后,面对桓温咄咄逼人的样子畏之如虎,他几乎无时无刻不在忧虑中生活。以至于登基不过半年多,他那一头黑发已变成满头白霜,身体也日见虚弱。

公元372年,司马昱终于一病不起。临死之前,他仍对桓温心怀恐惧,因而连发四道诏书,请桓温来安排后事。心怀鬼胎的桓温却一再推托不至。司马昱实在等不到桓温的到来,立11岁的儿子司马曜为太子,然后在恐惧中死去。

晋孝武帝司马曜

生卒时间:公元361年—公元396年
在位时间:公元372年—公元396年

君若缀旒,道非交泰。简皇凝寂,不贻伊害。孝武登朝,奸雄自消。燕之击路,郑叔分镳。倡临帝席,酒劝天妖。金风不竞,人事先雕。

——《晋书·孝武帝纪》

淝水之战

公元372年,司马昱病逝,其子司马曜在群臣的拥助下即位,是为孝武帝。

权臣桓温本来是希望司马昱临终禅位于他,由他来当皇帝。现在司马曜即位了,桓温十分恼火,于公元373年带兵杀气腾腾向建康赶来。不想桓温刚到建康不久,就一病不起,不久便死去,这使得司马曜与朝臣都长长松了一口气。

谢安为保司马曜之帝位立了大功,逐渐成为朝廷的中流砥柱,掌握了东晋军政大权。公元383年,谢安与谢玄又在淝水之战中以少胜多,大败前秦军队,保证了偏安江东的东晋王朝的安全。

权臣干政

司马道子是司马曜的同母兄弟,司马道子9岁时就被封为琅琊王,淝水之战前又被委以录尚书事的重任。为了掌握朝政大权,淝水之战结束后,司马道子便开始倾轧谢安。时间长了,司马曜对谢安的信任自然大不如以前。

公元385年,被排挤出建康的谢安病逝,东晋最后的希望也随之失去。谢安去世后,司马道子如愿以偿地掌握了军政大权。

这时的司马曜,已经完全将朝政搁在一边,成天与最宠爱的张贵人饮酒作乐。公元396年的一天,他和张贵人在后宫饮酒,司马曜带着醉意开玩笑说:"你已到了失宠年龄,我正在物色更年轻漂亮的。"就这样一句玩笑,使司马曜走上了黄泉路。"说者无心,听者有意"。这张贵人听了司马曜的玩笑后,一怒之下,将司马曜灌醉,然后让侍女用一条厚厚的被子蒙住司马曜的头,把他活活憋死。

晋安帝司马德宗

生卒时间:公元381年—公元418年
在位时间:公元396年—公元418年

安帝不惠,自少及长,口不能言,虽寒暑之变,无以辩也。凡所动止,皆非己出。故桓玄之篡,因此获全。初谶云"昌明之后有二帝",刘裕将为禅代,故密使王韶之缢帝而立恭帝,以应二帝云。

《晋书·安帝纪》

天子弱智难自理

公元396年，司马曜死后，15岁的皇太子司马德宗继位为帝。

中国历史上有两个著名的白痴皇帝，这两个白痴皇帝都出自于司马氏的晋王朝：一个是西晋惠帝司马衷，另一个便是东晋安帝司马德宗。西晋惠帝司马衷虽傻，但至少会说话，而司马德宗不会说话，连寒暑冷热都不知道。

司马德宗即位后不久，桓玄就打败司马道子，成为左右东晋政局的权臣。他豪奢纵逸，政令无常。江南一带发生大饥荒，人口减半，就连司马德宗也经常挨饿。公元403年，司马德宗被迫禅位给桓玄，随后安置到浔阳，封为固安王。

桓玄称帝以后，公元404年，以刘裕为首的东晋将领起兵，将桓玄逼得带着司马德宗和东晋皇室外逃，随后刘裕派兵一路追杀，将桓玄杀死，夺回司马德宗。

公元405年，被废黜了一年多的司马德宗回到建康复位，成为刘裕的傀儡。之后，刘裕东征西讨，剪除朝中敌对势力，镇压了农民起义，又先后灭掉了北方的南燕和后秦，把东晋领土扩大到黄河南岸。

经过十多年的苦心经营，刘裕自感羽翼丰满，改朝换代的时机成熟。公元418年，刘裕派人秘密勒死了司马德宗。

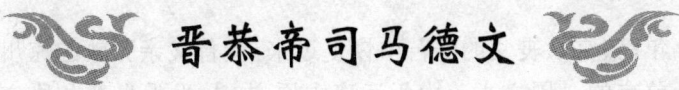

晋恭帝司马德文

生卒时间：公元385年—公元421年
在位时间：公元418年—公元420年

> 安承流涎，大盗斯张。恭乃寓命，他人是纲。犹存周祀，始立怀王。虚尊假号，异术同亡。
>
> ——《晋书·恭帝纪》

公元418年，刘裕派人杀掉司马德宗，将其胞弟司马德文扶上了帝位。

即位之前，司马德文还曾想有所作为，曾在刘裕北伐时，主动要求随军前往洛阳，修复了西晋皇帝的陵墓。他因为对司马德宗这个不会说话、不能行动的胞兄无微不至的照顾，受到朝廷内外的赞扬，称其为"贤王"。刘裕屡次寻找暗杀司马德宗的机会，都被司马德文看透，形影不离地守候在司马德宗身边。后来刘裕杀掉司马德宗，还是利用了司马德文不在的机会方才成功。

司马德文即位后，不到两年，急于称帝的刘裕就命人送来了禅位诏书的草稿，司马德文欣然接受，说："晋朝早已失去了天下，时至今日，正该这样办！"于是，他誊写了禅位诏书。

退位后的司马德文深知刘裕将会对他下毒手，于是处处小心，但还是被刘裕派人刺杀于卧室，时年36岁。

十六国

前凉昭公张寔

生卒时间：公元 271 年—公元 320 年
在位时间：公元 317 年—公元 320 年

公元 314 年，张寔从丧父的痛苦中恢复过来，接替父亲张轨的凉州刺史职务，公元 317 年成为前凉的一国之主。由于远离中原，加上西晋八王之乱，凉州早已成为一个独立王国，只是名义上还隶属西晋。

张寔与其他君王相比，最大的特点就是知错能改，这使得前凉政治上比较开明，又加上社会与西晋八王之乱相比也较为稳定，所以大批难民都逃难到前凉。

由于凉州远离战火，所以云集了形形色色的人。京兆人刘弘也到了凉州。刘弘是个野心家，把张寔的部下阎沙、赵印收买过去。公元 320 年，阎沙、赵印在刘弘的指使下谋杀张寔以篡权。阎沙怀揣利剑进了宫殿，一刀刺进了张寔的心脏，不多一会儿，张寔就停止了呼吸。

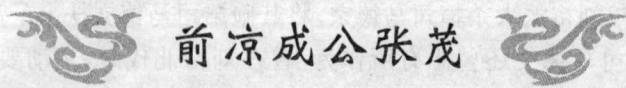

前凉成公张茂

生卒时间：公元 277 年—公元 324 年
在位时间：公元 320 年—公元 324 年

公元 320 年，前凉国君张寔被部下阎沙杀害。如果按照父死子继的成规，该由他的儿子张骏来接替，但张骏还是一个儿童，无法处理政务，所以按照兄终弟及的传统，由他的弟弟张茂执掌政权。

张茂很喜欢讲排场，掌权后就干了两件事，这两件事也浪费了他仅有的 4 年执政时间。这两件事就是建造灵钧台和修筑国都姑臧。这两个工程的建筑规模很大，征用了大量的人力，因此受到了很多官员的劝谏。张茂也纳谏了，但看着未完的工程，始终心有不甘，之后还是继续修筑。公元323年，两项工程完工。

工程完工后，张茂也走到了生命的尽头。公元324年5月，张茂身患重病，临死前紧握侄子张骏的手，泣不成声地说："我家世代忠顺，我死后，你要继承祖上遗德。"说毕去世。

前凉文公张骏

生卒时间：公元307年—公元346年
在位时间：公元324年—公元346年

公元324年，张骏即位后，始终把晋朝看成唯一的正统，把报效晋朝当成自己的神圣职责。公元333年底，张骏派使臣假道成汉去建康。经过千辛万苦，前凉总算与东晋正式取得联系。

张骏善于用人，又勤于政事。在他治理之下，河西地区民富兵强，成为战火纷飞的北方少有的繁荣地区。在强大的国力支持下，公元335年，张骏派大将杨宣出征龟兹、鄯善。龟兹、鄯善料到不是前凉的对手，都乖乖地向前凉朝贡，西域的其他一些国家见状也争先恐后地向前凉朝贡。

公元346年，张骏病逝，享年40岁。

前凉桓公张重华

生卒时间：公元330年—公元353年
在位时间：公元346年—公元353年

公元346年，文公张骏病死，其子张重华在大臣的拥戴下当上凉州牧。

张重华执政前期，对内减轻赋税，对外修好于后赵。张重华知人善任，以谢艾为中坚将军，两次率军打败了后赵毁约侵袭的大军。公元349年，张重华自称凉王、丞相，领雍、秦、凉三州牧。

张重华陶醉在这些不伦不类的称号之中，渐渐地厌烦政务，整天与宠臣以下棋为乐。征事索振看不下去，便给他提意见说："先王勤俭节约，国库丰实，殿下即位之初便遇后赵入侵，靠了对官兵重赏才挫败强敌。现在国库已经空虚，敌寇随时都会向我们挑衅，一旦打起仗来再拿什么赏赐官兵？汉光武帝日理万机，当天的事情当天处理，所以能使汉室中兴。如今拖了几个月的奏章都懒得处理，使上传下达之路堵塞，冤假错案得不到处理，这难道是圣明之主应当做的事情吗？"张重华如梦初醒，不但没有责备索振，而且对他表示感谢，并从此放弃了整天以下棋取乐的习惯，处理

政务也比较认真、及时，国库开始逐渐充实。

公元 353 年，张重华病死。

前凉威公张祚

生卒时间：？—公元 355 年
在位时间：公元 354 年—公元 355 年。

公元 353 年，张重华在病重之际立年仅 10 岁的儿子为世子，希望兄长宁侯张祚辅佐幼子。张祚为人奸诈，城府很深，等到张重华死后，张祚借与他私通的张重华生母马氏之力，废张重华之子而自立。

张祚一上台，就担心别人说他王位来路不正，他杀掉张重华时期的功臣谢艾，又派兵袭击河州刺史张瓘，并残暴对待自己的士兵，以至于他被士兵杀死后，姑臧城内的百姓拍手称快。

前凉冲公张玄靓

生卒时间：公元 350 年—公元 363 年
在位时间：公元 355 年—公元 363 年

在杀掉暴君张祚后，张玄靓被张瓘等人拥立为王。

此时的前凉，已陷入自相残杀的内讧之中，张瓘全族被另一功臣宋混杀掉，张玄靓便将大权交给了宋混。两年之后，宋混病死，前凉的大权又落入了张玄靓叔父张天锡的手中。

张玄靓经历了多次残杀，又深知张天锡心狠手毒，就想把王位让给张天锡，以保平安。张天锡表面拒绝接受，而暗地里派人进宫杀了张玄靓。

前凉悼公张天锡

生卒时间：公元 345 年—公元 406 年
在位时间：公元 363 年—公元 376 年

公元 363 年，张天锡暗地派人杀掉张玄靓后，自称大将军、凉州牧、西平公，得以安稳地享受着君王的特权。然而好景不长，公元 376 年，前秦大举伐凉。张天锡吓得六神无主，只好投降，前凉自此灭亡。

亡国之君张天锡被送到长安，被苻坚封为北部尚书，归义侯。淝水之战后，张天锡乘乱逃到东晋。作为一个亡国之君，张天锡一贫如洗，经常吃了上顿没下顿。公元406年，一场大病袭击了这位亡国之君，没过几天病死，时年61岁。

成汉武帝李雄

生卒时间：公元274年—公元334年
在位时间：公元304年—公元333年

李雄的父亲李特在四川起兵自立后，李雄被封为前将军。公元303年，李特战死，李雄的叔父李流准备向晋军投降。李雄不愿投降，于是带兵攻打晋军，取得大胜。李流对李雄刮目相看，便把军权交给了李雄。

公元304年，李雄自称成都王，公元306年称帝。李雄建立的成国，可以算是当时兵荒马乱下难民的乐土。他制定的一系列治国方针，使流亡至此的难民无不欢欣鼓舞，积极投入到生产中，使得成国实力迅速增加，成为当时偏安一方的强国。

李雄共有10个儿子，却偏偏立侄子李班为太子，后来他生病后儿子和侄子李班的表现证明了他的选择没有错。公元334年，李雄头顶生疮、脓水长流，他的儿子看后直感恶心，躲得远远的。只有李班不分昼夜地在身边侍候，并且用嘴为他吸脓水。6天后，李雄病死，时年61岁。

成汉幽公李期

生卒时间：公元313年—公元338年
在位时间：公元334年—公元338年

李期是李雄第4子。公元334年，李雄病死，太子李班继位，李雄之子李越与李期杀掉李班。李期于是即皇帝位，封李越为建宁王。

李期称帝后，日渐骄奢，并任用庸人处理国事，成国的形势很快江河日下。

汉王李寿名气很大，却受到了李期的猜忌。李期多次派人观察李寿的动向，并将李寿养弟李攸毒死。李寿便于公元338年率军进攻成都。几天之后，李期被废，软禁在别宫。不久自杀，时年25岁，谥号"幽公"。

成汉昭文帝李寿

生卒时间：公元299年—公元343年
在位时间：公元338年—公元343年

李寿是李雄的堂弟，李雄在位期间，李寿尽忠尽心，为开创成国基业立了许多功劳，被李寿封为大将军、建宁王，并赢得了"贤相"的美誉。

李期当皇帝后，对李寿的声名之大十分猜忌。李寿害怕遭到杀身之祸，终于鼓起勇气，先下手为强，于公元338年率兵袭击成都，废掉李期，自己做起皇帝来。公元338年李寿称帝，改国号为汉。

李寿称帝后，开始还能继承李雄政风，但没过几年，便为了满足自己的荒淫生活横征暴敛，搞得百姓疲于奔命、怨声载道。公元343年，李寿病死，享年44岁。

成汉归义侯李势

生卒时间：？—公元361年
在位时间：公元343年—公元347年

> 晋图驰驭，百六斯钟。天垂伏鳖，野战群龙。李特窥衅，盗我巴、庸。世历五朝，年将四纪。篡杀移国，昏狂继轨。德之不修，险亦难恃。
>
> 《晋书·李势载记》

李势是父亲李寿夺取皇位的功臣。公元343年，李寿病死，李势顺理成章地继承帝位。李势没有儿子，他的弟弟李广要求当皇太弟，可能李势认为自己还能有子嗣，所以怎么也不答应。这时，马当、解思明出面为李广求情，李势就怀疑马当、解思明与李广有阴谋，于是一方面捕杀马当、解思明，一方面出兵攻打李广，李广兵败自杀。次年冬天，李奕进逼成都。李势亲自指挥官兵抵抗，射死了李奕。为了庆贺这次胜利，李势下令改元嘉宁。

李势杀掉李奕后，从此对国家大事不闻不问，整天沉溺于声色之中，成汉的国政开始腐败不堪。东晋大将桓温于公元347年率军讨伐李势。李势见状，给桓温送去了投降书。桓温接受了他的投降后，把他送到建康，封为归义侯。李势就此过了14年的安稳日子，至公元361年死于建康。

汉光文帝刘渊

生卒时间：？—公元310年
在位时间：公元304年—公元310年

少年驰名　习文练武

西汉末年以来,一部分匈奴人散居在山西一带的边远郡县,他们逐渐接受了汉族的文化。匈奴族认为祖先曾多次跟汉朝和亲,是汉朝皇室的亲戚,后来就改姓刘。曹操统一北方后,把匈奴分为5个部,每个部都设部帅。匈奴贵族刘豹是其中一部的部帅,刘渊便是刘豹的儿子。刘渊很喜欢学习,年少时就阅读了大量古代典籍,而且还练就了一身的好武艺。

刘渊十几岁时,以人质的身份到了洛阳,他在这里广泛结交汉族官僚。刘豹病死后,刘渊接替左部帅之职,后来升任宁朔将军,负责匈奴五部的军事工作。

自称汉王　定都平阳

这时,"八王之乱"已经拉开了序幕。匈奴人见恢复匈奴故业的时机已到,便秘密推举刘渊为大单于。刘渊一到左国城,便起兵攻击司马腾,不到20天,手下士兵就发展到5万人。

刘渊离开邺城不久,王浚手下就率领鲜卑人包围了邺城。刘渊听到这一消息时,准备发兵攻打鲜卑、乌桓,解邺城之围。刘宣等人劝刘渊说:"西晋君臣不值得相救,难道你忘了他们把我们像奴仆一样对待,这口气您能咽得下去吗?现在司马氏互相残杀,正是灭晋的大好时机。况且,鲜卑、乌桓与我们同是受欺压的少数民族,我们可以联合他们,使他们成为我们的外援,怎能去伤害他们呢?"刘渊一听如梦初醒,激动地说:"好!我现在有十万雄兵,消灭晋朝,就像秋风扫落叶般容易。占有天下需要赢得人心,我们都知道,我们的祖先冒顿单于曾经娶汉女,和汉高祖刘邦是结拜兄弟。从长远利益着想,我们应当打出汉朝的旗号。"于是,刘渊便自称汉王。这时,王弥、石勒遭到晋军重创后,先后投入了刘渊的怀抱,刘渊的势力更加强大了。

公元308年,刘渊正式称帝,把国都迁到了平阳(今山西临汾西北),以图进攻洛阳。之后,刘渊两次进攻洛阳,但都没有成功。公元310年,刘渊病死。

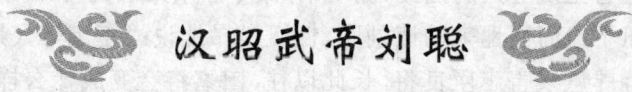

汉昭武帝刘聪

生卒时间:?—公元318年
在位时间:公元310年—公元318年

攻灭西晋

刘聪是刘渊第四子,自幼很有才华,14岁精通经史,《孙吴兵法》能背诵如流。刘渊死后,太子刘和即位。刘和听信谗言想杀掉刘聪,不料反被刘聪所杀。刘聪即位后于公元316年攻陷长安,使西晋灭亡。

刘聪先是与父亲的皇后单氏乱伦,后来单氏被儿子皇太弟训斥而自杀,刘聪又征选大臣女儿入宫。他听说太保刘殷的两个女儿、四个孙女都是如花似玉的美女,便全部接到后宫。从此刘聪再很少出宫,也很少接见大臣。

刘后劝帝

公元313年,刘聪把刘殷女儿刘英立为皇后,并要为她建昭仪殿。廷尉陈元达闻讯后劝谏,刘聪大怒,想杀掉陈元达,大臣纷纷叩头为其求情。

汉昭武帝刘聪

这时刘皇后也悄悄到了后堂,把他们的话听得一清二楚,连忙写下一张条子派人交给了刘聪。条子上写道:"宫室已备,不必重新营建,天下尚未统一,应当爱惜民力。陈元达之言,对国家有百利而无一害,应当对他重奖。如果把他杀害,将有损于陛下的声誉。陛下为我营建宫殿而杀谏臣,将会使大臣痛骂我、人民怨恨我,国家因我而穷困不堪,社稷因我而摇摇欲坠。自古以来,亡国丧家都从女人开始,我常常痛恨那些女人,没想到今天我也扮演了这一不光彩的角色。我还有什么脸面再当皇后呢?希望陛下让我死吧!"刘聪读完刘皇后的条子,过了许久,对大臣说:"起来吧,都起来吧,全是我的过错。这几年我患了风病,喜怒无常,有时无法控制自己。陈元达是个功臣,我错怪了他。"刘聪又把陈元达叫到跟前,说:"现在有你辅佐我,我还有什么担忧的呢?为了表彰你的直言敢谏,我决定,把逍遥园改为纳贤园。"群臣当即拍手欢呼,连声称赞刘皇后明事理,刘聪能纳谏。

宦官得势

晚年的刘聪,整天和美人在后宫饮酒行乐,于是宦官就掌握了朝政大权。公元316年,刘聪在宦官王沉等人的挑拨、煽动下,命令诛杀太中大夫、尚书王琰等人。太宰刘易等人闻讯不约而同地来劝谏刘聪,慷慨激昂地说:"王沉等人欺上瞒下,受贿索贿,结党营私,肆意残害忠臣良将,长此以往,国家将会变成什么样子!现在晋朝余孽未除,巴蜀李雄虎视眈眈,石勒称帝已经是箭在弦上,这对我们是极大的威胁!陛下不顾隐患,却恣意王沉等小人为非作歹,如此下去,恐怕国家就不可挽救了。为此,恳求陛下罢免王沉等人,将他们按法治罪。"刘聪看了刘易等人上的劝谏表章,对王沉等人笑着说:"这些家伙都让陈元达带坏了。"

没过几天,刘聪不但没有罢免王沉等人,反而把他们封为列侯。消息传出,朝廷上下震惊,刘易气得吐血而死,陈元达也愤然自杀。

刘易、陈元达死后,刘聪也没有多活几天,公元318年病死。

汉隐帝刘粲

生卒时间:？—公元318年
在位时间:公元318年—公元318年

刘粲是刘聪的儿子,但他却不能继承皇位,因为在刘聪即位时,就把刘乂封为皇太弟。不过,刘聪给了刘粲很大的权力。公元314年,刘粲晋升为晋王、丞相,主持国政。但刘粲并不满足,他千方百计地搜罗刘乂的"罪行",终于让刘聪下定决心杀掉了刘乂,刘粲也就顺理成章地坐上了皇太子的交椅。

公元318年,刘聪病死,刘粲继承了帝位。刘粲夺太子位的功臣,中护军靳准为了独揽大权,便劝刘粲杀掉王公贵族。但刘粲为了自己统治的需要,迟迟没有同意。靳准碰了钉子,又找到自己当皇后和贵妃的女儿说:"现在诸公都想废掉刘粲,拥立济南王刘骥当皇帝,他们的阴谋一旦成功,我们靳家就会全部掉头,你们快去劝一劝陛下吧!"两个女儿听了父亲的话,立即对刘粲吹开了枕头风,迫使刘粲把上洛王刘景等5人杀掉。这些人一死,大权就落入了靳准的手中。

靳准并不满足于实际掌权,而是想当皇帝。同年8月,靳准带兵入宫,将刘粲杀掉。

前赵秦王刘曜

生卒时间:？—公元329年
在位时间:公元318年—公元329年

> 曜则天资,虓勇。运偶时艰,用兵则士剪之伦,好杀亦董公之亚。而承基丑类,或有可称。子远纳忠,高等暂偃;和苞献直,酆明罢观。而师之所处,荆棘生焉,自绝强藩,祸成劲敌。天之所厌,人事以之,骇战士而宵奔,酌戎杯而不醒,有若假手,同乎拾芥。岂石氏之兴欤,何不支之甚也!
>
> 《晋书·刘曜载记》

坎坷少年志

刘曜,自幼就是孤儿,堂伯父刘渊收养了他,对他也非常器重。刘曜从小就喜欢读书,对军事书籍大都能背诵如流,深解其意。刘曜身高力大,射箭时竟能把厚厚的铁皮射穿,被人们称为"神射"。

刘渊建国后,对刘曜非常倚重,把他封为相国、都督中外诸军事,镇守长安。刘渊死后,刘聪对刘曜也是恩宠有加,把刘曜封为车骑大将军、中山王,刘曜也在南征北战中为汉国立下了汗马功劳。刘聪病危时,嘱托刘曜和石勒共同辅政。刘粲继位后,被发动叛乱的大司空靳准所杀。刘曜听到靳准叛乱的消息后,马上率兵讨伐靳准。刘曜将靳氏全部消灭后,自立为帝,改国号为赵,同是顾命大臣的汉将石勒气得暴跳如雷,公开宣布与前赵决裂。

耿耿忠臣心

刘曜建立了前赵,晋南阳王司马保便自称晋王起兵,不久被刘曜平定。公元320年,解虎和尹车又联合巴酋句徐、库彭发动叛乱,刘曜闻讯后先下手,将解虎、尹车捕杀,并将句徐、库彭等50多人投进监狱,之后也一一杀掉。

刘曜此举激起了巴人的反对情绪,推举句渠知为大秦王,氐、羌、羯族30多万人积极响应,关中重新陷入了动乱之中。刘曜要亲征句渠知,手下大臣苦劝其宣布大赦,叛乱者才纷纷投降,西部总算又重新安定下来。

面对石勒的不断侵扰,刘曜就显得有些力不从心了。石勒也是汉刘渊手下的一员大将,其实力与刘曜不相上下,所以两人之间的战争互有胜负。不过战争初期,刘曜的实力还是要强一些,经常打得石勒部队狼狈而逃。

昏昏酒下囚

刘曜自以为稳操胜券,便陷入酒乡之中,每日喝得酩酊大醉,对军务不闻不问。当石勒渡过黄河向他扑来的时候,刘曜又如热锅里的蚂蚁急得团团转,急忙下令抗击石勒。但刘曜已经染上酒瘾,成了一名酒鬼,上阵前,他还要先喝几斗酒,然后才摇摇晃晃地跨上战马指挥战斗,还没和后赵兵开战,前赵军队已经逃散,刘曜昏昏沉沉往后退却,不料战马陷入泥坑,把刘曜摔在地上,刘曜束手被擒。

石勒抓住刘曜后,命其写信劝刘熙投降,刘曜在信中只是说:"挽救社稷为重,千万不要牵挂我。"石勒看后气得暴跳如雷,于是杀掉了刘曜。

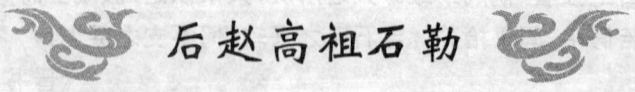

后赵高祖石勒

生卒时间:公元273年—公元333年
在位时间:公元319年—公元333年

十八骑起家

石勒,字世龙。祖先是匈奴别部羌渠的后裔,其父亲曾当过部落小帅。14岁时,因家道中落,石勒成了个做买卖的小贩。到了公元4世纪末,石勒家乡出现大饥荒,白骨露于野,活下来的人都逃荒去了。石勒也跟着去逃荒,结果被卖到冀州当了奴隶。后来,他的主人见他是个人才,让他重新获得了自由。

被赦免的石勒深感东奔西逃非安身之计,正逢这时"八王之乱"开始,天下大乱,石勒乘机召集了18个人起义,号称"十八骑"。石勒率十八骑先是投靠了起兵反晋的公师藩。公师藩被杀后,石勒收留了公师藩的残余部队,建立了他的武装。公元307年,石勒投靠刘渊,被刘渊封为辅汉将军、平晋王。

为了得到刘渊的重用,石勒向刘渊献计并亲自执行,杀掉不肯向刘渊投降的伏利度。刘渊大喜,于是提拔石勒为督山东征讨诸军事。公元311年,石勒诱杀了自己的劲敌汉国大将军王弥,阻止了汉国在黄河下游的活动。

石勒在谋士张宾的建议下,发展生产,扩充武装,然后四处征讨,于314年、318年先后消灭了西晋王朝在北方的残余势力。这样,石勒的力量迅速壮大,完全具备了与汉国相抗衡的力量。

公元318年,刘聪在临终前,将太子刘粲托付给刘曜和石勒。刘聪死后,刘粲即位不久,就被靳准发动叛乱杀掉。之后,刘曜称帝,石勒认为自己与其实力相当但却要向刘曜称臣,于是与刘曜翻脸,同刘曜断绝了君臣关系。

建立后赵

公元319年,石勒自称赵王,建立后赵政权。石勒称王后,对戎马生涯已感疲惫,主要精力都放在国家的长治久安上。当时祖逖正准备北伐,石勒与之交好,从而使两场战争得以避免,保证了人民的休养生息。

石勒一心扑在发展生产、增强国力的朝政上,巩固了自己的统治地位。为在中原地区站稳脚跟,石勒还让张宾负责制订门阀士族的等级,并命令公卿及州郡推荐人才、笼络人心。

公元325年,国力日盛的后赵,准备出兵讨伐刘曜,经过多次战争,石勒终于打败刘曜,灭掉前赵。公元330年,石勒称帝,改元建平。至此,石勒暂时统一了中国的北部(东北的燕除外),与东晋以淮水为界,形成了南北对峙的形势。

晚年的石勒,也喜欢评价自己的功过。公元332年,石勒大宴群臣,酒兴正浓时,问手下大臣说:"我可以和前代哪位皇帝相比?"善于拍马屁的大臣赶紧回答:"陛下的功绩要高于汉高祖刘邦。"石勒笑着说:"人有自知之明,你说的太过分了。如果我遇到汉高祖,一定向他称臣。"

高祖石勒的一生,历经了从奴隶到将军的过程,最后终于成为一代君王。公元333年,石勒病逝,享年61岁。

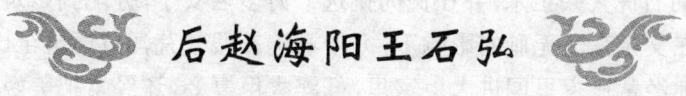

后赵海阳王石弘

生卒时间:公元313年—公元334年
在位时间:公元333年—公元334年

石弘是中国皇帝中唯一有自知之明的禅位皇帝。公元330年，石勒称帝，次子石弘被立为太子。公元333年7月，石勒病死后，石弘知道自己的帝位并不稳定，于是找到石虎，以自己软弱无能为借口，要求把帝位让给石虎。石弘痛哭流涕，再三推让，石虎愤怒地说："我也知道你不能胜任，不过你先当着，过些日子自然有人换你，再不要啰嗦了！"石弘即位后，又多次要求禅让，石虎终因时机不到而拒绝了。

直到公元334年10月，石弘又一次来请求禅位给石虎。不料，石虎板起面孔对他说："谁来当帝王，大家心里都很明白，何必由你来说！"这时，有一尚书揣摩石虎想出来当皇帝，便上奏石虎请求禅位，石虎没好气地说："石弘应当废掉，还讲什么禅位！"于是，他把石弘废为海阳王。

石弘从容自若地走出宫门，对大臣们说："我太愚昧，不是当皇帝的料，现在不是一身轻了吗！"

同年11月，石弘被石虎囚禁于太子宫，不久被杀，时年21岁。

后赵太祖石虎

生卒时间：公元294年—公元349年
在位时间：公元334年—公元349年

狼虎之将

公元294年，石虎出生，因父亲在大饥荒时饿死，被叔父石勒收养，但在11岁时突然失踪，直到17岁时石虎才重新回到石勒身边。也许是这些年石虎经受了太多的磨难，其间痛苦和耻辱也给他留下了强烈的心理障碍，在刚回到石勒身边时，他的残暴就初露端倪。石勒为此曾想杀掉他，以绝后患，还是石勒的母亲劝阻了他。

石虎成年后，在每次战斗中，都英勇杀敌，所向披靡。石勒也慢慢地对他比较器重，提拔他为征虏将军。公元330年，石勒称帝，封石虎为中山王、尚书令。石虎本来以为石勒称帝后会把大单于的位子送给自己，不料石勒却给了儿子石弘，石虎从此有了怨恨之心。石勒病死后，公元334年，石虎废掉石弘，自称赵天王；不久，又将石弘及其他石勒的儿子们全部杀掉。

恶虎无情

称帝后的石虎大兴土木，并在民间挑选一万多名女子，分配到修筑的各殿，以供自己玩乐。在父亲荒淫无耻的影响下，太子石邃在残暴荒淫方面甚至比石虎有过之而无不及。他经常在夜里闯进大臣家里，奸淫大臣妻妾，还经常把美姬杀掉，把头颅洗干净放在盘子上让大臣们传看，但石虎却把朝政大权交给了石邃。石邃也经常难以忍受父亲的独断专行，后来石邃准备发动叛乱，石虎当即把石邃及其妃子儿女26人全部杀掉。

穷兵黩武

公元338年，石虎派兵征服辽西鲜卑，之后攻打前燕，大败而归。公元340年与公元342年，石虎又两次征讨前燕，均以失败而告终。征伐不力的石虎，就把一腔怒气全撒在了后赵臣民的身上，百姓日益不满。

公元347年，石虎命令征集男女16万人、10万辆车，修筑华林苑和几十里长的苑墙。这时，太子石宣杀掉了为石虎祈福的儿子石韬。石虎闻知大怒，他让人堆起干柴，让人分别拖着石宣的头发，扯着石宣的舌头，把石宣拖到干柴上面，又让人把石宣的手脚砍断，挖出他的眼睛和肠子，然后点燃了干柴。石虎亲眼看着大火把石宣烧成灰烬，但仍觉得解不掉心头之恨，于是又把石宣的妻儿全部杀掉。石宣的小儿子才有几岁，从小就跟着石虎长大，此时吓得抱着石虎的腿哇哇直哭，石虎产生了怜悯之心，想把他抱起来，但随即交给刽子手残杀了。

公元349年，石虎终于病死，结束了他残暴的一生。

后赵彭城王石遵

生卒时间：？—公元349年
在位时间：公元349年

公元349年，石虎的儿子彭城王石遵兵发京城，把石虎生前所立的皇子石世废黜，上台称帝。几天后，石遵为了巩固自己的皇位，首先杀掉了石世，之后又想剥夺拥立有功的石闵的兵权。他自己没有主见，就去请示郑太后，郑太后反对，石遵只得作罢。没想到和他一起去见郑太后的心腹石鉴，出门后马上将石遵的打算全都告诉了石闵。石闵先下手为强，立即派人杀掉石遵，扶石鉴上台。

石遵是被手下大将发动军事政变拥立为帝的，也是被这些大将再次发动军事政变所杀，前后就当了183天皇帝。不过，他说出了流传百世的一句话："我当皇帝都如此，后来的皇帝还能当久了？"一句话，将乱世局面揭露得淋漓尽致。

后赵义阳王石鉴

生卒时间：？—公元350年
在位时间：公元349年

石鉴是后赵国君石虎的儿子。石虎病死后，太子石世继位，石鉴被封为丞相。不久，彭城王石遵带兵杀掉石世，自己当起了皇帝，石鉴又被封为侍中。而石遵和石勒养子石闵之间发生了争夺皇位的矛盾，石鉴从幕后跳了出来。他利用石遵和石闵

的矛盾，借刀杀人，让石闵杀了石遵，自己当上了皇帝。

在登上皇位后，石鉴感到石闵是个危险人物，先后让人袭击石闵，不料均在顷刻之间就被石闵打垮，石闵带着几千兵马从金明门大摇大摆地进入了宫殿。石鉴怕石闵杀害自己，急忙打开各道宫门，欢迎石闵入宫。石鉴的行动并没有感动石闵，石闵入宫后仍把石鉴关押起来并下令血腥屠杀，几万人死于无辜之中。次年正月，石鉴被石闵杀死，共在位 103 天。

后赵新兴王石祗

生卒时间：？—公元 351 年

在位时间：公元 350 年—公元 351 年

> 夫拯溺救焚，帝王之师也；穷凶骋暴，戎狄之举也。蠢兹杂种，自古为虞，限以塞垣，犹俱侵轶，况乃入居中壤，窥我王政，乘弛紊之机，睹危亡之隙，而莫不啸群鸣镝，汩乱天常者乎！石勒出自羌渠，见奇丑类。闻鞞上党，季子鉴其非凡；倚啸洛城，夷甫识其为乱。及惠皇失统，宇内崩离，遂乃招聚蚁徒，乘间煽祸，虔刘我都邑，翦害我黎元。
>
> 《晋书·石祗载记》

石祗是后赵的亡国之君。在后赵国君石虎死后，后赵大乱，石虎的几个儿子为了争夺帝位互相残杀。石闵杀石鉴，自立为大魏皇帝后，石祗在襄国（今河北邢台）亦即皇帝位。

公元 351 年，石祗派大将刘显攻打邺城，石闵全军迎战，打败刘显。刘显向石闵投降后，表示愿杀掉石祗立功赎罪。不久，刘显果然杀了石祗，后赵遂亡。

冉魏武悼天王冉闵

生卒时间：？—公元 352 年

在位时间：公元 350 年—公元 352 年

冉闵就是石闵，他是石虎的养孙，因而改冉姓为石姓，称帝后他又把自己的姓改回原姓。冉闵在石虎手下颇受器重，石虎对他就像亲孙子一样宠爱。长大后，胆识过人的冉闵自然被石虎提拔为将领。冉闵也不负石虎的厚望，在多次战争中冲锋陷阵、视死如归，在军队中逐渐建立了较高的威望。

公元349年，石虎病死，太子石世即位。石闵听到这些消息，便鼓动统帅他们的大将军彭城王石遵起兵。石遵也有当皇帝的野心，便让冉闵打先锋，并对冉闵许愿说："好好干，事成之后，我立你当太子。"但石遵杀掉石世当上了皇帝后，却又食言，把石衍立为太子，还在左右的煽动下准备杀掉冉闵。冉闵得到石鉴的密报，他杀掉石遵，自立为帝。胡、羯两族人民不堪忍受后赵的残暴统治，也不愿再看后赵君臣上演的闹剧，决定离开后赵逃生。没想到，冉闵一声令下，中国乃至历史上最残酷的种族灭绝悲剧上演了，胡、羯两族人民被杀个精光。

公元350年，冉闵把后赵残余石祗所部消灭。在灭掉后赵后，冉闵就再也没有能力跟其他北方小国一争高下。他杀戮太多，使得手下也不愿为他卖命，因而在与前燕的作战中，冉闵大败被斩杀，冉魏就此灭亡。

前燕文明帝慕容皝

生卒时间：公元296年—公元348年
在位时间：公元333年—公元348年

慕容皝，鲜卑族人。他身高八尺，性格刚毅，通晓天文历法，善于玩弄权术。他的父慕容廆曾割据辽东。公元333年，慕容廆病死，慕容皝继位。慕容皝即位后，首先杀掉所有"功高震主"的大臣，就连他自己的亲生兄弟都不放过。

公元337年，慕容皝称王，建立前燕。之后，慕容皝为扩大前燕的实力，想出一招借刀杀人之计。他派人出使后赵，以向后赵称臣为条件请求后赵出兵，消灭段辽。后赵国君石虎中计，将段辽赶到密云山。而慕容皝就尾随其后，带兵抢劫了大量的畜产和居民，尽收渔翁之利。石虎上当后，勃然大怒，率兵攻打慕容皝，结果被慕容皝在凌晨偷袭，大败而归。之后，慕容皝再次对后赵用兵，又一次取得大胜。

公元342年，慕容皝亲率大军征伐高句丽，将5万多名高句丽臣民弄回龙城。公元343年，又出兵鲜卑宇文归部，把宇文归打得跑到漠北，葬身于沙漠之中。

国家的安全得到保证后，慕容皝把精力放在国家的治理上来。此时的前燕，被连年征战弄得元气大伤，国家财政拮据。慕容皝下令把苑囿无偿地分给无地或少地的农民；如果农民一无所有，国家还发给一头耕牛。此举激发了百姓的垦荒热情，没有几年，前燕的国库殷丰厚实。为了培养人才，慕容皝建立学校，还经常亲自到学校讲课，成绩优异的提拔成近侍，不合格的则予以裁减。几年下来，燕国的实力大大增强。

慕容皝正想干一番事业的时候，却不幸于公元348年染病而死。

前燕景昭帝慕容儁

生卒时间：公元319年—公元360年
在位时间：公元348年—公元360年

公元348年，慕容皝病死，其子慕容儁即位。

此时的慕容儁正是而立之年，雄心勃勃，于公元350年消灭后赵。后来，冉闵建立冉魏，与后赵残余的部队作战，弄得两败俱伤。慕容儁在收到后赵残余部队的增援请求后，乘机进攻并一举灭掉冉魏，把冉魏国君冉闵抓往龙城斩杀。

灭掉冉魏后，慕容儁便于公元352年称帝，前燕的国力也达到了顶峰。之后，慕容儁欲征集大军，讨伐前秦、东晋，但当150万大军凑齐以后，慕容儁一病不起，不久便死。

前燕幽帝慕容暐

生卒时间：公元350年—公元383年
在位时间：公元360年—公元370年

慕容暐自幼比较聪明。他继位时年仅11岁，朝廷大权自然就交给权臣慕容恪代管。可太师慕容根认为自己为前燕立下了汗马功劳，现在却位居慕容恪之下，心里极不服气，便想伺机发动叛乱。慕容根很狡猾，他鼓动慕容恪废掉幽帝。慕容恪当然不干，慕容根又到太后和幽帝面前诬陷慕容恪图谋不轨，太后信以为真。慕容暐对太后说："他是先帝所信任的重臣，又是皇亲，无论如何不会叛乱，想叛乱的反而是慕容根。"太后一想，也有道理。不久，慕容根又劝幽帝迁都。慕容恪忍无可忍，派人捕杀了慕容根。

一波未平，一波又起，慕容暐命令搜刮前燕的王公贵戚所拥有的荫户，以便增加国家税收，结果触犯了不少人的既得利益，慕容暐将很多人统统革职。这些事情，迅速地拖垮了前燕的实力。

公元370年，前秦王猛、杨安攻打壶关、晋阳。慕容暐慌忙派军抵抗，却一败涂地。前秦长驱直入，不久便攻入邺城，将慕容暐抓获，押送到长安。苻坚倒很宽容，封他为尚书、新兴侯。

公元384年，慕容暐准备联合长安城内鲜卑人起事杀死苻坚重新立燕，不料走漏了风声，反被苻坚杀掉。

前秦惠武帝苻洪

生卒时间：公元285年—公元350年
在位时间：公元350年

苻洪是氐族的一个酋长，自幼能骑善射，豪爽大方，颇受众人推崇，曾被拥戴为盟主。

苻洪起初投靠前赵。公元333年，前赵灭亡后，苻洪便投靠了后赵石虎，石虎把苻洪封为冠军将军，并任命为流民都督，负责管理秦、氐、羌等10万户居民。等到石遵即位后，大将冉闵劝说石遵撤了苻洪流民都督的职。苻洪果断投奔东晋，当上东晋征北大将军。随着苻洪实力越来越雄厚，他于公元350年称帝，自称大将军、大单于、三秦王。

苻洪当了皇帝后，对手下大臣说："我只要率兵十万，不费吹灰之力，就可把冉闵、慕容儁、姚襄父子彻底消灭。夺取天下易如反掌。"而正当他运筹帷幄准备付诸行动的时候，军师麻秋在宴席给他下了毒药，苻洪就此一命呜呼。

前秦明帝苻健

生卒时间：公元316年—公元355年

在位时间：公元350年—公元355年

苻洪被军师麻秋下毒后，苻健杀掉麻秋，来到父亲身边，苻洪临终让苻健弟兄占有关中。苻洪死后，苻健去掉秦王头衔，向东晋称臣。这一韬光养晦之计，使苻健避开周围势力的虎视眈眈，一心发展壮大自己的势力。

实力迅速扩张后，苻健率军轻而易举地进了长安。有了关中这块根据地，苻健手下联名上了一份奏表，请求苻健称大单于、秦王，结果遭到了苻健的一顿训斥："我的官位高低不是你们所应当谈论的。"训斥过后，这些将领认为苻健无意称帝，于是作罢。没想到苻健又暗地派人再次上表，于公元351年自称天王、大单于。次年，苻健正式称帝。

建国后不到5年，苻健就一病不起。苻健的侄子苻菁想以武力夺取帝位。没想到身患重病的苻健还是很有威信，使出了最后的力气到了端门。受苻菁煽动的士兵一见到苻健，纷纷丢掉武器四散而逃，苻菁束手被擒。处决苻菁没过几天，苻健就一命归天。

前秦厉王苻生

生卒时间：公元334年—公元357年

在位时间：公元355年—公元357年

苻生刚生下来就只有一只眼睛，但长大以后身体非常健壮，力大无比，能举千钧，还练得一身好武艺。公元354年，在与东晋的作战中，太子苻苌战死，苻生单枪匹马杀入晋军阵中，连杀十几个东晋大将。由此，苻生被立为太子。

公元355年，苻健临终前对苻生说："大臣们如果不听你的话，你就可以杀掉他

们。"苻健死后，年仅22岁的苻生即位。苻生在生理上的缺陷使他难以忍受别人的嘲笑，加上苻健的临终教导，这就使苻生成了一个杀人不眨眼的暴君。

苻生见大臣的时候，总是随身带着一大堆杀人的武器，除了刀剑，还有锤子、钳子、锯条、凿子等，然后看谁不顺眼，就随便拿起一件杀死此人。

大臣劝谏他，他就说："你这是诽谤，拉出去杀掉。"大臣想拍马屁，下场也是被拉出去杀掉。他对后宫中的嫔妃也毫不留情，照杀不误。他经常命人剥掉犯人的脸皮，然后命令没有脸皮的犯人在宫中唱歌跳舞，大臣们吓得不敢看，而苻生却看得非常兴起。苻生还发明了多种杀人的方法，有截肢的，有锯头的，还有碾碎的，等等。

苻生自己是独眼，非常忌讳人们说不足、不具、少、无、缺、伤、残、毁、偏、双等字。有一次，太医令程延给苻生看病，苻生问程延用了多少人参，忙于看病的程延忘了苻生的忌讳，回答说"两支"，苻生因此大怒，亲手挖出了程延的眼睛，然后把他杀掉。

苻生在后宫中淫乱。为了寻求刺激，他经常让宫女与男子当着他的面做爱。有一次，苻生出去游玩，看见兄妹二人赶路，便令人抓他们过来，逼他们当着众人的面性交，兄妹二人自然不干，苻生一气之下，把兄妹二人全身衣服剥光杀掉，挂在城门前示众。苻生残暴凶狠，野兽也和他遥相呼应，四处伤人，害得百姓不敢出门。有人向苻生反映情况，苻生却说："野兽饿了才吃人，它们吃饱了自然会停止吃。"

苻生如此暴虐，不光是人民对他不满，亲戚也想杀掉他。公元357年一天深夜，苻生就被他的堂兄苻坚所杀。

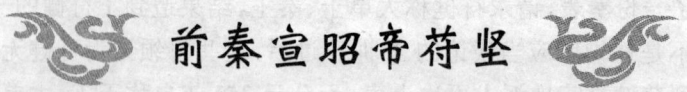

前秦宣昭帝苻坚

生卒时间：公元338年—公元385年
在位时间：公元357年—公元385年

除暴继位

苻坚自幼聪明好学，著于信义。公元公元355年，暴君苻生继位后荒淫残暴，苻坚便有杀掉苻生、夺取帝位的想法。

公元357年6月的一个深夜，听到一些风声的苻生突然对侍女说："苻坚弟兄很不可靠，明天我要杀掉他们。"侍女等苻生睡熟后到了苻坚处，把苻生的话告诉他们，苻坚弟兄听后立即行动，冲入苻生的宫殿，将苻生杀死。

杀死苻生后，年龄虽大的苻法知道自己才能不如苻坚，加上自己也不是嫡长子，于是主动让位给苻坚。

任用贤能

苻坚即位之后，首先面对的是如何收拾被苻生折腾得一塌糊涂的烂摊子。他于是找到了好友谋士王猛。

王猛小的时候家里非常穷,靠贩卖畚箕过日子,但是他很喜欢读书,卖畚箕的钱,除了吃饭剩余的都买了书。王猛虽聪敏好学,但却风流倜傥,不修边幅,所以一般人都瞧不起他。但他悠然自得,满不在乎,过着隐居生活。东晋大将桓温入关时,王猛穿着破衣烂衫去见桓温,一面与桓温侃侃而谈,一面用手捉虱子,捉到虱子后就用嘴把虱子咯蹦咬碎,接着再谈。桓温听完他对时局的精辟分析,对他突然刮目相看,再三邀请王猛到东晋去。王猛心中明白,东晋是高门士族的天下,虽有桓温赏识,他也难以施展抱负,故而没有答应。苻坚听到王猛的大名之后,急忙派人把王猛请来。两人一见如故,谈起历史上兴亡大事,见解完全吻合。很快,两人情同手足,无话不谈。

苻坚即位后,任命王猛为始平令。上任伊始的王猛,大刀阔斧地开展抑强惩霸的整治工作,社会风气大为好转,出现了路不拾遗、夜不闭户的良好秩序。苻坚把这些事情看在眼里、喜在心上,深有感触地说:"现在我才知道治国的法术、天子的尊严。"王猛政绩卓著,苻坚大为叹服,一年之内连升王猛5次官。

苻坚还重视和发挥学校的作用,积极培养人才。前秦国势不断强盛,使得其他少数民族首领纷纷归顺。

公元369年,东晋大将桓温征讨前燕。苻坚听从王猛的建议,派兵援救前燕,打退了桓温。不久,前秦军队就在王猛的率领下消灭了前燕。之后,苻坚又消灭了前凉、代国,统一了北方。

兵败被杀

统一北方后,苻坚逐渐骄傲起来,认为统一中国的时机已经成熟。公元383年,苻坚不顾众多大臣的劝阻,决定出兵征伐东晋。

苻坚带着步兵60万,骑兵27万,浩浩荡荡离开长安。随后,苻融攻下寿阳。苻坚闻报,立即把大军留在项城,只带着8000名骑兵昼夜兼程地赶到了寿阳。到了寿阳后,苻坚派尚书朱序去劝降。朱序原是东晋大将,他到晋营后,不但没按照苻坚的嘱咐劝降,反而向谢石提供了秦军的情报。

这时苻坚登上城楼,远望东晋的军事设施,只见东晋军队严整,斗志昂扬。霎时,苻坚眼前模糊起来,把八公山上的草木都当成了晋兵,不禁浑身一颤。

他于是命令军队到淝水岸边加强防御,作好交战准备。东晋谢玄在淝水对岸见秦军壁垒森严,于是派人给苻坚送去一封信,说:"你远道而来是想速战速决,但从你碧水列阵的架势来看又想打持久战。既然我们都想交战,那么请你的部队暂时退却一下,让我的士兵过了淝水,我们再决一死战,这样不是更好吗?"前秦的各位将领不愿意让晋兵渡过淝水,苻坚便对将领们说:"我们先让军队后撤,等他们渡到淝水当中,我们再收拾他们,这样不是更好吗?"于是,他下令后撤。

苻坚的军队一后撤即混乱起来,朱序乘机在后面大叫:"秦兵败了!"秦军信以为真纷纷奔逃,一发不可收拾,再也无法使他们稳住。谢玄见状,立即下令渡过淝水

攻打秦军。一时间，士兵们如惊弓之鸟，自相践踏，满山遍野都是死尸，剩下的昼夜不停，露行夜宿，前后损失了十分之七八。阵后的苻坚也身中流矢，逃到了淮北。

苻坚一败涂地，原来投向于他的慕容垂趁机背叛了前秦，建立后燕。此时的苻坚先后被慕容弘和姚苌打败，后来又被前燕后裔慕容泓和慕容冲进攻。于是公元385年他进了五将山躲避，被姚苌所包围杀害。

前秦哀平帝苻丕

生卒时间：？—公元385年
在位时间：公元385年

苻坚被姚苌杀害后，苻坚的儿子苻丕在前秦幽州刺史王永立的拥立下，登上了皇帝宝座，改元太安。

苻丕当上皇帝后，就开始策划如何消灭姚苌、慕容垂。前秦宗室大臣看到了些希望，于是又重新回到晋阳称臣。一些地方势力也纷纷与苻丕取得联系，表示愿意为消灭姚苌、慕容垂浴血奋战。

但苻丕虽有雄心，却制订不出周密的计划，以至于迟迟未能发兵讨伐姚苌、慕容垂。公元385年，西燕慕容永与前秦军队发生激战，前秦的军队大败，苻丕逃离途中死于非命。

前秦高帝苻登

生卒时间：公元342年—公元394年
在位时间：公元386年—公元394年

苻登是苻坚的族孙。公元386年，前秦皇帝苻丕被杀，于是，苻登在部下的劝进下登上了皇帝宝座。

称帝后的苻登，屡屡与姚苌交战。公元391年，双方经过一年的疲劳作战，苻登已经失去了战胜姚苌的信心。第二年姚苌病死，苻登欣喜若狂，开始扩军备战，并于公元394年率兵攻打姚苌的儿子姚兴，却一败涂地。3个月后，苻登被姚兴俘虏后杀死。

前秦后主苻崇

生卒时间：？—公元394年
在位时间：公元394年

苻崇在他父亲苻登与姚兴交战大败的消息传来,吓得赶紧弃城逃跑。苻登死后,苻崇匆忙即位,随后就被乞伏乾归赶走,被迫逃往秦州,投奔陇西王杨定。杨定带2万人马帮苻崇去打乞伏乾归,结果被乞伏乾归率军打得大败,苻崇也和杨定一起被杀,前秦遂告灭亡。

后秦武昭帝姚苌

生卒时间:公元329年—公元393年
在位时间:公元384年—公元393年

姚苌,北方割据势力首领姚襄之弟。公元357年,姚襄被前秦战败遭杀,姚苌被迫投降前秦。淝水之战后,姚苌背叛了一直很器重他的前秦皇帝苻坚,于公元384年建立政权,史称后秦。

此时的前秦,实力与淝水之战前已是不可同日而语。苻坚与西燕浴血死战后逃往马将山,姚苌趁火打劫,派兵包围马将山,抓获苻坚。姚苌厚颜向苻坚索取玉玺和要求禅让,遭到苻坚的拒绝和痛骂,于是杀害了苻坚。此后,姚苌与前秦苻登多次交战,互有胜负。

公元393年,姚苌病死,享年64岁。

后秦文桓帝姚兴

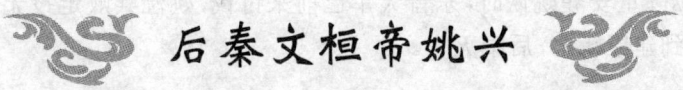

生卒时间:公元366年—公元416年
在位时间:公元394年—公元416年

公元393年,姚苌病死,次年,长子姚兴击杀前秦苻登后,即位为帝。

姚兴即位后,先后平定了安南、镇元等地的反叛势力,征服了晋弘农太守陶仲山、华山太守董迈,又攻陷了上洛。

姚兴在位的前几年,为了发展后秦实力,十分注重吸收和培养人才。为了让士子自由求学,姚兴下令对求学的青年往来出入不加限制。姚兴为了培养合格的执法人才,还在长安创建了法律学校。姚兴在广泛吸收人才的同时,极力提倡俭朴。后秦一时人人俭朴,不以奢华为荣。为了发展农业生产,姚兴还下令释放自卖为奴婢的平民,让他们返回家乡务农。

在姚兴的统治后期,后秦还是出现了一些混乱局面,这个局面是他儿子广平公姚弼引起的。姚兴很喜欢这个儿子,公元411年姚弼仗着父亲的宠爱,笼络了一大批人,多次夺取太子之位都未成功。

公元416年,姚兴卧病不起。姚弼眼看父亲不行,又一次准备行动,但他还是失

败了。临死前的姚兴使出全身力气走到前殿,宣布把姚弼赐死。姚弼的乱军立即丢盔弃甲,狼狈逃跑,姚弼也逃往骊山。这次政变让姚兴病上加惊,不久便死去,时年51岁。

后秦后主姚泓

生卒时间:公元388年—公元417年
在位时间:公元416年—公元417年

姚泓是文桓帝姚兴的长子。自幼为人宽厚。公元415年,姚兴病倒,姚泓的兄弟姚弼准备夺取太子之位。姚兴知道后勃然大怒,把姚弼及其同党抓起来准备杀掉。这时,姚泓对姚兴说:"兄弟之间不能和睦相处,都是因为我的过错。如果我死了国家能够安定,那么我就死好了;如果您不忍心让我死,那么我就辞去太子之位。"姚兴听后,虽很受感动,但还是把姚弼关起来,后来在姚泓的一再请求下,姚兴放了姚弼及其同党。

姚泓即位后,过分的仁政终于给他带来苦果,羌酋、氐王纷纷起兵向他挑战。姚泓正要派兵讨伐时,东晋刘裕又率兵北攻后秦,洛阳失陷。姚泓还没有缓过劲来,弟兄姚恢又自称大都督,起兵反对姚泓。姚泓气得亲自率兵击败姚恢,姚恢战死。姚泓见到姚恢的尸体后,却又痛哭不止。

正当姚泓隆重安葬姚恢时,东晋大军已前来讨伐,姚泓兵败走投无路,只好向刘裕投降,被送到建康斩杀,后秦灭亡。

后燕成武帝慕容垂

生卒时间:公元326年—公元396年
在位时间:公元384年—公元396年

慕容垂是前燕主慕容皝的第5个儿子,曾是前燕功臣,备受世人尊敬,不料被前燕奸臣所害,只得投奔前秦。

前秦苻坚久仰慕容垂大名,听说他前来投奔,亲自到郊外迎接。公元370年,前燕被前秦消灭,慕容垂心中不禁产生了伤感之情,从此有了复国之心。

公元383年,苻坚命慕容垂为先锋,率25万人出征东晋。淝水一战、前秦大军被打得一败涂地,唯有慕容垂所率领的3万人安然无恙。苻坚狼狈逃到淮北,前往慕容垂军营。慕容垂的儿子慕容宝见苻坚到来,便对慕容垂说:"苻坚现在就像一条丧家之犬,我们可以乘机把他宰掉。这是苍天赐给我们报仇复国的大好时机啊!"慕容垂摇了摇头,长叹一声,说:"你讲的很有道理。但是,苻坚诚心诚意地来找我们,我们怎能对他下毒手呢!再说,如果上天要惩罚他,就不怕他不灭亡。我们现在还不如暂时收留他,以报答他对我们父子的恩情,等有了机会再收拾他也不迟。到那时,我们再杀他的话,就不怕别人说我们不仁义了。"于是,他将自己的兵马交给苻坚。

之后,慕容垂准备脱离苻坚,到北方去发展,于是对苻坚说:"北部的一些百姓听说你失利,都有反叛的迹象。我想去安抚他们,顺便看一下我的祖坟。"苻坚很放心慕容垂,便派3000人护送慕容垂前往。

慕容垂离开苻坚后,就开始发展自己的势力。至公元386年,慕容垂称帝,重建燕国,史称后燕。

建立后燕后,慕容垂出兵攻打堂兄慕容永建立的西燕,并将其消灭。公元396年,他率军一举攻陷北魏平城,俘虏了北魏3万多人。此战过后,慕容垂在撤离平城回后燕的途中病逝。

后燕惠愍帝慕容宝

生卒时间:公元356年—公元398年
在位时间:公元396年—公元398年

慕容宝即位不久,后燕就遭到了北魏的袭击,而这时的后燕也出现了内讧。尚书慕容皓准备暗杀慕容宝,拥立慕容麟当皇帝。但事情败露,慕容宝得知消息后,下令逮捕慕容皓。慕容皓连夜出逃,投奔了北魏。慕容麟则狗急跳墙,谋杀慕容宝不成,投奔了丁零。此时,慕容会就成了慕容宝的眼中钉,慕容宝分夺了他的兵权。

慕容宝剥夺慕容会兵权的消息传出,慕容会手下的将领非常不满,于是不约而同地来到慕容宝的住所,大声抗议道:"慕容会天资聪颖,谋略超人,我们愿意和他同生共死。希望陛下允许幕容会带领我们去解除北魏对中山的包围。"大臣们见慕容会如此得人心,便劝慕容宝趁早杀掉慕容会。第二天,慕容宝就派人暗杀慕容会,慕容会受伤后逃入军营,起兵攻打慕容宝,慕容宝吓得带着100多名骑兵逃走。

公元398年,慕容宝被其岳父诓回龙城杀死。

后燕昭武帝慕容盛

生卒时间:公元373年—公元401年
在位时间:公元398年—公元401年

慕容盛是慕容宝的庶长子。公元398年,他知道慕容宝被其岳父兰汗杀害的消息后,立即前往龙城。

慕容盛回到龙城，暗中开始谋划推翻兰汗。他利用兰汗对他的信任，巧妙地挑起兰汗兄弟间的矛盾，使兰汗兄弟间发生火并。没过几天，慕容盛就在兰汗举行的庆功大会上，杀死了烂醉如泥的兰汗父子。于是，慕容盛登上了皇帝宝座。

慕容盛深知皇帝宝座来之不易，对谁都不信任。辽西太守李朗想发动叛乱，于是暗中勾结北魏进攻，又假惺惺地要求慕容盛发兵抵抗北魏。慕容盛一眼看穿了李朗的鬼把戏，派兵征讨李朗，设计将其打败，在无终把他杀掉。

公元401年，慕容国等人密谋政变，由于走漏了风声，被慕容盛杀掉，同时被杀的还有500多人。在平定慕容国等人的叛乱后，慕容盛被一个蒙面大汉刺杀，享年29岁。

后燕昭文帝慕容熙

生卒时间：公元385年—公元407年
在位时间：公元401年—公元407年

公元401年，慕容盛被刺杀，太子慕容定本该继承帝位，但慕容盛的皇后丁太后与慕容熙私通，一心想立慕容熙为帝。于是，丁太后下令废掉慕容定，把慕容熙迎进宫中。

慕容熙因为女人得到了江山，又因为女人失去了江山，在中国历史上的皇帝当中属于比较特殊的皇帝。慕容熙刚即位时，对丁太后的恩情自然不可忘怀，经常与她共枕同欢，但等到慕容熙将都是绝世美人的符谟的两个女儿召进宫中，自然就冷落了丁太后。丁太后气愤不过，又想故伎重演，准备废掉慕容熙，改立慕容渊为皇帝。慕容熙听说后，立即将她杀掉。慕容熙是一个只爱美人不顾江山的昏君。为了讨两姐妹的欢心，慕容熙大兴土木，劳民伤财，引起百姓的强烈不满。大臣杜静拉着棺材去劝谏慕容熙，结果被慕容熙杀掉。

慕容熙对符谟两个女儿百依百顺，言听计从，但这两姐妹相继得病离开人间。慕容熙嚎啕大哭，如丧考妣。就在慕容熙一步一把泪出城为皇后送葬的同时，原后燕中卫将军冯跋就说服慕容宝的养子高云关闭了龙城的所有城门。次日一早，高云在冯跋的拥戴下即天王位，慕容熙被高云杀死。

后燕惠懿帝高云

生卒时间：？—公元409年
在位时间：公元407年—公元409年

高云是慕容宝的养子,在杀掉慕容熙后,高云被冯跋等人拥立为帝成为后燕的末代皇帝。

高云当了天王,但大权实际掌握在冯跋弟兄手中。高云害怕被冯跋用武力赶下王位,于是花重金招集了一批大力士保护自己。在这些人中,高云最信任离班和桃仁,多次赏赐这两个人,而且还将他们视为兄弟,同食同车。但离班、桃仁是两个欲壑难填之徒。公元409年的一天,两人联手将高云刺死,后燕灭亡。

北燕文成帝冯跋

生卒时间:? —公元430年
在位时间:公元409年—公元430年

高云被杀后,冯跋坐收渔翁之利,派人把离班、桃仁杀掉,顺利地登上了皇位,史称北燕。

冯跋即位后,制定和颁布了一系列有利于发展社会生产和国家长治久安的政策,还下令废除苛政并注重廉政,得到百姓的拥戴。冯跋又积极与边疆少数民族发展外交关系,使得人民得到了久违的和平,有利于人民休养生息。

冯跋执政时,北方的柔然正在兴起。公元411年,冯跋力排众议,将女儿乐浪公主嫁给柔然汗斜律,从此柔然与北燕关系一直和睦。

公元429年,冯跋身患重病,于是将次子冯翼立为太子,代管国事。次年,冯跋因弟弟冯弘擅闯卧室受惊而死。

北燕昭成帝冯弘

生卒时间:? —公元437年
在位时间:公元431年—公元437年

冯跋死后,他自己的亲生弟弟冯弘杀掉他所有的儿子篡位。

公元429年,冯弘即天王位。公元432年,北魏拓跋焘率军征伐北燕,不过两个月,北燕数郡先后失守。尚书郭渊劝冯弘做北魏的附庸,冯弘气愤地拒绝了。

公元435年,北魏4万大兵讨伐北燕。冯弘只得东迁高丽。冯弘虽寄人篱下,但对高丽人如同对自己的臣民一样随意处罚,高丽人一气之下把他的太子王仁要去作人质,并赶走了他的侍从。冯弘感到受了侮辱,又准备投奔宋文帝,宋文帝派人到高丽迎接。高丽王没有让冯弘活着去刘宋,公元437年把冯弘及其子孙10多人全部杀掉,北燕灭亡。

西燕济北王慕容泓

生卒时间：？—公元384年
在位时间：公元384年

公元370年，苻坚灭前燕，身为前燕国君慕容俊的儿子慕容泓被押送到前秦国都长安。他受到了苻坚的优待，然而他感到压抑和耻辱。

公元383年，苻坚亲征东晋，大败而归。前秦的失败，为慕容泓恢复燕国提供了有利条件，慕容的叔父慕容垂首先举起了反秦大旗。慕容泓起兵响应慕容垂。苻坚派儿子苻睿带兵讨伐慕容泓。慕容泓在华泽打败秦军，杀掉苻睿。

慕容泓进入长安后即称帝，建立西燕政权。但慕容泓当皇帝才两个多月，便因为用法苛严，不得人心，于公元384年，被大臣高盖杀死。

西燕威帝慕容冲

生卒时间：公元358年—公元386年
在位时间：公元385年—公元386年

公元370年，前燕被前秦所灭后，前燕国君慕容俊的儿子慕容冲和他姐姐清河公主也被押送到了前秦国都长安。清河公主当年只有14岁，被苻坚看中，接到后宫，备受苻坚宠爱。慕容冲因此也受到苻坚的喜爱，但随着年龄的增长和阅历的加深，慕容冲越来越盼望着恢复燕国。

公元383年，苻坚在淝水战败后，慕容冲的叔父慕容垂、兄长慕容泓先后起兵反秦，慕容冲也在平阳起兵，但出师不利，被前秦将军窦冲打败，便带着残余人马投奔了慕容泓。慕容泓被杀后，慕容冲被拥立为皇太弟。慕容冲随即称帝，改元更始。

即位后的慕容冲占据了长安。而官兵们都是鲜卑人，个个归心似箭，迫切要求东归故地，而慕容冲贪恋长安，不愿东归。这样，西燕君臣之间发生了严重分歧。公元386年，左将军韩延带兵攻杀慕容冲，立将军段随为燕王。

西燕王段随

生卒时间：？—公元386年
在位时间：公元386年

西燕皇帝慕容冲因为不想率众东归，引起部众怨恨，被左将军韩延攻杀，将军段随被立为燕王。段随不是慕容氏宗室,威望和实力都不足以震慑部众。因此,公元386年到3月,宗室势力的代表仆射慕容恒和尚书慕容永便发动政变,杀了段随。

西燕王慕容顗

生卒时间:？—公元386年
在位时间:公元386年

公元386年3月,仆射慕容恒和尚书慕容永杀了燕主段随之后,立前燕宜都王慕容桓之子慕容顗为燕王。慕容顗登基后,立即顺应民心,率领鲜卑男女40余万口离开长安东进。鲜卑部众虽然开始东行,政局却依然不稳。慕容顗并无实权。因此,东行途中,才当了10天左右燕王的慕容顗便被慕容恒的弟弟慕容韬诱到营中杀死。

西燕王慕容瑶

生卒时间:？—公元386年
在位时间:公元386年

西燕护军将军慕容韬诱杀燕主慕容顗后,尚书慕容永和武卫将军刁云马上率众攻打慕容韬。慕容韬大败,只得逃到其兄慕容恒营中。慕容恒为了对付慕容永等,就把已故西燕主慕容冲之子慕容瑶抬了出来,立为皇帝。

慕容永毫不犹豫地派兵将慕容瑶捉来杀掉。此时,离前任燕主慕容顗被杀大约只有数天。

西燕王慕容忠

生卒时间:？—公元386年
在位时间:公元386年

慕容忠是已故西燕创业之主慕容泓的儿子,公元386年登基。慕容永为太尉、尚书令,封河东公,实际执掌朝政。慕容永持法宽平,使鲜卑内部矛盾有所缓和,逐渐安定,继续向东进发;行至闻喜(今山西闻喜),得悉后燕慕容垂已经称帝,不敢再往东去,遂就地筑城而居,名之为燕熙城。

慕容永渐渐巩固了自己的地位,不免有了新的欲望。慕容忠没有能够在位子坐满3个月,就被杀死。于是,慕容永成为新的西燕皇帝。

西燕河东王慕容永

生卒时间：？—公元394年
在位时间：公元386年—公元394年

公元386年6月，慕容永暗示刁云等人杀掉慕容忠，4个月之后，慕容永登上了皇帝宝座。

慕容永和后燕国君慕容垂是堂兄弟，慕容垂必然不希望这个堂弟做皇帝，在公元393年11月攻打西燕，慕容永被慕容垂用计打败，长期围困。慕容永心急如焚，便派太子慕容亮去做人质，向东晋求救。慕容亮被后燕军抓获，晋兵当然无法请来。慕容永急得像热锅上的蚂蚁，又向北魏求救。但是，北魏军队还没赶来，慕容永的堂兄就已经打开城门，迎接后燕军队进城。慕容永被燕兵俘虏后斩杀，西燕灭亡。

西秦宣烈王乞伏国仁

生卒时间：？—公元388年
在位时间：公元385年—公元388年

陇西鲜卑人乞伏国仁本是前秦的一名将军，被苻坚封为前将军，准备攻晋的事宜。这时，他的叔父在陇西起兵反秦。苻坚听到这一消息后，轻蔑地说了两句"跳梁小丑成不了大事"，便让乞伏国仁带兵去平定。乞伏国仁不露声色地离开了南征队伍。之后，他便开始招兵买马，为他建立西秦打下了坚实的基础。苻坚被后秦姚苌杀死后，乞伏国仁便于公元385年建立了西秦政权。

建国后，乞伏国仁收服了南安豪强，又袭击了鲜卑大人密贵、裕苟和提伦3个部落，迫使这三个部落相继归附，巩固了西秦的统治。公元388年，乞伏国仁病死。

西秦武元王乞伏乾归

生卒时间：？—公元412年
在位时间：公元388年—公元412年

> 乾归智不及远而以力诈自矜。陷吕延之师，奸谋潜断；俘视罴之众，威策遐举。便欲誓汧、陇之馀卒，窥峣、函之奥区，秣疲马而宵征，蒭勍敌而朝食。既而打控弦呜镝，厥志未逞，沮岸崩山，其功已丧。履重氛于外难，幸以计全；贻巨衅于萧墙，终成凶祸，宜哉。
>
> 《晋书·乞伏乾归载记》

公元388年,乞伏国仁病死后,他的弟弟乞伏乾归被大臣们推上皇位。随后,乞伏乾归收服鲜卑和吐谷浑几个部落,消灭了氐王杨定,占有陇西、巴西地区,西秦成为西北的又一个强大政权。

公元398年,乞伏乾归在打退后凉吕光的进攻后,雄心顿起,派兵四处征讨。乞伏乾归的东征西讨虽取得胜利,但严重消耗了西秦的国力。公元400年,后秦姚兴带兵袭击西秦。乞伏乾归被姚兴打得大败,于是不得不投降了姚兴。

乞伏乾归被姚兴留在长安后,他的长子乞伏炽磐便召集人马占山为王。乞伏乾归听说后,从长安潜逃回苑川,然后搜罗了3万人马,重新称帝。接着,派兵攻克后秦的金城、南安、陇西等郡。公元411年,乞伏乾归被侄子公府所杀。

西秦文昭王乞伏炽磐

生卒时间:?—公元428年
在位时间:公元411年—公元428年

> 炽磐叱咤风云,见机而动,牢笼俊杰,决胜多奇,故能命将掩浇河之酋,临戎袭乐都之地,不盈数载,遂隆伪业。览其遗迹,盗亦有道乎!
> 《晋书·乞伏炽磐载记》

乞伏炽磐为乞伏乾归的长子。乞伏乾归的军队被姚兴军打散、投降姚兴后,乞伏炽磐不久也被姚兴封为振忠将军、兴晋太守,带兵驻守苑川。公元409年,乾归从长安逃回苑川重新称帝,炽磐被立为太子。公元411年,乾归被侄子公府杀害,炽磐继位。乞伏炽磐从继位第2年开始每年都要对外发动战争,掠夺人口牲畜,后终因穷兵黩武劳积生病,公元428年病死。

西秦后主乞伏暮末

生卒时间:?—公元430年
在位时间:公元428年—公元430年

公元428年,穷兵黩武的乞伏炽磐临终前,对次子暮末说:"你当太子已经8年了,也不容易。我死之后你能保住西秦的现有版图就相当不错了。"

暮末继位后,连年征战,劳民伤财,对内又政刑酷滥,弄得众叛亲离。

公元430年,南安羌族人起兵反对暮末,暮末好不容易才把他们平定下来。第

二年正月，夏主赫连定围攻南安。被长期围困的南安城内粮食都已吃光，出现了人吃人的悲惨景象。乞伏暮末无奈，只得出城投降，不久就被赫连定杀死，西秦灭亡。

后凉懿武帝吕光

生卒时间：公元337年—公元399年
在位时间：公元386年—公元399年

吕光，出身名门望族，深得前秦苻坚及谋士王猛的器重。在苻坚统一北方的大部分地区后，任命吕光出征西域。吕光与西域各少数民族连番作战，使得西域大部分小国纷纷投降。公元385年，吕光用20000头骆驼驮着1000多种珍奇的西域货物，带着10000多匹骏马撤离西域，最后落脚在凉州。

凉州地处边陲，消息十分闭塞。公元386年，苻坚被杀的噩耗才传到凉州，吕光听到噩耗后悲痛欲绝，随后便改元太安，自称凉州牧、酒泉公。

但是，吕光的日子并不好过。前秦的王穆也自称凉州牧，与吕光分庭抗礼；吕光的西平太守康宁也自称匈奴王；与吕光同甘共苦的彭晃等人也勾结起来反对吕光，这使得吕光决定亲征彭晃。吕光率军先后消灭了彭晃、王穆等人，巩固了后凉的统治。随后，公元387年，吕光称王，到了396年又改称天王。公元397年，吕光率军征讨西秦，中了乞伏乾归的埋伏，吕光只好退回姑臧。

公元399年，老弱多病的吕光病情加重，便将太子吕绍立为天王，自称太上皇。在对儿子们一番叮嘱后，吕光就于当天病死，享年63岁。

后凉灵帝吕纂

生卒时间：？—公元401年
在位时间：公元399年—公元401年

吕纂是吕光的长子，却无法即位，只因为他是妾所生。在吕光病危托孤时，吕纂和吕弘都成了辅佐弟弟吕绍的顾命大臣。吕光去世当夜，吕纂就率几百个亡命之徒逼吕绍自杀，然后即位。之后，吕弘起兵反叛，吕纂也在平叛之后杀掉了他。

杀害吕弘后，吕纂开始扩张自己的领土，出兵南凉，不料兵败而回。吕纂难以如愿，便天天喝得酩酊大醉，不理国事。

公元401年2月，吕纂把擅自出兵鲜卑思磐的吕超骂了个狗血淋头，并威胁要杀掉他。吕超非常恐惧，生了杀吕纂的心。傍晚时分，酒醉的吕纂带着吕超等人乘车在内园游玩时，吕超拿起剑向吕纂刺去，正中他的胸口，不一会儿吕纂就死去了。

后凉后主吕隆

生卒时间：？—公元416年
在位时间：公元401年—公元416年

公元401年，吕隆乘与后凉国君吕纂聚会之机，把吕纂灌醉，其弟吕超用剑刺死吕纂。吕纂死后，吕隆即天王位。

吕隆为了建立威名，杀掉了那些反对他的人，使得后凉人人自危。这时，南凉、北凉经常出兵骚扰后凉。吕隆已到了山穷水尽的地步，无奈之下投降后秦，后凉灭亡。公元416年吕隆到了长安以后不久，被姚兴借故杀死。

南凉武王秃发乌孤

生卒时间：？—公元399年
在位时间：公元397年—公元399年

> 秃发累叶酋豪，擅强边服，控弦玉塞，跃马金山，候满月而窥兵，乘折胶而纵摘，礼容弗被，声教斯阻。乌孤纳符浑之策，治兵以讨不宾；鹿孤从史暠之言，建学而延胄子。遂能开疆河右，抗衡强国。
> 《晋书·秃发乌孤载记》

秃发乌孤是河西（今甘肃西部一带）的鲜卑首领，拥有较强的实力，因此成为后凉等国家争相拉拢的对象，但他对这些拉拢置之不理。公元395年，后凉国王吕光再次派人拉拢秃发乌孤，他已经羽翼丰满，于是对吕光的使者说："凉州本来是我们的地盘，吕光算老几！回去告诉吕光，我将称王称帝！"

公元397年，秃发乌孤自称大单于、西平王，然后出兵打败后凉。秃发乌孤国势日渐强盛，手下人才济济，于是他决心兼并整个凉州地区，不料乐极生悲。公元399年8月，乌孤醉酒，从马背上摔了下来，不久病情加重而死。

南凉康王秃发利鹿孤

生卒时间：？—公元402年
在位时间：公元399年—公元402年

公元399年，南凉国君秃发乌孤死，他的弟弟秃发利鹿孤继承王位。秃发利鹿孤刚即位没多久，后凉吕纂就出兵讨伐南凉，秃发利鹿孤把吕纂打得狼狈逃跑。

秃发利鹿孤打败后凉，野心顿起，大臣们纷纷劝他称帝，唯有安国将军反对说："我国随逐水草，迁徙无常，不建城郭才能虎视沙漠，与中原抗衡。如果建筑都城，就难以摆脱灾难、积蓄粮食更会引起敌人的贪心。不如让汉民住在城内，供给我们吃穿，我们鲜卑人继续过马背生活，搞好军事训练。邻国软弱，我们就去打他们；强大，我们就躲着他们。这才是长久之计。"利鹿孤听完后笑着说："你讲的有道理，称帝的事以后再说吧！"不久，利鹿孤病死，谥号"康王"。

南凉景王秃发傉檀

生卒时间：公元365年—公元415年
在位时间：公元402年—公元414年

> 秃发弟兄，擅雄群虏。开疆河外，清氛西土。傉檀杰出，腾驾时英。穷兵黩武，丧国黩声。傉檀承累捷之锐，藉二昆之资，摧吕氏算无遗策，取姑臧兵不血刃，武略雄图，比踪前烈。既而叨窃重位，盈满易期，穷兵以逞其心，纵慝自贻其弊，地夺于蒙逊，势沮于赫连，覆国丧身，犹为幸也。昔宋殇好战，致灾于华督；楚灵黩武，取杀于乾溪。异代同亡，其于傉檀见之矣。
>
> 《晋书·秃发傉檀载记》

公元402年，秃发利鹿孤病死，其弟秃发傉檀继位。

景王继承南凉王位时，正是后秦的强盛时期。他为了博取姚兴的好感，主动去掉自己的年号，向姚兴称臣。到了公元406年，景王派人给姚兴送去了3000匹马，30000只羊。姚兴非常高兴，当即封他为凉州刺史，让他镇守姑臧。到了姑臧后，他就再也不听姚兴的号令了。姚兴大怒，便于公元407年派兵攻陷昌松，景王火速出击，大败秦军，杀死了7000多名秦兵。

对后秦的胜利，使景王兴奋不已，重新称凉王，于公元410年出击北凉，结果被沮渠蒙逊打得一败涂地，一个人逃回姑臧。沮渠蒙逊乘胜追击，包围了姑臧。景王连忙派儿子当人质与沮渠蒙逊讲和，北凉这才撤兵。

公元413年，乐都又两次被北凉包围，景王又屈辱地让太尉俱延去当人质。

北凉撤军后不久，南凉等部落向景王提出脱离南凉，独立门户。景王气得带上人马去攻打，大胜而归，可在凯旋之际却传来乐都被乞伏炽磐攻陷，太子虎台和文武百官都被俘获的消息。

景王气得两眼发黑，头脑发晕。随后，景王又想带着士兵前往征讨契汗，赎回太子和百官。但随行的官兵已经完全丧失了斗志，一路上，逃兵日益增多，到后来，他身边只剩下为数不多的几个人。景王见此,不禁仰天长叹,将跟随的人一一打发走后,便投靠乞伏炽磐,被封为骠骑大将军、左南公。但好景不长,一年之后,景王就被乞伏炽磐毒死。

北凉武宣王段业

生卒时间:？—公元401年

在位时间:公元397年—公元401年

段业,京兆(今陕西西安)人,后因战功被后凉国王吕光任为建康太守。

公元397年,卢水胡人沮渠蒙逊和堂兄男成在凉州起兵反对吕光,把段业推出来当了凉州牧。两年之后,段业改称凉王,建立北凉。

段业虽是凉王,但只是个空架子,当时的军政大权全部掌握在尚书左丞相沮渠蒙逊手中。沮渠蒙逊名义上是大臣,实际上瞧不起段业这个傀儡皇帝。公元401年,沮渠蒙逊设计,使段业杀掉其堂兄男成。接着,沮渠蒙逊借口段业滥杀无辜,起兵攻打段业,段业最后被沮渠蒙逊杀死。

北凉武宣王沮渠蒙逊

生卒时间:公元368年—公元433年

在位时间:公元401年—公元433年

> 蒙逊出自夷酋,擅雄边塞。属吕光之悖德,深怀仇粥之冤;推段业以济时,假以陈、吴之事。称兵白涧,南凉请和;出师丹岭,北寇宾服。然而见利忘义,苞祸火亲,虽能制命一隅,抑亦备诸凶德者矣。
>
> 《晋书·沮渠蒙逊载记》

公元397年,沮渠蒙逊起兵反后凉吕光,把段业推为凉州牧。时机成熟后,沮渠蒙逊就起兵杀掉段业,自己当上了凉州牧。

开始,沮渠蒙逊与周围邻国都建立了和睦的外交关系。9年之后,沮渠蒙逊自感北凉羽翼丰满,便亲率大军进攻南凉,夺得了南凉国都姑臧。公元412年,沮渠蒙逊迁都姑臧,随后又屡胜南凉,南凉景王主动向沮渠蒙逊求和,总算沮渠蒙逊同意退兵。

在出兵南凉的同时,沮渠蒙逊也向西凉用兵,最终占有了整个凉州地区。接二连三的胜利使沮渠蒙逊进一步扩大武力时,他突然于公元433年病死。

北凉哀王沮渠牧犍

生卒时间：？—公元477年
在位时间：公元433年—公元439年

沮渠蒙逊病死后，其第3子沮渠牧犍即位。这时的北方，大部分地区已经在北魏的统治下，而南方，刘裕灭掉东晋，建立了刘宋政权。双方实力相当，而北凉作为十六国中最后存在的国家之一，受到南北政权的重视。北魏首先与北凉互相通婚，拉近了北魏和北凉的关系。面对强大的北魏，北凉国君沮渠牧犍经常是低声下气地同北魏交往，并且经常受到北魏的摆布。沮渠牧犍派人出使建康，与刘宋建立了外交关系。沮渠牧犍认为找到了靠山，对北魏的态度就不那么谦恭了。

沮渠牧犍与武威公主名义上是夫妻，却毫无感情。他钟情的是嫂子李氏。李氏怕被武威公主发现，便在武威公主的饭中下毒，幸好拓跋焘知道后，迅速送来解药，武威公主方才获救。拓跋焘听说李氏是个祸害后，便强令沮渠牧犍把李氏送走。沮渠牧犍怎么也舍不得，拓跋焘忍无可忍，便出兵讨伐北凉。北凉大败，沮渠牧犍只好投降。

沮渠牧犍被押回平城后，公元477年，拓跋焘借口沮渠牧犍与叛贼勾搭，将其赐死。

北凉酒泉王沮渠无讳

生卒时间：？—公元444年
在位时间：公元439年—公元444年

沮渠无讳是沮渠蒙逊的儿子，沮渠牧犍的弟弟。沮渠无讳被封为沙州刺史、酒泉太守之后，就开始了同北魏之间的游击战。

公元439年，北魏太武帝拓跋焘派兵进攻酒泉。沮渠无讳料到自己不是对手，便撤离酒泉。半年之后，沮渠无讳乘北魏准备向江南用兵之际，带兵夺回酒泉。北魏无奈之下便把沮渠无讳封为酒泉王。但沮渠无讳不仅不对北魏感恩戴德，反而想收复北凉失地，这下可激怒了北魏，于是北魏太武帝拓跋焘于公元441年派兵把酒泉包围了半年之久。沮渠无讳乘酒泉被攻陷的混乱之机，占据鄯善；次年，又占领高昌，被宋文帝封为河西王。

公元444年，沮渠无讳病死于高昌，由其弟沮渠安周袭位。公元463年，柔然派兵进攻北凉，沮渠安周下落不明，北凉灭亡。

西夏武烈帝赫连勃勃

生卒时间：公元 381 年—公元 425 年
在位时间：公元 407 年—公元 425 年

> 赫连勃勃獯丑种类，入居边宇，属中壤分崩，缘间肆慝，控弦鸣镝，据有朔方。遂乃法玄象以开宫，拟神京而建社，窃先土之徽号，备中国之礼容，驱驾英贤，窥窬天下。然其器识高爽，风骨魁奇，姚兴睹之而醉心，宋祖闻之而动色。岂阴山之韫异气，不然何以致斯乎！虽雄略过人，而凶残未革，饰非距谏，酷害朝臣，部内嚣然，忠良卷舌。灭亡之祸，宜在厥身，犹及其嗣，非不幸也。
>
> 《晋书·赫连勃勃载记》

赫连勃勃原是匈奴铁弗部首领刘卫辰的儿子，父亲刘卫辰在与北魏拓跋珪的争斗中遭袭被杀。赫连勃勃依靠机敏灵活，投奔到后秦，并受到后秦国君姚兴的器重，被封为骁骑将军，经常参与军国大事。后来，姚兴又把他封为安北将军，让他驻守朔方，赫连勃勃从此便有了自己的根据地。

赫连勃勃到了朔方不久，便袭击高平，杀害了岳父没奕于，收编了他的部队，然后于公元 407 年建立夏。随后，赫连勃勃出兵攻打南凉，凯旋而归；接着，又出兵夺取了姚兴在 3 城以北设立的军事据点。之后，赫连勃勃便常常侵扰后秦，大肆扩张自己的领地，并于公元 408 年和公元 409 年两次大败后秦军队，巩固了夏的统治，并积极准备，一心想夺取长安。恰好这时，东晋大将刘裕率师北伐后秦。赫连勃勃认为夺取长安的机会来到，于是厉兵秣马，积极准备。

公元 417 年，刘裕消灭姚泓，进入长安。不久，刘裕让儿子留守长安，自己回到了江南。刘裕走后，赫连勃勃便趁机攻下长安。

赫连勃勃当了皇帝后，更加残暴凶狠、杀人成性，使得大臣们叫苦连天、人人自危。公元 425 年，赫连勃勃病死。

西夏废主赫连昌

生卒时间：？—公元 434 年
在位时间：公元 425 年—公元 427 年

赫连昌是赫连勃勃的次子，很受父亲的宠爱，赫连勃勃病死以后，即把大位传给了他。这使得他的兄弟赫连定、赫连伦十分不满，于是弟兄之间发生了内讧，最后还是赫连昌凭借自己实力占了上风。这次内讧给了北魏消灭夏的可乘之机。公元 426

年，赫连昌被北魏军队打得一败涂地，但赫连昌指挥士兵拼死抵抗，拓跋焘见一时难以攻取，只好退兵。

公元427年，拓跋焘又一次征伐赫连昌。这次拓跋焘将大军埋伏在山谷之中，只派少数士兵来到城下挑战。赫连昌中计，便带着3万士兵出城迎战，被埋伏的北魏大军打得大败。随后赫连昌东躲西藏，最后还是被擒获。拓跋焘对他还不错，把女儿始平公主嫁给他为妻，又封赫连昌为秦王。但赫连昌还是于公元434年叛魏西逃，最后被拓跋焘部将所杀。

西夏后主赫连定

生卒时间：？—公元434年
在位时间：公元427年—公元431年

赫连昌被俘后，赫连勃勃的第5子赫连定逃到平凉自称皇帝并想收复失地，但赫连定攻击北魏的大军刚到平凉东部就不敢再前进。于是，赫连定便说："如果先帝（赫连勃勃）让我继承帝业，怎会有今天的惨状！如果苍天允许我多活几年，我一定要重振邦业。"

无奈之余，赫连定想到了与刘宋结盟，共同出兵消灭北魏。拓跋焘听到这一消息后，立即亲率骑兵攻击赫连定。很快，赫连定的军队就被北魏军队打得四处奔逃，赫连定乘乱逃到了甘肃。公元431年，赫连定消灭了处于混乱之中的西秦。随后，他在北魏的追击下从治城渡河，但人马刚到河的中间就遭到了吐谷浑袭击，赫连定当了俘虏。

公元434年，赫连定被拓跋焘杀掉。

翟魏天王翟辽

生卒时间：？—公元391年
在位时间：公元388年—公元391年

祖居贝加尔湖附近的敕勒人南迁入中原的被称为丁零人。公元383年，前秦苻坚淝水战败，原来臣服前秦的各少数民族纷纷趁机图谋复国，其中以翟辽为骨干的丁零人率先起兵反秦。

公元386年1月，翟辽占据了黎阳。东晋派大将朱序率军攻打翟辽，结果无功而返。东晋泰山太守张愿却全郡投降了翟辽，翟辽声势日渐强盛。第2年，后燕要攻打翟辽，翟辽投降后，慕容垂便任命翟辽为徐州牧，封河南公。后来，翟辽又反叛又投降，慕容垂一怒之下，索性跟他断绝了往来。

公元388年，翟辽在黄河南岸滑台（今河南滑县东）自称魏天王，建立魏国，史称翟魏。建国后的翟辽多次攻击东晋，公元390年被东晋刘牢之大败于滑台。

公元391年，翟辽病死。

翟魏末帝翟钊

生卒时间：？—公元393年
在位时间：公元391年—公元393年

公元391年，翟魏主翟辽病死，翟钊继位，企望从此摆脱艰难局势，平定天下。继位不久，翟钊随即进攻后燕，被慕容农击败。

公元392年，慕容垂率军攻打翟钊，进驻黎阳，把翟钊打得大败而逃。翟钊只身投奔西燕，被西燕主慕容永封为有名无实的兖州牧、东郡公。一年后，因谋反被杀。翟魏灭亡。

南燕献武帝慕容德

生卒时间：公元336年—公元405年
在位时间：公元400年—公元405年

> 慕容德以季父之亲，居邺中之重，朝危未闻其节，君存遽践其位，岂人理哉：然禀俶傥之雄姿，韫纵横之远略，属分崩之运，成角逐之资，跨有全齐，窃弄神器，抚剑而争衡秦、魏，练甲而志静荆、吴，崇儒术以弘风，延谠言而励己，观其为国，有足称焉。
>
> 《晋书·慕容德载记》

慕容德，鲜卑族人，前燕主慕容皝的小儿子。慕容皝去世时，慕容德才12岁。他自幼博览群书，文武超群，很受众人爱慕。

前燕内部分裂，国政腐败，不久被前秦苻坚灭亡。慕容德被苻坚收为张掖太守。投降苻坚，是慕容德在前燕灭国后的无奈，他心里反对苻坚。淝水战败，他投奔慕容垂部。公元386年，慕容垂即位称帝，慕容德任尚书令、宰相职位。

慕容垂临死时，让儿子慕容宝将前燕故都邺城交给慕容德。慕容宝继位后，又任命慕容德为都，专门负责南方战事，防范东晋。然而，慕容德大奸似忠，派人刺杀慕容宝，慕容宝惧逃，终死于兰汗之手。慕容德迁到滑台（今河南滑县东）自称燕王，另立了门户,随后又挥师进入山东境内。公元400年,慕容德在广固(今山东益都)称帝,史称南燕。

政治能手　善于用人

慕容德治理下的南燕,百姓安居乐业,经济繁荣,成为乱世中相对安宁的一方净土。慕容德很重视教育,他建立学堂,让一些高官子弟入学。在经济上,慕容德"置盐官于乌常泽,以广军国之用",增加了政府的财政收入。由于战乱,当时南燕隐蔽户口的很多,慕容德严令清查,极大地增加了税源,南燕国力遂强。

慕容德在识人用人上,也很有主见。一次大宴群臣,酒酣耳热之际,就问群臣:"我能和过去哪位帝王相媲美呢?"青州刺史鞠仲说:"你是中兴之主,堪比夏朝的少康、东汉的刘秀。"慕容德听后,十分爽快地让人赏赐他千匹帛。鞠仲一看赏的也太多了,不敢要。慕容德说:"你戏弄我,我就不行戏弄一下你吗?"二人随便对答,不料大臣韩范进言说:"天子无戏言。"慕容德一听这话在理,于是赏了韩范50匹帛。正因如此,营造了一个言论自由的良好氛围。

公元405年,慕容德病故,终年70岁。

南燕末帝慕容超

生卒时间:公元385年—公元410年
在位时间:公元405年—公元410年

> 超继已成之基,居霸者之业,政刑莫恤,畋游是好,杜忠良而佞进,暗听受而勋戚离,先绪俄颓,家声莫振,陷宿豫而贻祸,启大岘而延敌,君臣就虏,宗庙为墟。迹其人谋,非不幸也。
> 德实奸雄,转败为功。奄有青土,淫名域中。
> 超承伪祚,挠其国步。庙失良筹,庭悲沾露。
> 　　　　　　　　　　　　　　　　《晋书·慕容超载记》

慕容超是慕容德之侄,前燕北海王慕容纳之子。前燕被前秦所灭后,慕容德受前秦帝苻坚之命随军南征东晋,留下金刀拜别母亲公孙氏而去。淝水战败后,慕容纳、德之兄慕容垂趁机起兵建后燕,前秦杀掉慕容纳本人和慕容德诸子。公孙氏因年老而免死,慕容纳妻子段氏正好怀孕,关押在狱中,慕容超诞生在狱中。

慕容超10岁时,祖母公孙氏去世,临终前把金刀给慕容超,说:"如果天下太平,你能够向东回到故土,可以将这把刀还给你叔叔(慕容德)。"

慕容超恐怕被后秦知道身份,就装成神智失常之人,以乞讨为生。后秦人看不起他,便对他不起疑,所以行动自由不受限制。他到达南燕后,呈献金刀给慕容德,并告以其祖母也就是慕容德之母临终的遗言。慕容德一见金刀,睹物思亲。他见慕容超一表人才,心中欣慰,于是将慕容超封为北海王,任命为侍中、骠骑大将军、司隶校尉,开王府置僚佐。慕容德病危时,将慕容超立为太子。

公元405年,慕容德去世,慕容超继南燕帝位。慕容超登位后,宠信旧部,大杀功臣,又喜好游猎、奢侈糜费,使得人民苦不堪言。慕容超南下攻击淮北,使得东晋不堪其扰。公元409年,东晋将领刘裕率军进攻南燕反击。

公元410年,南燕都城广固陷落,慕容超被俘,与亲族数千人同被斩首。

西凉武昭王李暠

生卒时间:公元351年—公元417年

在位时间:公元400年—公元417年

李暠,是西汉名将李广的16世孙。年少的李暠十分好学,通诵经史,尤其擅长文章义礼,也精通孙吴兵法,爱好武功。后凉吕光在位时,他被任为效谷令。北凉段业在位时,他仍为敦煌太守,领护西胡校尉。

公元400年,李暠被北凉的晋昌太守推为凉公,建都敦煌,西凉政权自此开始。李暠建立的西凉政权,是一个汉族政权,对东晋王朝仍奉表称臣。李暠为了统一河西,派遣重臣东征凉州、西击玉门,取胜后驻兵玉门一带广积粮食。他让儿子李让镇守敦煌,将都城由敦煌迁到酒泉。李暠还亲自率领西凉将士出征,一度打败了北凉的沮渠蒙逊,派人向东晋奉表。为了统一中原,他下令在玉门关、阳关屯田,敦劝农民种好庄稼多打粮食以富国强民。在他的治理下,西凉国势日益强盛。

李暠决心继承前凉大业,结束河西的分裂局面。为了巩固边防要地,他修筑了敦煌的旧塞东西二围,以防北房;修筑了西南二围,以威南房。他不仅注重武功,而且崇尚儒学。他本人也是五凉时著名的文学家,写了不少诗。他对子女教育也很严,撰写《诸葛亮训诫》,勉励诸子奋发图治。

公元417年,壮志未酬的李暠病逝,享年67岁。

西凉后主李歆

生卒时间:?—公元420年

在位时间:公元417年—公元420年

公元417年,李暠病逝,其子李歆继位。李歆在位时,继承其父称臣于东晋的政策,因此东晋封其为酒泉公。

李歆和父亲不同,他用刑颇严,又喜欢建筑宫殿,贤臣苦谏不听,李歆反说:"我乃一国之主,用不着你们来教训我!"公元420年,北凉为迷惑西凉,带兵佯装进攻西秦,李歆不知是计,大举进攻北凉,战败被杀。

西凉冠军侯李恂

生卒时间:?—公元421年
在位时间:公元420年—公元421年

李恂是西凉建立者李暠之子、李歆之弟,李歆在位时任敦煌太守。

公元420年,北凉败西凉军杀李歆,随即攻占西凉都城酒泉,李恂及其他诸弟逃往北山。数月后,因北凉王沮渠蒙逊所派敦煌太守索元绪凶险好杀,大失人心,而李恂在敦煌施政名声卓著,敦煌人民遂密迎李恂,李恂率数十骑入敦煌,索元绪逃走,李恂便自称凉州刺史。不久,沮渠蒙逊派军讨伐。第2年,北凉军率兵围攻敦煌,引水灌城,李恂投降不成,惨然自杀,西凉灭。

南北朝

宋武帝刘裕

生卒时间：公元363年—公元422年
在位时间：公元420年—公元422年

> 上清简寡欲，严整有法度，未尝视珠玉舆马之饰，后庭无纨绮丝竹之音，故能光有天下，克成大业者焉。汉氏载祀四百，比祚隆周，虽复四海横溃，而民系刘氏，惵惵黔首，未有迁奉之心。魏武直以兵威服众，故能坐移天历；鼎运虽改，而民未忘汉。及魏室衰孤，怨非结下。晋藉宰辅之柄，因皇族之微，世擅重权，用基王业。至于宋祖受命，义越前模。晋自社庙南迁，禄去王室，朝权国命，递归台辅。君道虽存，主威久谢。桓温雄才盖世，勋高一时，移鼎之业已成，天人之望将改。自斯以后，晋道弥昏，道子开其祸端，元显成其末衅，桓玄藉运乘时，加以先父之业，因基革命，人无异心。高祖地非桓、文，众无一旅，曾不浃旬，夷凶翦暴，祀晋配天，不失旧物，诛内清外，功格区宇。至于钟石变声，柴天改物，民已去晋，异于延康之初，功实静乱，又殊咸熙之末。所以恭皇高逊，殆均释负。若夫乐推所归，讴歌所集，魏、晋采其名，高祖收其实矣。盛哉！
> ——《宋书·武帝本纪》

平定叛乱

刘裕，字德舆，小名寄奴。他早年丧父，家境贫寒。年轻时的刘裕曾挥汗躬耕于田野，上山砍柴，下泽捕鱼，备尝生活之艰辛。

公元402年，桓玄叛乱挥师进入建康，从此总揽朝政大权，成了东晋的主宰。刘裕深得桓氏倚重。他表面上对桓氏忠心耿耿，暗地里团结了一大批中下级军官，时

刻准备举旗倒桓。

公元403年，桓玄正式即皇帝位。刘裕于次年在京口起兵。桓玄闻知刘裕等举兵造反，非常害怕。有人很不理解，问他说："刘裕等人乃乌合之众，势力微弱，必然不会成功，陛下为何如此忧虑？"桓玄摇摇头，叹道："刘裕足为一世之雄，怎敢说他不会成功？"

刘裕率军进攻，桓玄的两名大将战死，吓得桓玄坐船逃走。刘裕遂进入建康城，坐镇京师。之后，桓玄被刘裕追兵杀死。公元405年，刘裕将白痴皇帝司马德宗迎回建康，重登皇帝宝座。公元408年，由于朝臣拥护，刘裕入京辅政，掌握朝廷大权。

率军北伐

刘裕当大将时治军严明，深得将士们的爱戴，即位后又提倡俭朴，改变了自西晋以来的奢靡之风。公元409年，刘裕北伐南燕，平定江南。随后，刘裕开始实现他收复中原的抱负。公元416年，刘裕亲率大军攻灭后秦。

北伐之后，刘裕威望大增，人心归附。他便加紧了篡位自立的步伐，指使亲信害死白痴皇帝司马德宗，立司马德文为帝。

建立刘宋

公元420年，文武百官得到刘裕的授意，纷纷上表要求皇帝司马德文禅位。司马德文被逼无奈，只得宣布禅位，刘裕随后登基称帝，建立刘宋。即位后，刘裕当即下令赦免杂税及人民拖欠政府的种种债务。这些措施，得到人民的欢迎。

公元422年，刚当了2年皇帝的刘裕病重，于是任命几位顾命大臣辅佐幼主。在把后事都安排妥当之后，刘裕终于闭上眼睛，驾鹤西去。

"生子当如刘寄奴"。刘裕出生寒门，凭借着军功一步步爬到皇帝的位置，这在以士族为统治基础的南朝皇帝中是唯一的1个。

宋少帝刘义符

生卒时间：公元406年—公元424年
在位时间：公元422年—公元424年

公元422年，刘裕去世，17岁的太子刘义符即位。刘义符即位之后，本该为刚去世的父亲守灵，但他却与随从们练武游戏。几位顾命大臣见此情况，对刘义符也不再有任何希望，于是便密谋废帝另立。

公元424年，顾命大臣徐羡之、谢晦等开始行动。谢晦借口自家房屋破旧，让家人全部外出居住，然后在府内暗藏将士，准备随时动手。

安排妥当后,檀道济、谢晦、徐羡之等引兵入宫,长驱直入,将惊魂未定的刘义符扶出。之后,徐羡之等以皇太后名义下诏宣布,将刘义符废为营阳王,由刘义隆即位。刘义符被迫迁往吴郡,幽禁在金昌亭。几个月后,刘义符被追杀致死。

宋文帝刘义隆

生卒时间:公元407年—公元453年
在位时间:公元424年—公元453年

> 太祖幼年特秀,顾无保傅之严,而天授和敏之姿,自禀君人之德。及正位南面,历年长久,纲维备举,条禁明密,罚有恒科,爵无滥品。故能内清外晏,四海谧如也。昔汉氏东京常称建武、永平故事,自兹厥后,亦每以元嘉为言,斯固盛矣!授将遣帅,乖分阃之命,才谢光武,而遥制兵略,至于攻日战时,莫不仰听成旨。虽覆师丧旅,将非韩、白,而延寇蹙境,抑此之由。及至言漏衾衽,难结商竖,虽祸生非虑,盖亦有以而然也。呜呼哀哉!
> ——《宋书·文帝本纪》

元嘉之治

公元424年,徐羡之等废杀少帝刘义符,拥立刘裕第3子刘义隆为帝。此时远在江陵年仅18岁的刘义隆接到拥立他为帝的报告,毅然进京,即位登基。

进京路上,刘义隆的政治天才就开始显露。他作了详细的安排,以保证自己的安全。

刘义隆即位称帝后,继承和发展了刘裕的改革,使得江南在他统治前期出现了小康局面的"元嘉之治"。刘义隆即位不久,为了稳住权臣徐羡之、谢晦等人,便正式任命谢晦为荆州刺史,然后下令,给徐羡之、傅亮、谢晦、檀道济等人封官授爵,并将大权仍然交给徐羡之、王弘等人。

公元425年,刘义隆羽翼已经丰满,便开始策划除掉徐羡之等人。这时,徐羡之、傅亮上表归政,刘义隆心中虽暗暗高兴,但仍不肯马上接受,而是谦让再三,最后才勉强准许,开始亲理万机。

同年年底,刘义隆借口大举北伐,准备攻打谢晦。徐羡之等人极为紧张,慌忙捎信给谢晦,谢晦也紧急行动起来,密谋举兵。公元426年,刘义隆开始行动,并启用檀道济来统军征伐。属下皆认为不妥,齐声反对。刘义隆笑笑说:"废帝时,檀道济只是胁从,不是主谋,杀帝之事又与他无关。我安抚并任用他,他必然会死心塌地地为我卖命。"听了他的分析,众人皆服。

刘义隆计划的第一步，是先将在朝中的徐羡之、傅亮2人抓获并斩首。杀掉徐、傅2人后，刘义隆便亲率大军讨伐谢晦，将谢晦击败并活捉斩首。

诛杀徐羡之、傅亮、谢晦后，刘义隆收回了朝政大权。随后，刘义隆与他的四弟彭城王刘义康之间的矛盾开始激烈起来。刘义隆先是将刘义康贬至江州，直到公元451年，刘义隆派人将刘义康杀死。

北伐失败

刘义隆虽文弱多病，却雄心勃勃，他想继承父亲刘裕未竟之业，决定北伐，统一全国。加上元嘉以来，社会安定，人口增加，生产发展，兵精粮足，刘宋的国力非常强盛，刘义隆便于公元450年决定北伐。

北伐大军分水陆数路浩浩荡荡北上，但被北魏太武帝击败，并乘势攻入刘宋境内。刘义派兵抵御，又加紧修筑工事，遏制了北魏军的攻势。公元451年，北魏军见无隙可乘，只好撤军。北魏军在撤退途中，进行了空前的大屠杀，每经过一个城市，就要将壮丁全部杀死，甚至连婴儿也不能幸免，这使得军队所过郡县净是白骨。江南遭此浩劫，国力大大衰落，"元嘉之政"由此而衰。

被弑身死

刘义隆晚年与太子刘劭的关系越来越紧张，竟到了水火不相容的地步。刘义隆欲废太子另立，结果被太子刘劭知道，于是积极谋划，准备弑父即位。

公元453年的一天晚上，刘义隆与徐湛之单独密谈了一夜，另立太子的人选还是没有定下来。他抬头看看窗外，见天已快亮了，便伸了个懒腰，对徐湛之说："劳累了一夜，你也去该休息了。"徐湛之自刘义隆决定废太子以来，经常与刘义隆在夜里密谈。他怕有人偷听，就亲自拿着蜡烛仔细检查，直到确信无人后才放心密商。但此刻，他还是百密而有一疏，又累又乏，听刘义隆一说，倒头便睡，值班的卫兵也沉睡在梦乡之中。

不一会，刘义隆只听一阵杂乱的脚步声由远而近，便睁开朦胧的双眼想看个究竟，只见太子的心腹张超之杀气腾腾地闯入殿来，吓得一下子睡意全消，仓皇之中举起案几抵挡，被张超之一刀将五个手指砍掉。接着，张超之又是一刀刺向刘义隆，刘义隆当即丧命，徐湛之也被乱兵所杀。

宋孝武帝刘骏

生卒时间：公元430年—公元464年
在位时间：公元453年—公元464年

> 役己以利天下,尧、舜之心也;利己以及万物,中主之志也;尽民命以自养,桀、纣之行也。观大明之世,其将尽民命乎!虽有周公之才之美,犹终之以乱,何益哉!
>
> ——《宋书·孝武帝本纪》

刘骏是刘义隆第3个儿子,6岁便受封为武陵王。因他自幼不得父皇的宠爱,故一直被授予外职,未任京官。

刘劭弑父自立后,深知拥有重兵的刘骏对他的威胁,欲将其杀害。刘骏趁机起兵,击败刘劭后,即位称帝,是为孝武帝。

刘骏把群臣视为自己的奴隶。侮辱众臣成为他的一大爱好。黄门侍郎宗录秀身体肥胖,拜起动作不便,每次集会时,刘骏都故意多次赐予东西,让他一次又一次地跪接谢恩,看他那笨拙的动作以取乐。刘骏对朝中的正人君子严加迫害,对一部分出身微贱的心腹耳目却极其信任、言听计从。

晚年的刘骏贪财,侍中颜师伯因善于拍马而得到刘骏的信任。他为官贪鄙,多纳货贿,家产丰饶。一次,刘骏与他赌博。开局后,刘骏先掷,得到一个好的,心中很高兴,自认为必赢无疑。谁知颜师伯随后一掷,竟掷出一个比他大的来。刘骏一看,脸色马上大变。颜师伯见状连忙收回子,说:"差点掷出卢来。"然后重新掷子,刘骏的脸色才慢慢缓过来。这一日,主臣2人直玩得兴尽方罢,颜师伯一次就输了100万。

公元464年,这个杀兄杀臣、荒淫贪财的刘骏暴病而亡。

宋前废帝刘子业

生卒时间:公元449年—公元465年
在位时间:公元464年—公元465年

> 废帝之事行著于篇。若夫武王数殷纣之衅,不能挂其万一;霍光书昌邑之过,未足举其毫厘。假以中才之君,有一于此,足以覆社残宗,污宫潴庙,况总斯恶以萃一人之体乎!其得亡,亦为幸矣。
>
> ——《宋书·前废帝本纪》

公元464年,刘骏因病去世,长子刘子业即位。

公元451年,刘义隆杀死弟弟刘义康,拉开了刘宋皇室骨肉相残的序幕。公元453年,刘劭杀刘义隆自立为帝。后刘骏起兵,杀刘劭兄弟及其诸子,对敢于劝谏的大臣也大加杀戮。刘子业出生以来的十几年,耳闻目睹的净是些骨肉相残、君臣仇

杀的事情。

刘子业做太子的时候，并不为父亲刘骏所喜爱，他因此怀恨在心。即位不久，他就下令废除刘骏所有制度，对父亲也是不断讥讽。有一次，他请人在太庙为祖宗画像，看武帝刘裕像时称赞说："好一个英雄，生擒多少天子！"看文帝刘义隆像时说："这个皇帝也不错，但晚年不幸为儿子砍了头。"看刘骏像时，生气地对画工说："他是个酒糟鼻，为何不画上？"画工赶紧补上。他的异母兄弟刘子鸾当年因生母殷妃得到刘骏的宠爱，刘子业即位后，马上派人逼刘子鸾及刘子鸾的同母弟、6岁的刘子师和同母妹自杀。年仅7岁的刘子鸾临死时，悲愤地说："愿上天保佑我，来世不要再生于帝王之家。"刘子鸾兄妹3人遇害后，刘子业仍不解恨，又命人掘殷贵妃墓。

刘子业即位不久就杀掉不少刘骏曾倚重的大臣。之后，刘子业又将顾命大臣刘义恭等人一一杀掉。他对刘义恭9岁的儿子伯禽也不放心，又派人前去杀了他。

此后，刘子业便肆无忌惮起来，他把朝廷公卿大臣都视为自己的奴隶，随意打骂折磨。刘子业对待大臣非常残暴，对待自己的几个叔叔也是经常辱骂，甚至想杀掉他们。为了防备叔叔们作乱，刘子业把他们调入京城拘于殿内。三王之中，又数湘东王处境最惨。刘子业曾派人挖一大坑，放入泥水，让湘东王脱光衣服，像猪一样赤身裸体地在坑内爬来爬去，还命他用嘴吃猪槽里的食物，自己就在一旁观看，并忍不住地哈哈大笑。有一次，湘东王不慎得罪刘子业，刘子业马上下令剥光他的衣服，绑起手脚，对左右说："今日杀猪！"建安王想方设法劝阻，才使得湘东王免于一死。

即位之初，刘子业便肆意玩乐。他常出宫游玩，同车的常有刘子业的姐姐山阴公主。山阴公主淫荡无度。一次，她厚颜无耻地对刘子业说："妾与陛下虽说是男女不同，但俱是先帝所生。但陛下有六宫佳丽，而妾唯有驸马一人，这太不公平了。"刘子业听了，哈哈大笑，说："这等小事，有什么不好办的。"于是下令为其选貌美风流的男子30人陪伴公主左右。

刘子业比起她姐姐荒淫无耻来，有过之而无不及。有一次，刘子业率人在竹林堂游玩，突发奇想，下令宫人们全脱光衣服，赤身裸体地互相追逐，有一宫女不愿，刘子业立即杀掉了她。当晚，在竹林堂睡觉的刘子业梦见一女子骂他，第二天醒来，刘子业马上在宫中找到一位相貌与梦中女子相似的宫女，将其斩首。当天夜里，他又梦见被杀的宫女骂他。刘子业从梦中惊醒，又气又怕，于是命巫师为他占卜。巫师装模作样地鼓捣了半天，然后告诉他说："竹林堂有鬼。"于是，刘子业亲率巫师及左右宫女在竹林堂射鬼，一时间乌烟瘴气。

等刘子业射鬼完毕，正要奏乐时，大臣们冲进来，准备杀掉他另立新帝。刘子业吓得丢下弓箭，仓皇逃命，结果被追上的大臣一刀刺死。

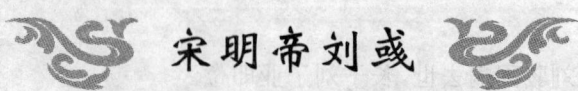

宋明帝刘彧

生卒时间：公元439年—公元472年
在位时间：公元466年—公元472年

圣人立法垂制，所以必称先王，盖由遗训馀风，足以贻之来世也。太祖负扆南面，实有君人之懿焉，经国之义虽弘，而隆家之道不足。彭城王照不窥古，本无卓尔之资，徒见昆弟之义，未识君臣之礼，冀以此家情，行之国道，主猜而犹犯，恩薄而未悟，致以呵训之微行，遂成灭亲之大祸。开端树隙，垂之后人。虽天伦之重，义殊凡戚，而中人以下，情由恩变。至于易衣而出，分苦而食，与夫别宫异门，形疏事隔者，宜有降矣。太宗因易隙之情，据已行之典，剪落洪枝，愿不待虑。既而本根无庇，幼主孤立，神器以势弱倾移，灵命随乐推回改。斯盖履霜有渐，坚冰自至，所从来远也。

——《宋书·明帝本纪》

即位称帝

公元439年，刘义隆第11个儿子刘彧出生，被封为淮阳王，后来改封为湘东王。

刘子业即位后，刘彧等人被猜忌他们的刘子业留在身边，失去了行动自由，还要时常遭受刘子业的百般凌辱。刘彧年龄是最大的，自然成为刘子业迫害的主要目标。他表面上却装出一副恭顺、服从的样子，暗中密切关注外部动静，等待时机下手。此时，民间盛传"湘中当出天子"，刘子业知道后非常不安，决定杀掉湘东王刘彧巩固皇位。就在刘子业准备杀刘彧的当天晚上，就先被刘彧的亲信所杀，随后刘彧于公元466年即位称帝。

讨伐平叛

刘彧在将侄子刘子业杀掉即位后，面对的是众多的兄弟和侄儿觊觎皇位的局面。同年，镇军将军、江州刺史晋安王刘子勋在寻阳即位，正式与刘彧分庭抗礼，由此就爆发了一场以刘彧为首的文帝系诸王和以刘子勋为首的孝武帝系诸王之间的大混战。

明帝亲自调兵遣将，讨伐叛军。经过激烈的战斗，刘彧攻入寻阳，斩晋安王刘子勋；不久又陷荆州，赐临海王刘子顼、安陆王刘子绥、陵王刘子元死。待叛乱平定后，刘彧又将刘子房、永嘉王刘子仁、始安王刘子真等赐死。至此，刘骏的28个儿子全部死光。

明帝晚年

刘彧在称帝并平息兄弟间叛乱后的几年里，坚持以仁治国的方针，实行了一些恢复生产、整顿吏治、改革弊政的措施，得到了朝野内外的好评，被称为仁爱之君。

但是，当27岁的刘彧发现自己的健康每况愈下的时候，已不像即位初那样励精图治，而是贪图享乐、迷信鬼神、猜忌和杀戮大臣。皇宫内外常虑触犯忌讳，人人担惊受怕，朝不保夕。

公元472年，刘彧在安排好所有后事之后，便一命呜呼了。

宋后废帝刘昱

生卒时间：公元463年—公元477年
在位时间：公元472年—公元477年

> 丧国亡家之主，虽适末同途，发轸或异也。前废帝卑游亵幸，皆龙驾帝饰，传警清路；苍梧王则藏玺怀绶，鱼服忘反，危冠短服，匹马孤征。至于殒身覆祚，其理若一。姬、夏之隆，质文异尚，亡国之道，其亦然乎！
> ——《宋书·后废帝本纪》

刘昱是刘子业的堂弟，公元472年刘彧死后，10岁的刘昱即位。

刘昱即位后，面对的是国内动荡不安、反叛迭起的局面。当皇帝对他来讲，却是如何玩得开心，如何杀人杀得开心。他一天不杀人手就痒痒。反正自己是皇帝，有谁要敢违抗旨意，他就可以下诏屠杀。公元477年，阮佃夫等想废掉刘昱，结果被告发，刘昱将阮佃夫等人全部杀死。过了两个月，又有人告发杜幼文等人是阮佃夫的同谋，刘昱立即亲率士兵前往屠杀，无一人幸免。

对于刘昱的恶行，王太后非常不满，于是常常训斥他。因此，刘昱非常厌恶太后，总想找机会杀害太后。

一天中午，刘昱大摇大摆进了萧道成的领军府，见萧道成因天热裸睡，于是把萧道成弄醒，并叫他站在墙边，然后在他肚皮上画上箭靶，拉弓瞄准。萧道成吓得忙说："老臣无罪。"刘昱的亲信王天恩也陪笑着说："领军的肚皮大，是射箭的好靶子。但要是一箭就把他射死了，以后就无法再射了，不如用木箭射好。"刘昱听从了他的话。换了木箭后，刘昱拉弓就射，一箭正中靶心——萧道成的肚脐。他得意洋洋地一把将弓扔到地上，大笑着问道："看我的武艺怎么样？"被吓得半死的萧道成不得不满脸堆笑。不过，刘昱戏弄萧道成是有原因的。萧道成掌握朝中大权，刘昱虽然年龄不大，也知道嫉恨萧道成的威名，想把他杀掉。一次，刘昱在宫中磨刀，一边磨一边自言自语地说："明日就杀掉萧道成！"陈太妃听说后，非常生气，把刘昱找来训斥道："萧道成有功于国家，如果把他都杀了，还会有谁再为你尽力啊？"听了陈太妃的话，刘昱这才打消了杀萧道成的念头。

公元477年七夕节，刘昱命令杨玉夫观察天空，等见到织女过河时就叫醒他，而且对杨玉夫说："如果你看不见，没有叫我的话，我就杀了你！"说完，刘子业昏然入睡，全然不顾呆在一旁的杨玉夫。杨玉夫见刘昱睡得跟死猪一般，叹了一口气，坐到殿前台上看天。杨玉夫越想越怕，索性一不做二不休，从殿前台上爬起来，走到刘昱睡榻前，取下其防身之刀，一刀捅去。这个年仅15岁的皇帝，就这样糊里糊涂地做了刀下鬼。

宋顺帝刘准

生卒时间：公元469年—公元481年

在位时间：公元477年—公元479年

> 圣王膺箓，自非接乱承微，则天历不至也。自三、五以来，受命之主，莫不乘沦亡之极，然后符乐推之运。水德迁谢，其来久矣。岂止于区区汝阴揖禅而已哉！
>
> ——《宋书·顺帝本纪》

暴君刘昱被杀后，萧道成趁机掌握了朝政大权。他与太后商量后，决定立刘彧第三子刘准为帝。公元477年，刘准即位。

刘准虽当上皇帝，但大权都掌握在萧道成手中，萧道成当时已笼络了大批朝臣，准备代宋自立。司马昭之心，已是路人皆知。很多大臣对此非常不满，于是纷纷起兵反对。

就在刘准即位那年，荆州刺史沈攸之起兵，袁粲为除掉萧道成，在石头城起兵响应，一时应者无数。但袁粲根本不是萧道成的对手，不久就被萧道成率军平定，袁粲等人惨遭杀害。沈攸之孤军奋战，不久也兵败身亡。从此，朝廷内外全是萧道成的亲信，刘宋政权名存实亡。

萧道成在消灭异己后，加紧代宋自立的步伐。公元479年，萧道成终于逼刘准下诏禅位，刘宋灭亡，萧道成建齐。

刘准退位后，萧道成命其移居别宫。2年后，刘准被人趁乱杀死。萧道成知道情况后，不但不加罪于杀死刘准的凶手，反而厚赏。

齐高帝萧道成

生卒时间：公元427年—公元482年

在位时间：公元479年—公元482年

> 上少沈深有大量，宽严清俭，喜怒无色。博涉经史，善属文，工草隶书，弈棋第二品。虽经纶夷险，不废素业。从谏察谋，以威重得众。即位后，身不御精细之物，敕中书舍人桓景真曰："主衣中似有玉介导，此制始自大明末，后泰始尤增其丽。留此置主衣，政是兴长疾源，可即时打碎。凡复有可异物，皆宜随例也。"后宫器物栏槛以铜为饰者，皆改用铁，内殿施黄纱帐，宫人著紫皮履，华盖除金花瓜，用铁回钉。每曰："使我治天下十年，当使黄金与土同价。"欲以身率天下，移变风俗。上姓名骨体及期运历数，并远应图谶数十百条，历代所未有，臣下撰录，上抑而不宣，盛矣。
>
> ——《南齐书·高帝本纪》

由于宋武帝刘裕的继母为萧氏，故萧道成得以在刘宋为官且因军功屡迁。公元465年，南朝宋明帝在前废帝刘子业被杀后即位，统治集团内部爆发了一场大混战。明帝势单力薄，形势危急。

此时的萧道成步步高升，到明帝初年，已官至右军将军。经过多年征战的锻炼，他不仅具备了丰富的作战经验和指挥才能，而且成为了一名目光远大的谋略家。在宋皇室内部爆发的这场大规模混战中，他审时度势，坚定地站在明帝一边，前去讨伐叛军。明帝平定四方之乱后，萧道成与其他忠于明帝的将领迅速崛起，成为国家的重臣藩将。

在明帝末年针对权臣的大屠杀中，萧道成机智地避开了杀身之祸，最后还被明帝命为托孤大臣。

刘昱凶狠残暴，以杀人为乐，朝廷内外人不自保。萧道成因功高权重而遭其嫉恨，几次险遭杀害，故深为忧虑，遂起废立之心，不满刘昱的人也纷纷投靠萧道成。

公元477年，刘昱被杀后，王敬则立即跑到萧道成的府上，大喊"开门"，并向萧道成报告说刘昱已被左右杀死，速请萧道成入宫主事。萧道成听后仍不敢开门，害怕是刘昱设计骗他。王敬则急了，隔墙把刘昱的人头扔进去，萧道成这才骑马直奔皇宫，尽掌刘宋朝政大权。

此时，萧道成已有代宋自立的野心，他开始为篡位事宜进行准备。他首先清除所有反对势力；平定沈攸之叛乱，又将黄回杀死。从此以后，萧道成的主要反对派全部被消灭了。同时，萧道成还大量网罗有识之士和时贤参与大业。

公元479年，萧道成终于代宋称帝，建立南齐。

萧道成即位后，广开言路。他要群臣议政，大臣们有的建议废除宋时苛政细制，有的建议停止讨伐交州，有的建议减免宋时的苛捐杂税，限制贵族富民封略山湖侵渔百姓等等。百官热烈上言，萧道成皆加以褒赏，并根据百官的建议一一加以解决。

针对宋奢侈浪费之风，萧道成特别强调节俭。一次，他发现主衣库中有玉导，很不高兴，马上命人击碎，又命人翻检有何异物，凡认为能助长豪华奢侈风气的，全部销毁。

公元482年,这位一生叱咤风云的南齐开国皇帝逝世,终年56岁。

齐武帝萧赜

生卒时间:公元440年—公元493年
在位时间:公元482年—公元493年

> 世祖南面嗣业,功参宝命,虽为继体,事实艰难。御袞垂旒,深存政典,文武授任,不革旧章。明罚厚恩,皆由上出,义兼长远,莫不肃然。外表无尘,内朝多豫,机事平理,职贡有恒,府藏内充,民鲜劳役。宫室苑囿,未足以伤财,安乐延年,众庶所同幸。若夫割爱怀抱,同彼甸人,太祖群昭,位后诸穆。昔汉武留情晚悟,追恨戾园,魏文侯克中山,不以封弟,英贤心迹,臣所未详也。
>
> 武帝丕显,徽号止戈。韶岭歇祲,彭派澄波。威承景历,肃御金科。北怀戎款,南献夷歌。市朝晏逸,中外宁和。
>
> ——《南齐书·武帝本纪》

宋明帝即位后,江州刺史、晋安王刘子勋由邓琬做主起兵造反,一时全国响应,四方兵起。当时,萧赜只有20多岁,担任赣县县令。赣县正处于动乱的中心,南康相沈肃之多次命令萧赜举兵响应刘子勋起事,但都遭到拒绝。沈肃之见他敢拒不从命,大怒,下令将他押入郡狱。

萧赜被关在郡狱,正在他焦虑之际,族人将他救出来。然后,他率部属百余人正式举兵响应朝廷之命。

明帝平定刘子勋之乱后,萧赜与父亲萧道成都因效忠朝廷立下军功而加官晋爵。萧赜也在这次动乱中初露锋芒,显露出卓越的政治敏锐性和军事才能。

巩固帝位

萧道成代宋称帝,萧赜被立为太子。公元482年,齐高帝萧道成"驾崩",萧赜正式登基。

萧赜即位时已40余岁,年轻时随父创业,立下功劳,有丰富的政治、军事经验,再加上他性情刚严、遇事有主见、有干一番大事的抱负,所以不甘听命于人,也不愿一切都按父亲生前的安排执行。

萧赜即位后,对荀伯玉、垣崇祖等先朝重臣表面上仍很重用。公元483年,萧赜突然下令,借口垣崇祖欲与荀伯玉作乱,派兵将2人杀死。萧赜对武功卓著而又野心膨胀的旧臣张敬儿早不放心,怕他举兵为乱,便下了除掉他的决心。不久,张敬儿与4个儿子同时被捕杀。

萧赜并非一味排斥父亲的重臣,也很巧妙地利用他们,包括死人。公元483年下诏,为袁粲、刘秉等忠于旧主的忠臣平反,皆命以礼改葬。萧赜表现出的政治家的大度,深得人心。

册立太子

到了晚年,萧赜深为接班人的事困扰。萧赜不到20岁就生下了长子萧长懋,深受爷爷萧道成的喜爱。萧赜为了培养萧长懋,还曾让他慰劳将帅接触军旅。萧道成即皇位后,封萧长懋为南郡王。

萧赜即位,便立萧长懋为太子。长懋爱好文义,礼接文士,蓄养武人,亲信之徒布在朝廷。萧长懋生性颇喜奢丽,东官的殿堂皆雕饰,缔丽超过了皇宫。而公元493年,萧长懋病死。萧赜亲往东官,痛哭尽哀,下诏准太子穿衮冕之服举行葬礼,谥曰"文惠"。

文惠太子死后,绝大部分人都认为帝位继承人将是竟陵王萧子良。萧子良是萧赜次子,与文惠太子同为皇后所生。但萧赜在太子死后仔细检视东官,发现了太子违反制度的服仪羽仪,大怒。因萧子良知情不报,萧赜连萧子良也嫌责起来。经过反复考虑,萧赜还是立文惠太子的长子萧昭业为皇太孙。

公元493年,萧赜病逝。

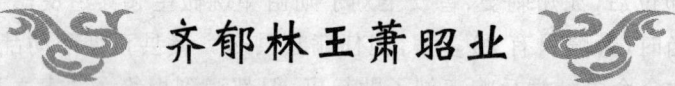

齐郁林王萧昭业

生卒时间:公元473年—公元494年
在位时间:公元493年—公元494年

> 郁林王风华外美,众所同惑。伏情隐诈,难以貌求。立嫡以长,未知瑕衅,世祖之心,不变周道。既而慾鄙内作,兆自宫闱,虽为害未远,足倾社稷。《春秋》书梁伯之过,言其自取亡也。
>
> 十愆有一,无国不失。郁林负荷,弃礼亡律。
>
> ——《南齐书·郁林王本纪》

公元493年,萧赜逝世,皇太孙萧昭业即位。萧昭业是文惠太子的长子,年幼时眉清目秀、举止文雅、口齿清楚,甚得爷爷萧赜钟爱。

萧昭业在爷爷的灵前即位,他放声痛哭,令观者无不垂泪;但回到宫中,立刻有说有笑,又令乐队奏乐取乐,就像变了一个人。

萧赜在位期间,在国库里存了超过十亿万的钱财。萧昭业见有这么多钱财,于是就放肆地尽情挥霍。他曾花数千钱买一只斗鸡,又动不动赏给佞臣十几万、几百万。不到一年,萧赜辛辛苦苦存下来的钱财就所剩无几了。

萧昭业还喜欢带皇后何氏和诸宠姬到主衣库去。他打开大门,让她们拿宝器互相对打,各种宝器珍玩在他和皇后、宠姬的欢笑声中化为碎砾。

萧鸾受遗诏与萧子良一起辅佐萧昭业,但萧子良因受怀疑而深居简出不管国事,萧鸾只有自己独自处理国家大事,并趁机培植自己的亲信势力。萧昭业虽喜欢玩乐,但也不愿大权旁落,两人之间的矛盾越来越深。

萧鸾开始篡位自立的准备。他利用各种机会,将萧昭业的主要心腹逐渐剪除干净,使得萧昭业再无可以与之谋划的亲信。

公元494年,萧子良病逝。萧子良一死,萧昭业的心腹之患就只有萧鸾一人了。萧昭业正准备秘密杀掉萧鸾之际,没想到萧鸾先下手了。萧湛奉萧鸾之命,率兵入宫,沿路斩杀阻挡之人,萧鸾等朝廷重臣也随后入宫。这时,萧昭业才知道引兵废他的正是他所信任依赖的萧湛。他扭头逃往宠姬徐氏房内,想拔剑自刎,结果失败,又以布缠住脖子。萧湛率士兵冲入,将其抓获,随后便将其杀死。

齐海陵王萧昭文

生卒时间:公元479年—公元494年
在位时间:公元494年

> 郭璞称永昌之名,有二日之象,而隆昌之号亦同焉。案汉中平六年,献帝即位,便改元为光熹,张让、段圭诛后,改元为昭宁,董卓辅政,改元为永汉,一岁四号也。晋惠帝太安二年,长沙王乂事败,成都王颖改元为永安;颖自邺夺,河间王颙复改元为永兴,一岁三号也。隆昌、延兴、建武,亦三改年号。故知丧乱之轨迹,虽千载而必同矣。
>
> 穆穆海陵,因亡代兴。不先不后,遭命是膺。
>
> ——《南齐书·海陵王本纪》

公元494年,萧昭文被废黜萧昭业的萧鸾拥立为帝,成为萧鸾的傀儡。

萧昭文即位后,萧鸾执掌大权。萧昭文虽贵为皇帝,但无论大小事情都要经萧鸾同意方才进行,没有丝毫的自由。

3个月后,萧昭文不得不宣布退位,萧鸾名正言顺地登上了皇帝的宝座。

萧昭文退位后,被萧鸾降封为海陵王。不久,萧鸾谎称萧昭文有病,派人假装御医,前往看病,趁机下手杀害了萧昭文。

齐明帝萧鸾

生卒时间：公元 452 年—公元 498 年
在位时间：公元 494 年—公元 498 年

> 帝明审有吏才，持法无所借。制御亲幸，臣下肃清。驱使寒人不得用四幅伞，大存俭约。史臣曰：高宗以支庶纂历，据犹子而为论，一朝到此，诚非素心，遗寄所当，谅不获免。夫戕夷之事，怀抱多端，或出自雄忍，或生乎畏慑。令同财之亲，在我而先弃；进引之爱，量物其必违。疑怯既深，猜似外入，流涕行诛，非云义举，事苟求安，能无内愧？既而自树本根，枝胤孤弱，贻厥不昌，终覆宗社。若令压纽之徵，必委天命，盘庚之祀，亦继阳甲，杖运推公，夫何讥尔！
>
> 高宗傍起，宗国之庆。慕名俭德，垂文法令。兢兢小心，察察吏政。沔阳失土，南风不竞。
>
> ——《南齐书·明帝本纪》

萧鸾是齐高帝萧道成的侄子，南齐建立，萧鸾被封为西昌侯。那时王公大臣上朝或出游皆乘牛车，别人都想方设法显示威风，萧鸾则乘下帷车，仪从皆如素士。萧鸾如此节俭，给萧赜留下了极佳的印象，至萧赜临终时遗诏要他与竟陵王萧子良一起辅佐幼主。

萧赜刚咽气，中书郎王融欲强行拥萧子良为帝。萧昭业与手下人束手无策，焦急万分。萧鸾硬闯入官，扶萧昭业登上皇位。通过这件事，萧鸾提高了威望，朝野内外人心渐渐归向于他，萧鸾也开始篡位自立的准备。

公元 494 年，萧鸾杀了萧昭业，顺顺当当完成了废帝大事。随后，萧鸾迎立 15 岁的萧昭文为帝，完全操纵了朝政。萧昭文被立后，萧鸾权重内外，朝野皆知其篡位之心。

萧鸾于是开始筹划，杀害诸王。待一切准备就绪后，萧鸾以皇太后名义下令，废掉了傀儡皇帝萧昭文，自己堂而皇之地登上了皇帝的宝座。

萧鸾即位后，政事不分巨细，皆亲自过问、处理。以节俭不慕奢华而闻名的他，称帝后更标尚节俭。太官元日为他上寿，席上有银酒杯，萧鸾很不高兴，要人马上将其击碎。

治书侍御史薛聪为人耿直，弹劾百官，不避强权。一些犯有过失的大臣，萧鸾想宽恕，薛聪总是毫不相让，据理力争。萧鸾对他特别看重，任其为直阁将军等职，亲卫禁兵全交给他管领。群臣罢朝之后，薛聪总是陪侍帐帷，凡时政得失，动辄进谏，多被听允。

对其他一些大臣，萧鸾的态度就截然不同了。萧谌助萧鸾废萧昭业，立了头功。而萧谌自恃功高，常常干预朝政。公元 495 年的一天，萧鸾与萧谌等几人设宴欢聚，尽兴而散。众人告辞时，萧鸾又留萧湛说话。过了一会儿萧湛告辞，来到华林阁，突然数名执仗卫士走近，不由分说抓住萧湛，把他押回，然后杀死。

不久，重病在身的萧鸾于公元498年病逝，享年47岁。

齐东昏侯萧宝卷

生卒时间：公元483年—公元501年
在位时间：公元498年—公元501年

> 汉宣帝时，南郡获白虎，获之者张武，言武张而猛服也。东昏侯亡德横流，道归拯乱，躬当穷戮，实启太平。推阉竖之名字，亦天意也。
> 东昏慢道，匹癸方辛。乃隳典则，乃弃彝伦，玩习兵火，终用焚身。
> ——《南齐书·东昏侯本纪》

诛灭"六贵"

公元498年，齐明帝萧鸾病逝，太子萧宝卷即位。

萧宝卷即位后，朝政大权都由顾命大臣萧遥光、徐孝嗣、萧坦之、江柘、江祀、刘暄轮流掌管，时称"六贵"。

萧宝卷在做太子的时候，就是个大玩家，他不爱学习，却喜欢和侍从们到处寻乐。等到即位后，他就发现自己还不如当太子时玩得开心、玩得随心所欲，这约束力来自"六贵"，主要又是二江。

江柘、江祀兄弟的姑姑是萧鸾的母亲，萧鸾因此最信任他们，兄弟俩也为此对萧宝卷最为严厉。

由于萧宝卷越来越荒淫无度，江祀兄弟想立萧遥光为帝。刘暄得知后，坚决反对。萧遥光知道后，便派左右刺杀刘暄，结果失败。刘暄便向萧宝卷告发。萧宝卷听后大怒，立即将江氏兄弟杀死，然后逼迫萧遥光装疯称病，从此不理政事。

江氏兄弟一死，再无人敢对萧宝卷指手画脚了，萧宝卷便肆无忌惮地胡闹起来。他常常与左右玩乐到五更才睡觉，甚至不再上朝，整个朝廷乱成了一团。

正当萧宝卷玩得昏天黑地之时，萧遥光加紧了以武力篡位的准备。萧宝卷怕萧遥光不自安而闹出什么事来，就准备任其为司徒，给他一个高位，让他回家安心养病，于是宣他入宫。萧遥光心中有鬼，不敢入宫，便于当天下午以讨伐刘暄为名起兵，结果当天晚上就以失败而告终，萧遥光也被抓住斩首。

平定萧遥光之后，萧宝卷又下令将刘暄杀掉。这样，"六贵"中只剩下徐孝嗣了，由于他对萧宝卷及其手下唯唯诺诺，故萧宝卷还能容他。但因为他德高望重，有人

劝他废掉萧宝卷。徐孝嗣虽有此想法,却犹豫不决,以至事情终于败露,萧宝卷又将其杀死。至此,"六贵"全被杀害,众臣人人自危,惶惶不可终日。

公元499年,太尉陈显达于江州起兵,声称欲奉建安王萧宝寅为主。最终陈显达寡不敌众,引兵败退,最后被杀。

远贤臣,近小人

诛灭陈显达,萧宝卷以为天下已定,更加骄纵不羁,他渐渐迷上了出游。每次出游,都闹得当地鸡犬不宁。他所宠信的奸佞小人徐世标等人对朝中颐指气使,玩弄朝政。整个朝廷是小人得势,大臣朝不保夕,百姓苦不堪言,社会动荡不安。

终于,大臣们纷纷起来反对萧宝卷,其弟萧衍随即起兵。萧宝卷终于没有了好运气,萧衍大军不久就攻入建康,将宫城铁桶般严密地包围起来。此时,负责城中军事的王珍国、张稷2人暗中定计,将萧宝卷杀死,迎萧衍大军入城。

齐和帝萧宝融

生卒时间:公元488年—公元502年
在位时间:公元501年—公元502年

> 夏以桀亡,殷随纣灭,郊天改朔,理无延世。而皇符所集,重兴西楚,神器暨来,虽有冥数,徽名大号,斯为幸矣。
> 和帝晚隆,扫难清宫。达机睹运,高颂永终。
> ——《南齐书·和帝本纪》

萧宝卷残暴无道,南齐诸王纷纷起兵反对。萧宝融在萧衍的支持下,也起兵反对萧宝卷。公元501年,萧宝融在江陵即位,随后命萧衍东讨萧宝卷。

萧衍在讨伐过程中连战连捷,威望也日益提高。这时,萧衍派其弟率兵赴江陵,控制了萧宝融。从此,萧宝融成为萧衍的傀儡。

当年年底,被萧衍包围的建康,发生兵变,守卫建康的禁卫军见萧衍势大,于是纷纷倒戈,杀掉萧宝卷,迎萧衍入城。萧衍入城后,先被封为梁公,后又进封为梁王。萧衍日益跋扈,专擅朝政,杀掉萧鸾诸子,其篡位之心已是路人皆知。

第二年,萧衍派人迎萧宝融东归,途中便逼迫萧宝融下诏禅位。萧衍称帝,建立南梁。不久,萧衍听从大臣意见,派人把一块金子交给萧宝融,令其吞金自杀。萧宝融推开来人递上的金子,镇定自若地说:"我死不需要金子,有酒就足够了!"说完,命人拿来一壶酒,大饮不止,直喝得不省人事,昏昏睡去。萧衍派去的人见他睡去,于是拔出剑来,一剑刺死了萧宝融。

梁武帝萧衍

生卒时间：公元464年—公元549年
在位时间：公元502年—公元549年

萧衍出身于贵族之家，自幼酷爱读书、博学多才，加上天资聪颖，年纪轻轻就在文学方面崭露头角。当时与之交往甚密的有沈约、王融等7人，被世人称为"八友"。萧衍在北魏伐齐的战争中起家，他虽是文人，却有政治家的谋略和果敢，又有军事家的运筹帷幄之才，深得当时的齐明帝萧鸾赏识，对他的职位也是一升再升，最后为加强雍州防务，齐明帝将萧衍封为辅国将军兼领雍州刺史。

灭齐建梁

齐明帝死后，即位的萧宝卷残暴嗜杀，江州刺史陈显达、豫州刺史裴叔业等人反叛，都被镇压下去。萧衍则韬光养晦，不断扩充实力，等待机会。这时，萧宝卷将镇压叛乱有功的萧懿赐死。萧衍见机会到来，便于公元500年起兵征讨，各地响应者甚众。

为了号召天下，萧衍将萧宝卷的弟弟萧宝融拥立为帝，然后挟天子以令诸侯，于公元501年秋兵临建康城下，并将齐宫城围得水泄不通。萧宝卷的大将王珍国将正在笙歌夜饮的萧宝卷杀死，然后开门迎降。

萧衍占领建康后，掌握了朝中大权，齐和帝萧宝融不过是傀儡。公元502年春，萧宝融下诏禅位，于是萧衍登基称帝，是为梁武帝，南齐灭亡。

萧衍即位后，便将齐和帝萧宝融杀死。萧衍对开国功臣尤其刻薄，冷淡疏远，任这些人自生自灭。

登基之后的萧衍，勤于政务，孜孜不倦，即便是寒冬腊月，五更就起来批改公文，以至于双手冻裂。萧衍还注重纳谏和勤俭廉洁，使得吏治有了不少起色。

和尚皇帝

萧衍未当皇帝之前，毕竟是"八友"之一，他即位之初，对儒学非常重视，设立了国子监，还亲自撰写了《春秋答问》、《尚书大义》、《中庸讲疏》、《孔子正言》等200余卷书籍。到了晚年的萧衍，逐渐看破红尘，遁入空门，成为一位在位时剃度出家的和尚皇帝。

自此以后，佛教渐盛，萧衍也三番五次地舍身入空门。第一次是到同泰寺"舍身"，做了4天和尚后，萧衍便被接回去。后来想想不对，因为按当地的风俗，和尚还俗，要出一笔钱向寺院"赎身"。皇帝当和尚赎身，怎么能够例外，更应该做出表率。

这时有位印度僧人菩提达摩不远万里来到东土，萧衍听有远方高僧到来，立即命令地方官吏马上将其护送入都，亲自于内殿召见，谈论佛理。然而没过多久，达摩见话不投机即告辞出来,后来渡江至嵩山少林寺传经授徒,竟成为中国禅宗第一世祖。

公元 529 年秋,萧衍再次来到同泰寺,他脱去御衣换上法衣,宛如一位入寺多年的老僧。如此过了 10 天,大臣们拿来钱 1 万亿,请求赎回皇帝菩萨。萧衍语意恳切,竟然对群臣用"顿首"之辞,声称既已舍身入寺就无返俗之意。群臣连连劝谏,萧衍才好不情愿地回到宫中。

第三次是在公元 546 年,萧衍还是来到同泰寺中舍身,这次赎身的钱翻了一番,达到 2 万亿,这才让这个皇帝菩萨回到皇宫。

侯景之乱

在这种政治形势下,梁朝政腐败是不可避免的,公元 548 年,便发生了著名的侯景之乱。

侯景曾在西魏为官,后来因与高欢之子高澄不合,所以投奔南梁。萧衍知道后大喜,不但没有夺其兵权反而以富贵养之。结果侯景刚降,不久即生乱,将梁朝天下搞得大乱。侯景起兵后,屡败南梁军队,不久就兵临建康城下,并打败前来勤王的众军,将皇城紧紧包围。城中守将见大势已去,遂开门投降,于是萧衍被抓获。

当时侯景虽有称帝之心,但面对众多勤王部队,还是不敢轻举妄动,于是将萧衍软禁起来。可怜萧衍被软禁后,竟经常断食,即使有什么要求,也得不到满足。萧衍百感交集,卧床不起。侯景对其更是刻薄,既无食物也无饮水,不久这个南梁的开国皇帝,就活活饥渴而死,享年 86 岁。

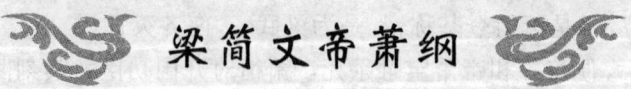

梁简文帝萧纲

生卒时间:公元 503 年—公元 551 年
在位时间:公元 549 年—公元 551 年

萧衍的儿子,文学史上赫赫有名的"昭明太子"。萧统病死后,萧纲便被立为太子。不过,萧纲既非嫡长子,又非嫡长孙,其他各子时时都想取而代之,南梁萧氏家族内乱从此开始。萧纲深知此时局面,于是挑选精兵强卒,以备将来不测之用。

公元 548 年,侯景起兵,不久就攻到建康城下。梁武帝已吓得六神无主,于是萧纲便亲自坐镇中书省,指挥军事,但没想到与侯景交结的萧正德屯守建康要害朱雀门,趁机放下吊桥,接应侯景入城。

萧纲只得退守台城,被侯景包围。这时各路勤王兵马已到,但都为了保存实力故意拖延时间。台城还得守,萧纲在盼不到援军后,只得和缺少粮食的士兵们坚守,最终侯景将台城攻破。

侯景入城后,先将梁武帝软禁,将其活活饿死,然后便扶立萧纲即位。萧纲刚当上皇帝,就成了任侯景摆布的傀儡。

这时，各地诸王纷纷打着讨伐侯景的旗号，展开了皇位争夺战。侯景也生了废帝自立的心，于是设宴请萧纲饮酒。宴中，萧纲知道自己死期已至，于是故意喝得大醉，侯景便令人将土袋压在萧纲身上，很快萧纲就给活活压死。

梁豫章王萧栋

生卒时间：？—公元552年
在位时间：公元551年

权臣侯景在杀掉简文帝萧纲及简文帝诸子后，将萧栋被扶上帝位不到3个月，认为条件成熟，便命萧栋下诏禅位。

侯景称帝后，萧栋被封为淮阴王，与其弟萧桥同被囚禁于密室之中。不过，萧栋没有死在乱臣贼子手里，却被自己的亲戚所杀。王僧辩率军收复建康后，萧栋还认为是重见天日，没想到湘东王萧绎命将军朱买臣杀掉萧栋这个傀儡皇帝，朱买臣假慈悲地到处寻找萧栋及其两个弟弟，第二天就碰上了出逃的三兄弟。朱买臣装出十分热情关心的样子，把3人叫到船上饮酒，未等吃完，便将他们全都沉于水中。

梁武陵王萧纪

生卒时间：公元508年—公元553年
在位时间：公元552年—公元553年

侯景乱梁，梁武帝萧衍饿死后，萧纪也像其他诸王一样，借口起兵讨贼，意欲即位称帝，与萧纪实力相当的萧绎也起兵江陵。

公元552年，萧纪在手下的劝进下称帝，攻取萧绎，拉开了兄弟相残的战幕。在江陵即位称帝的萧绎得知消息后，派人向西魏求援。西魏太师宇文泰欣然同意发兵。萧纪正率军与萧绎激战，忽然传来西魏出兵南下袭蜀的消息，而此时萧绎的援兵陆续赶来，形势对自己越来越不利，急忙同萧绎求和，但遭到萧绎拒绝。

中国历史上最贪财皇帝，萧纪在蜀经营十几年，聚敛了大量金银。他把每一斤黄金做成一饼，每一百饼黄金为一筐，总计黄金一百筐，而白银更是5倍于此，锦帛不计其数。他把这些财物随时带在身边，每次打仗，都将它们摆出来给将士们看，却又不肯真的拿来作奖赏。如今形势危急，手下人便劝他用这些财物召集勇士、补充兵员，但萧纪爱财如命根本不听。后来再有人劝他，他就干脆装病不见以至于手下将士纷纷逃跑。

公元553年，萧绎率军猛攻萧纪，萧纪大败，被萧绎捕获。萧纪与其儿子被关在狱中，活活饿死。

梁元帝萧绎

生卒时间：公元 508 年—公元 554 年
在位时间：公元 552 年—公元 554 年

武帝萧衍的第 7 个儿子萧绎自幼聪明伶俐，5 岁时就能背诵《曲礼》，长大后更是下笔成章、出言为论。

萧绎 6 岁时就被封为湘东郡王，18 岁时持节都督荆、六州诸军事兼荆州刺史，公元 547 年又任九州军事都督、镇西将军兼江州刺史。随着权力的不断扩大，他的野心也逐渐膨胀，遂有了篡位称帝之心。

由于侯景作乱，作为荆州刺史、湘东王的萧绎发兵勤王。萧绎借口宣布讨伐侯景，除掉其他可能与他争夺皇位的诸王。这时，萧绎才以王僧辩为大都督，率兵征讨。经过一番苦战，侯景之乱终于平定。

公元 552 年，在陈霸先与王僧辩等大将率公卿百官的一次次奉表劝进下，萧绎即位称帝。

萧绎称帝后没几天，内乱外患再度兴起。平定内患后，萧绎又与西魏展开战争。结果因内部不和，西魏军队很快就到达江陵城下，并全力攻城。城中百姓惶惶不可终日，于是打开城门迎入魏军。萧绎此时才想与西魏讲和，结果遭到拒绝，于是被西魏军队俘虏，用土袋压死。

梁贞阳侯萧渊明

生卒时间：？年—公元 556 年
在位时间：公元 555 年

公元 547 年，梁武帝萧衍长兄萧懿的儿子萧渊明被任命为大都督，率兵北伐东魏。萧渊明根本不懂军事，结果兵败被俘。

此后，萧渊明在晋阳被拘押长达 8 年。后来，南梁发生侯景之乱，梁元帝被杀，宗室诸王纷纷被拥为帝。齐王高洋出于使南梁成为齐附庸的目的，派大兵南下，逼迫王僧辩同意接受萧渊明为帝，萧渊明于是被接入建康，即位称帝。

萧渊明称帝后，立即开始履行做附庸的义务。他下令解除对郢州（今武昌）齐军的包围。高洋则把难以守卫的郢州顺便送个人情，将它还给了梁，又下令将俘获南梁百姓遣返江南，齐梁关系一时显得相当热乎。

3 个多月后，陈霸先举兵进入建康，将毫无防备的王僧辩活捉后缢杀，逼萧渊明退位，让萧方智即位，陈霸先自此掌握南梁实权。

北齐君主高洋见萧渊明被废，恼羞成怒，于是派兵攻打南梁，企图逼迫陈霸先像王僧辩那样轻易就范，但陈霸先根本不怕北齐的进攻。梁齐多次交兵，北齐都没有占到丝毫便宜,于是只得表示,只要放萧渊明回齐,齐即退兵。陈霸先将萧渊明送往北齐,可备受打击的萧渊明在途中忧愤而死。

梁敬帝萧方智

生卒时间:公元543年—公元558年
在位时间:公元555年—公元557年

公元555年,梁元帝萧绎的第九子萧方智在王僧辩、陈霸先的拥护下即位为梁王,大权完全掌握在王僧辩手中,3个月后,王僧辩将被北齐俘获的萧渊明接到建康称帝,将萧方智改立为太子。

陈霸先坚决反对王僧辩的做法,于是在4个月后举兵攻入建康,杀掉王僧辩,逼迫萧渊明退位。萧方智随之即位,将大权完全交到陈霸先手中。

公元557年,陈霸先逼萧方智禅位,南梁遂灭。陈霸先即位后,将萧方智贬为江阴王,一年后派人杀死了萧方智。

陈武帝陈霸先

生卒时间:公元503年—公元559年
在位时间:公元557年—公元559年

趁乱立业 以武获权

陈霸先趁着南朝官民纷起的机会,从乡中里司小官逐渐升官,做了西江督护、高要太守。公元524年,陈霸先势力已盛,逐渐有了非分之心,于是他趁交州李贲造反之机,迅速扩大自己的势力。陈霸先与李贲叛军激战两年,终于将其擒杀。于是,陈霸先官位更高,威震南方,闻名京师。

侯景之乱时,陈霸先率部征讨,最终打败了不可一世的侯景,拥立萧绎即位。这时,陈霸先已成为朝中重臣,手握军事大权,又受皇帝萧绎的宠信。公元554年,梁元帝萧绎死于西魏之手,陈霸先与王僧辩迎立萧方智。萧方智即位后,大权落到陈霸先和王僧辩的手里。

不久,王僧辩在北齐的胁迫下废掉萧方智,拥立萧渊明。陈霸先勃然大怒,于是起兵攻伐王僧辩,将其杀死,并废掉萧渊明,重立萧方智。南梁的大权,完全被陈霸先掌握。

公元557年,梁敬帝萧方智被迫"禅让",陈霸先即位称帝,南梁灭亡,南陈建立。陈霸先当了皇帝,才发现这皇帝并不是那么好当,因为他的篡位,引起南梁众多旧臣的不满,纷纷起兵反对。于是,陈霸先只得脱下龙服换上戎装,率军征讨这些叛乱。

等到把这些叛乱一一平定以后,陈霸先已是精疲力竭、大病袭来,于公元559年死去。

陈文帝陈蒨

生卒时间:公元522年—公元566年
在位时间:公元559年—公元566年

陈霸先在篡梁自立前,将哥哥陈道谭的大儿子陈蒨整日带在身边,宠爱有加。在陈霸先东征西讨的军事行动中,陈蒨屡屡作为先锋,取得多次胜利,陈霸先更加器重陈蒨。

公元555年,陈霸先决定讨伐王僧辩。王僧辩被杀后,陈蒨击败王僧辩的女婿杜龛的军队,立下了头功。公元556年,陈蒨前往征讨王僧辩余党,随后又派兵扫平了各地深山老林中的山寇,从此声名远播。陈霸先建陈称帝后,陈蒨被封为临川郡王。

公元559年,陈霸先病死,在南皖镇守的陈蒨赶回建康,在大臣的拥立下即位。

这时,反对陈霸先的骨干王琳便在长沙起兵反叛。陈蒨带病前往镇压,很快就将王琳等人的部队杀得或降或逃,收复长沙等地。至此,江南之地皆为陈所有。

半年后,北周又引兵来犯,陈蒨派兵前往抵御,将北周军队击败,把被北周控制数年的巴陵地区收归南朝所有。此战以后,北周不敢南向,并于公元561年遣使与陈议和。与周言和的同时,陈与齐的摩擦也逐渐缓和。

陈蒨对待北方周、齐,采用了"以和为贵"的方针,而对内部的地方,则采取"战而胜之"的政策。从公元561年起,先后平定了留异、陈宝应等地方豪强,并将先帮助他即位、后来又为他南征北战立下赫赫战功的侯安都逼杀,终于稳定了南陈的政治局面。

公元566年,陈蒨的老病突然恶化,医治无效病逝。

陈废帝陈伯宗

生卒时间:公元554年—公元569年
在位时间:公元566年—公元568年

公元566年,陈蒨病死,陈伯宗即位。陈蒨临死前,令孔奂、陈顼、刘师知,共同辅佐幼子陈伯宗。

陈伯宗即位不久,3个辅佐大臣之间的权力之争迅速激化,而陈伯宗不过是个傀儡皇帝，成为他们挤压对方的工具。

公元568年，辅政大臣之间的争斗终于以陈顼的胜利而告终。陈顼在诛杀刘师知等另外几个辅政大臣后，以太皇太后名义，将陈伯宗废为临海王，搬出皇宫，陈顼称帝即位。公元569年，陈伯宗不明不白地死去，年仅16岁。

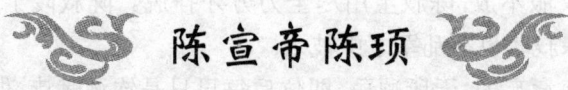
陈宣帝陈顼

生卒时间：公元530年—公元582年
在位时间：公元568年—公元582年

陈顼是陈茜的儿子，年少时曾作为人质被梁元帝软禁，后来又被北周作为人质拘押。直到公元562年，陈茜以鲁山郡作为交换，陈顼才回到陈茜身边。陈茜对这个儿子很是愧疚，于是多次封官，逐渐让他掌握了南陈的朝政大权。

陈伯宗即位后，陈顼先后杀掉刘师知等辅佐大臣，然后派兵平定了华皎叛乱，树立威信，将大权揽于自己手中，于公元568年篡位自立。

之后，陈顼平息了盘踞广州十几年的欧阳纥叛乱，便将精力集中到内政上来，鼓励垦荒，减轻租赋，使南陈的生产稍有恢复。

公元573年，陈顼终于决定发兵攻齐，接连攻克多处北齐城池，将淮、泗一带尽纳于南陈国土。公元577年，北周灭掉北齐，陈顼企图趁火打劫，夺取徐、兖等地，于是下令北伐，结果以失败而告终。此次北伐，将南陈精锐部队耗得一干二净，南陈也从此衰落下去。

公元579年，北周伐陈。陈军此时实力大不如以前。陈顼不能抵挡北周的进攻，使得南陈长江以北地区的国土全被北周占领。此后，陈顼痛定思痛，又将精力用于整顿内政上，以图东山再起，但南陈元气已伤，不能再与北周相抗衡。

公元582年，陈顼突生重病而亡。

陈后主陈叔宝

生卒时间：公元553年—公元604年
在位时间：公元582年—公元589年

陈叔宝的二弟陈叔陵人很聪明，很让陈高宗喜欢，欲废太子陈叔宝而立他，可是等到高宗陈顼临死前还是没有把太子位给他。

陈叔陵见父亲病已不治，遂生杀太子以夺皇位的念头。但宫中只有典药吏带有一把药刀，陈叔陵便走过去拿起看了看，装作若无其事地对典药吏说："这把刀太钝了，你应该磨一磨它，那样才好用。"典药吏丈二和尚摸不着头，只好敷衍了事地点

点头。两天后，陈高宗病逝，陈叔陵命左右去宫外取剑。左右不懂他的心，给他拿来朝服木剑。陈叔陵大怒，将拿木剑的人打倒。

第二天，陈高宗入殓，陈叔宝伏在地上号啕大哭。陈叔陵从典药吏那里抢来药刀，对准陈叔宝的脖子猛砍，陈叔宝闷绝于地。陈叔宝的生母柳皇后见状大惊，跑来伏在陈叔宝身体上，也被陈叔陵连砍几下。这时，陈叔宝苏醒，仓皇爬起欲逃，陈叔陵一把抓住他的衣服不放，陈叔宝用尽全力方才挣脱。陈叔陵于是驾车回府，起兵叛乱，结果大败，陈叔陵也在乱军之中被杀。

陈叔宝从此任意妄为、无所顾忌，即位后每日只是饮酒赋诗，做些风流韵事。

陈叔宝在后宫中最宠爱的是张丽华贵妃，她天生一头长发，加上长得漂亮迷人，色可倾国，深得陈叔宝宠幸。后来陈叔宝又征集天下美女，得王、李二美人，陈叔宝因此更加沉迷于酒色，不再过问政事。

而此时的陈朝朝中，又是小人当道，他们与后宫嫔妃互相勾结，将朝政搞得大乱，使得朝野上下都对陈叔宝的统治失去了信心。南陈境内烽烟四起，到处都是反对陈叔宝统治的起义和反叛。

此时，北方的隋朝正厉兵秣马，准备南攻陈朝。公元588年，陈叔宝有心北伐，于是一面派人出使隋朝，一面又令人率兵出击隋土。杨坚闻知大怒，于是决定伐陈。

公元589年，隋将率军渡过长江，向陈都进发。闻报后，陈叔宝立即派大将萧摩诃等人出征防御，但对他们又不放心，屡屡更换，使得陈军士气低落，很快就被隋军击溃，进逼陈都城建康郊外。陈叔宝急忙命令萧摩诃护卫京城。但在形势十分危急的情况下，陈叔宝还不忘风流快活，他见萧摩诃妻子年轻貌美，于是与之通奸，结果被萧摩诃知道，气得大骂，不再为陈叔宝卖命。

隋军大举攻城，不久就将城门攻破，在陈叔宝周围阿谀奉承的奸臣们此时纷纷不战而降，并引隋军搜捕陈叔宝。不久，陈叔宝便被抓获，南陈就此灭亡。

陈叔宝被抓后，杨坚没有杀他，而是让他一直活下去，直到公元604年病死于洛阳。

北魏道武帝拓跋珪

生卒时间：公元371年—公元409年
在位时间：公元386年—公元409年

> 晋氏崩离，戎羯乘衅，僭伪纷纠，豺狼竞驰。太祖显晦安危之中，屈伸潜跃之际，驱率遗黎，奋其灵武，克剪方难，遂启中原，朝拱人神，显登皇极。虽冠履不暇，栖遑外土，而制作经谟，咸存长世。所谓大人利见，百姓与能，抑不世之神武也。而屯厄有期，祸生非虑，将人事不足，岂天实为之。呜呼！
>
> ——《魏书·太祖道武帝纪》

公元371年，拓跋珪出生。他是原代国国君拓跋什翼犍的孙子。拓跋什翼犍因部落内乱被害，代国灭亡。拓跋珪与母亲寄人篱下，几年后，他率旧部投奔舅舅贺讷，得到贺讷的鼎力相助。公元386年，拓跋珪在牛川会盟，即位为代王，同年改代为魏，自称魏王。这时拓跋珪年仅16岁。

建国之初，拓跋珪就顺利解决了与叔叔拓跋窟咄之间的内乱，使得拓跋部落联盟得到巩固和发展，王权也得到强化。

随后，拓跋珪开始东征西讨。经过5年的战争，拓跋珪征服和吞并了周边大小部落，迅速充实了北魏的实力。

北魏道武帝拓跋珪

这时候，北方各割据政权你争我夺、互相蚕食，只剩下几个较强的政权了，其中后燕是最强大的一个政权。拓跋珪两次率军大败后燕，开始进入中原地区。公元396年，拓跋珪灭掉后燕。此时的北魏，已经成为北方最强大的政权。

公元398年，拓跋珪迁都平城，开始采取一系列措施，促使拓跋部从奴隶制迅速向封建制过渡。

拓跋珪首先下令发展农业，于公元394年在河套平原开始屯田。这一措施很得民心，为拓跋部畜牧经济逐渐转向农业经济创造了有利条件。此外，拓跋珪还将被征服地区的大多数人作为"新民"内徙，使他们成为编户农民。随后，拓跋珪多次下令实行"分土定居"政策，旨在解散部落组织，使拓跋部的封建化程度日益加深。

拓跋珪为北魏政权的发展和稳定，作出了巨大贡献，但晚年的拓跋珪性格变得猜忌和多疑，对功高名重的大臣、将帅轻则流放、重则杀头。

想长生不老的拓跋珪，经常服食有毒方药寒食散，结果毒性发作，性情就更加喜怒无常，经常亲自动手将人毒打致死。他喜欢坐人力车，乘车时手拿宝剑敲打拉车人头部，死一个换一个，有时每天能死几十人。

拓跋珪杀得自己也害怕了，经常更换他的寝室，连亲信都不知他住在什么地方，只有宠姬知道。但是，没想到他还是被和他宠姬私通的二儿子拓跋绍刺死，享年39岁。

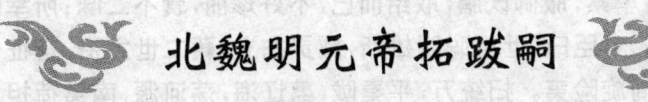

北魏明元帝拓跋嗣

生卒时间：公元392年—公元423年
在位时间：公元409年—公元423年

> 帝礼爱儒生,好览史传。以刘向所撰《新序》、《说苑》于经典正义多有所阙,乃撰《新集》三十篇,采诸经史,该洽古义,兼资文武焉。
> 太祖英雄,北驱朔漠,末年内多衅隙。明元抱纯孝之心,逢枭镜之祸,权以济事,危而获安,隆基固本,内和外辑。以德见宗,良无愧也。
> ——《魏书·太宗明元帝纪》

公元409年,道武帝拓跋珪被他的二儿子拓跋绍杀害。拓跋珪的大儿子拓跋嗣闻知后赶回都城,与大臣们一道平息了宫廷政变,并诛杀拓跋绍。随后,拓跋嗣即位,成为北魏第二代皇帝。

拓跋嗣即位时,北魏已经统一了北中国的大部分地区,但还有许多小的割据政权如北燕、北凉、后秦、南燕和夏等存在,北疆还有一个正在强大起来的柔然。要消灭这些政权,统一北方,就必须有强大的国力做后盾。因此,拓跋嗣即位后,首先制定了一系列与民休养的政策,大力恢复和发展农业生产。

他还下令精简宫女,将大批宫女出宫嫁给娶不上妻子的鳏民。拓跋嗣经常微服私访,与民间的长老聊天问民疾苦。为防止地主官吏贪污害民,他在设立督察制度后又规定如果官吏不遵法令,百姓可以直接进宫告状,贪污官吏家中的财产也要全部没收。这些措施在实施几年后,北魏的实力上了一个大台阶,已经远远傲视于周边政权。

拓跋嗣在对外交往中,也采取了抚和的政策。对屡次侵犯的劲敌夏和柔然,拓跋嗣均是以防御为主,从不主动进攻。这使得北魏人民能免于战火,全身心地投入到生产中去;同时,也使其对周边政权放松了警惕,为后来北魏的统一创造了有利条件。

拓跋嗣也与拓跋珪一样,为长寿成仙而服用寒食散,结果藏于体内的毒性渐渐增多,后来便频频发作。拓跋嗣知道自己已经不行,于是将拓跋焘立为皇太子,临朝听政。公元423年,拓跋嗣体内毒性终于暴发,很快死去。

北魏太武帝拓跋焘

生卒时间:公元408年—公元452年
在位时间:公元423年—公元452年

> 帝性清俭率素,服御饮膳,取给而已,不好珍丽,食不二味;所幸昭仪、贵人,衣无兼彩。史臣曰:世祖聪明雄断,威灵杰立,藉二世之资,奋征伐之气,遂戎轩四出,周旋险夷。扫统万,平秦陇,翦辽海,荡河源,南夷荷担,北蠕削迹,廓定四表,混一戎华,其为功也大矣。遂使有魏之业,光迈百王,岂非神睿经纶,事当命世?至于初则东储不终,末乃衅成所忽。固本贻防,殆弗思乎?
> ——《魏书·世祖太武帝纪》

东征西讨　统一北方

公元 423 年，拓跋焘即位。不到一年，柔然骑兵 6 万就来犯边。年仅 17 岁的拓跋焘亲自带兵，前往边疆云中。年轻统帅拓跋焘临危不惧，从容指挥，首先射杀了柔然的前锋将领。柔然首领见势不妙，赶紧后撤。

公元 429 年，拓跋焘主动出击柔然，柔然首领措手不及，仓促之间，只得向西狂奔。此次进攻，拓跋焘取得大胜，高车部也有几十万人向北魏投降。拓跋焘将这些降附的部落迁到漠南几千里的边境上，监督他们从事农耕和畜牧业，并要他们每年向北魏交纳大量贡税。

公元 432 年至公元 439 年，拓跋焘在北方纵横驰骋，先后灭掉北燕、北凉等国，最终统一了北方。

整顿吏治　加强改革

统一北方后，拓跋焘兴办学校、开馆授经。他于公元 426 年兴办太学。公元 444 年，拓跋焘下令所有王公大臣和王公贵族的子孙都要进太学，学习经史。

在北魏统一后进入中原为官的拓跋贵族们，并没有什么法律观念，随意贪污勒索。看到这种情况，拓跋焘把修订律法、整顿吏治看做汉化的标志和确立统治秩序的关键。公元 431 年，他就让崔浩修改律令。经过 20 年的修改后，最后拟定了 391 条律令，并将其颁布全国实施。拓跋焘又针对官员中徇私情、废王法、官官相护等恶劣的官场作风，于公元 437 年开始整顿吏治、考察和监督地方官员，促进北魏的政权建设及发展步伐。

拓跋焘行事节俭，平时吃饭穿衣，也仅仅是充足而已，从不讲究排场。

拓跋焘晚年的时候，也犯了一些错误，并相信谗言。太子拓跋晃聪明干练，将国家大事处理得井井有条。但拓跋焘宠信的一个宦官宗爱因与拓跋晃不和，常常在拓跋焘面前谗称太子为了早日登基，密谋杀父。拓跋焘听信其言，一怒之下，将拓跋晃手下十几个大臣全部处斩。拓跋晃吓得一病不起，到公元 451 年竟然病死了。

拓跋晃死后，拓跋焘得知太子并未反叛，于是感到非常内疚和伤心，宦官宗爱害怕拓跋焘怪罪自己，便趁拓跋焘大醉后将其勒杀。

北魏南安王拓跋余

生卒时间：？—公元 452 年
在位时间：公元 452 年

公元 452 年，宦官中常侍宗爱谋杀拓跋焘后，秘密派人把和自己关系密切的拓跋余接入宫中，拥立为帝。

拓跋余即位后,深知自己帝位来路不正,害怕群臣不服,于是大肆赏赐群臣,以此笼络人心。他本来就不是当皇帝的料,整天沉湎于声色,将国库积蓄耗个精光。他非常喜欢打猎,而且毫无节制,有时边境告急,他也照样不管。这样一来,朝野上下对他失去了信心。

拓跋余虽感激宗爱拥立,让他总揽朝政。但宗爱总揽朝政之后飞扬跋扈、为所欲为,使得拓跋余也担心他再搞政变,于是决定削夺他的权力。宗爱知道后,恼羞成怒,决定密谋害死拓跋余。当年10月,拓跋余去祭祖,宗爱指使人于夜间将拓跋余刺杀。

北魏文成帝拓跋濬

生卒时间:公元440年—公元465年
在位时间:公元452年—公元465年

> 世祖经略四方,内颇虚耗。既而国衅时艰,朝野楚楚。高宗与时消息,静以镇之,养威布德,怀缉中外。自非机悟深裕,矜济为心,亦何能若此!可谓有君人之度矣。
>
> ——《魏书·高宗文成帝纪》

公元452年,拓跋余被宦官谋杀,拓跋濬在大臣们的扶持下即位。这时的北魏已统一北中国,日渐强大,但太武帝拓跋焘经营四方的统一战争,也耗尽了北魏的国力,再加上内侍宗爱连弑两帝,朝野上下惶惶不安。所以,拓跋濬上台后,首先要解决的就是宽刑简政、稳定民心。

拓跋濬不仅废除了拓跋焘打压佛教的措施,还废除了拓跋焘滥杀的政策,加强了国家的法制建设,使北魏的统治面貌为之焕然一新。此外,拓跋濬注重加强北魏的官僚体制建设和对官吏加强考察的制度,使官吏不得不有所收敛。

拓跋濬从小在祖父拓跋焘身边长大,也想像祖父那样东征西讨,创立一番伟业。但是,拓跋焘在统一四方的战争损耗了北魏大量国力,因而拓跋濬在登基之后不得不始终采取与民休养的政策。不过,自己仍是善弓马、骑术的鲜卑族人,始终没有忘记习武。有一次,他与众臣在灵丘南面的山下习武,突发奇想,让群臣仰射高400余丈的山峰,群臣的箭中途便往下落,没有一个能射过山顶的。拓跋濬见状笑了笑,手执千斤弓,利箭脱弦而出,高出山峰30多米方才坠下。群臣见此,无不欢呼"万岁"。拓跋濬十分得意,便在射箭的地方立碑纪念。

公元465年,拓跋濬带着满腹豪情病死,年仅26岁。

北魏献文帝拓跋弘

生卒时间：公元454年—公元476年
在位时间：公元465年—公元471年

> 聪睿夙成，兼资能断，其显祖之谓乎？故能更清漠野，大启南服。而早怀厌世之心，终致宫闱之变，将天意哉！
> ——《魏书·显祖献文帝纪》

北魏为了防止后党专权，规定凡是王妃生的男孩，只要被立为太子，即将其母赐死。公元456年，拓跋弘被立为太子时，其生母李贵人便按规定自尽了。公元465年，拓跋弘即位，因年幼便由皇太后冯氏辅政，随后于第二年让拓跋弘亲政。

亲政后的拓跋弘采取了保境安民的宽简政策，同时又减轻赋税，大力兴办学校，任用汉族士人，推行教化。所以在他统治期间，北魏出现了比较兴旺的局面。

拓跋弘自幼喜好黄老、浮屠之学，常常与僧人讨论玄学佛理，已不屑于富贵权势，希望能摆脱俗务、出世督修，于是在公元469年就把年仅2岁的拓跋宏立为太子。到公元471年，拓跋弘正式下诏，传位于太子拓跋宏，升任太上皇。

退位后，拓跋弘立即搬到简朴自然的崇光宫，与禅僧一起研究佛学义理、参悟禅机。

这时，与冯太后通奸的李奕被人罗列30多条罪行，上报给拓跋弘。拓跋弘知道后，立即下令将李奕处斩。冯太后与李奕情深意切，见情人被杀，恼羞成怒，对拓跋弘怀恨在心，不久就派心腹暗中下毒于拓跋弘的饮食中。毫不知情的拓跋弘吃下后不久便毒发身亡。

北魏孝文帝元宏

生卒时间：公元467年—公元499年
在位时间：公元471年—公元499年

> 文帝听览政事，莫不从善如流。事必躬亲，不以寒暑为倦。尚书奏案，多自寻省。百官大小，无不留心，务于周洽。雅好读书，手不释卷。《五经》之义，览之便讲，学不师受，探其精奥。史传百家，无不该涉。善谈《庄》《老》，尤精释义。才藻富赡，好为文章，诗赋铭颂，任兴而作。有大文笔，马上口授，

及其成也,不改一字。自太和十年已后诏册,皆帝之文也。又少而善射,有膂力。年十余岁,能以指弹碎羊膊骨。及射禽兽,莫不随所志毙之。至年十五,便不复杀生,射猎之事悉止。性俭素,常服浣濯之衣,鞍勒铁木而已。帝之雅志,皆此类也。

　　高祖幼承洪绪,早著睿圣之风。时以文明摄事,优游恭己,玄览独得,著自不言,神契所标,固以符于冥化。及躬总大政,一日万机,十许年间,曾不暇给;殊途同归,百虑一致。至夫生民所难行,人伦之高迹,虽尊居黄屋,尽蹈之矣。若乃钦明稽古,协御天人,帝王制作,朝野轨度,斟酌用舍,焕乎其有文章,海内生民咸受耳目之赐。加以雄才大略,爱奇好士,视下如伤,役己利物,亦无得而称之。其经纬天地,岂虚谥也!

——《魏书·高祖孝文帝纪》

锐意改革　增强国力

　　拓跋宏的父亲拓跋弘当皇帝当烦了,便于公元471年将皇位禅让给了拓跋宏,然后自己整日谈经论道、修身养性。

　　拓跋宏即位后,太过年幼,凡事均由大臣辅政,父亲拓跋宏也经常过问军国大事。后来,冯太后毒死拓跋弘,便以太皇太后的身份临朝听政。

　　冯太后十分注重对拓跋宏的培养,为此专门给他安排了汉族老师教习儒家经典。冯太后协助拓跋宏制定的第一个政策就是"俸禄制"。北魏是由部落联盟转化而来,多少都带有一些原始部落的残余,因而对文武百官不设俸禄。文武百官的生活来源开始都来自于战争,每当征服一个地方时他们都大肆掳掠。但统一中原后,战争日渐稀少,他们也就无法再依靠战争来获得财产了,但又不发俸禄,只好靠贪污盘剥百姓过日子。这种现象的泛滥,逐渐给北魏的统治带来危机。北魏的统治者也发现这个问题,但始终未能妥善解决,逐渐引起了人民的反抗。公元484年,拓跋宏正式下令实行"俸禄制"。一时间,北魏的吏治出现了比较清明的气象。

　　整顿吏治后,拓跋宏又在全国宣布实施"均田制",以解决自西晋末年以来因北方连年混乱、豪强地主趁机兼并土地严重影响政府的财政收入的问题,规定凡15岁以上的男子和妇女都可以得到政府授予的土地,即"受田"。男子每人可得40亩,妇女可得20亩,年老或死后,再把土地还给国家。男子每人还可分到桑田或麻田,均可世代相传,不用交还,奴婢也可以得到土地耕种。均田制的实施,解决了农民无地可种,而豪强地主却占有大量土地的问题,使得国家控制的耕地和农民户口日益增多,增加了政府财政收入。"均田制"也被后来的封建统治者所沿用,成为封建农业的重要制度。

南迁中原　彻底汉化

　　拓跋宏是北魏统治者中实行汉化政策最为彻底的一个。他进行汉化改革,也是由表及里,逐步进行。首先,他从教育制度方面进行改革。兴礼乐,正风俗,祭祀中华民族的圣人尧、舜、周公等,还尊孔重儒,完全按照汉族教育体制建立北魏的教育制度。公元490年,冯太后病死,拓跋宏完全按照儒家礼仪规定,守孝服丧。

拓跋宏在完成教育制度的改革后,逐步触动鲜卑保守势力的核心利益。为了进一步巩固北魏在中原地区的统治,拓跋宏下令征讨南齐,借机迁都。此令一发,大臣们纷纷反对。拓跋宏勃然大怒,气呼呼地对大臣们说:"社稷是我的社稷,并不干你们的事!现在我要南征,你们想出来挡驾吗?"反对方的首领拓跋澄也不甘示弱地说:"陛下,这社稷虽然是你的,但我们作为社稷之臣,也不能知而不言呀!"拓跋宏没办法,于是等退朝之后把拓跋澄叫住,对他说:"刚才所谈之事,并非你我想像的那么简单,现在的都城平城只是用武之地,而不是搞文治的地方。我这次名义上是进攻南齐,但实际上是想迁都中原。你觉得怎么样?"拓跋澄听后,如梦初醒,急忙跪下认错,表示支持迁都。拓跋宏又问:"现在我们鲜卑族因循守旧,不想变革,你说我该怎么办?"拓跋澄说:"只有非常之人,才能做非常之事。你就下决心吧,他们又能怎样呢?"拓跋宏听了非常高兴,于是依计而行。

公元493年,拓跋宏下令营建洛阳,派人回平城宣布迁都。公元494年,拓跋宏正式迁都洛阳。

将保守势力迁离根据地后,拓跋宏更进一步地实施改革。公元494年,拓跋宏下令禁穿胡服,一律改穿汉装;公元495年又下令禁止讲鲜卑语,一律改说汉话。到了公元496年,拓跋宏终于将汉化进行到核心问题上。他下令将所有鲜卑族复姓改为汉族单姓,将拓跋氏改为元氏,并把鲜卑族118个姓全部改为汉姓。同时,元宏还下令改变鲜卑人的籍贯,凡迁到洛阳的鲜卑人就是洛阳人。

元宏对汉文化了解非常深刻,汉文化素养很高。他下令专门设置皇子学,让王公贵族的子弟入学,学习儒家经典。由于元宏积极兴办学校,征集天下书籍进行研究和整理,使北方的文化开始复兴。

元宏还尊崇佛教。在他统治时期,佛教得到很大的发展,整个北魏有寺院6478所,僧尼有77200余人。拓跋宏还下令建造了许多石窟,其中494年开始建造的龙门石窟是其中最为著名的一个。另外,宾阳中洞(也称宾阳洞)是元宏迁都洛阳后建造的石窟之一。

北魏的书法在元宏的重视和倡导下也达到一个巅峰,字体刚劲有力,气势雄厚,别具风格,逐渐形成了"魏碑"字体,深受书法爱好者的重视和喜爱。

▌征讨南齐　未竟身死

元宏在重视汉化改革的同时,也没有忘记统一全国。自亲政以后,元宏为实现自己的野心,几乎年年兴师动众征讨南齐。

公元497年,元宏趁南齐内乱之机,亲率大军20万南征,连下新野、南阳、彭城。萧鸾惊吓过度,以至于公元498年病死。此时偏偏北魏自己也产生了内乱,元宏心急之下,以"礼不伐丧"为由下令撤兵。

元宏在撤军途中病倒,随后又抱病亲征,北伐平定了高车。公元499年,他再次亲征,将齐军打得大败而逃。元宏虽大获全胜,但因长途跋涉劳顿过度,于是再次病倒,随后就在谷塘原病死。

北魏宣武帝元恪

生卒时间:公元483年—公元515年
在位时间:公元499年—公元515年

> 帝幼有大度,喜怒不形于色。雅性俭素。雅爱经史。尤长释氏之义,每至讲论,连夜忘疲。高祖谓彭城王勰曰:"吾固疑此儿有非常志相,今果然矣。"乃立为储贰。
>
> 世宗承圣考德业,天下想望风化,垂拱无为,边徼稽服。而宽以摄下,从容不断,太和之风替矣。比夫汉世,元、成、安、顺之俦欤?
>
> ——《魏书·世宗宣武帝纪》

公元499年,孝文帝病死,元恪即位。即位之后的元恪,首先扩建新都洛阳,拒绝鲜卑遗老们欲返故里的建议,巩固了孝文帝元宏的改革。随后,元恪趁南朝正处于齐末东昏侯萧宝卷的昏暴统治下,于公元500年开始南伐。此时,北魏已经占领了扬州等地,国势盛极一时。

踌躇满志的元恪,又将精力放到治理国家内政中。此时顾命大臣、元恪的叔父元禧昏聩无能,虽然身为首辅,却推诿政务,无所事事。元禧贪淫财色,侵吞了大量田地和盐铁产业。另一位辅政亲王元详则大搞"官倒"生意。上行下效,朝廷上下贪污受贿的现象越来越频繁。而元恪却过于软弱,对这些侵蚀北魏的蛀虫不加处罚,听之任之,使得北魏朝纲更是混乱。

到了元恪统治的后半期,外戚高肇专权,朝政更加腐败。出身卑微的高肇利用皇帝的宠信,将诸亲王置于自己的控制之下。京兆王元愉不满,遂起兵谋反,不久就被元恪派大兵镇压。随后,高肇又诬陷彭城王元勰暗通元愉谋反,元恪于是下旨赐毒酒给元勰,逼他自杀。

到了元恪统治末年,人民起义已是此起彼伏。元恪被朝中争斗和此起彼伏的起义耗尽精力,公元515年,终于因病死去。

北魏孝明帝元诩

生卒时间：公元 510 年—公元 528 年
在位时间：公元 515 年—公元 528 年

> 魏自宣武已后，政纲不张。肃宗冲龄统业，灵后妇人专制，委用非人，赏罚乖舛。于是衅起四方，祸延畿甸，卒于享国不长。抑亦沦胥之始也，呜呼！
> ——《魏书·肃宗孝明帝纪》

元诩是宣武帝元恪唯一没有夭亡的儿子。曾有传言说元恪的前皇后于氏及其所生皇子都被高皇后谋害，元恪虽半信半疑，但为了给元氏王朝留下血脉，所以还是格外小心，这才让元诩得以长大成人。

元诩即位后，他的生母胡太后开始擅权乱政。一些奸诈小人被胡太后提拔上来，但她搬起石头砸了自己的脚，被她宠幸的元叉、刘腾两人将她幽禁于北宫，全面接管朝政大权。

这元叉、刘腾二人都是贪财好色之徒，统治期间北魏的朝政紊乱，国家实力也迅速下降。后来刘腾病死，胡太后又乘机于公元 525 年反戈一击，夺回了元叉手中的所有权力，重新摄政。胡太后把被软禁这几年的一腔闷气全撒在北魏臣民身上，使得北魏加快了覆亡的过程。

公元 528 年，已经 19 岁的元诩对胡太后的专权非常不满，于是发密诏命尔朱荣率兵前来帮忙。不料密诏被查出，胡太后看后大怒，毒杀了自己的亲生儿子元诩。

北魏孝庄帝元子攸

生卒时间：公元 506 年—公元 530 年
在位时间：公元 528 年—公元 530 年

> 魏自孝昌之末，天下淆然，外侮内乱，神器固将无主。庄帝潜思变化，诏纳勤王，虽时事孔棘，而卒有四海。猾逆既夷，权强擅命，抑是兆谋运智之秋，劳谦夕惕之日也。未闻长辔之策，遽深负刺之恐，谋谟罕术，授任乖方，猜嫌行戮，祸不旋踵。呜呼！胡丑之为衅也，岂周衰晋末而已哉！至于高祖不祀，武宣享庙，三后降鉴，福禄固不永矣。
> ——《魏书·敬宗孝庄帝纪》

公元528年，胡太后毒杀孝明帝元诩，另立年仅3岁的元钊为帝。此举令朝廷内外大为震惊和不满，拥有重兵的尔朱荣乘机起兵，反对胡太后。

元子攸是元勰之子，尔朱荣为了起兵更名正言顺些，于是决定在元氏宗室中另立君主，以笼络人心。面对众多的皇室，尔朱荣决定通过铸像占卜，以铸像的成否来决定立谁做皇帝，结果唯独元子攸的铜像铸成，于是中国历史上唯一一个靠占卜登上皇位的皇帝即位了。

元子攸称帝后，尽得民心，守卫洛阳的将领都因倾向于元子攸而放弃了抵抗。尔朱荣率军顺利渡过黄河，顺利攻入洛阳。一路高奏凯歌的尔朱荣此时也有了篡位之心，于是策划了一场杀戮魏室皇亲的河阴惨案，并把元子攸软禁。元子攸无计可施，只得向尔朱荣表示愿意禅位。此时又是占卜救了元子攸的帝位。尔朱荣不想接受"禅让"，而是希望自己是应天命而登极的人君，于是铸像占卜，结果铸不成。尔朱荣因而失去自信，元子攸这才保住帝位。

元子攸虽然当了皇帝，但此时的北魏已经是摇摇欲坠，北魏大权都掌握在尔朱荣手中。

公元529年，投奔南梁的魏宗室元景借兵北伐，攻陷洛阳，元子攸北渡黄河逃跑，后得尔朱荣率兵会合回攻洛阳，元景失败被杀。元子攸又将尔朱荣封为北魏国史上前所未有的勋爵——天柱大将军。

面对尔朱荣及其家族的飞扬跋扈，元子攸也不甘心做个傀儡。公元530年，他很快找到同盟，并密谋杀掉了尔朱荣。半年后，尔朱荣的侄儿尔朱兆举兵南下，攻占洛阳，元子攸被捕，送往晋阳，半个月后被缢杀。

北魏长广王元晔

生卒时间：？—公元532年
在位时间：公元530年—公元531年

元子攸被北魏尔朱荣杀后，尔朱家族中尔朱世隆、侄儿尔朱兆等起兵报仇。为了使起兵更名正言顺一些，他们便拥立元晔为帝，元晔成为尔朱氏集团手中的傀儡皇帝。2个月后，尔朱兆攻陷洛阳，魏孝庄帝被杀。元晔也在尔朱世隆等人的眼里一钱不值，加上他在魏宗室血统中已属远支，于是废掉元晔，改立元恭为帝。公元532年11月，元晔被杀。

北魏节闵帝元恭

生卒时间：公元498年—公元532年
在位时间：公元531年

元恭在被尔朱氏集团拥立为帝以前，曾经装聋作哑地度过了8年。原因是躲避迫害，有人说元恭是装哑，元子攸也有所怀疑，于是派人深夜盗抢元恭，又拔刀佯装要杀他。这元恭仍像司马懿当年一般，纹丝不动，不出一声。元子攸相信了，也就释放了他。

公元530年，尔朱兆攻陷洛阳，孝庄帝元子攸被杀。在废掉元晔后，尔朱氏集团想改立恭为帝，但又担心元恭真是哑巴，于是派人向元恭转述他们的意图。装哑多年的元恭听说自己能当皇帝，大喜过望，于是巧借孔夫子的话说道"天何言哉！"从而表明自己并没有真哑，并表示自己愿意做皇帝。公元531年，元恭就被拥立为帝，尔朱氏掌握了北魏的军政大权。

尔朱家族上台后，行事暴虐，惹得天下起义纷起，其中曾举行六镇起义、河北起义的兵民是最强的一支。他们成为尔朱氏集团统治的最不稳定因素。尔朱兆决定找人来管理这些流民，避免事态扩大，于是命令高欢前往统率。此举无异于放虎归山，高欢在掌握了人数众多的流民队伍后，依靠这支力量与尔朱氏相对抗。

公元531年，高欢拥立元朗为帝，起兵反对尔朱氏；一年后攻入洛阳，尔朱氏集团垮台，元恭也同时被废，一个月后被毒死。

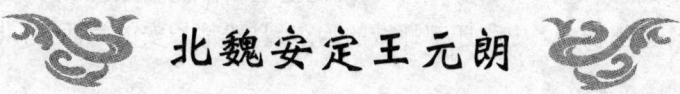

北魏安定王元朗

生卒时间：公元512年—公元532年
在位时间：公元531年—公元532年

高欢反对尔朱氏集团而起兵，为了师出有名，想找个皇室子弟做皇帝。但找来找去，只找到元朗一个。元朗在北魏的皇室中，属于比较疏远的一支，按理说是没有机会做皇帝的，但高欢只能把他推上台。公元531年，元朗在信都称帝，随后下令起兵讨伐尔朱氏集团。

高欢起兵后，将尔朱氏集团的军队杀得大败。公元532年，高欢攻入洛阳，宣告尔朱氏集团统治的终结。高欢觉得元朗是宗室疏属，不能再当皇帝，于是将元朗和尔朱氏集团所立的皇帝元恭同时废黜，将平阳王元修找来即位。半年后，元朗就被杀死。

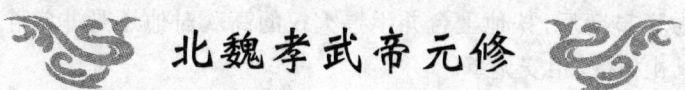

北魏孝武帝元修

生卒时间：公元509年—公元534年
在位时间：公元532年—公元534年

> 节闵帝—安定—王孝武帝
> 广陵废于前,中兴废于后,平阳猜惑,自绝宗庙。普泰雅道居多,永熙悖德为甚。是俱亡灭,天下所弃欤!
> ——《魏书·前废帝·后废帝·出帝纪》

公元 532 年,专权的尔朱氏集团被高欢击溃。高欢进驻洛阳后,将尔朱氏所立元恭及自己所立元朗统统废黜,另立元修为帝。此后,高欢便掌握了北魏的大权,元修也只是做个傀儡皇帝而已。

但 23 岁的元修血气方刚,对自己做傀儡皇帝的情况非常不满,逐渐与高欢产生了矛盾。为了对付高欢,元修扶植宇文泰以对抗高欢。

公元 535 年,元修见自己实力似乎可与高欢分庭抗礼,于是声南击北,借口南攻萧梁而实则北向高欢所在的晋阳。但高欢毕竟是一名多次在战场上出生入死的军事家,早就明白元修葫芦里卖的是什么药,于是他以其人之道还治其人之身,也借口南伐出兵。元修见状,只好前往长安投奔宇文泰。高欢于是拥立元善见为帝,并迁都到邺城。

元修在长安的境遇也差不多,宇文泰还是把他当作傀儡皇帝,不久就把他杀掉,另立元宝炬为帝,建都长安。史称迁都邺城的为东魏,建都长安的为西魏,北魏至此分裂。

东魏孝静帝元善见

生卒时间:公元 523 年—公元 551 年
在位时间:公元 534 年—公元 550 年

> 帝好文学,美容仪。力能挟石师子以逾墙,射无不中。嘉辰宴会,多命郡臣赋诗,从容沉雅,有孝文风。
> 《魏书·孝静帝》

公元 534 年,元善见被高欢拥立为帝,迁都邺城,史称东魏。

元善见做了皇帝后,扶他上台并手握大权的高欢对他还是非常礼貌的,彼此之间倒能做到以礼相待,相安无事。

高欢去世后,怀有称帝野心的高澄掌握大权,飞扬跋扈。元善见深受高澄压抑,于是授意大臣等人密谋讨伐高澄;他们计划和元善见逃出皇宫,组织兵马和高澄决一死战,但守卫皇宫大门的全是高澄的亲信,无奈之下,决定在皇宫挖掘一条通向城外的秘密地道。即将大功告成的时候,有人听到地下挖掘的响声,并向高澄报告。高澄闻后,率兵闯进皇宫,责问元善见:"陛下为什么要谋反?我高家父子两代为国忠心耿耿，尽职尽责，还有什么对不起你的！我猜，这大概是陛下左右的嫔妃无知，怂恿您这样干的吧？现在，我必须把她们都杀掉，以免她们混淆陛下的耳目！"说罢，就准备下命令捕杀元善见的嫔妃。

元善见怒不可遏，厉声反问道："自古以来只听说有大臣谋反，还没听说过皇上谋反的笑话！你想要谋反，你就尽管干好了，何必还要在这里装模作样？我自己性命都朝夕难保，那还顾得上什么嫔妃？现在要杀要剐，随你的便！"高澄被驳得大怒，但又找不到反驳元善见的话，于是手一挥，命令士兵们退出皇宫。

自此，高澄干脆把元善见软禁起来。开始策划篡位事宜，但他还没有来得及行动，就被家中一个厨师杀了。高澄死后，年仅19岁的高洋接管朝政，立即筹办篡位事宜。万事俱备后，高洋逼迫元善见禅让，然后登基为帝，建立北齐。

高洋即位一年后，下令毒死元善见及其三个儿子，东魏政权只存一代便宣告灭亡。

西魏文帝元宝炬

生卒时间：公元 507 年—公元 551 年
在位时间：公元 535 年—公元 551 年

元宝炬出生时，父亲元愉因对当时的腐败不满而被软禁。他出生后次年，父亲就被杀死，直到公元 517 年，元宝炬一家才得以平凡昭雪。后来，元宝炬又受到北魏孝明帝元诩的赏识，并与之密谋杀掉胡太后，结果事败。公元 534 年，北魏丞相高欢起兵叛乱，不久便攻下洛阳。元宝炬不得不离开洛阳，前去投奔宇文泰，随后就在宇文泰的扶持下称帝，建立西魏。

建国初期，元宝炬和宇文泰齐心协力，抓紧治理内政，发展生产，扩大国家实力。在宇文泰的主持下，西魏政府相继出台了一系列改革措施。他们增加 24 条新制，在全国范围内颁布执行；任用良才改革财政；进行全国人口普查；裁减大量不称职的官员；在全国大力推行均田制，集中力量发展农业生产。这些措施收到了良好的效果，加强了国力，使西魏发展成为实力雄厚、令周围少数民族武装不敢侧目的大国，并能够与东魏相抗衡。

公元 550 年，宇文泰又对西魏军事进行改革，建立府兵制，使西魏军队的战斗力越来越强了。同年，东魏高洋篡位为帝，建立北齐。宇文泰趁机率兵讨伐，结果无功而返。

公元 551 年，西魏皇帝元宝炬驾崩，终年 45 岁。

西魏废帝元钦

生卒时间：公元 525 年—公元 554 年
在位时间：公元 551 年—公元 554 年

元公元551年，元钦称帝。尽管他想施展自己的抱负，但北周大权都掌握在宇文泰手中，一切梦想都破灭了。他想诛杀宇文泰，竟然去找宇文泰的女婿李基、李晖、于翼等人商量。结果，这3人迅速向宇文泰告密，宇文泰将其废掉；几个月后，又将其毒死。

西魏恭帝拓跋廓

生卒时间：公元537年—公元557年
在位时间：公元554年—公元557年

北魏孝文帝元弘辛辛苦苦地改姓，终于让一个少数民族割据政权统一了北方，与南面的宋梁王朝对抗。但后来西魏的权臣宇文泰又逼着西魏的末代皇帝元廓将皇族元氏恢复鲜卑姓拓跋氏，其余改为汉姓的鲜卑族也一律恢复旧姓，还给一部分汉族文武官吏改易鲜卑姓。这次改姓，已经充分说明拓跋廓不过是宇文泰手中的傀儡皇帝。宇文泰积极谋划篡位自立，但还没等到做皇帝的那一天，就一命呜呼了。公元556年，宇文护逼迫拓跋廓把皇位让给宇文觉。第二年正月，宇文觉登基称帝，建立北周。

拓跋廓下台后被封为宋公，一个月后就被宇文护派人杀死。

北齐文宣帝高洋

生卒时间：公元530年—公元559年
在位时间：公元550年—公元559年

> 帝少有大度，志识沉敏，外柔内刚，果敢能断。雅好吏事，测始知终，理剧处繁，终日不倦。至于军国几策，独决怀抱，规模宏远，有人君大略。
> 高祖平定四胡，威权延世。迁邺之后，虽主器有人，号令所加，政皆自出。显祖因循鸿业，内外协从，自朝及野，群心属望。东魏之地，举世乐推，曾未期月，玄运集己。始则存心政事，风化肃然，数年之间，翕斯致治。其后纵酒肆欲，事极猖狂，昏邪残暴，近世未有。飨国弗永，实由斯疾，胤嗣殄绝，固亦馀殃者也。
> 天保定位，受终攸属。奄宅区夏，爰膺帝箓。势叶讴歌，情毁龟玉。始存政术，闻斯德音。罔遵克念，乃肆其心。穷理残虐，尽性荒淫。
> ——《北齐书·文宣帝纪》

公元530年，高欢的第二个儿子高洋出生。高洋年少时，父亲高欢想考察一下儿子们的胆识，便把高洋和他的兄弟们召集到一起，拿出一团乱麻，叫他们想法解开。其他兄弟不知所措，呆立一旁。高洋想了想，拔出宝剑，将乱麻一斩为二，然后对父亲说："治理乱世就像治理这团乱麻一样，必须勇敢果断。"

公元549年，高澄被家中的厨师刺杀，年仅19岁的高洋挺身而出，将东魏的大权尽收手中。公元550年，高洋逼东魏孝静帝禅位，东魏灭亡。高洋登基称帝，建立北齐。

高洋称帝后，首先就受到西魏宇文泰的攻击。宇文泰得知高洋称帝的消息后，亲率大军东进，并派人打探北齐的情况。这时，高洋为了显示自己的实力和才能，进行一次规模庞大的军事演习。宇文泰前去观看，不由感叹道："高欢并没有死啊！"说罢，他急忙撤军，自此不再轻易东向。

公元555年，高洋得知南梁发生内乱，立即派兵渡过长江，结果被重新整合力量的南梁打得大败而归。此后，高洋再也不敢轻易对南梁用兵。同时，他为了加强北疆防御能力，修筑了一条长达900余里的长城。

此后，高洋自感大权稳固，玩乐的心情随之上来。宠妃薛氏深得高洋宠爱。一天，高洋喝得酩酊大醉，得知薛氏曾和高岳有过暧昧关系，抽出匕首将其杀死，然后把尸体揣在怀里，又醉醺醺地去找人喝酒。喝着喝着，高洋醉醺醺地把尸体掏出来，一一肢解，把薛氏的骨头做成一个琵琶，自弹自唱起来。在场的人看了，个个毛骨悚然，而高洋若无其事。

公元559年，高洋害怕东魏元氏东山再起，于是下诏将姓元的人全部杀死。他前后杀害721人，甚至连婴儿也不放过。随后，高洋病逝。

北齐废帝高殷

生卒时间：公元545年—公元561年
在位时间：公元559年—公元560年

帝聪慧夙成，宽厚仁智，大保间雅有令名。及承大位，杨愔、燕子献、宋钦道等同辅。以常山王地亲望重，内外畏服，加以文宣初崩之日，太后本欲立之，故愔等并怀猜忌。常山王忧怅，乃白太后诛其党，时平秦王归彦亦预谋焉。皇建二年秋，天文告变，归彦虑有后害，仍白孝昭，以王当咎。乃遣归彦驰驿至晋阳宫杀之。王薨后，孝昭不豫，见文宣为祟。孝昭深恶之，厌胜术备设而无益也。薨三旬而孝昭崩。大宁二年，葬于武宁之西北，谥闵悼王。初，文宣命邢邵制帝名殷，字正道，帝从而尤之曰："殷家弟及，'正'字一止，吾身后儿不得也。"邵惧，请改焉。文宣不许曰："天也。"因谓孝昭帝曰："夺但夺，慎勿杀也。"

——《北齐书·废帝纪》

公元559年,高殷即位。

高殷年幼时,就开始学习儒经,他天资聪慧,几年后便有了很深的学问。公元556年,高洋举行儒经辩论会。会上,12岁的高殷口若悬河,微言大义,舌战群儒,令人惊叹。

高殷即位后,整顿朝纲,加强皇权。不久,朝内形成了以高演为首的保守派和以高湛为首的改革派,两派之间关系日益紧张。

高殷想架空高演高湛,加强皇权。二人得知后勃然大怒,找到太皇太后,太皇太后把高殷母亲李皇后找来大骂道:"我们鲜卑人难道还要受你这个汉人老妇的摆布!"高殷不知所措,高演、高湛以兵逼权,而太皇太后又站在二人一边,高殷只得下诏封高演为大丞相,从此朝政尽被高演掌握。

公元560年,太皇太后将高殷贬为济南王,移居别宫。公元561年,即位称帝的高演将高殷杀害。

北齐孝昭帝高演

生卒时间:公元534年—公元561年
在位时间:公元560年—公元561年

> 帝聪敏有识度,深沉能断,不可窥测。身长八尺,腰带十围,仪望风表,迥然独秀。自居台省,留心政术,闲明簿领,吏所不逮。日昃临朝,务知人之善恶,每访问左右,冀获直言。性至孝,怀兼并之志,经谋宏远,实当代之明主,而降年不永,其故何哉?岂幽显之间,实有报复,将齐之基宇止在于斯,帝欲大之,天不许也?
>
> ——《北齐书·孝昭帝纪》

公元560年,高演在杀掉高殷上台后,大刀阔斧地进行了一系列改革,使得高演当政时期的北齐,实力要远远强于北周。

高演即位后的第一件事情,就是整顿混乱的北齐政治经济秩序;之后,又着手解决自高欢以来的粮价过高、供粮转运困难的问题。经过一段时间的整顿,拖延多时的粮食危机终于被高演解决。

励精图治的高演,对待臣民能做到礼贤下士,从谏如流,备受世人的爱戴。为了及时了解民情,高演特许一些重臣,可随时进入他的卧室,与他讨论现行政策是否得当等等问题。这些大臣和高演讨论起来,总是天亮进宫,天黑才出来。

高演与四邻各国基本上处于和平状态,不过,也让北齐失去灭掉北周的大好机会,以至于后来北周逐渐发展强大,把北齐灭掉。

高演杀高殷而自立,就一直为此感到愧疚,到后来竟有了些神经质。认为这是他杀高殷自立的报应,于是病情急剧恶化。神志稍清醒,他就想起皇位继承的大事,临死前决定改立皇储。而他自己的子女,也因此得以保全。

公元 561 年,高演改立高湛为皇位继承人,不久便去世,终年 27 岁。

北齐武成帝高湛

生卒时间:公元 537 年—公元 565 年
在位时间:公元 561 年—公元 565 年

公元 561 年,高湛即位。

高湛即位之初,很多亲王贵族认为高湛皇位不算正统,心怀不满,都准备伺机叛乱,平秦王高归彦就是其中一个。高湛一怒之下,把高归彦抓住后立即杀掉,连其子孙也不放过。

北齐初年的实力一直强于北周,高湛上台后的一番折腾,两国间的实力对比大为改变。为了避免被北周攻打,高湛想出了一些消极被动的防御方法。每年冬天黄河一结冰,高湛怕北周渡过结冰的黄河向他进攻,于是令士兵把黄河里的冰统统击碎,但还是没有阻挡住北周的大举进攻。

公元 564 年年底,北周大将杨忠利用黄河结冰的机会,率领 20 万大军攻击北齐,并一直杀到高湛所在的晋阳城。高湛看杨忠大军兵临城下,吓得赶紧上马想要逃离晋阳。大臣们死拽活拽,请求高湛别在国难关头之时离开前线动摇军心。高湛没办法,只好战战兢兢地登上城墙鼓舞士气。

杨忠大军千里跋涉,又逢大雪连绵,时间长了,冻饿难耐,北周士兵又缩在晋阳城里死活不出来,士气渐渐削弱。这时,北齐士兵一鼓作气,竟大败北周。

这一仗激发了高湛的雄心。他于公元 564 年下令继续推行均田制,使得大量流落他乡的农民又重新得到了土地安居乐业。政府的财政收入也因此大量增加,北齐的国力也相对充实了些。

公元 565 年,高湛禅位给儿子高纬,他于是整日笙歌宴舞、荒淫残暴,成为北齐第一个太上皇。公元 565 年,他一病不起,不久便死去。

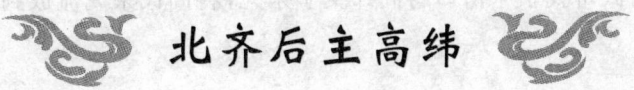

北齐后主高纬

生卒时间:公元 556 年—公元 577 年
在位时间:公元 565 年—公元 577 年

公元 565 年,年仅 10 岁的高纬即位。即位之前,他的奶妈陆令萱料定高纬能给她带来荣华富贵,于是把年少的高纬伺候得服服帖帖。等高纬即位后,陆令萱果然

把持了朝政,一时间,奴婢、太监、倡优等人充斥朝廷。

高纬在奸臣的教唆下,把皇宫中所有宫女都封为郡官,并每人都赏给一条价值万金的裙子和价值连城的镜台。他又大兴土木,在晋阳广建12座宫殿,雄伟而又巧夺天工,比邺城宫殿更为华丽。

高纬往往是早上对某个珍宝爱不释手,晚上便视如草芥随意抛弃。高纬突发奇想,在晋阳附近的两座山上夜以继日地开凿两座大佛。为了赶进度,晚上用油做燃料继续开凿,数万盒油同时燃烧,几十里内如同白昼。高纬还把自己的牛马狗鸡看做是大臣,把他的爱马封为赤彪仪同、逍遥郡君、凌霄郡君,给斗鸡封的爵号有开府斗鸡、郡君斗鸡等。

上行下效,南阳王高绰残暴狠毒,犹过于高纬。一次,高绰见路上有一个妇人抱着孩子赶路,于是命人把孩子从妇人怀中抢走,扔给狼狗活活吞噬。妇人又气又怕,号啕大哭,高绰因而勃然大怒,又命人将小孩的血涂在妇人身上,然后放狼狗去咬这位妇人。高纬得知这事后,马上下令把高绰带来,官吏还以为要判高绰罪,便用囚车把高绰押到邺城。没想到,高绰刚到邺城,高纬就把他放了,还热情地邀请他一同入席。宴会间,高纬问高绰:"你在外地干什么事最快活?"高绰回答:"最过瘾的事情莫过于看人和蝎子在盆争斗。"高纬听后大喜,马上派人连夜去抓蝎子。第二天早晨,高纬把侍从们忙碌了一整夜逮到了的蝎子放在一个盆里,然后叫一个奴婢赤身裸体走进去,蝎子蜂拥而上,奴婢痛得号叫惊天。高纬看得高兴,对高绰说:"这么刺激的事情,你为什么不早点告诉我!"此后,高绰被高纬封为大将军,两人沆瀣一气、无恶不作。

公元576年,北周向北齐大举进攻,首先就将北齐的军事重镇晋州攻陷。此时,高纬正与宠妃邺城郊外打猎。晋州告急的文书络绎不绝,黄昏时晋州陷落。高纬得知后想马上回宫,冯淑妃娇嗔地要高纬再陪她一会,高纬见美人如此娇媚,竟然把国事抛到脑后,继续与冯淑妃游玩。

北周大军继续进攻,高纬带上冯淑妃前往督战。见北周军势强盛,冯淑妃吓得对高纬说:"我军已经败了,咱们快逃吧!"奸臣穆提婆也在旁边推波助澜:"情况不妙,皇上快走!"前线大臣们都乞求高纬别逃离战场。高纬有些犹豫,但穆提婆在旁一怂恿就打定主意,回马逃跑。北齐将士一看皇上逃走,顿时军心大乱,被北周击溃。

高纬逃回邺城后,北周大军尾随而来,包围了邺城。高纬看大势已去,于是匆匆禅位给年仅8岁的儿子高恒,自称太上皇。北周攻占邺城后,便将高纬父子抓获,北齐自此灭亡。

半年后,周武帝找了个借口将高纬父子杀死,将高氏亲属流放到西部沙漠一带,无人生还。

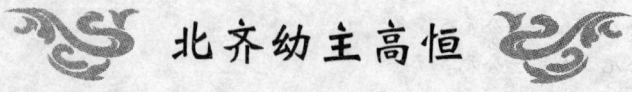

北齐幼主高恒

生卒时间:公元570年—公元578年
在位时间:公元577年

年仅8岁的高恒是在北周猛烈进攻北齐、并攻破北齐都城的时候登基的。他的父亲高纬被北周大军吓得半死，为了推卸亡国的责任，高纬赶紧把帝位交给高恒，自己做太上皇，然后带着儿子东逃。

高恒随父亲逃到济州（今山东平阴西）后，见北周大军仍然紧追不舍，于是再也不敢穿这身黄袍，便将皇位禅让给大丞相、任城王高谐，高恒自称守国天王，高纬称无上皇。在将禅文和玺绶送给高谐后，高恒和高纬往南一路狂奔，准备投奔陈朝。不料，心腹大臣高阿那肱与北周里应外合，使高恒、高纬全被北周俘虏，北齐灭亡。

公元578年，北周宇文邕将他们全部处死。

北周孝闵帝宇文觉

生卒时间：公元542年—公元557年
在位时间：公元557年

> 孝闵承既安之业，应乐推之运，柴天竺物，正位君临，迩无异言，远无异望。虽黄初代德，太始受终，不之尚也。然政由宁氏，主怀芒刺之疑；祭则寡人，臣无复子之请。以之速祸，宜哉。
>
> ——《周书·孝闵帝纪》

北周的开国皇帝是宇文泰的第3子宇文觉。公元556年，宇文护逼迫西魏恭帝禅让帝位给宇文觉。第二年正月，宇文觉正式即位，建立北周。但这个开国皇帝并无实权，国家大事都是由他的堂兄宇文护处理。

宇文觉对此十分不满，准备除掉宇文护。但此事很快被宇文护知晓，宇文护倒没有杀那些大臣，只是把他们从宇文觉身边调走。

侥幸留下来的乙弗凤还是痴心不改，准备趁宇文觉设宴招待群臣的时候寻找机会干掉宇文护。结果此事又很快被宇文护知道。宇文护立即先动手，将乙弗凤等人一一捕杀，然后逼宇文觉退位，将其废为略阳公。一个月后，宇文觉又被宇文护指使人暗中刺杀。

北周明帝宇文毓

生卒时间：公元534年—公元560年
在位时间：公元557年—公元560年

> 世宗宽仁远度,睿哲博闻。处代邸之尊,实文昭之长。豹姿已变,龙德犹潜。而百辟倾心,万方注意。及乎迎宣黜贺,入纂大宗,而礼貌功臣,敦睦九族,率由恭俭,崇尚文儒,亹亹焉其有君人之德者矣。始则权臣专制,政出私门;终乃鸩毒潜加,享年不永。惜哉!
>
> ——《周书·明帝纪》

公元557年,宇文护废黜宇文觉,迎立宇文毓为天王。

宇文毓在做地方官的时候,就做出了显著的政绩,深受当地老百姓的爱戴。等到现在做了皇帝,他就急于亲政,以便施展自己的抱负。宇文护见他聪明能干,也就顺从了他,于公元559年上表归政。

宇文毓亲政后,提倡节俭,不用丝绸锦绣及雕刻之物;严禁贪污,清查吏治;还特别重视发展文化,专门召集了80余名文人编成《成谱》500卷,为当时学术文化的发展作出了贡献。对外,他又打退了吐谷浑的侵犯,威望与日俱增。

宇文护深受宇文觉之害,担心威信日增的宇文毓会对自己不利,便于公元560年指使亲信下毒,害死了这个励精图治的皇帝。

北周武帝宇文邕

生卒时间:公元543年—公元578年
在位时间:公元560年—公元578年

> 高祖缵业,未亲万机,虑远谋深,以蒙养正。初以晋公护专权,常自晦迹,人莫测其深浅。及诛护之后,始亲万机。克己励精,听览不怠。用法严整,多所罪杀。号令恳恻,唯属意于政。群下畏服,莫不肃然。性既明察,少于恩惠。凡布怀立行,皆欲逾越古人。至于校兵阅武,步行山谷,履涉勤苦,皆人所不堪。性又果决,能断大事。故能得士卒死力,以弱制强。破齐之后,遂欲穷兵极武,平突厥,定江南,一二年间,必使天下一统,此其志也。
>
> ——《周书·武帝纪》

公元560年,宇文邕于即位。登基后,他把目标定为消灭北齐,统一北方。而当时北齐国力已是江河日下,渐渐失去了在经济上和军事上与北周对抗的能力。北齐的老百姓们更是苦不堪言,他们急切盼望统一过上安稳的生活。宇文邕见消灭北齐的机会来了,便于公元563年联合突厥出征北齐,夺占了北齐20多个城池,但后来突厥武装撂了挑子,北周军队孤军奋战,最后失败。

这次失败使宇文邕摸清了双方的实力对比,决定继续发展和增强北周的国力,但掌握国家实权的宇文护挡在他亲政的路上。宇文邕决定除掉宇文护,扫清亲政的障碍。公元572年,宇文邕杀掉宇文护,随后又将宇文护的儿子、兄弟及亲信斩尽杀绝,然后开始亲理朝政。

亲政以后,宇文邕把注意力集中于内政上,发展生产,吸收均田农民充当府兵,扩充军备,加强实力。

公元575年,宇文邕派18万大军讨伐北齐,接连攻克了北齐30多座城池,最后班师回朝。这次出征,使得北齐元气大伤,再也无力与北周抗衡了。

公元577年,宇文邕再次出兵,很快攻下邺城,俘获齐主,灭掉北齐。宇文邕终于实现统一北方的夙愿,为隋朝统一全国奠定了基础。

灭掉北齐以后,宇文邕仍致力于发展北周国力。公元578年,正欲进一步施展抱负的宇文邕,在率兵亲征突厥途中病逝。

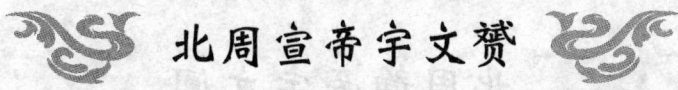

北周宣帝宇文赟

生卒时间:公元559年—公元580年
在位时间:公元578年—公元579年

> 高祖识嗣子之非才,顾宗祐之至重,滞爱同于晋武,则哲异于宋宣。但欲威之以桎楚,期之于惩肃,义方之教,岂若是乎。卒使昏虐君临,奸回肆毒,善无小而必弃,恶无大而弗为。穷南山之简,未足书其过;尽东观之笔,不能记其罪。然犹获全首领,及子而亡,幸哉。
>
> ——《周书·宣帝纪》

宇文赟生活在悠闲富足的宫廷,整天与一帮小人混在一起。宇文邕为了让宇文赟建功立业、树立威望,于是在公元576年派他率军讨伐吐谷浑,并特地派了一批名将随行。但这宇文赟不给父亲争气,非但寸功未立,反而闹得声名狼藉。

宇文邕对宇文赟的管教非常严厉,后来见他越来越不像话,就训斥他说:"自古以来太子被废的有多少?你别认为你的太子地位就很稳固。别忘了,你还有好几个兄弟呢!"这一吓唬倒起了些作用,宇文赟害怕失去太子地位,于是做出一副知错就改的样子,把父亲哄骗得非常高兴。

公元578年,宇文邕亲率大军讨伐突厥,途中不幸得病,回到长安的当夜就撒手而去,宇文赟盼望已久的皇位终于到手。

宇文邕尸骨未寒,宇文赟便对手下人说"这老东西早就该死了",然后下令将宇文邕的宫人不问年龄大小、美丑与否,统统转到他宫里供他发泄兽欲。亲信郑译也

一步登天,北周的朝政大权完全被他掌握。

在埋掉父亲后,宇文赟就开始残害忠良,废除宇文邕所订立的制度。闹腾了一番后,宇文赟突然心血来潮,想尝尝当太上皇的滋味,于是宣布传位给宇文阐,自称天元皇帝。

做了太上皇以后,宇文赟更加肆无忌惮、为所欲为。他自认为是天上的皇帝,于是他自称"天",把他住的地方称为"天台",大臣要想到天台见他,就必须吃斋3天、净身1天方可见面,还不许大臣们穿和他相同的衣服。他每次召见大臣,都要来些新花样以求刺激。他还经常出游,搞得陪侍的官吏都疲于奔命、苦不堪言。

公元580年,宇文温的夫人尉迟氏进宫朝见,宇文赟见她长得如花似玉,娇艳无比,便用酒将她灌醉后强行奸污。随后,他为了长期占有尉迟氏,寻找借口杀了宇文温,将尉迟氏纳入后宫,成为他的第5个皇后。

后来,宇文赟玩乐中略感风寒,赶紧打道回宫。风寒本是小病,但宇文赟因纵欲过度当天就死了。

北周静帝宇文阐

生卒时间:公元573年—公元581年
在位时间:公元580年—公元581年

> 静帝越自幼冲,绍兹衰绪。内相挟孙、刘之诈,戚藩无齐、代之强。隋氏因之,遂迁龟鼎。虽复岷峨投袂,翻成陵夺之威;漳滏勤王,无救宗周之殒。呜呼,以太祖之经启鸿基,高祖之克隆景业,未逾二纪,不祀忽诸。斯盖宣帝之馀殃,非孺子之罪戾也。
>
> ——《周书·静帝纪》

公元580年,宇文赟死后,8岁的小皇帝宇文阐根本就不懂治理国家,于是北周的朝政大权就都落到杨坚的手里,一切国务均由杨坚做主,宇文阐成为杨坚的傀儡。

杨坚执掌朝政以后,迅速扩大了自己在朝中的势力,并起用了一批有才能的人,充实到中央行政机构中。此后,杨坚的权力更加巩固。

公元581年,杨坚终于耐不住寂寞,逼迫宇文阐下诏让位给他,建立隋朝。3个月后,杨坚又派人杀了宇文阐,北周正式灭亡。

隋文帝杨坚

生卒时间：公元541年—公元604年
在位时间：公元581年—公元604年

> 上性严重，有威容，外质木而内明敏，有大略。初，得政之始，群情不附，诸子幼弱，内有六王之谋，外致三方之乱。握强兵、居重镇者，皆周之旧臣。上推以赤心，各展其用，不逾期月，克定三边，未及十年，平一四海。薄赋敛，轻刑罚，内修制度，外抚戎夷。每旦听朝，日昃忘倦，居处服玩，务存节俭，令行禁止，上下化之。虽啬于财，至于赏赐有功，亦无所爱吝。
>
> 自强不息，朝夕孜孜，人庶殷繁，帑藏充实。虽未能臻于至治，亦足称近代之良主。然天性沉猜，素无学术，好为小数，不达大体，故忠臣义士，莫得尽心竭辞。其草创元勋及有功诸将，诛夷罪退，罕有存者。又不悦诗书，废除学校，唯妇言是用，废黜诸子。逮于暮年，持法尤峻，喜怒不常，过于杀戮。
>
> ——《隋书·高祖帝纪》

"弘农杨氏"世任高官，是汉、魏、北朝至隋唐时期最著名的门阀世族之一。杨坚的父亲杨忠为北周的建立作出过卓越贡献。因此，14岁的杨坚就开始了自己的做官生涯，地位扶摇直上，深得统治者的赏识，也引起一些朝臣和贵族的嫉恨。北周初年，专权的宇文护就多次想除掉杨坚，都因别人的阻拦而没有得逞，且杨坚的长女作为皇太子妃，进一步巩固了杨坚的地位。

这时，深知自己处境也有不臣之心的杨坚，广泛拉拢人心，以扩大自己的势力。公元578年，北周武帝死，宣帝即位，杨坚作为皇后的父亲成为大后丞、右司武，旋升大前疑（相当于丞相）。在宣帝外出时，由杨坚主持日常政务。

篡位称帝

周宣帝虽年少,但昏庸荒淫,致使上下怨愤。杨坚便开始做取代周室的准备工作,引起了周宣帝的警觉,但杨坚始终不动声色。

公元580年,周宣帝病死,年仅8岁的周静帝即位。杨坚凭着皇帝外祖父的地位,伪造周宣帝遗诏,执掌了北周军政大权。

杨坚深知自己的地位还不巩固,首先是建立自己的统治核心,注意搜罗各种人才,使得当时朝廷重臣及相当多的高级官员都加入了他的政治集团。

由于宇文泰的5个儿子各霸一方,还有许多皇戚旧臣拥兵自重,杨坚信心不足,犹豫不决。他的妻子独孤氏见丈夫无心茶饭、郁郁不乐,便鼓动丈夫大胆地干下去,并果断地说:"现在事已如此,你就像骑在老虎背上一样,十分危险,下来必然会被老虎吃掉。你千万不可优柔寡断,要振奋起来,干到底才有出路!"妻子的一席话,使杨坚坚定了信心。

杨坚先在还没有公开宣帝的死讯时,借口召五王回长安,收缴了他们的兵权印符。五王气愤之下,决定寻找直接刺杀杨坚的机会。有一次,赵王宇文招请杨坚去赴宴,并在王府中埋伏下武士。杨坚带着随从来赵王府的时候,所带随从均被挡在外面,只有杨弘与元胄跟进去,并且只准坐在门口。

赵王向杨坚敬酒夹菜,十分客气。过了一会,赵王的2个儿子捧着一盘甜瓜请杨坚吃,赵王解下佩刀,切开甜瓜,递给杨坚,右手老攥着那把佩刀。元胄在门外见形势不对劲,闯进屋对杨坚说:"还有许多事情等着丞相处理,请你赶快回去吧!"杨弘强行拉杨坚离开座位,赶快出门,赵王起身追了上来,后面武士也跟了上来,元胄用身体挡住大门,不让赵王出去,杨坚于是安全回到丞相府。

随后杨坚就以谋反罪杀死宇文招、宇文逌,其他三王也很快被除掉,宇文氏的势力基本被消灭,杨坚在京师的统治基本稳固。

公元581年,杨坚派人为周静帝写好退位诏书,逼周静帝退位,然后穿上了黄袍,登上皇帝的宝座,建立隋朝。

厉行改革

开国之初的杨坚勤于政事,励精图治,采取了一系列改革措施。

首先杨坚在参考各朝官制设置的基础上,建立了三省六部制。这一制度从隋朝建立起,一直延续到清朝末年。

公元583年,杨坚废郡,实行州、县两级制。杨坚撤郡500余,裁汰了不少冗官,提高了行政效率,有利于中央对地方的直接控制。

杨坚还特别重视吏治,奖励良吏,严惩奸吏。在其统治时期,良吏层出不穷,全国各地社会秩序井然。他还颁布《开皇律》,废除了前朝各种酷刑。

公元587年,隋文帝废除九品中正制,并制订了新的用人政策。他规定把德和才结合起来,通过考试的途径来选拔人才担任官吏。

公元590年,杨坚对府兵制进行了较大改革,将所有军人户籍全部划入当地州县,土地分配和赋役征收与原来的农民完全一样。这种兵归于农、兵农合一的措施到唐代仍然沿用。同时,杨坚把尚武之风改变成习文之气,军人子弟尽力改成学文。

在进行政治制度改革的同时,杨坚也进行了一系列经济制度的改革。

公元585年,杨坚采取了"大索貌阅"和"输籍定样"(也称"输籍法")两项措施,严格核对户口,实行户籍制度。

隋朝沿用北魏以来的均田制,杨坚几次下诏减免徭役和租税,使隋朝的租赋低于以前的朝代。这就调动了农民的生产积极性,大大促进了农业生产。杨坚还下令改铸五铢钱,废除其他古币又统一了度量衡,有利于工商业的发展。

公元588年,杨坚发兵50万大军,向陈发动大举进攻。次年,隋灭南陈,统一天下,结束了200多年的分裂局面。

晚年专权

取得统一后,杨坚便逐渐沉醉于自己取得的伟大功绩中,加之其性格多猜疑,使得忠臣们不敢直言,开国元勋们或杀或贬。杨坚不喜欢诗书,将学校全部废除,只留下一个国家办的学校。到了晚年,杨坚更是喜怒无常、滥杀无辜。他常常暗地里唆使人去贿赂令史、府史,而一旦有人接受了贿赂就必死无疑。

杨坚属于比较"惧内"的丈夫,对独孤氏皇后一直存在畏惧心理。独孤信是北周重臣,杨坚的父亲杨忠追随独孤信起家,从属于独孤氏。杨坚和独孤氏的结合,深受这种关系的影响。杨坚由专权而称帝,独孤氏家族的地位和影响也起到了很大的作用。杨坚称帝后,独孤氏直接参与政事,实际成为皇帝的皇帝,因而宫中把二人合称"二圣"。

独孤氏嫉妒心很强,一般情况下不许杨坚和其他女人接近。杨坚有5个儿子,同出一母。晚年的杨坚对他们猜疑最后一一将其废为平民,只有深藏不露的杨广成为最后的皇位继承人。

公元604年,隋文帝杨坚去世。

隋炀帝杨广

生卒时间:公元569年—公元618年
在位时间:公元604年—公元617年

> 炀帝负其富强之资,思逞无厌之欲,狭殷周之制度,尚秦汉之规摹。恃才矜己,傲狠明德,内怀险躁,外示凝简,盛冠服以饰其奸,除谏官以掩其过。淫荒无度,法令滋章,教绝四维,刑参五虐,锄诛骨肉,屠剿忠良,受赏者莫见其功,为戮者不知其罪。骄怒之兵屡动,土木之功不息。频出朔方,三驾辽左,

> 旌旗万里，征税百端，猾吏侵渔，人不堪命。乃急令暴条以扰之，严刑峻法以临之，甲兵威武以董之，自是海内骚然，无聊生矣。《书》曰："天作孽，犹可违，自作孽，不可逭。"《传》曰："吉凶由人，祅不妄作。"又曰："兵犹火也，不戢将自焚。"观隋室之存亡，斯言信而有征矣！
>
> ——《隋书·炀帝纪》

弑父杀兄　即位称帝

公元569年，杨坚第二个儿子杨广出生。父亲杨坚建立隋朝后，年仅13岁的杨广被封为晋王。

隋朝兴兵灭南朝的陈，刚20岁的杨广是统帅。此后，杨广也是屡建战功：在公元590年，奉命到江南任扬州总管，平定江南高智慧的叛乱；公元600年，北上击败突厥进犯。这些功劳是其他皇子所没有的。

杨广虽然功勋卓著，但隋文帝杨坚共有5个儿子，早在杨坚称帝之初就把长子杨勇立为皇太子。如果要夺得太子的地位，首先要除去的就是太子杨勇。于是，杨广便精心策划了一场夺取太子地位的阴谋。

隋炀帝杨广

杨勇幼时颇得父母喜爱，因而杨坚在称帝后便匆匆立杨勇为太子，并且还利用各种机会培养杨勇的能力。

有一次，杨坚发现杨勇穿了一副装饰得很华丽的铠甲，便严肃地与他谈了一次话，告诫他做皇帝追求奢侈是亡国之道，杨勇也虚心地接受了父亲的批评。杨勇迷恋女色，他明知母亲独孤皇后痛恨男子宠爱姬妾，却把父母为他娶的嫡妻元氏冷落一边，与其他的姬妾吃喝玩乐。独孤氏最讨厌除妻子外和别的女人生孩子的男人，当然对杨勇的行为也不满意。杨坚指责杨勇不应乱搞，但杨勇不服，依然我行我素。

此时的杨广则是一副节俭又不近声色的样子。他只和王妃萧氏居处，父母每次派来的人，他都亲自和萧妃到门口迎接，用丰盛的酒饭招待，临走还送上礼物。这些人得了好处，都在杨坚和独孤皇后面前称道杨广仁孝。杨坚和独孤皇后有时为了试探这个颇有美名的儿子，还专门到杨广那去，杨广便把年轻貌美的姬妾藏起来，让年老丑陋的人穿上粗劣衣服伺候杨坚和独孤后。

公元598年，杨勇竟然大张旗鼓地在东官接受朝廷百官的朝贺，杨坚当然不能容忍。公元600年，杨坚正式废杨勇，杨广终于如愿以偿，被立为皇太子。

功罪掺半　穷奢极欲

隋炀帝即位后,作出了一些改革举措。他下诏免除妇人和奴婢、部曲的课役。此外,改州、县为郡县;创立进士科,确立科举制;修订法律《大业律》;兴建学校,搜访遗书,整理典籍,恢复了文帝时一度取消的国子监、太学、四门学和州县学。另外,隋炀帝还曾下令编写《长洲玉镜》和《区宇图志》。

同时,杨广建造了一系列浩大工程。公元605年,京杭大运河开凿,用6年的时间,全长5000多公里的大运河完成。同年,杨广又下令营建东都洛阳。此外,杨广还征调民工修御道,筑长城。

杨广是个好色之徒。后宫中充斥大量的美女,但还嫌不够,又下令各地每年挑选姿质端丽的童女送入宫中,并在巡游途中还不断搜寻美女。

杨广不断巡游天下,每次出巡的气派非凡。第一次游江都,造成大小船只数千艘。杨广坐的那艘高45尺,宽50尺,长200尺。船有4层,上层是正殿和东西朝堂。中间二层有120个房间,都是用金玉雕刻为饰,穷极奢华。另外,还有随行船只数千艘,一路上舳舻相接200余里,骑兵沿运河两岸护送。所过州县,500里内都要贡献食物,都是水陆珍奇,但贡献得太多,吃不了的就埋掉。

为了讨好杨广,地方官只得拼命搜刮民财,以满足杨广的耗费,使得自己有机会升迁。而饥饿的百姓只有剥树皮、采树叶、挖野草、煮土而食,甚至是人自相食。

穷兵黩武　农民起义

隋朝的政治日益腐败。朝中凡是有些正直的大臣,都或杀或贬,隋炀帝身边的亲信皆是些凶残歹毒、贪得无厌的小人。

公元605年,北方的契丹族的一次来犯,挑起了隋炀帝向四外扩张的野心。从此,他开始大规模地经营西域,开辟通往西域的通道,为经营西域所耗费的资财每年巨亿万计。隋炀帝还对高丽进行了三次侵略战争,而隋朝的精锐部队在三次侵略战争中损失殆尽。

杨广屡次出巡以及穷奢极欲的挥霍,而又四出经营、穷兵黩武,使得内外虚竭、百姓困敝,人民无法生存,只有铤而走险了。

公元611年,第一支隋末农民起义军由王薄领导,在长白山(今山东章丘)首举义旗,逃避兵役徭役的农民纷纷参加进来,各地人民也纷纷响应。

这时,统治集团内部也发生分裂。公元613年,杨素的儿子杨玄感发动叛乱。炀帝虽镇压了叛乱,但统治集团内部从此开始瓦解。农民起义军声势更加浩大,许多地主阶级分子也趁机起兵自立。太原留守李渊也趁机起兵,攻下长安。

大势已去的隋炀帝也感到末日来临了,只能与嫔妃天天饮酒作乐、醉生梦死。一天,他照着镜子对萧后说:"好头颈,不知谁来砍掉它。"他自知自己早晚不会有好下场,常备毒药带在身边,以求留个全尸。

公元618年,宇文化及带领侍卫发动兵变,杨广被用襟带勒死,终年50岁。

隋恭帝杨侑

生卒时间：公元605年—公元619年
在位时间：公元617年—公元618年

> 恭帝年在幼冲，遭家多难，一人失德，四海土崩。群盗蜂起，豺狼塞路，南巢遂往，流彘不归。既钟百六之期，躬践数终之运，讴歌有属，笙钟变响，虽欲不遵尧舜之迹，其庸可得乎！
>
> ——《隋书·恭帝纪》

杨侑的父亲是隋炀帝的长子、皇太子杨昭。杨侑出生两年后，杨昭误饮药酒而不幸暴亡，因而杨侑深受祖父的怜爱，年幼的杨侑也因此而得到大量的爵位和赏赐。

隋末农民的起义，使得隋炀帝杨广的统治岌岌可危。公元616年，隋炀帝不得不南逃江都，企图固守江南，维持半壁河山，他命杨侑据守长安。不久，李渊李世民父子于公元617年在山西晋阳起兵，大军包围并攻陷长安。据守长安的杨侑被俘虏，随后又被李渊拥戴为皇帝，开始了他不足一年的傀儡皇帝生涯。

公元618年，隋炀帝被杀，杨侑这块招牌也就失去作用，李渊马上逼迫杨侑下诏退位，自己登基做皇帝，建立唐朝，隋朝灭亡。

杨侑禅位以后，被降为国公。第二年5月，杨侑被李渊派人杀死。

唐高祖李渊

生卒时间：公元566年—公元635年
在位时间：公元618年—公元626年

> 有隋季年，皇图板荡，荒主焊燎原之焰，群盗发逐鹿之机，殄暴无厌，横流靡救。高祖审独夫之运去，知新主之勃兴，密运雄图，未伸龙跃。而屈己求可汗之援，卑辞答李密之书，决神机而速若疾雷，驱豪杰而从如偃草。泊讴谣允属，揖让受终，刑名大划于烦苛，爵位不逾于苴轴。由是攫金有耻，伏莽知非，人怀汉道之宽平，不责高皇之慢骂。然而优柔失断，浸润得行，诛文静则议法不从，酬裴寂则曲恩太过。奸佞由之贝锦，嬖幸得以掇蜂。献公遂间于申生，小白宁怀于召忽。一旦兵交爱子，矢集申孙。匈奴寻犯于便桥，京邑咸忧于左衽。不有圣子，王业殆哉！
> ——《旧唐书·高祖本纪》

李渊生于北周一个高级贵族家庭，7岁就被北周朝廷袭封唐国公。隋文帝杨坚建立隋朝后，李渊跟随杨坚，成为隋朝的重臣。

公元613年，隋炀帝发动了侵略高丽的战争，民怨沸腾。大贵族杨玄感利用人民的不满情绪起兵反隋，隋炀帝命李渊防御杨玄感。杨玄感兵败后，李渊仍在此留守，逐步发展自己的势力。公元617年，受到隋炀帝猜忌的李渊调任山西。这时农民起义军已成燎原之势，在农民起义的冲击下，隋炀帝的统治已岌岌可危。李渊目睹动荡不安的天下局势，逐渐酝酿了叛隋思想。

建立唐朝　统一全国

公元617年春,李渊在儿子李建成和李世民等人的支持下,公开打出了反隋的旗号。

李渊自晋阳起兵自率大军西上,形成了对长安的包围之势。不久,长安被李渊攻陷。进入长安后,李渊立隋代王杨侑为帝,挟天子以令诸侯,将杨侑这个傀儡皇帝牢牢控制在自己的手中。公元618年,李渊得知隋炀帝杨广被杀后,废掉傀儡杨侑,自立为帝,建立唐朝,隋朝灭亡。

唐高祖李渊

称帝之后的李渊,开始了长达10年统一全国的战争。直到公元628年,李渊父子基本上统一了全国。

统治加强　制度完善

李渊称帝后,一面进行统一战争,一面注意加强政权建设,唐朝前期的政治、经济、军事制度,在李渊时期基本上初具规模。

建唐之初,所有制度皆随隋制,直到公元624年确定了唐代的政权组织系统。

首先是在中央实行三省六部制。三省即中书省、门下省和尚书省。负责草拟有关军国大事的命令的中书省是决策机关,长官是中书令;负责审核中书省的决定,并有权驳回的门下省是审议机关,长官是侍中;负责执行中书、门下二省决定的尚书省是执行机关长官是尚书令。这三省的长官实际都是宰相,共同商讨国家大事,共同对皇帝负责。六部即吏、户、礼、兵、刑、工六部。吏部主掌官吏的考核与升降;户部主掌户籍及赋税;礼部主掌礼仪及科举;兵部主掌军事;刑部主掌刑法诉讼;工部主掌土木工程。各部长官都称尚书,直属于尚书省,每个部又有四司,分别执行中书、门下二省制订的政令。此外,还设立了监察机关御史台,长官是御史大夫,负责纠察百官。

唐代的地方统治机构沿用了隋朝的州、县两级制。建立了政权机构后,李渊为了发展生产,于公元624年颁布均田令,又在均田制的基础上,实行了租庸调制。均田令的颁布,对于唐初农业生产的恢复和发展起了积极的推动作用。

在军事制度方面,李渊实行了府兵制。府兵制建立在均田制之上,是一种兵农合一的制度。兵士平时在家生产,农闲时由兵府加以训练。这种"寓兵于农"的兵制,从均田农民中征兵,保证了兵源,资粮甲杖自备,减少了国家的经费开支。同时,练兵权与将兵权分离,防止了将帅拥兵跋扈,对于加强专制主义中央集权起了一定的作用。

李渊还继承了隋朝的科举制,并在其基础上加以完备。唐代的科举分常举和制举两种,常举即每年举行的定期考试,制举即皇帝根据需要亲自主持的考试。

李渊称帝后,宣布废除隋朝的《大业律令》,公元624年正式颁布新律,即《武德律》。从内容上看,《武德律》较隋律用刑有所减轻,但对劳动人民的反抗制裁更严酷了。

玄武门之变　被迫传位

短短几年内,唐朝基本统一了全国,李渊产生了骄傲自满的情绪,不再关心政事,与嫔妃后宫玩乐。而以李世民为首的"军功党"和以李建成为首的"太子党"则为争夺皇位继承权开始明争暗斗。

公元626年夏,李世民率心腹尉迟敬德等人在玄武门杀掉李建成和李元吉,史称"玄武门之变"。而此时的李渊正坐在一只龙船上,荡漾在南海池中。他见闯入宫中的尉迟敬德全身武装立在岸边,十分惊骇。尉迟敬德将李建成和李元吉已被杀死的消息告诉李渊,李渊听后目瞪口呆,随后被迫将大权完全交给了李世民,并立李世民为太子。2个月后,李渊不得不退位,开始了太上皇的生活,直到公元635年因病去世。

唐太宗李世民

生卒时间:公元599年—公元649年
在位时间:公元626年—公元649年

> 文皇帝发迹多奇,聪明神武。拔人物则不私于党,负志业则咸尽其才。自定储于哲嗣,不骋志于高丽;用人如贞观之初,纳谏比魏徵之日。况周发、周成之世袭,我有遗妍;较汉文、汉武之恢弘,彼多惭德。迹其听断不惑,从善如流,千载可称,一人而已!
>
> ——《旧唐书·太宗本纪》
>
> 至治之君不世出也!禹有天下,传十有六王,而少康有中兴之业。汤有天下,传二十八王,而其甚盛者,号称三宗。武王有天下,传三十六王,而成、康之治与宣之功,其余无所称焉。虽《诗》、《书》所载,时有阙略,然三代千有七百余年,传七十余君,其卓然著见于后世者,此六七君而已。呜呼,可谓难得也!唐有天下,传世二十,其可称者三君,玄宗、宪宗皆不克其终,盛哉,太宗之烈也!其除隋之乱,比迹汤、武;致治之美,庶几成、康。自古功德兼隆,由汉以来未之有也。至其牵于多爱,复立浮图,好大喜功,勤兵于远,此中材庸主之所常为。然《春秋》之法,常责备于贤者,是以后世君子之欲成人之美者,莫不叹息于斯焉。
>
> ——《新唐书·太宗皇帝本纪》

功勋卓著　玄武夺位

公元599年1月，李世民出生在今陕西武功县一个官僚贵族家庭。李家自西魏开始就具有显赫的政治背景，李渊又与隋文帝是姻亲。作为世代显赫的将门之后，李世民从小就受到了家庭尚武习俗的熏陶。因此，青少年时代的李世民不但喜爱骑射，还喜欢浏览兵书战策，少时就熟读了《孙子兵法》，并且能够用孙子之言与父亲李渊讲论用兵布阵的策略，深得父亲的喜爱。

唐太宗李世民

这时，隋末农民起义已经爆发，全国各地的农民起义此起彼伏，隋王朝摇摇欲坠。公元616年，李世民随父亲来到山西太原参加镇压农民军，使李世民受到了初步的军事锻炼。公元617年，李渊出任太原留守，李世民随父赴任。

在农民起义军的打击下，隋炀帝困守江都，危在旦夕。隋炀帝惶惶不可终日，对大臣们无端猜忌，动不动就将大臣或处死或贬抑。李渊也受到隋炀帝的猜忌。李渊准备起兵反隋，但有些犹豫不决。这时的李世民仗义疏财，结交义士、侠客，赢得了不少有识之士为其出谋划策。他们与李世民一道多方劝说李渊尽快起事，使李渊终于下定决心。公元617年农历5月，李世民协助父亲李渊在晋阳宣布起兵，正式打出了反隋的旗号。

晋阳起兵以后，李世民的哥哥李建成、弟弟李元吉等人也先后率领一部分队伍赶至晋阳会师，使起义力量迅速扩大。随后，李渊建立了左、中、右三军，李世民被任命为右领军大都督，统帅右三统军。

然而，李渊出师不久就遇到了隋将宋老生的抵抗。由于军饷未到、突厥援军也迟迟不来，李渊失去信心，准备退回晋阳另作他图。李世民劝住了父亲，使李渊坚定了信心。在攻打宋老生的激战中，李世民血染战袍，身先士卒，带领士兵击溃了宋老生。此后，李渊率军东进，又遇到隋将屈突通的顽强抵抗。李渊部队内部意见不一的情况下，李世民力排众议，建议主力绕过屈突通，迅速向长安进军。李渊再次听从了李世民的这一大胆建议，攻下长安后李渊将杨侑立为傀儡皇帝，号令天下。公元618年5月，李渊正式即位，国号为唐；李世民被任命为尚书令，改封秦王。

唐王朝建立后，政权还不十分稳固。李渊称帝后不便再亲自挂帅出征，因此，指挥和领导战争的重任就自然地落在秦王李世民的身上。从此，李世民开始了他历时4年多的艰苦卓绝的统一战争生涯。他亲自率领大军讨伐薛举、刘武周、王世充、窦建德等强大的军阀势力和农民军势力，不仅屡次使李唐王朝转危为安，也充分显示了李世民出色的军事胆略和指挥艺术。

统一全国的卓著功绩，使李世民威信日高、权力日重。太子李建成非常担心李世民会跟他争夺皇太子的位置。为了维护自己的皇位继承权，李建成也大力搜罗人马,因而形成了以李建成为首的"太子党"和以李世民为首的"军功党"两派互相倾轧,愈演愈烈。直到公元626年,李世民先发制人结束了这场皇室斗争。这时的突厥入塞围攻乌城,李建成便请求唐高祖让李元吉北征,唐高祖答应了。临出征前,李世民听到太子利用出征之际想对其下毒手的阴谋,便先发制人,除掉了李建成和李元吉。之后,李世民下令将士守住玄武门,逼迫唐高祖李渊立其为太子。2个月后,李渊被迫退位,李世民随即登基称帝,是为唐太宗。

任用贤能　施行仁政

李世民即位之时,采取了宽大安抚的政策;在稳定局势的同时,又逐步建立起了以自己为核心的最高决策集团,政治上呈现出明显的朝气。

随后,太宗又对中央机构进行了一系列的改革,改造了三省六部制,为唐宰相制度奠定了基础,并推行"五花判事"制度,精简行政机构。精简后的国家机器,效率得到了提高,既节省了财政开支,又减轻了人民负担。通过改革,李世民不仅牢牢地巩固了自己的地位,也为进一步励精图治、开创贞观之治的新局面奠定了基础。

李世民亲身经历了打江山的残酷斗争,深知创业之难;又从隋炀帝身上,悟出守业更难的道理。面对贞观初年百废待兴、百乱待治的局面,唐太宗决定以大治天下作为施政方针。

治国方针确定以后,唐太宗首抓国家政治建设,把任贤和纳谏作为保证政治的两条主要措施。他不避远近亲疏,任人唯贤,手下的文武大臣有隋朝旧臣,有农民起义军,而魏征就是太子李建成的部下。李世民采取求贤纳才、知人善任的用人政策,不拘一格选拔人才,使得在他统治时期整个朝廷人才济济、群贤荟萃。公元643年,李世民将其中的佼佼者画在凌烟阁内。这24位功臣是长孙无忌、房玄龄、杜如晦、魏征、尉迟敬德、程知节、秦叔宝等。除了精通政务的人才,李世民还重用姚思廉、颜师古等著名的文学家,欧阳询、褚遂良、阎立本等卓越的书法家和画家,阿史那吐乐等杰出的少数民族将领。这些谋臣猛将、文人学士都为唐太宗大治天下的政策出谋划策,为"贞观之治"贡献了自己的才干智勇。

为更大程度地甄选人才,唐太宗设立了"弘文馆"以管理学校,著书立说,培养选拔人才;亲自视察国子监和太学,增筑学舍,增加学员;沿用了隋炀帝所制订的科举制度,并在此基础上加以发展设立进士科。这些措施的施行,使贞观时期成为唐代教育史上的黄金时代。

大力选拔人才的同时,李世民还进行了法制的改革和建设,采取了慎刑宽法和严格加强法制的措施。李世民将赏功罚过作为法制改革的标准,制定了法典《贞观律》,并组织了19名法学专家为《唐律》作注,完成了《唐律疏议》。五代以后的各朝法律大都以此作为蓝本相应增删。同时,李世民亲自选拔了一批正直无私、断狱公平的人担任法官,并亲自检查法官对案件的处理情况。制订法律以后。李世民以身作则,从不徇私枉法,使贞观初期形成执法严肃、令行天下的好风气。

由于长期战争的破坏和自然灾害的影响,经济破败,民户凋残。面对这种困境,

唐太宗一方面大力提倡戒奢崇简，节省开支；另一方面又积极地推行轻徭薄赋、与民休养生息的政策。他全面推行、推广均田制，招抚逃亡的农民，使农民得以逐步恢复生产，重建家园。由于唐太宗采取了一系列有利于农业发展的积极措施，使社会经济很快得到了恢复。贞观初年，中原一带还是"茫茫千里，人烟断绝，鸡犬不闻，道路萧条"，到贞观中期，中原出现了牛马遍野、丰衣足食、夜不闭户、路不拾遗的升平景象，成为被历代所称道的太平盛世。

由于唐太宗虚心纳谏的开明作风，使朝廷中出现了一大批敢于直谏的大臣，其中最杰出的当数魏征。他劝谏的内容从长治久安的军国大计，直到皇帝个人的起居生活，涉及许多方面，对唐太宗及唐朝贞观年间的政治，可以说产生了很大的影响。唐太宗把魏征看做最好的谏臣。魏征死后，太宗十分痛心，无限感慨地说："用铜做镜子，可以正衣冠；用历史做镜子，可以知道国家兴衰的道理；用人做镜子，可以看到自己的过错。现在魏征逝世，使我失去了一面镜子。"

文功武治　一代明君

随着国内政治经济形势迅速好转，国力逐渐增强，唐太宗开始了统一边疆地区的战争。公元629年，唐太宗收服了当时对唐朝威胁最大的东突厥后，当地各少数民族势力纷纷归附，从而统一了北方边境。这不仅重新恢复了对西域地区的统治，西部和北部边境也重新得到了巩固和扩大，闻名于世的丝绸之路重新得到畅通，中原地区与西域和中亚地区的经济文化交流得以加强。

此外，唐太宗还通过和亲政策，加强少数民族同唐朝的联系和团结。公元640年，文成公主入藏，将农耕、纺织、建筑、造纸、制笔、酿酒、冶金以及农具制造等技术带入西藏，对吐蕃的政治、经济、文化的发展起了极大的促进作用，同时也加强了吐蕃与唐朝的联系。

同时，唐朝和世界其他国家的政治、经济和文化交往频繁，唐朝高度发达的封建文化深深影响了当时的世界。当时的长安是世界上最大的城市之一，亚洲、非洲地区许多国家不断有人来到唐朝访问，那时和唐朝交往的国家达到70多个。公元631年，日本也派来第一批遣唐使。这一时期，胡椒、菠菜，天竺等植物相继从波斯（今伊朗）和印度传入中国，玄奘到天竺带回了大量的佛教经典。其他宗教也在此时传入中国。同样，中国的丝绸、茶叶、瓷器、纸张等也在此时传入西方。中国四大发明之一的造纸术，就是在贞观时期传到欧洲和非洲的，对西方文化事业的发展产生了巨大的推动作用。唐朝对世界的影响非常深远，直到现在，很多国家华人聚居的地方还被称为"唐人街"。

李世民登基做了皇帝，他娴熟的骑射技术仍然不减当年。他还是个诗人、文学家和书法家。他所写的诗文，被编入《全唐文》和《全唐诗》中的就有文七卷、赋五篇、诗卷六十九首。唐太宗非常喜欢晋代著名书法家王羲之的书法，最为擅长的是飞白书法，并写了《笔法论》《指法论》《笔意论》等文章对书法作了精辟的分析。

贞观后期的唐太宗思想和行为逐渐发生了变化。他不仅大兴土木、宠信奸佞，还连续发动了两次讨伐高丽的战争,又开了当朝皇帝看起居注的先例,使长期以来形成的良好制度遭到破坏。

晚年唐太宗为乞求长生不老,服食金石丹药中毒而亡,享年51岁。

唐高宗李治

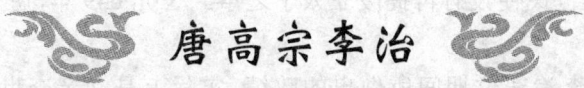

生卒时间:公元628年—公元683年
在位时间:公元649年—公元683年

> 《小雅》曰:"赫赫宗周,褒姒灭之。"此周幽王之诗也。是时,幽王虽亡,而太子宜臼立,是为平王。而诗人乃言灭之者,以为文、武之业于是荡尽,东周虽在,不能复兴矣。其曰灭者,甚疾之之辞也。武氏之乱,唐之宗室戕杀殆尽,其贤士大夫不免者十八九。以太宗之治,其遗德余烈在人者未远,而几于遂绝,其为恶岂一褒姒之比邪?以太宗之明,昧于知子,废立之际,不能自决,卒用昏童。高宗溺爱衽席,不戒履霜之渐,而毒流天下,贻祸邦家。呜呼,父子夫妇之间,可谓难哉!可不慎哉?
>
> ——《新唐书·高宗皇帝本纪》

守成皇帝 渔翁得利

唐太宗年老之后,皇位由谁来继承就成了大臣和众皇子最为关注的问题。唐太宗有14个儿子,其中只有长子李承乾、四子李泰、九子李治为长孙皇后所生,因而只有他们有皇位继承权。

根据嫡长子继承制,李承乾自然成为太子。唐太宗对这个太子倒是严加管教,但李承乾实在不争气,太过顽劣,年少时就常做一些偷鸡摸狗的事情,等长大又与一个皇宫戏班中男孩玩起了同性恋,再加上李承乾自幼脚残,李世民自然对承乾越来越不满意,便生废太子之心。而颇被父亲宠爱的四子李泰见哥哥失宠,便想尽快挤掉李承乾而自代。他到处收买朝中大臣,形成颠覆太子的一大势力。李承乾眼看大势已去,便暗中招募刺客死士,密谋杀入皇宫,发动武装政变,直接夺取皇位。但还没有准备好计划,事情就泄漏出去,李承乾被废为庶人。

李承乾被废,太子之位待立。朝中大臣们分成两派:岑文本等主张立李泰,长孙无忌和褚遂良等人却主张立九子晋王李治。李泰实在等不下去,竟然狠心地表示在自己临死前杀掉自己的儿子,再把皇位传给九弟李治。一向宽以待人的李世民觉察出了他的狠毒,联想起当时李承乾正是因为受李泰排挤才有了政变动机,于是决定将皇位传给李治。为防止李泰闹事,李世民派人把他囚禁起来。就这样,李承乾和

李泰相争，两败俱伤，李治坐收渔翁之利。

李治被立为太子后，李世民内心对这个性情温和但天赋不高的儿子不甚满意，认为他过于懦弱，将来恐怕难有作为。为此，李世民一度想废掉李治，这个想法遭到长孙无忌等人的反对。太宗东征高丽，留太子镇守，李治表现得很出色，而且平时也非常孝顺，因此李世民便没有再提废立太子之事。公元649年，唐太宗病逝，李治即位，是为唐高宗。

做了皇帝的李治在位期间所做出的政绩，实际上是父亲李世民贞观之治的延续，也是长孙无忌、褚遂良等人精心辅佐的结果。不过，李治非常勤于政事，确有治理好国家的愿望，再加上父亲把他立为太子后，对他所进行的一系列作皇帝的培训，使得他受益匪浅。尽管天资不高，李治还是利用善于纳谏进行弥补，使得李世民的贞观之治在李治当政的前几年得以延续，后世也称李治颇有贞观遗风。

李治在位前期继承了贞观时期相对疏阔的法律，在处理皇族不守法制方面取得了比较令人满意的结果。但李世民的女儿高阳公主以及李渊女儿丹阳公主的丈夫薛万彻等人对李治做皇帝有不满情绪，密谋发动政变，此事很快被李治发觉，他立即命长孙无忌负责调查，并作了果断处理。

受制武后　昏庸无能

李治的勤于政事并没有维持多少年，在他将武则天纳入宫中并加以宠信以后，逐渐受到武则天的控制。

武则天原是太宗的妃子，太宗死后，武则天随众嫔妃削发为尼。做太子时就对武则天深有好感的李治在一次进香时，二人相见，旧情复萌，于是让武则天蓄起头发，重新纳入宫中。

此时后宫中，王皇后正与受到李治宠爱的萧淑妃明争暗斗。王皇后与武则天结成同盟，试图排挤萧淑妃。萧淑妃被李治日渐冷淡之后，李治宠爱的对象成为了武则天，恼羞成怒的王皇后又把攻击矛头指向武则天。面对王皇后的排挤，武则天并不像萧淑妃那样与之争宠，反而是千方百计地讨好王皇后。不久，武则天生了个女儿，王皇后前来逗玩。等王皇后走后，武则天掐死了自己亲生女儿，然后把她蒙在被子里。等李治来到，武则天装着看孩子，与李治共同发现了女儿的尸体，武则天号啕大哭，借此诬陷王皇后。

公元654年，李治以王皇后和萧淑妃用毒药害人为名，正式宣布废掉她们，同时宣布立武则天为皇后。当上皇后的武则天憎恨反对她为皇后的长孙无忌等人，于是在李治面前大进谗言，使得贞观时代留下来的元老除李世绩外，大部分被罢免或疏远，而支持武则天做皇后的李义府、许敬宗等人成为新的统治集团。李治非常宠爱武则天，经常将一些政事交给武则天代为处理。武则天生聪慧，对朝政的处理往往使李治感到满意。到了公元660年，李治开始生病，头痛眩晕，两眼模糊，难以主持日常政务，干脆委托武则天上朝处理政务。

此时的武则天，雄心渐起。当皇后地位巩固并有自己的一批心腹之后，武则天便开始控制李治,李治的一举一动都受到她的监视。李治偶然发现被废的王氏和萧氏关在别院里,处境悲惨,遂萌发同情心,想把她们放出来。武则天知道后,立即叫人将二人残杀。李治这时方才后悔把武则天立为皇后,于是与上官仪商议,准备废掉武则天的皇后地位。得知消息的武则天来找李治质问,李治吓得把责任推给上官仪,上官仪与儿子成了替罪羊,被武则天下令杀害。从此,李治每次上朝,都由武则天垂帘听政,朝野内外都恭称"二圣",而实权已转移到武则天手中。

李治此时也再无心管理朝政,将大权都交给武则天,自己躲在后宫中不闻不问。公元683年,长时间处于抑郁之中的李治,病情终于加重,不久便死去,享年56岁。

武周圣神皇帝武则天

生卒时间:公元624年—公元705年
在位时间:公元690年—公元705年

> 自司马迁、班固皆作《高后纪》,吕氏虽非篡汉,而盗执其国政,遂不敢没其实,岂其得圣人之意欤?抑亦偶合于《春秋》之法也。唐之旧史因之,列武后于本纪,盖其所从来远矣。夫吉凶之于人,犹影响也,而为善者得吉常多,其不幸而罹于凶者有矣;为恶者未始不及于凶,其幸而免者亦时有焉。而小人之虑,遂以为天道难知,为善未必福,而为恶未必祸也。武后之恶,不及于大戮,所谓幸免者也。
>
> ——《新唐书·则天顺圣武皇后》

▌柳暗花明 二次入宫

公元624年,武则天出生在长安城一个官宦之家。

武则天12岁时,父亲死了。父亲前妻的两个儿子对武则天的母亲杨氏刻薄无礼,顿时孤女寡母陷入孤立无援的境地。而武则天的美貌,却使她的人生开始了一个关键性的转折——公元636年,太宗的皇后长孙氏病逝,太宗将武则天召进宫中做了才人,赐号武媚,人称媚娘。

媚娘虽容貌妩媚动人,性格却阴狠刚烈。又一次,太宗得一匹骏马,名叫"狮子骢",性暴难驯。媚娘对太宗说:"唯妾能制之。妾有三

武周圣神皇帝武则天

物：铁鞭、铁锤、匕首。鞭抽不服，则用铁锤击头，再不服，即用匕首割其喉。"也许武媚这一刚烈的表露引起太宗的警觉，使她在宫中12年一直得不到晋升和宠幸。于是，她决定把情丝和希望寄托给做太子的李治。

太宗死后，武则天随众嫔妃被送到感业寺削发为尼。李治在一次进香时，二人相见，旧情复萌。当时李治的皇后王氏，正与受宠的萧淑妃斗得不可开交，为离间皇帝与萧淑妃的关系，王皇后便将武则天接入宫中。

机关算尽　谋立皇后

入宫后的武则天，对王皇后毕恭毕敬，得到李治和王皇后的喜欢，很快晋升为昭仪，位于九嫔之首，仅次于皇后和四妃。然而，王皇后低估了武则天的能量，武则天的入宫，竟使自己和淑妃一起失宠。公元654年初，武则天生下位公主，很讨人喜欢。王皇后久未生育，也不禁前去看望。王皇后离开后，武则天趁机残忍地掐死亲生女儿，然后轻轻盖好被子。等李治来后，武则天佯装高兴地和李治交谈，然后掀开被子看女儿已经死了。武则天失声痛哭，并询问左右，大家都说："皇后刚才来过。"李治大怒道："皇后杀死我的女儿！过去她与淑妃互相说坏话、嫉妒，现在又如此可恶！"武则天又趁机进谗言，使王皇后有口难辩，李治遂有废王皇后改立武则天为皇后之心。

经过一番争斗，武则天于公元654年冬被立为皇后，王皇后和萧淑妃被废庶人，二人后来被武则天砍去双足，泡在酒瓮中备受折磨而死。

割爱杀子　扫除帝障

当上皇后以后的武则天更希望有朝一日亲身坐在大殿中央的龙椅上。她将反对派长孙无忌等大臣或杀或流或贬，彻底摧毁。公元664年，李治因无法忍受武则天的擅权专横，与上官仪密谋废后。结果，武则天很快通过亲信得知此事，赶到李治身边责问李治。李治害怕地将责任都推给了上官仪。武则天立即将上官仪下狱处死。于是，朝廷中再无人与武则天作对，她将大权完全掌握在自己的手中。

公元659年，武则天命人修订《姓氏录》。唐太宗时期编写的《氏族志》把武姓家族排斥在外，这当然是武则天所不能容忍的。她将武姓列为第一等，其余按官品高下分为九等，彻底打破了氏族大姓排在首位的旧制。此后，武则天一方面培植自己的亲信势力，一方面将自己的亲生儿子逐一废黜，以便自己能顺利登上帝位。

武则天有4个儿子，其中长子李弘在被立为太子后，逐渐有了自己的见解，这是为武则天所不能容忍的，于是在公元675年用药酒毒死李弘。李弘死后，接着便是二子李贤，结果又被武则天以李贤好声色为借口，将李贤废为庶民，不久被迁往巴州，又在公元684年派人杀死了李贤。

于是，三子李显被确定为李治的接班人。公元683年冬，唐高宗死去，李显即位，但不到两个月就被武则天废为庐陵王，幽禁于深宫。于是，再立四子李旦即位，是为唐睿宗。武则天虽让李旦继承皇位，但不准他参与政事处理，自己临朝专政，由此开始了改朝换代的准备。

一些李姓宗室不甘忍受武则天的专横,分别起兵,但都被武则天一一平定。

建立武周　女皇登基

公元690年重阳节,67岁的武则天正式登基称帝,建立大周王朝。

武则天坐上了龙椅,善施仁政以发展社会生产来取悦百姓,同时加强对官吏百姓言行的控制。她下令铸造四个铜匦,分列于朝堂,收受天下投书。这项措施目的虽然在于加强政治控制,但对广开言路、通达下情也不无作用。

为了方便告密者,武则天又下令告密者不分贵贱,一律接见。告密属实耀官赏赐,不实者也不追究。一时间,进京投书者络绎不绝。武则天通过这个告密制度,很快物色到一批酷吏,来俊臣等人还创造了名目繁多的审讯酷法。这样,一整套完整的执行恐怖政策的制度和机构建立起来了。酷吏们打击的主要对象是李唐宗室和元老大臣。宗室子孙除李显、李旦及其子女尚能保全外,其余的或被杀或自杀或流放,而元老大臣也常常被杀或被贬。

酷吏的滥杀逐渐引起人们的愤慨,形成新的危机。武则天将这些酷吏当做替罪羊,一一杀之以平民愤。残暴酷吏最后落得个引火烧身的下场。

武则天同时着力于社会生产的发展,无论在政治制度、军事制度方面,还是经济文化制度方面,都继承了唐的政策,使得唐高祖、太宗时期所制订的一系列政策和措施得以延续和贯彻,保证了国家的继续发展。

武则天首先在科举考试中引入闭卷考试的手段,使科举考试更加公正和公平。在打击异己势力的同时,她也任用了大量有才能的官员。这些官员大多是通过考试进入仕途的,使得魏晋以来门阀制度的残余逐渐得以扫清。武则天的为政,为后来唐玄宗的开元盛世进一步奠定了物质基础。

巩固政权　神龙革命

武则天的统治后期,精力主要用于选择皇位继承人的问题上。武则天的意愿,想彻底夺取李唐的天下,将皇位传给武氏后人。以武承嗣、武三思为首的武家子侄们更是跃跃欲试,甚至勾结酷吏迫害李氏宗室。武承嗣对皇嗣李旦的地位提出公开挑战。公元693年新年的祭奠大礼上,主持祭祀的武则天竟让武承嗣为亚献、武三思为终献,公开摆出武氏家天下的阵势。皇嗣李旦尴尬地站在一边。至此,李武两姓争夺储位的矛盾日趋激化了。

武则天立武氏子孙为嗣的想法,遭到她宠信的狄仁杰、李昭德等几位宰相的坚决反对。于是,武则天伤透了脑筋。如果立武氏子侄为皇储,可以保全她的武周政权,但即位的人是不会把她作为先祖供奉在太庙的。而立儿子为储君,可以同夫君共享子孙的祭祀,得到名正言顺的皇后位置,但这又必然使自己重新回到她亲手打破的传统中去。最终,武则天于公元698年初将庐陵王李显秘密接回洛阳,立为太子。武承嗣眼看太子位到手又易人,一气之下,怏怏死去。

武则天的晚年,逐渐陷于男宠张易之、张昌宗兄弟的甜蜜漩涡中,将大权交给了这

两个只会讨好女人的男宠。朝中的当权者争先恐后献媚二张,二张恃宠而骄,逐渐专横跋扈。公元704年末,武则天一病不起,于是朝中诸事都由二张传话。公元705年农历正月,宰相张柬之等人领导发动了军事政变,杀二张于宫内。病榻中的武则天被迫逊位,唐中宗复位,李唐政权再度重建。这场政变史称"神龙革命"或"五王政变"。

随后风烛残年的武则天于当年年底病逝。临终前,武则天终于去除自己的帝号,嘱咐为她树碑但不需立传,从而留下了"无字碑"之谜。

唐中宗李显

生卒时间:公元656年—公元710年
在位时间:公元683年—公元684年 公元705年 公元710年

> 廉士可以律贪夫,贤臣不能辅孱主。诚以志昏近习,心无远图,不知创业之难,唯取当年之乐。孝和皇帝越自负扆,迁于房陵,崎岖瘴疠之乡,契阔幽囚之地。所以张汉阳徘徊于克复,狄梁公哽咽以奏论,遂得生还,庸非己力。洎涤除金虎,再握璿衡,不能罪己以谢万方,而更漫游以隳八政。纵艳妻之煽党,则聚、楀争衡;信妖女以挠权,则彝伦失序。桓、敬由之覆族,节愍所以兴戈,竟以元首之尊,不免齐眉之祸。比汉、晋之惠、盈辈为优,苟非继以命世之才,则土德去也。
>
> ——《旧唐书·中宗本纪》

两度被立 幽禁生活

公元683年,28岁的李显即位。武则天将朝政牢牢地控制在自己的手中,李显只能坐在前面,听从武则天对朝政的安排。但武则天想要的是做皇帝,因此,李显这个傀儡皇帝被废已成定局。

李显虽没有实权,但还想为自己的外戚捞点官当。他把岳父韦玄贞升为侍中宰相。韦玄贞火箭般的升迁速度,必然会遭到其他朝臣的不满和反对,宰相裴炎就去找李显议论。这位不谙世事的皇帝气哼哼地说:"我把天下都给韦玄贞有什么不可,何况一个侍中呢!"裴炎马上报告了武则天。武则天正苦于没有废黜李显的借口,现在借口自己找上门来,即废中宗为庐陵王。李显这时还不明白,大声问道:"我有何罪,为什么废我?"武则天斥责道:"你要把天下都让给韦玄贞,这罪还小吗?"

就这样,即位不足两月的唐中宗李显被废黜,他的弟弟雍王李旦即位。

李显被废后,封为庐陵王,并被迁往房州(湖北房县)。明白了母后的残忍的李显惶惶不可终日,在恐惧和韦后的激励中,在房州度过了18年的幽禁生涯。

这18年中，武则天又废掉四子李旦，终于走上前台，自己做起了皇帝，而自己百年之后帝位传给李姓还是武姓，也成了武则天犹豫不决的问题。李武两姓的储位之争也到了喋血宫门的程度。在宰相狄仁杰等苦口婆心的劝说下，武则天决定召还庐陵王，并立其为嗣。李显终于结束幽禁生活回到母亲身边，重被立为太子，同时平息了李、武两姓间长达8年的争夺。

公元705年，武则天病情恶化，宣布退位，李显第二次登上了皇帝的宝座。随后，李显正式恢复大唐国号，将旗帜的颜色由武周的大红色恢复为唐朝的黄色，一切恢复了公元682年以前的旧制，重新将长安定为首都。

悍后干政　被毒身死

武则天一跃登上由男性把持的政治权力的顶峰。武则天死后，后宫女人们更是想继承武则天遗志，登上皇帝的宝座。而李显的昏昧懦弱，给了韦皇后干政的机会。韦后本来就极具野心，她与李显被幽禁在房州时就已经代替李显成为一家之主，也在忍耐中磨炼出坚强阴狠的性格。懦弱的李显对韦后是言听计从，掌握大权的韦后千方百计地扩大韦氏家族的势力，企图造成韦氏家天下的形势。获得权力的同时，韦后与武三思勾搭成奸。

尽管韦后处处仿效武则天，但她缺乏武则天所具有的政治才干，昏暴且不讲究手段。为了各自的目的，武三思与韦后共同策划，将张柬之等人先是架空，然后杀害，更是将昏聩的李显玩弄于股掌之间。

除了韦后和武三思等人，想要当皇帝的还有诸位公主。在整个李显统治时期，李显的四个儿子都很懦弱，而8个女儿却很活跃，尤其是韦后亲生的长宁、安乐公主最为活跃，安乐公主甚至要开创"皇太女"的先例。

面对这种情况，一度颓废的太子李重俊终于奋起抗争，杀掉了武三思，但自己也被反戈一击的士兵杀死，李显便立10岁的儿子李重茂为太子。

懦弱的李显使唐朝的国力日渐衰落，给虎视眈眈的突厥和吐蕃提供了侵扰的机会。公元706年，突厥进攻唐军，深入内地，吐蕃也起兵响应。在大兵压境的形势下，李显不得不于公元707年将养女金城公主下嫁给吐蕃赞普，总算暂时获得了西部边境的安宁。自太宗以来在西域苦心树起的大唐国威，一落千丈。国势的衰微，并没能让李显清醒，而是整日和韦后等沉湎于奢靡享乐之中。他大兴土木，修建佛寺，造成了社会财富的巨大浪费，唐朝国库告罄。

公元710年，韦后和安乐公主出于各自的政治目的，共同策划下毒将李显毒死。

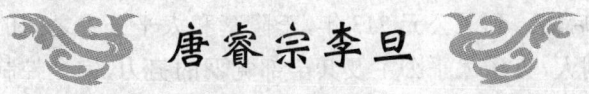

唐睿宗李旦

生卒时间：公元661年—公元716年
在位时间：公元684年—公元690年、公元710年—公元712年

> 夫君人孝爱，锡之以典刑，纳之于轨物，俾无僭逼，下绝觊觎，自然治道惟新，乱阶不作。孝和既已失之，玄真亦未为得。孝和、玄真皆肖先人。率情背礼，取乐于身。夷涂不履，覆辙攸遵。扶持圣嗣，赖有贤臣。
>
> ——《旧唐书·睿宗本纪》

傀儡皇帝

公元684年，22岁的李旦被他的母亲武则天立为皇帝，即位仪式后，便同他的皇后一起被软禁在皇宫之中，开始了傀儡皇帝的生活。李旦在宫中的生活非常压抑，整天陪伴他的只有刘皇后和几个宫女太监。就这样，李旦共做了6年的傀儡皇帝，直到公元690年。

这一年，武则天登基称帝，成为中国历史上唯一的女皇帝。李旦被降为皇嗣，赐姓武氏，迁居东宫。武则天的侄子魏王武承嗣不甘心居于魏王的地位，想除去李旦，自己做皇太子。为达到这个目的，武承嗣到处活动，请求武则天废掉儿子李旦，立侄子武承嗣为皇太子。武则天开始还有些犹豫不决，后来经大臣们商议，方才认识到立子和立侄的利害关系，不再有立武承嗣的打算。武承嗣气急败坏，想方设法地加害于李旦，使得李旦的皇后刘氏和德妃窦氏被凌迟处死，李旦也被禁闭。

经过一次次打击，李旦决意放弃皇嗣的位置以避灾免祸。公元698年，武则天将李显招回长安，李旦便知趣地将皇嗣让给李显，自己去当相王。

及时禅位

公元710年，韦后与安乐公主毒死唐中宗，阴谋拥立中宗少子温王李重茂为皇太子，准备效法武则天，篡夺唐室江山，做第二代女皇帝。李旦的第三个儿子李隆基与姑母太平公主密谋讨逆，由李隆基带兵杀入宫中，将韦后、安乐公主及党羽亲信一网打尽，拥立李旦为帝。这样，李旦第二次登上了皇帝的宝座。

李旦即位的第一年，在太子李隆基和姚崇等名臣的辅佐下，裁减冗官，整修纲纪，使朝政呈现出一派振兴气象。第二年，他又偏向太平公主，任用奸臣窦怀贞等人为宰相，结果导致了朝政的腐败和混乱。

太子党和公主党先后把持朝政，李旦既对做皇帝没有兴趣，又无法调和太子和公主之间的矛盾，因此想及早禅位，做一个安逸宁静的太上皇。公元712年，李旦将皇位让给儿子李隆基。当然，李隆基即位做皇帝，使太平公主对李隆基更加痛恨，总想找机会除之而后快。到了公元713年，李隆基和太平公主之间的斗争白热化。最后，李隆基先发制人，灭了太平公主及其全部党羽的势力，完全控制了中央政权。李旦此后也深居宫中，潜心于研究书法和文字训诂，两年后便因病死去。

唐玄宗李隆基

生卒时间：公元685年—公元762年
在位时间：公元712年—公元756年

> 开元握图，永鉴前车。景气融朗，昏氛涤除。政才勤倦，妖集廷除。先民之言，"靡不有初"。
>
> ——《旧唐书·玄宗皇帝本纪》
>
> 呜呼，女子之祸于人者甚矣！自高祖至于中宗，数十年间，再罹女祸，唐祚既绝而复续，中宗不免其身，韦氏遂以灭族。玄宗亲平其乱，可以鉴矣，而又败以女子。方其励精政事，开元之际，几致太平，何其盛也！及侈心一动，穷天下之欲不足为其乐，而溺其所甚爱，忘其所可戒，至于窜身失国而不悔。考其始终之异，其性习之相远也至于如此。可不慎哉！可不慎哉！
>
> ——《新唐书·玄宗皇帝本纪》

唐玄宗李隆基，是唐睿宗李旦的第三个儿子。李隆基出生的时候正是武则天主政要做女皇的时候，所以他小时候就经历了错综复杂的宫廷变故，促使他形成了意志坚定的性格。

他小时候就在宫里自诩为"阿瞒"，一言一行很有主见。在他7岁那年，一次在朝堂举行祭祀仪式，当时的金吾将军武懿宗大声训斥侍从护卫，李隆基马上怒目而视，喝道："这里是我李家的朝堂，干你何事？！竟敢如此训斥我家护卫！"这弄得武懿宗看着这个小孩儿目瞪口呆。武则天得知后，不但没有责怪李隆基，

唐玄宗李隆基

反而对这个年小志高的小孙子倍加喜欢。到了第二年，李隆基就被封为临淄郡王。

公元710年，唐中宗李显被妻子韦后和女儿安乐公主联合毒杀。不久，韦后被太平公主和李旦的第三子李隆基政变废杀。于是，李旦再度登基称帝，李隆基也因功被立为太子。

李旦即位后，大权都落到了太平公主的手里。而昏庸的李旦有一个精明的儿子李隆基。于是，太平公主和李隆基之间，不可避免地产生了针锋相对的斗争。公元712年，李旦知趣地把皇位让给了儿子李隆基，李隆基即位，是为唐玄宗。公元713年夏，李隆基终于对太平公主下手，兵马杀太平公主及党羽数十人，依附太平公主的官吏尽被黜逐。至此，动荡的局势稳定下来，玄宗获得了全部权力。

文治武功　开元盛世

李隆基即位后,面对长期的宫廷政变所带来的中央政权力量的削弱、吏治腐败、官吏冗滥。经历过武周对李氏宗族残害的李隆基,并没有将心思放到如何进行报仇上面,而是将精力投入到改革弊政上。

要改革,首先就要有一个好的领导班子。因此,李隆基非常注重人才的选拔,尤其是对宰相的任用,他更是注意任人唯贤。他在统治前期所任用的宰相,大都成了有名的政治家。他提拔的第一个宰相,便是有名的贤相姚崇,李隆基后来的施政方针,基本上都是姚崇的建议。姚崇对开元盛世的贡献是非常大的,他在入相后,就下令追查为逃避赋役而出家做和尚的富户,一次就查出1200多人,并勒令还俗。此外,姚崇解决了开元初年在黄河两岸连年发生的蝗灾。当时对蝗灾并没有太好的整治办法,再加上捕杀不力,往往造成赤地千里、横尸遍野的惨景,以致物价飞涨、民心不稳、政局动荡。姚崇入相后,立即建议奖励治蝗,下令加大捕杀蝗虫的力度,结果蝗灾被有效地制止了。

姚崇办事干练是出名的。有一次,姚崇因家事请了10天假,结果朝廷的公事积压了一大堆。过了10天后,姚崇回来没花多少时间就把积件处理完了。旁边的官员看了,没有一个不佩服他。姚崇自己也有点得意,问一个官员说:"我这个宰相,能跟古代什么人相比?能不能比得上管仲、晏婴?"那官员说:"跟管仲、晏婴似乎比不上,但是也可以称得上'救时宰相'了。"

其后继任的韩休、张九龄等,都是有名的贤相,他们辅佐李隆基,共同创建了开元盛世的大好基业。

李隆基非常重视刷新吏治,整顿官僚队伍。在这方面他采取了许多有效的措施如裁汰冗员,精简机构;恢复谏官、吏官参加宰相议事的制度;重视县令的选择;严格的考核制度;严明赏罚等。

李隆基很注重发展社会经济,采取了一系列措施,经济出现了前所未有的繁荣景象。李隆基下令惩治豪强地主,并在全国范围内开展检田括户运动。这个运动获得了巨大的成功,使中央政府增户88万,田亦如是,岁终征得客户钱数百万。李隆基同时下令裁汰天下僧尼、严禁新造佛寺,打击了自武周中宗以来恶性发展的佛教势力。

为了提高军队的战斗力,李隆基对府兵制进行了改革,于公元723年建立雇佣兵制度,代替了由唐以来的府兵轮番宿卫制度;还颁布了《练兵诏》,令西北军镇增加兵员,并精加选择,加强军事训练,不得供其他役使;还派官吏前往军州督促检查诏令的执行情况,处理具体事宜;又增加了军马,还下令扩大屯田区,以解决军粮问题。

经过对军备的一番整顿,李隆基终于有实力与一再犯边的契丹和突厥奴隶主贵族武装相抗衡,便于公元717年,派大军出征,把沦陷17年的营州等13州全部收复,唐政府重新恢复了安北都护府,统一了长城以北。此后,唐王朝的大军又转向西北,打败并俘虏突厥可汗,从而使沦陷了37年的碎叶镇又归唐政府管辖。随后重新打通"丝绸之路"的门户。这使唐王朝声威大震,拂麻(东罗马)、大食(阿拉伯)等皆遣使修好。重新打通了中亚的通道,不仅维护了国家的统一,也有利于对外经济文化的交流。

经过李隆基君臣的努力,唐朝乃至整个中国的封建社会发展到了顶峰,形成"开元盛世"的新局面。

任用奸臣　安史之乱

李隆基统治后期,自李林甫出任宰相独掌大权以后,朝廷之风随之改变,直言上疏的大臣逐渐被排挤出朝廷,取而代之的是一批奸佞小人。李林甫善于迎合圣意,对同僚毕恭毕敬,但暗地里尽行苟且之事,被时人称之为"口蜜腹剑",使得朝政混乱不堪。

公元737年,李隆基因所宠爱的武惠妃死去,整日郁郁寡欢。这时寿王李瑁的妃子杨玉环出现了。她体态丰艳、绝世无双,而又聪颖晓音律、善歌舞,深得李隆基的爱恋,于是让杨玉环出家,然后弄到宫中,封为贵妃。从此,杨贵妃成为李隆基的专宠。李隆基和杨贵妃的故事,千里送荔枝、赐浴华清池等无一不是香艳凄美。李隆基也爱屋及乌,继而把没有什么才能的杨国忠提拔上一人之下、万人之上的宰相位置。奸相专权,贵妃专宠,李隆基日益昏聩,政治愈加腐败。

这时,拥兵自重的地方边镇势力日渐强大。由于李隆基荒于政事,将领戍边往往连任十多年,有的还兼任几镇节度使。他们既有其土地,又有其人民;既有其兵甲,又有其财赋。李隆基倒是看到了这个问题,也曾考虑过把兵权交给谁最可靠。这时奸相李林甫出了一个主意:用虽英勇善战但没有什么学问和复杂的社会关系的"胡"人做边将。于是,李隆基玄宗陆续提拔安禄山、哥舒翰、高仙芝等"胡"将,后来藩镇基本上为"胡"人所控制。野心勃勃的安禄山趁这个机会爬上来,通过奉承献媚,逐渐取得了玄宗的信任。

公元755年,实力越来越大的安禄山经过一番精心准备,在范阳起兵,安史之乱爆发。在叛军的冲击下,养尊处优的官兵们望风而逃,安禄山的大军很快就攻下潼关,吓得唐玄宗离开长安出逃四川,到了马嵬驿后被哗变的士兵逼着赐死杨贵妃,史称"马嵬驿兵变"。

这时,皇太子李亨北上灵武(今宁夏灵武西南),即位称帝,是为唐肃宗,遥尊李隆基为太上皇,不久唐军便收复了长安和洛阳两都,并准备请皇上和太上皇重新回到长安。不久,玄宗就在寂寞凄凉中死去。

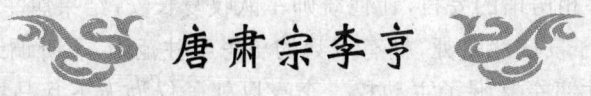

唐肃宗李亨

生卒时间:公元711年—公元762年
在位时间:公元756年—公元762年

> 天宝之乱，大盗遽起，天子出奔。方是时，肃宗以皇太子治兵讨贼，真得其职矣！
>
> ——《新唐书·肃宗本纪》
>
> 是以宣皇帝蒙六圣之遗业，因百姓之乐推。号令朔方，旬日而车徒云合；旋师右辅，期月而关、陇砥平。残妖未殄，宜先恢复之谋；余烬才收，何暇升平之礼。礼即宜然，时何暇给。钟悬未移于虡簴，思明已陷于洛阳，是知祝史畴人，安能及远。犹赖大臣宣力，诸将效忠，旄头终陨于三川，杲日重明于六合。比平王之迁洛，我则英雄；论元帝之渡江，彼诚么麽。宁亲复国，肃乃休哉！宣孝之谥，谁曰不然？
>
> ——《旧唐书·肃宗本纪》

渔翁之利　平定叛乱

李亨是唐玄宗30个儿子中第三个儿子。唐玄宗最初立的太子是李瑛，后来武惠妃受到玄宗的宠爱，生了寿王李瑁。为了让自己的儿子能做皇太子，武惠妃指使人诽谤太子李瑛图谋不轨，竟让唐玄宗在一天之间连杀三子。而武惠妃害人并没有利己，不久也被三个皇子给索了命去，李瑁的太子梦就这样化为泡影。于是，李亨被立为太子，也算是得渔翁之利。

公元755年，安史之乱爆发，吓得唐玄宗出逃四川。这时李亨留下平定叛乱，收复失地，北上灵武。公元756年7月甲子日，李亨在灵武即位，是为唐肃宗，遥尊玄宗为太上皇。这样，他提心吊胆过了18年之后，终于脱离唐玄宗自立，翻身跃龙门了。

新皇帝一即位，各地抗击安史叛军的唐朝势力望有所归，战有所为，并给了他们一线光复唐朝的希望。安史叛军虽攻克长安，由于人民的反抗，势力所及仅长安附近很小的地区。

李亨即位后，开始调集各路兵马、进讨安史。河西节度使李嗣业、安西行军司马李栖筠相继发兵至灵武，郭子仪亦率军五万自河北而至。为了声张军势，又派人去回纥、西域请兵，肃宗的军队开始强盛起来。

然而，在收复长安之前，谋士李泌建议，派李光弼自太原出井径，郭子仪自冯如出河东，肃宗率兵据扶风，牵制各路叛军，使敌人疲于奔命；然后派建宁王率军由长城与李光弼南北夹击，先捣毁安史集团的巢穴，再调集大军四合而攻之，可以彻底平定安史叛军。对这样一条远见卓识的战略方案，李亨没有接纳，反而在准备不充分的情况下，听信宰相房琯的妄言，让他统帅军队收复长安，结果唐军一败涂地。后来，由于安禄山被其子安庆绪杀死，拥有重兵的史思明驻范阳，不听调遣，安史集团出现分裂，郭子仪这才率军掌握了主动权。李亨以郭子仪为天下兵马副元帅，在回纥派来的大军支持下，终于收复洛阳和长安。

此后，安史叛军内部进一步分化，史思明与安庆绪的权力之争愈演愈烈，为了保存实力以图再举，史思明归降唐朝。李亨大喜过望，竟不夺史思明的兵权，致使公元758年郭子仪等人讨伐安庆绪的时候，史思明重又反唐。郭子仪等人率领的60万大军措手不及，再加上李亨不设元帅，仅以宦官鱼朝恩为观军容使，节制诸军这样一个致命错误，在安阳被史思明打得溃不成军。公元761年，史思明在邙山大败李光弼，乘胜向长安进犯，在途中被其子史朝义杀死。史朝义在洛阳称帝，叛军内部更加分裂，从此再也没有力量向唐朝发动进攻了。

宫廷斗争　宠信宦官

这时李亨总算是长出一口气，享享做皇帝的滋味了。可是不久，宫廷内的争斗又起。

宫廷斗争的主角一个是拥戴李亨上台的宦官李辅国，一个是患难夫妻皇后张氏。李辅国在拥戴李亨称帝后，担任兵部尚书，逐渐专权用事，甚至在收复长安后，唐玄宗归住兴庆宫，李辅国竟敢矫诏把这个太上皇赶出兴庆宫。而张皇后在李亨开始抗击安史叛军时还是良娣。她一直跟随在身边，表现出与李亨同生死的热情，因而受到李亨的宠爱。这一宠爱，使得她的权力欲慢慢膨胀。就这样，张皇后与李辅国狼狈为奸，共同擅权达数年之久，而懦弱的肃宗只得听之任之。

公元762年，李亨病重，张皇后与李辅国为能继续专权反目成仇。张皇后想除掉李辅国，结果偷鸡不成反蚀米，被李辅国抢了先，带兵逮捕张皇后党羽百余人。张皇后闻变，逃入李亨寝宫躲避。李辅国带兵入寝宫逼张皇后出宫。李亨受此惊吓，当天就病死了。

唐代宗李豫

生卒时间：公元727年—公元779年
在位时间：公元762年—公元779年

> 群盗方梗，诸戎竞侵。猛士尝胆，忠臣痛心。扫除沴气，敷衍德音。延洪纳祉，帝虑何深。
> ——《旧唐书·代宗皇帝本纪》
>
> 代宗之时，余孽犹在，平乱守成，盖亦中材之主也！
> ——《新唐书·代宗皇帝本纪》

李豫是个优秀的军事指挥人才。李豫在与安禄山等叛军的战斗中，组织敢死队阻挡叛军，多次把叛军挫败。公元757年，李豫、郭子仪率15万大军进攻长安。后

来进入长安后,他令行禁止,秋毫无犯,因此甚得民心。

公元762年,唐肃宗患病,宦官李辅国、程元振率领军队囚禁了张皇后。唐肃宗知道后惊恐而死,李辅国、程元振等乘机杀死张皇后,拥立李豫即位,是为代宗。

平定安史　抵御入侵

唐代宗即位后,安史叛军已经无力与唐朝中央军队抗衡。代宗长子李适会同回纥军进攻洛阳,与史朝义在洛阳北郊大战,一举将其击溃,安史之乱平息。

安史之乱刚刚平息,公元765年,回纥、吐蕃几十万大军进攻长安。长安城内,唐朝廷上下闻讯吓得不知所措,只有把希望寄托在郭子仪身上。

此时,在泾阳驻守的郭子仪并没有多少兵力,但前来进攻的回纥军中,有不少将领曾跟着郭子仪打过安史叛军,很敬佩郭子仪。郭子仪就决定采取分化敌人的办法,把回纥将领拉拢过来。郭子仪亲自去劝说回纥退兵。他只身带着几个随从来到回纥阵前,摘下头盔,卸掉铁甲,缓缓向回纥营靠近。回纥将领们目不转睛望着来人,异口同声地叫了起来:"啊,真是郭令公他老人家!"说着,大伙一起翻身下马,围住郭子仪下拜行礼。郭子仪下马走上前去,和气地说:"你们曾经给大唐立过大功,大唐待你们也不薄,为什么要闹叛乱呢。我今天来,就是为了劝你们悬崖勒马。"将领们很抱歉地说:"我们认为皇帝和您都已经死去,所以才来侵犯。现在知道您还在,我等怎么会同您打仗呢?"郭子仪又说:"吐蕃和唐朝是亲戚关系,现在也来侵犯我们,实在太不应该,我们决心要讨伐他们。如果你们能帮我们打退吐蕃,对你们也有好处。"不久,郭子仪与回纥军一起击败吐蕃,逼迫吐蕃退兵。

此后,吐蕃又多次入侵,唐组织了多次抵御,互有胜负,使得双方都耗费很大。渐渐地,吐蕃走向衰亡,唐王朝也日趋衰弱。

宦官专权　任用贤能

唐代宗是宦官李辅国、程元振拥立为帝的,自然对李辅国、程元振十分宠信,二人也自恃有功,专横跋扈,对代宗的统治构成了威胁,因此与代宗之间逐渐产生了矛盾。

唐代宗即位后,李辅国更是专权用事,甚至不把代宗放在眼里。代宗自然很不高兴,但李辅国握有兵权,只好表面上以礼相待,尊其为尚父。李辅国、程元振二人之间也有矛盾,程元振暗中与唐代宗合谋,将李辅国刺杀。李辅国被杀后,程元振独揽大权,比李辅国更是专横,大臣与各地方节度使也对其恨之入骨。后来吐蕃进攻长安,逃出长安的唐代宗命令各地前来救援,各地也因痛恨程元振而不应诏,就连李光弼也不前往。再后来,唐代宗在大臣们的弹劾下,不得不将其削夺官爵,放归乡里。程元振又想回长安重振雄风,结果被放逐到江陵,直到病死。走了程元振,唐代宗旁边又来了宦官鱼朝恩。鱼朝恩专权,势倾朝野,十分骄横。

经过安史之乱的唐政府已是元气大伤。面对危局,唐代宗也任用了一些贤能之士进行改革,企图重振国威。这个贤能之士就是唐朝有名的理财专家刘晏。

刘晏的改革主要集中在恢复漕运、改革盐政等方面,通过刘晏所推行的一系列措施,使唐代宗时期艰难的政局和拮据的财政有所改善。但他的改革触犯了一些大官僚、大地主的利益,只是由于唐代宗需要利用他理财予以支持,才使改革得以延续。

公元779年,唐代宗病死,由他支持的刘晏改革也到了尽头。

唐德宗李适

生卒时间:公元742年—公元805年
在位时间:公元779年—公元805年

> 德宗猜忌刻薄,以强明自任,耻见屈于正论,而忘受欺于奸谀。聪明文思,惟睿作圣,保奸伤善,听断不令。及奉天之难,深自惩艾,遂行姑息之政。由是朝廷益弱,而方镇愈强,至于唐亡,其患以此。
>
> ——《新唐书·德宗本纪》

施新法　兴党争

公元779年,唐代宗病死,李适即位。李适即位之初,有些雄心壮志,对前朝的许多弊政进行了改革,使百姓称道。他还任用杨炎为相,支持杨炎对赋税制度进行改革,废除租庸调制,推行"两税法"。

原先建立在均田制基础上按丁征收赋税的租庸调制,随着均田制的日益瓦解,农民纷纷逃亡,沦为地主的佃户,已经无法继续执行。这时采取新的赋税制度两税法,无异于是给已经破产的唐王朝土地制度打了一剂强心针。两税法的实施有利于减轻人民的负担,也增加了政府的收入。但德宗不但没有认真贯彻执行,反而不断增加苛捐杂税,使得人民负担日益沉重。

德宗即位时,朝廷内的党争十分激烈。主持实施两税法的杨炎就与唐朝最有名的理财家刘晏之间展开斗争。杨炎设计谋害了刘晏。刘晏无罪被杀,朝野喊冤之声四起,杨炎不免心虚,于是偷偷遣人到各镇去为自己辩白,说刘晏被杀是唐德宗决定的,与自己无关。唐德宗了解到这一情况后,非常憎恶杨炎,就起用卢杞为宰相,准备杀杨炎。没想到杨炎的一次冲动,又使得继李林甫之后又一个著名奸相卢杞尽得渔翁之利。阴险狡猾的卢杞欣然接受,乐得投井下石,上任不久,就罗织了杨炎的好多罪名,杨炎被贬为崖州司马,随后又被唐德宗派去的人在半路上杀死。

平藩镇　忌功臣

李适即位后,藩镇拥兵自重的局面正越来越严重。为争取传子制,一些节度使

出兵与朝廷作战。唐德宗听后,慌忙之中派兵讨伐,但不制定切实可行的用兵计划,也不设统兵元帅,诸将都由朝廷亲自指挥,结果接连失败,战争规模越来越大。

割据者的野心已起,分裂已久的形势也不可能因之而有所改变,因而硝烟未灭,狼烟又起,叛乱的范围进一步扩大,战事从河北一直蔓延到河南。

公元783年,叛军李希烈包围襄城。在对抗李希烈叛军的主要力量失败后,襄城更加危急,李适急忙抽调泾原兵,东救襄城。5000泾原兵哗变攻入京城,李适仓皇出走,逃到奉天县(今陕西乾县)。这时,叛兵拥立朱泚为主。不久,朱泚又自称大秦皇帝,唐百官大都做了秦官。朱泚立朱滔为皇太弟,与河北诸叛镇遥相呼应。

朱泚率兵来攻奉天城,想将唐德宗杀死,但使尽浑身解数围攻了一个月,仍不能攻克。这时奉天城中的粮草已尽,唐德宗自己也只能吃些野菜和粗米。不久,各路援军前来勤王,击败朱泚,迫使朱泚退守长安。这时,拥有重兵的李怀光逼走奸相卢杞,随后反叛,唐朝形势进一步恶化。德宗无奈勉强让李晟等人自主兵权,随后李晟便率兵攻入长安,朱泚也被部下杀死,流亡10个月的唐德宗这才回到了长安。

刚到长安,唐朝和吐蕃之间战事又起,直到李泌为宰相后才使局面稍稍稳定。名相李泌上任后,摸准李适的心理,因而得到唐德宗的器重。李泌提出了北和回纥、南通云南(南诏国)、西结大食、天竺,以困吐蕃的计划。计划实施后,吐蕃势力削弱,不能为害于唐,唐朝的政局这才稍稍稳定。

回到长安后,唐德宗一门心思地搜刮民财,再也不管其他国政。地方官为了升官发财,纷纷以进奉的名义进贡钱财,以讨欢心。到唐德宗统治末年,唐德宗又专门委派宦官到长安市场上直接采办宫中所需物品,这些宦官称为宫市使。宫市使手下有白望数百人,专在市场上抢掠货物。

公元805年,德宗去世。

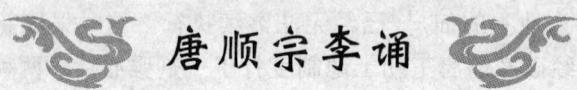

唐顺宗李诵

生卒时间:公元761年—公元806年
在位时间:公元805年

> 顺宗在东宫二十年,天下阴受其赐。然享国日浅,不幸疾病,莫克有为,亦可以悲夫!
> ——《新唐书·顺宗皇帝本纪》

公元805年,唐德宗死,其子李诵即位,是为唐顺宗。

李诵即位后不久,就患中风病,口不能言,但他支持革新、改革弊政,将政事委托给王叔文、王伾二人,二王针对时弊进行了一些改革,得到朝臣中柳宗元、刘禹锡等名士的支持。

唐德宗时，宦官们就经常借口为皇宫采集物品，对人民进行掠夺，被称为"宫市"；一些地方节度使为讨好皇帝，不断向皇帝进奉钱财，有的每月进奉一次，称为"月进"；有的每日进奉一次，称为"日进"，成为一种时弊。李诵即位后，这种恶习积重难改，甚至有进一步发展的趋势。王叔文、王伾以唐顺宗的名义，下令取消"宫市"和"月进"、"日进"，同时还下令免除民间对官府的各种旧欠，减少盐价。这些措施的颁布施行，减轻了人民的负担。

王叔文、王伾以限制宦官、藩镇为目的的改革，也激怒了许多人。一些地方节度使对王叔文、王伾等施加压力，许多藩镇纷纷指责王叔文擅权，王叔文等人的处境日渐艰难，各项革新措施的执行也遇到重重障碍。同时，宦官集团阴谋发动宫廷政变，废黜顺宗，拥立太子；地方节度使也内外呼应，纷纷上表攻击王叔文等人。面对这种局面，李诵不得不被迫禅位于太子，自称太上皇。

李诵退位后，宦官得势，王叔文、王伾被贬逐，柳宗元、刘禹锡等八人都被贬为边州司马，所以这一事件被称为"二王八司马"事件。

公元806，太上皇李诵在忧郁中病死，享年44岁。

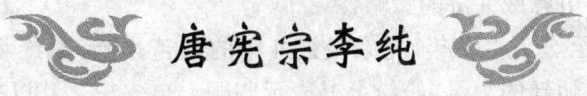

唐宪宗李纯

生卒时间：公元778年—公元820年
在位时间：公元805年—公元820年

> 宪宗刚明果断，自初即位，慨然发愤，志平僭叛，能用忠谋，不惑群议，卒收成功。自吴元济诛，强藩悍将皆欲悔过而效顺。当此之时，唐之威令，几于复振，则其为优劣，不待较而可知也。元和之政，闻于颂声。及其晚节，信用非人，不终其业，而身罹不测之祸，则尤甚于德宗。
> ——《新唐书·宪宗皇帝本纪》

■ 励精图治　屡战藩镇

公元805年，宦官发动宫廷政变，与节度使等藩镇势力联合逼迫唐顺宗传位给太子李纯。李纯就这样登上皇位，是为宪宗。

统治前期的李纯选择了杜黄裳、裴垍、李绛、裴度等一大批正直且有经国大略的名相，辅佐进行了制度改革，还有像元积善、白居易、李藩、崔群等人才也纷纷得到妥善的安排，使他们得以发挥自己的能力，为唐王朝作贡献。这些使得李纯时期的唐朝在国家政治、经济等方面都有转机。

自唐中期以来，地方藩镇拥兵自重，表面上仍奉朝廷，但在辖区内的法令、官爵都由自己颁布或任命，赋税也不交给中央。节度使也往往是父死子继，或部下拥立，中央只能按其意思来，不能更改，否则便联兵反叛朝廷。李纯即位后，对藩镇采取不再姑息迁就的态度。宰相杜黄裳为李纯仔细分析了形势，并力主振举纲纪，制裁藩镇。李纯采纳了他的意见，上台当年就初试锋芒，平定了两次藩镇叛乱，取得了同藩镇斗争的初步胜利。

朝廷所显示出来的威力，吓得许多藩镇纷纷请求归附中央。但是，藩镇势力的平定并不是一件易事。尤其以河朔三镇为代表的河北藩镇，已有几十年不奉唐朝的诏令了。这次见朝廷的威信日益提高，都在寻找时机，再同朝廷一决胜负。

公元809年，成德节度使王士真死去，其子副使王承宗自任留后。为了使朝廷封他为节度使，王承宗假意献出德、棣二州，等朝廷正式任命后，他又将德、棣二州据为己有。河朔三镇也纷纷仿效，对朝廷阳奉阴违。骄傲自满的李纯急于平灭藩镇，低估了河朔势力，决定出师征讨，命宦官为帅，讨伐王承宗。轻率出兵已是失策，任命宦官为军事统帅则更是错上加错。宰相裴垍和翰林学士李绛力阻李纯出兵，宪宗不以为然。狗屁不通的宦官来到前线，只会作威作福，根本不知道如何行军打仗，结果屡战屡败、损兵折将，讨伐王承宗以失败告终。宪宗从此改变了以前一味出兵征讨的办法，转而使用恩威并济的策略。

公元814年至公元817年，宪宗经过4年的艰苦平叛，最终将淮西收归中央。此后，各藩镇惧怕朝廷的力量，纷纷上书表示归顺。自安史之乱以来，以河朔三镇为代表的地方割据势力，历经肃宗、代宗、德宗、顺宗、宪宗几朝终于被李纯平定，唐朝重新回到了天下统一的局面。

宦官之乱　被弑身死

在建立了自己的功绩后，后期的李纯开始忘乎所以，逐步骄奢放纵起来，任用奸佞、大兴土木，并逐渐贪图钱财，使得地方官纷纷盘剥当地百姓以孝敬李纯。

晚年的李纯，为能长生不老，开始服用金丹，结果性情越来越坏，左右的宦官稍有不顺意，李纯就下令责打，宦官人人自危，朝不保夕。宦官陈弘志发难，宪宗被弑而死。从此，唐朝皇帝的废立，都由宦官所操纵。

唐穆宗李恒

生卒时间：公元795年—公元824年
在位时间：公元820年—公元824年

> 观夫嗣主,可谓痛心,不知创业之艰难,不恤黎元之疾苦。谓威权在手,可以力制万方;谓旒冕在躬,可以坐驰九有。曾不知聚则万乘,散则独夫,朝作股肱,暮为仇敌。仲长子所谓"至于运徂势去,独不觉悟者,岂非富贵生不仁,沉溺致愚疾。存亡以之迭代,治乱从此周复。"诚哉是言也!
>
> ——《旧唐书·穆宗本纪》

用佞忌贤　腐化昏庸

公元820年,宪宗被宦官杀死,其第三子太子李恒在宦官梁守谦、韦元素等人的拥立下即位登基,是为唐穆宗。

唐宪宗尸骨未寒,安葬仪式还没有举行,李恒却没有丝毫的悲哀,反而沉浸在即位登基的喜悦之中。按照中国古代的礼制,父亲死了,儿子要服孝三年,这三年之中不能近声色。但因为皇帝要治理天下,所以规定可在27天后,脱掉孝服,上朝处理政事,这叫做公除。李恒刚过公除,就开始纵情声色,四处游玩宴饮,根本就不处理国政。他刚上台的那年,党项族勾结吐蕃入侵的告急警报传来,竟然找不到李恒来处理;等找到他时,他竟然不置可否,照样吃喝玩乐。

李恒即位后,身边都是些奸佞小人,都在为谋求自己的私利而巴结皇帝、结党营私。

全面反叛　重陷分裂

就在皇帝昏庸无能和不理政事和宰相争权夺利、不干正事的局面下,唐王朝终于爆发了一次藩镇叛乱,使唐王朝又向死亡迈进了一步。这次叛乱始于公元820年成德节度使的任免问题。

公元820年,成德节度使王承宗病死,其弟王承元上书朝廷,请派遣节度使。这本是一个处理节度使归属中央不再据地自立的良机,李恒如果慎重考虑,选择称职者就任,至少可以安抚藩镇,不会给中央造成麻烦,但昏庸的李恒却派曾两次征讨成德的田弘正去任成德节度使,结果引起了一场大乱。

成德将士因与田弘正有仇,自然不会服从他的管辖。成德都知兵马使王庭凑便利用成德将士们的怨恨情绪,于公元821年杀掉田弘正及僚佐、将吏、家属等300余人,然后要挟朝廷封他为节度使。而此时的卢龙又发生兵变,与成德遥相呼应,使本来已经停息的河北战火重新燃起。消息传来,李恒急忙派诸军镇带领临时招募的、没有经过军事训练的乌合之众前去平叛,派一些宦官作监军,大大降低了官军的战斗力,结果每战必败,前线的形势越来越糟。最后,李恒只得与王庭凑妥协,承认他为成德节度使,朝廷罢兵,讨伐河北的战争遂以中央的彻底失败而告结束。这样一来,中央威信大损,藩镇势力更加嚣张跋扈。开此先例,其他藩镇也纷纷反叛。

此时的李恒也只能躲在宫中得过且过、尽情享乐,但还没有享受几天,这个弱不

禁风的皇帝竟因与宦官在宫中击球时一宦官失手落马而受到惊吓得病，更是不再管理朝政。到了公元824年初，李恒病死。

唐敬宗李湛

生卒时间：公元809年—公元826年
在位时间：公元824年—公元826年

> 古人谓尧无子，舜无父，言其贤不肖之相远也。以文惠骄诞之性，继之以昭愍，固其宜也。而昭献、昭肃，英特不群，文足以纬邦家，武足以平祸乱。三子之操行顿异，其可道哉？宝历不君，国统几绝，天未降丧，幸赖裴度，复任弼谐。彼狡童兮，夫何足议！
>
> ——《旧唐书·敬宗本纪》

公元824年，唐穆宗去世，其长子李湛即位，是为唐敬宗。

唐敬宗即位后的唐朝，藩镇的权势越来越大，逐渐形成世袭割据的局面。面对前辈传下来的这些遗产，李湛也全盘"继承"，懒地加以改变，每天最重要的大事就是吃喝玩乐，而国家大事则不闻不问，使得朝中重臣执掌朝中大权。

李湛外有朝臣专政，内则有宦官擅权。当时的宰相李逢吉，倚权自重，飞扬跋扈，在朝中形成一股强大的政治势力。李湛虽名为皇帝，实际仅仅是傀儡而已。

朝廷如此，地方更是变本加厉。许多地方官以权谋私，巧立名目鱼肉百姓。

李湛贪恋床第之事，从来就不去早朝。后来大臣们5次上书劝谏，李湛才不得不爬起来去会见百官，但每个月一般只有两三次。不愿早朝听政的李湛却颇贪玩。不论是传统的龙舟竞渡，还是兴起不久的马球，他都相当热衷，或观战，或参加。宫廷中又有专门戏班，看戏也是他的日常活动之一。李湛又好在晚上带人出外捕捉狐狸，当时宫中称为"打夜狐"。到了实在没有事情可干的时候，他就叫人在宫中挖个大水池，把鱼放进去，让千余人同时在池中捕鱼。

李湛虽然倚重宦官，但还是把他们当做奴仆，如果稍不合他心意，小则遭到一顿毒打，大则遭到流配。大多数宦官因此对他心生怨恨，于是联合起来密谋杀死他。公元826年，宦官趁李湛外出打猎回来欢宴的时候将其杀死。李湛死时不满18岁。

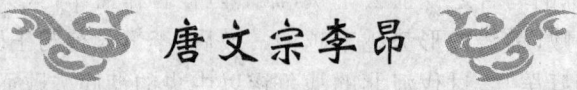

生卒时间：公元809年—公元840年
在位时间：公元826年—公元840年

> 昭献皇帝恭俭儒雅,出于自然,承父兄奢弊之余,当阉寺挠权之际,而能以治易乱,化危为安。大和之初,可谓明矣。所谓"有帝王之道,而无帝王之才",虽旰食焦忧,不能弭患,惜哉!
>
> ——《旧唐书·文宗本纪》

李昂即位之初,去奢从俭,励精图治,但过不了多久,其优柔寡断的性格暴露无遗,不仅对大臣和宦官柔弱不堪,对盘踞地方的藩镇割据势力也加以姑息,使得藩镇割据愈演愈烈。

文宗非常贪财,淮南节度使兼盐铁转运使王播在任期间大肆搜刮民财,到任满还京之时给唐文宗送去银碗数千只、绫绢数万匹,就成为了宰相。其他奸佞小人见了,纷纷效仿。从此以后,唐文宗身边的奸佞之人越来越多,而正直之人往往不得重用。

公元831年,卢龙副兵马使杨志诚煽动士卒驱逐卢龙节度使李载义,唐文宗不但不给予处罚,反而封杨志诚为卢龙节度使,后又命为右仆射。成德节度使王庭凑死后,军士拥立他的儿子王元逵为留后,唐文宗也加以承认,并将长寿安公主下嫁给王元逵。文宗对藩镇的姑息,真可谓"大度能容"。

甘露之变 傀儡皇帝

面对宦官的专权以及吏治的无能,文宗想培植亲信、任命干臣,于是找到李训和郑注,委托他们两人进行清除宦官势力的行动。李训、郑注势力虽小,却巧妙利用宦官集团中的内部矛盾,步步得手,进展十分顺利,杀掉了势力最大的王守澄。李训和郑注似乎看到了胜利的曙光,并定下一举消灭宦官集团的计划,但正是他们为消灭王守澄而树立的仇士良反过头来将其消灭。

公元835年农历11月21日,唐文宗大会群臣。这时,禁宫将领韩约前来奏报说:"昨天夜里天降甘露,在左金吾厅事后。"唐文宗遂前往含元殿,并命李训前去查看。李训去了半晌,回来说:"甘露未必是真的,不可马上宣布。"于是,唐文宗又派宦官首领仇士良带领宦官再去复验。仇士良等人到了左金吾厅后,恰有一阵风吹来,仇士良见幕布后面埋伏着士兵,不禁大吃一惊,赶紧叫所有宦官跑回含元殿。李训看见宦官们回来,明白事情已经败露,急忙命令殿下侍卫上来保驾,宦官和侍卫就在殿中厮打起来,仇士良趁乱与几个宦官挟持着唐文宗逃进了宣政殿,紧闭宫门。李训见大势已去,遂化装逃跑。

接着,仇士良便以唐文宗的名义下令四处捕杀参与人员,李训等都被抓住处死,未参与事变的宰相王涯也被严刑拷打,然后被杀害。官吏士卒被杀的有600多人,郑注在凤翔也被监军宦官杀害。这次事变史称"甘露之变"。

甘露之变后,唐文宗彻底成为仇士良等宦官的傀儡。宦官们气焰嚣张、专横跋

扈，对皇帝进行威胁，对大臣们肆意凌辱，朝廷中竟成了他们的天下。

这时的唐文宗，只能受宦官的摆布，虽有满心怨恨，也只能发发牢骚而已。有一次，唐文宗问学士周墀道："朕可比前代何人？"周墀拍马屁地奉承道："陛下是当代贤君，可比古代的尧舜。"唐文宗笑了笑，叹口气说："朕和汉献帝相比还差不多。汉献帝不过是受制于强藩，而朕却为家奴所制，恐怕还不如他呢？"

公元840年，唐文宗在郁闷中死去。

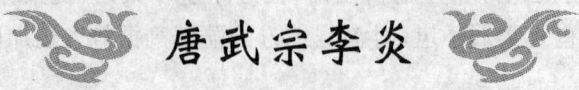

唐武宗李炎

生卒时间：公元814年—公元846年
在位时间：公元840年—公元846年

李炎和唐敬宗李湛、唐文宗李昂等人是亲兄弟，和其他兄弟曾经被父亲同封为王，又同住在皇宫之外的16宅。但住在16宅中的李炎却和其他无所事事、整日声色犬马、醉生梦死的诸王不同。他不为侈靡生活所诱惑，有心计、善谋划，尤其是两位兄长先后当了皇帝，他更是有了做皇帝施展自己抱负的欲望。

唐文宗的皇太子李永是李炎成为皇帝的过程中最大的障碍，而这个太子于公元838年抑郁而死。随后，唐文宗正准备册立侄儿、敬宗第六子陈王李成美为皇太子的时候却突然病倒，于是宦官两军中尉仇士良假传圣旨，率领神策军来到16宅，迎接李炎前去受封。病重的唐文宗见其逼宫之意甚浓，只得诏立李炎为皇太弟，临时执掌军国政事。

不久，唐文宗终于病逝，李炎便于柩前即位，当上了他梦寐以求的皇帝。

拒边患　平内乱

即位后的武宗，毫不犹豫地将同自己争夺皇位之人赐死于府第；接着论功行赏，将有拥立之功的宦官仇士良等人封官授爵。

经过这一赏一贬，武宗在朝廷中再无反对他即位的人，随后准备除掉仇士良等宦官势力。为了尽快摆脱自己的被动地位，经过慎重选择，李炎把这一愿望寄托在了久负盛望的李德裕的身上，把他从淮南节度使任上擢为宰相，入朝秉政。李德裕上任后，君臣便开始通力合作，准备建立自己的威信，再图除掉宦官势力。这时候，回纥前来侵犯，给了这君臣二人一个展示自己才华的机会。

公元842年，回纥以为李炎的朝廷软弱可欺，公然向唐中央政府朝廷提出要牛、羊、粮食并借驻等无理要求，李炎坚决不同意，回纥便领兵而来。面对回纥的侵扰，李炎力排众议，否决掉牛僧孺等保守势力主张固守边防、不可出击的论调，采取李德裕的先招抚后讨伐的意见：先赐诏书，列数其罪状，并警告他迅速退兵，对唐称臣，尽可能争取招抚；同时，又马上召集各路大军，准备讨伐回纥。公元843年，唐大军出征讨伐，各路大军配合猛攻，大败回纥军队，唐军取得彻底胜利。

这时，昭义镇节度使刘稹又在后方发动了叛乱。对藩镇之乱心有余悸的大臣大都主张妥协，只有李德裕等少数的大臣坚决主张用兵平叛。李炎还是采纳李德裕的意见，决定利用藩镇之间的矛盾，用藩镇之兵讨伐刘稹。昭义之乱历时13个月，最终被武宗彻底平定。

制宦官　灭佛教

两次坚决而又果断的军事决策，使得整个朝廷无不为武宗佩服。就在武宗与李德裕君臣二人在军事决策中默契配合的同时，趁宦官们狐疑、观望、等待之际，武宗又制订了限制宦官的方略，对宦官的权力进行剥夺，逼得仇士良被迫退休，不久便郁闷地死去。

随后，武宗接受李德裕的建议，禁止宦官的监军权，使重新拥有指挥权的将帅们能机动灵活地在前线作战，这对唐王朝来说受益匪浅。

李炎尊崇道教，下令灭佛，于公元845年发布灭佛诏书。到年底，全国共销毁寺院、兰若66600余所，僧尼还俗20余万人，解放奴婢15万人，没收土地数10万顷。收缴的铜像、钟磬送归盐铁使铸钱，铁佛像由各州收缴，铸造农器。这就是历史上著名的"会昌灭佛"。

但李炎在灭佛的同时，自己颇好道术修炼之事，经常召集道士来朝廷，向他们询求道术，并在三殿修建金箓道场，武宗亲临九天坛接受法箓。公元845年，武宗在南郊建造望仙台，一心想长生不老，升入仙境。公元846年，李炎迫不及待地吞服了刚炼成的丹药，顿感不适，不久就死去。

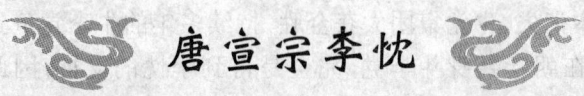

唐宣宗李忱

生卒时间：公元810年—公元859年
在位时间：公元846年—公元859年

（穆宗　敬宗　文宗　武宗　宣宗）
《春秋》之法，君弑而贼不讨，则深责其国，以为无臣子也。宪宗之弑，历三世而贼犹在。至于文宗，不能明弘志等罪恶，以正国之典刑，仅能杀之而已，是可叹也。穆、敬昏童失德，以其以位不久，故天下未至于败乱，而敬宗卒及其身，是岂有讨贼之志哉！文宗恭俭儒雅，出于天性，尝读太宗《政要》，慨然慕之。及即位，锐意于治，每延英对宰臣，率漏下十一刻。唐制，天子以只日视朝，乃命辍朝、放朝皆用双日。凡除吏必召见访问，亲察其能否。故大和

之初,政事修饬,号为清明。然其仁而少断,承父兄之弊,宦官挠权,制之不得其术,故其终困以此。甘露之事,祸及忠良,不胜冤愤,饮恨而已。由是言之,其能杀弘志,亦足伸其志也。昔武丁得一傅说,为商高宗。武宗用一李德裕,遂成其功烈。然其奋然除去浮图之法甚锐,而躬受道家之箓,服药以求长年。以此见其非明智之不惑者,特好恶有不同尔。宣宗精于听断,而以察为明,无复仁恩之意。呜呼,自是而后,唐衰矣!

——《新唐书·穆宗皇帝·敬宗皇帝·文宗皇帝·武宗皇帝·宣宗皇帝本纪》

装痴得位　牛李党争

唐武宗共有5个儿子,但这5个儿子年龄尚幼,因此一直没有册立太子;等到公元846年,唐武宗病逝,宦官马元贽等人立即矫传诏命,将李怡扶上了皇帝的宝座,改名为李忱,是为唐宣宗。

李忱自幼严重口吃,平时很难见到他开口说话,看东西也和平常人不同,宫中都叫他痴儿。正是因为他有这种痴呆性格,马元贽等人认为将来容易控制。哪知他即位以后,接待群臣,处理政务,一反过去那种痴呆性格。马元贽等人这才后悔万分,无奈皇帝已立,要想造反也不可能,于是只有躲到一边,老老实实地当自己的宦官。

唐宣宗李忱刚即位,便指责哥哥穆宗是大逆不道,连他的三个儿子敬宗、文宗和武宗也都是逆子。因此,他否定了唐武宗时期的一切施政方针,斥逐了唐武宗时的宰相李德裕及其同党,改任和李党集团相对立的牛党成员、唐代著名诗人白居易的堂弟白敏中为宰相。牛党一派的白敏中大权在握,对李党集团的成员大加贬斥的同时,又对武宗时期被李党集团贬斥的牛党成员大加提拔重用或恢复官职,使得李党集团在朝廷中基本消失、牛党集团大获全胜,持续多年的牛李党争到此时方才结束。

牛党集团能在朝廷翻身斗李党,完全是得到李忱的支持,因此,他们在当政期间,也协助李忱施行了一些有利于国家安定和人民生活的措施。

重视科举　改革官制

李忱非常重视科举,也非常重视通过科举考试取得功名的人,他认为只有这些人才有真才实学。李忱对科举的关心和重视到了无以复加的地步,并对科举制度作了进一步的完善和修改,规定只要有真才实学就可以中选。同时,他对违反科举制度、弄虚作假的人也毫不留情地严厉惩罚。公元855年,礼部在考举人时,出现了泄露试题的事件,李忱当即下诏将主管考试的官员分别处以降职、免职和罚俸禄等处分,全部取消已经被录取的10名举人的资格,并将伪造印件和贪污受贿的官员黄续之等人依法处死。对这一事件的处理,一定程度上打击了科举考试中的营私舞弊现象。

李忱即位后不久,就开始着手改革和完善选官制度,规定选官可以不再只凭其家世资历,只要是有真才实学的人都可以加以试用,根据其在试用期间表现出来的实际能力再决定是否正式任免。不仅如此，宣帝还亲自对州刺史进行考核。为了掌握各州的情况，以便对刺史进行考核，李忱还特命翰林学士韦澳编辑了一本关于各州户口田亩、山州境物、风俗人情的书籍，起名叫做《处分语》。

恩威并重　刚愎自用

李忱恭俭好善、平易近人。宫中的侍从，他都能够叫得上名字，知道干什么差事。宫中有人生病，李忱知道后，不但派御医前往诊视，而且还亲自前去探望。和大臣们在一起的时候，他除了听大臣们奏事时严肃认真以外，其他时间总是和颜悦色、客客气气，君臣之间谈些开心的玩笑，或者谈及宫中的游宴，无所不至，气氛融洽而又热烈。大臣们退朝时，李忱又告诫大家说："希望你们好自为之，朕常常担心你们辜负了我的期望，以致我们君臣不能够再相见了。"李忱这种恩威并重的方式，使大臣们对他既尊敬又害怕。

李忱在位时期，很注意节俭，并在官场中形成了一种节俭的风气。就因为李忱采取了如此贤明的措施，使得他在位时期的社会形势得到了一定程度的好转，尤其是社会经济的发展最为明显。除内政外，李忱还收复自唐代宗时期就被吐蕃占领的河西地区，使得中原地区通往西域的丝绸之路得以重新开通，与中亚各国的联系也得以恢复。

金无足赤，人无完人，自恃精明的李忱疑心很重。他在即位之前，就一直对父亲唐宪宗的死因有怀疑，认为是被哥哥唐穆宗与其生母郭太后联合宦官谋害而死的。因此，李忱即位以后，就开始惩罚那些被他认为是杀死唐宪宗的人，先是将郭太后逼死，随后又诛杀了郭太后周围的宦官和其他有嫌疑的官员。

晚年的李忱也不可避免地产生了乞求长生的想法。公元859年，李忱由于服用丹药过多，以致毒发，背上生疽溃烂而死。

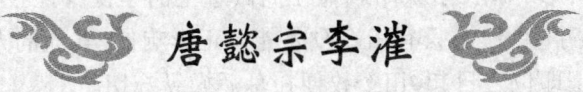

唐懿宗李漼

生卒时间：公元833年—公元873年
在位时间：公元859年—公元873年

官逼民反

公元859年，唐宣宗临终前，传遗诏给王归长等三人，让他们拥立自己第三个儿子李滋。而宦官王宗实与王归长等人素有矛盾，宣宗一死，王宗实便矫诏迎立唐宣宗的长子郓王李温即位，改名李漼，是为懿宗。

懿宗即位时，唐朝政治已经衰败，阶级矛盾已相当尖锐，百姓无法继续生活下去，只有起来造反。公元859年和公元868年连续两次的农民造反虽被镇压，却为

唐末农民大起义埋下了火种。

而一心玩乐的唐懿宗并不管这些,他只爱音乐宴游,供奉了近500人的乐工,每月必大宴10余次,席上山珍海味数不胜数,还不时出游长安附近名胜。唐懿宗最宠幸的妃子是郭淑妃,就连郭氏生的女儿也深得懿宗喜爱,被封为同昌公主。后来同昌公主结婚时,唐懿宗尽出宫中珍玩作为奁资,整个婚礼耗费钱财不可胜计。

唐懿宗非常信佛。他在宫中做佛事,又常到寺庙去,也是规模宏大、耗费惊人。公元473年,唐懿宗派人到凤翔法门寺奉迎"佛骨",同时唐懿宗也迎来了自己的死期,于当年暴病而亡。

唐僖宗李儇

生卒时间:公元862年—公元888年
在位时间:公元873年—公元888年

> 唐自穆宗以来八世,而为宦官所立者七君。然则唐之衰亡,岂止方镇之患?盖朝廷天下之本也,人君者朝廷之本也,始即位者人君之本也。其本始不正,欲以正天下,其可得乎?懿、僖当唐政之始衰,而以昏庸相继;乾符之际,岁大旱蝗,民愁盗起,其乱遂不可复支,盖亦天人之会欤!
> ——《新唐书·僖宗皇帝本纪》

唐僖宗李儇12岁即位,由宦官田令孜出任右神策军中尉,决定对中央和地方重要官员的任免奖惩,成为了实际执政人物。

田令孜读过不少书,长于谋略。他在尚做普王的李儇身上投资,使得李儇离不开他,后来李儇做了皇帝,也只有田令孜才能真正影响他,其他的人根本无法对李儇进行控制。从李儇即位之日起,田令孜便在幕后操纵一切。

年少的李儇心思并不在朝政上。他喜欢的是算术、音乐、下棋,而且水平还相当高;至于当时颇为流行的蹴鞠、骑驴击球、斗鸡、斗鹅等,李儇也样样精通,甚至还能玩点骑马射箭、舞枪弄棒之术。这个除了政事以外做到"文武全才"的皇帝非常骄傲,曾经自豪地对人说:"若现在的科举中设置击球科进士,我一定能考中状元。"那人正对皇帝的不务正业感到不满,便接口说:"如果由尧、舜做礼部侍郎,负责录取,陛下肯定会被淘汰。"李儇对此并不忌讳,只是一笑了之。

黄巢起义 多次出逃

李儇无忧无虑地做皇帝,把国家大事当儿戏,以至于朝纲在田令孜等宦官的控制之下越加紊乱。皇室、官僚和地主加紧对农民的剥削,税收越来越重,加上连年不断的天灾，农民纷纷破产，到处逃亡，百姓反抗的情绪越来越高。公元874年，一场由王仙芝和黄巢发起的唐末农民大起义爆发了。

由黄巢统一指挥的起义军转战黄淮、江淮和江南数年，声势逐渐浩大，不断给前来镇压的官军以重创。公元881年起义军再次北上，杀入长安。田令孜慌忙保护僖宗秘密出逃，南下"幸蜀"，抵达成都。

到了成都后，留在长安的唐王朝宰相以下官员绝大部分做了农民军的俘虏，基本上没有文武官员跟随，因而大权均被田令孜控制，李儇本人也完全成为田令孜的傀儡。在李儇躲避农民军的4年中，朝廷丧失了最后的一点威信和号召力，藩镇割据，经过黄巢起义，转变为军阀混战，李唐王朝已名存实亡。

因为被各路军阀围剿，黄巢后来不得不撤出长安。李儇于公元885年回到长安，结束了4多的流亡生活。这时的唐王朝，已经因国库空虚而难以为继，田令孜于公元886年率兵劫持李儇强行出走，离开长安。

后由于形势的变化，田令孜无奈地将朝政大权交给杨复恭。杨复恭大举党同伐异，对田令孜余党或杀或贬，一概清除，打算返回长安。李儇才出狼窝，又入虎口。

此时盘踞长安的李昌符借口京师残破、宫殿亟需修复，阻拦李儇一行进入长安。李儇进不了长安，只好返回凤翔。后来，李昌符与杨复恭的儿子杨守立发生口角，拉开架势对攻。李昌符被打败，李儇这才安定下来。在逃亡中，唐王朝的列祖列宗牌位散失，李儇感到回去难以向祖宗交待，决定先派人去长安修复太庙，重制牌位，自己仍暂留凤翔。

公元888年，忧郁中的李儇生病，因害怕死在外面，命急速回京，到长安后不久，李儇因病去世，年仅26岁。

唐昭宗李晔

生卒时间：公元867年—公元904年
在位时间：公元888年—公元904年

公元888年，唐僖宗在回到长安后不久就因病死去。唐懿宗第七子、僖宗的同母兄弟李晔被杨复恭拥立为帝，是为唐昭宗。

李晔即位后，励精图治，还想实行一些救唐王朝于危难之时的措施，但毕竟唐王朝已经是积重难返、病入膏肓，即使李晔有回天之术，也只能眼睁睁地看着唐王朝走向灭亡。

因拥立有功被封为两军中尉的宦官杨复恭仍然专权，大臣们都奏请限制宦官，李晔也讨厌杨复恭专权，这样便形成了皇帝与大臣联合同宦官产生矛盾的局面。两派之间的斗争，因李晔直接和杨复恭发生冲突而日趋激化。

公元891年，李晔让军使率禁兵讨伐杨复恭。杨复恭在亲信的拥兵护卫下逃往汉中，在汉中起兵。宦官的问题没有解决，公元894年，朝廷两外臣之间发生争执而

互相打起仗来，长安因此大乱，李晔急忙逃出京城，逃入终南山。一波未平，一波又起。握有重兵的朱温、李克用把李晔作为争夺对象，以便挟天子以令诸侯，互相攻战，连年不已。在这场混战中，李晔成为棋盘上的棋子，有时候甚至被囚禁，连傀儡也做不成。

后来，朱温在激烈的角逐中打败别的势力，成为左右李晔的权臣。至此，朱温已有不臣之心，为了篡位称帝，大肆屠杀宦官和监军，朝中大臣都是朱温的党羽，朱温在朝中专权跋扈已达到登峰造极的程度。

公元904年，朱温逼迫李晔率长安百姓迁都洛阳，途中又将李晔的侍卫全部换成自己的亲信。李晔不堪此辱，便秘密派人请求外臣起兵相救。朱温大怒之下，命亲信将李晔杀死，李晔时年38岁。

唐哀帝李柷

生卒时间：公元892年—公元908年
在位时间：公元904年—公元907年

> 自古亡国，未必皆愚庸暴虐之君也。其祸乱之来有渐积，及其大势已去，适丁斯时，故虽有智勇，有不能为者矣，可谓真不幸也，昭宗是已。昭宗为人明隽，初亦有志于兴复，而外患已成，内无贤佐，颇亦慨然思得非常之材，而用匪其人，徒以益乱。自唐之亡也，其遗毒余酷，更五代五十余年，至于天下分裂，大坏极乱而后止。迹其祸乱，其渐积岂一朝一夕哉！
> ——《新唐书·哀皇帝本纪》

李柷原名李祚，后改名为李柷，未满5周岁，便受封为辉王。后来年仅11岁的李柷被唐昭宗封为诸道兵马元帅，朱温封为副元帅，统领全国军队。作为娃娃元帅，仅仅是个摆设，军政大权被朱温牢牢掌握在手中。

公元904年，朱温派人将唐昭宗杀死，并于第二天早朝假传圣旨，将唐王朝最后一个皇帝李柷立为皇帝。这时的唐王朝，已经行将就木。

哀帝少年当政，开始他短短3年的傀儡皇帝生涯。为了造成篡权的有利形势以便早日登上皇位，朱温大肆杀戮宗室和朝廷大臣。公元905年，朱温把昭宗的诸子九位亲王召到九曲池举行鸿门宴，事先布下刽子手用绳索绞死。杀掉亲王后，朱温命令哀帝将裴枢等旧宰相及出身高门、科举入仕的大朝官30余人赐死，然后把他们的尸体全部投入黄河。宗室既除，朝臣亦已清除干净，整个朝廷全部控制在朱温手里。

公元907年，朱温逼迫唐哀帝禅让，持续290年的唐王朝至此宣告灭亡。朱温称帝后，封哀帝为济阴王，随后于公元908年杀死时年17岁的李柷。

五代

后梁太祖朱温

生卒时间：公元852年—公元912年
在位时间：公元907年—公元912年

公元852年，朱温出生，随后父亲病死，母亲带着他们兄弟三人投奔当地富户刘家为佣人。多年农田里的辛苦劳作，使朱温锻炼得健壮有力。这时，唐末的农民起义爆发，朱温与兄朱存加入了黄巢的起义军。在加入起义军后，朱温随军南征北战、身先士卒，立下赫赫战功。后来其兄朱存战死江南，到黄巢攻入长安后，他已成为一员重要将领。

公元882年，朱温经过一番权衡，决定投降唐王朝，回身镇压曾与他并肩作战的起义军将士。唐僖宗在穷途末路之中得到这样一个叛将，大喜过望，于是封官拜爵并赐名全忠。第二年，朱温因作战有功，被唐王朝任命为宣武节度使。其后，朱温逐渐兼并群雄，成为势力最强的一个藩镇。

唐僖宗死后，唐昭宗即位，昭宗在众大臣的建议下迁都洛阳，命朱温随行护驾，于是朱温将唐昭宗身边的侍卫全换成自己的亲信，企图"挟天子以令诸侯"。迁都洛阳3个月后，朱温密令朱友恭等人杀掉唐昭宗，随后将唐昭宗所有儿子全部杀掉，又在白马驿将朝中重臣30余人杀掉后投入黄河。

公元907年，朱温将唐朝末代皇帝唐哀帝废掉，登基称帝，并改名朱晃，建立后梁，唐朝至此灭亡。

朱温称帝后，天下拥兵自重的地方军阀并不把他这个皇帝放在眼里，尤其是与之实力相当又有矛盾的河东节度使、晋王李克用更是与之唱对台戏，其他割据军阀也纷纷起兵，自立为王。自隋文帝一统天下300余年后，中原分裂局面再次出现。

公元907年，李克用病死，其子李存勖即位。朱温率军北上，大败而归，朱温旧病复发，呈恶化之势，皇位继承问题遂成中心。

朱温夫人死后，朱温将众儿媳召入宫中侍寝，视作妃嫔。养子朱友文之妻王氏得到朱温的宠爱，因而朱友文被立为太子。但另一个儿子朱友圭对此非常不满。公元912年，朱友圭率部下发动宫廷政变，将朱温杀死，后又派人杀死朱友文，自己登上皇位。

后梁郢王朱友圭

生卒时间：？—公元913年
在位时间：公元912年—公元913年

朱友圭的母亲原是妓女，因得到朱温的宠爱而怀孕生下朱友圭。他自幼和母亲长大，直到朱温称帝后，才回到父亲身边，因一直未受父爱。而他的那些异母兄弟又对他颇有鄙视之意，因而朱友圭与父亲和其他兄弟间的关系一直不太融洽。后来，朱温以宠信儿媳妇的缘故立养子朱友文为太子，朱友圭对此愤愤不平。

公元912年，朱温病危，朱友圭率士兵深夜将朱温杀死；随后，又将朱友文杀死，然后登上皇帝的宝座，改元称帝。

朱友圭称帝后，不理朝政，纵情声色，将国家大权都放心地交给了朱友贞，而朱友贞早已准备自己当皇帝。经过酝酿筹划，朱友贞在公元913年发动兵变。朱友圭仓皇逃离宫中，意图东山再起；但看见整个洛阳城已被朱友贞控制，又不敢举刀自杀，无奈之下，命令部下将自己杀死。

后梁末帝朱友贞

生卒时间：公元888年—公元923年
在位时间：公元913年—公元923年

> 末帝仁而无武，明不照奸，上无积德之基可乘，下有弄权之臣为辅，卒使劲敌奄至，大运俄终。虽天命之有归，亦人谋之所误也。惜哉！
> ——《旧五代史·梁书·末帝本纪》

公元913年，朱友贞与手下发动宫廷政变，即位称帝。

当时后梁北有强敌，南有外患，内部诸藩、诸王又对其不满。宿敌李存勖在他登基不久连取幽州、河朔，势力大增，已经准备向后梁进攻。

朱友贞为了巩固皇位，将节度使魏博的士兵分而治之，但当晚魏博的士兵就发生兵变，并向李存勖求援。李存勖得知情况后大喜，于是率大军乘机南攻。朱琪急忙派军队前往讨伐，结果全军覆没，后梁精锐部队损失殆尽。公元923年，李存勖率兵将后梁首都开封包围。朱友贞率开封军民登上城墙准备应战。他挑选了一批人换上便衣，出城去扰乱敌营，但这些人出城后都各自逃命，一去不返了，朱友贞的信心彻底击溃。他回到后宫，命禁军将领杀掉自己。就这样，后梁的最后一个皇帝消失在历史舞台。

后唐庄宗李存勖

生卒时间：公元885年—公元926年
在位时间：公元923年—公元926年

> 庄宗以雄图而起河、汾，以力战而平汴、洛，家仇既雪，国祚中兴，虽少康之嗣夏配天，光武之膺图受命，亦无以加也。然得之孔劳，失之何速？岂不以骄于骤胜，逸于居安，忘栉沐之艰难，徇色禽之荒乐。外则伶人乱政，内则牝鸡司晨。靳吝货财，激六师之愤怨；征搜舆赋，竭万姓之脂膏。大臣无罪以获诛，众口吞声而避祸。夫有一于此，未或不亡，矧咸有之，不亡何待！静而思之，足以为万代之炯诫也。
>
> ——《旧五代史·唐书·庄宗本纪》

公元885年，唐朝末年，名将李克用的长子李存勖出生。李存勖小名"亚子"，幼时体貌出众，而且忠厚沉稳、喜欢独来独往，很受李克用的喜爱。

长期与朱温对峙的李克用，在听到朱温登基做皇帝的消息后，一气之下于公元908年与世长辞，李存勖便继晋王位。这时，朱温趁李克用新死，出兵前来讨伐，李存勖坚守不出，逼得朱温无功而返。公元910年，后梁大举攻赵，赵遂派人向李存勖求救，李存勖亲率大军前往救援，将后梁军队全歼。赵王及其他节度使纷纷前来归附，至此，河北之地基本为李存勖所有。之后，李存勖又多次引兵攻击后梁，将后梁精锐消耗得一干二净。公元923年，李存勖在魏州称帝，建立后唐，是为唐庄宗。

李存勖称帝后不久，即率兵南攻后梁，一路势如破竹，逼得后梁末帝朱友贞命人杀死自己，后梁灭亡。

灭掉后梁后，李存勖自以为功德圆满，把精力完全投入到自幼就喜好的音律歌舞中去，原来所豢养的伶人也因此得宠。有时候，李存勖还亲自粉墨登场，与伶人同台演戏，甚至给自己取了艺名"李天下"。自然，后唐的朝政大权就被得宠的伶人所掌握。

公元925年契丹大举南侵的同时，李存勖正与伶官及一些禁军将领在宫中新开

的球场上进行角力比试。之后,李存勖又在伶人们的极力怂恿下出游。所到之处,大肆铺张,又下令让伶人四处寻找美女,途中见地中青苗长势喜人,便把良田当做猎场,四处乱串追逐猎物,地中青苗被践踏得东歪西倒,农民们虽满心痛恨,却只能远远看着落泪。

后来,李存勖因诛杀功臣引起天下大乱,叛乱兵变四起,被派出征平叛的将领李嗣源称帝起兵,反过头来讨伐李存勖。

李存勖忙召集人马,而此时军心已大乱。李存勖派将抵抗,出去一个则投降一个,一时之间,投降叛逃的已达万人。到李嗣源兵临洛阳城下时,城内叛乱士兵将李存勖射伤,既无大臣又无将官的李存勖,身边只一个伶人。李存勖口渴,这伶人没有给他水,却给了他箭伤饮之即死的酪浆,李存勖就这样结束了他的一生。

后唐明宗李嗣源

生卒时间:公元 867 年—公元 933 年
在位时间:公元 926 年—公元 933 年

> 明宗战伐之勋,虽高佐命,潜跃之事,本不经心。会王室之多艰,属神器之自至,谅由天赞,匪出人谋。及应运以君临,能力行于王化,政皆中道,时亦小康,近代已来,亦可宗也。倘使重诲得房、杜之术,从荣有启、诵之贤,则宗祧未至于危亡,载祀或期于绵远矣。惜乎!君亲可辅,臣子非才,遽泯烝尝,良可深叹矣!
> ——《旧五代史·唐书·明宗本纪》

李嗣源是李克用的养子。还是个少年的李嗣源就因为勇武超群而被李国昌收到自己帐下,做了他的侍卫。每次围猎时,李嗣源仰射飞鸟,拉弦必中。不久,李克用便将他要到身边,更加器重,而且收他为养子。在李克用与朱温的战争中,李嗣源身先士卒,被誉为"李横冲"。后唐李存勖即位后,李嗣源虽屡立战功,协助李存勖灭掉后梁,但李存勖因忌功臣,虽封李嗣源官却不给权。本就沉默寡言的李嗣源,韬光养晦等待时机。

后来李存勖引起天下大乱,李嗣源率兵出征之际被手下的将领与叛军一道将黄袍披到身上,于是李嗣源称帝起兵,反过头讨伐李存勖。李存勖死后,李嗣源遂率军入城,先做监国,再将所有逃散诸王一一捕杀,又得征蜀大军归降之后,李嗣源于是登基称帝。

李嗣源目不识丁,但却是后梁、后唐、后晋和后汉时代众君主中最有作为的皇帝,而且也是五代君主中在位时间最长的一个。李嗣源当了皇帝后,因无法阅读各地的上书，于是选择了一些知名学士参与政务决策，着手治理国家。他下令严禁豪强官僚兼并土地、欺凌百姓；裁减后宫大量宫女，凡朝中有名无实的官吏，也一概免职；同时，将军队分别驻屯于附近有粮的州县，免除了军粮运输的压力。李嗣源采取的一系列措施，解决了国家的财政危机，稳定了局面，后唐的社会生产与财政状况也得到明显好转。

公元933年，年老的李嗣源突然中风，长子李从荣决定先下手为强，起兵抢夺皇位，最终失败被活捉斩首。儿子李从荣做出如此大逆不道的事情，骨肉相残，使得李嗣源心灰意冷，病情急剧恶化，不久便病死了。

后唐闵帝李从厚

生卒时间：公元914年—公元934年
在位时间：公元933年—公元934年

> 闵帝爰自冲年，素有令问，及征从代邸，入践尧阶，属轩皇之弓剑初遗，吴王之几杖未赐，遽生猜间，遂至奔亡。盖辅臣无安国之谋，非少主有不君之咎。以至越在草莽，失守宗祧，斯盖天命之难谌，土德之将谢故也。
> ——《旧五代史·唐书·闵帝本纪》

公元933年，明帝李嗣源临终前，派人将宋王李从厚接来立为太子。几天后，李嗣源病死，李从厚即位，是为闵帝。

李从厚少年继位，处理政务十分优柔寡断，朝廷大权均被朱弘昭与冯赟掌握。二人并非朝中重臣，只是因拥立李从厚有功，方才掌握了大权。朱弘昭和冯赟向闵帝提出一个"换镇"的方案，把一些重要地区的节度使互相交换，削弱他们在各地的势力。这换来换去，就让手握重兵的节度使们烦了，于是李从珂马上打起清君侧的旗号起兵。

李从厚听报后，赶紧派兵平叛，结果大败而归。吓得李从厚对大臣们哭着说："朕本来无心做天子，结果你们硬要让我来做这个天子，等我做了，还将国家大事都委托你们办理，你们决定的事情，朕没有不同意的。这凤翔叛乱，你们都拍着胸脯说能很快将他们平定，但现在这样子，你们还有什么办法？朕看如果没有，朕就去迎李从珂，把这皇位让给他！"大臣们听了无言以对，各怀鬼胎，已有了不保李从厚之心，于是投降的投降、内讧的内讧。李从珂则势如破竹，直奔洛阳而来。

李从厚不得不逃出洛阳，大臣随即打开城门，迎立李从珂。李从厚不久便遇害死去。

后唐末帝李从珂

生卒时间：公元 885 年—公元 936 年
在位时间：公元 934 年—公元 936 年

> 末帝负神武之才，有人君之量。由寻戈而践阼，惭德应深；及当宁以居尊，政经未失。属天命不祐，人谋匪臧，坐俟焚如，良可悲矣！稽夫衽金甲于河壖之际，斧眺楼于梁垒之时，出没如神，何其勇也！及乎驻革辂于覃怀之日，绝羽书于汾晋之辰，涕泪沾襟，何其怯也！是知时之来也，雕虎可以生风；运之去也，应龙不免为醢。则项籍悲歌于帐下，信不虚矣！
>
> ——《旧五代史·唐书·末帝本纪》

李从珂是李嗣源的养子，因随李嗣源四处征战，临阵勇猛果敢，因而被封为河中节度使。李从厚即位后，对他十分猜忌，先是让李从珂的儿子李重吉为亳州刺史，又把李从珂的女儿召入宫做人质，后来又命他"换藩"，离开凤翔改任河东节度使。于是，李从珂以清君侧的名义起兵，众官吏纷纷来降，很快逼得李从厚出洛阳北逃。大臣迎立他为帝，李从珂假意不从；后来太后下诏，李从珂方才登基即位。

谁知才当了 3 年的皇帝，石敬瑭便于公元 936 年起兵谋反，许多藩镇纷纷归附石敬瑭。李从珂见大势已去，于是带着传国玉玺与曹太后、刘皇后以及儿子重美等人登上玄武楼自焚，后唐遂亡。

后晋高祖石敬瑭

生卒时间：公元 892 年—公元 942 年
在位时间：公元 936 年—公元 942 年

> 晋祖潜跃之前，沈毅而已。及其为君也，旰食宵衣，礼贤从谏，慕黄、老之教，乐清净之风，以绨为衣，以麻为履，故能保其社稷，高朗令终。然而图事之初，召戎来援，猃狁自兹而孔炽，黔黎由是以罹殃。迨至嗣君，兵连祸结，卒使都城失守，举族为俘。亦由决鲸海以救焚，何逃没溺；饮鸩浆而止渴，终取丧亡。谋之不臧，何至于是！倘使非由外援之力，自副皇天之命，以兹睿德，惠彼蒸民，虽未足以方驾前王，亦可谓仁慈恭俭之主也。
>
> ——《旧五代史·晋书·高祖本纪》

石敬瑭是一员猛将，李嗣源非常器重他，将他招为女婿，视为心腹亲信。

公元925年，魏州叛乱，李嗣源奉命前往讨伐，士兵发生哗变，拥戴李嗣源当皇帝。李嗣源不想当，士兵们大失所望，纷纷散去。正在进退两难之际，石敬瑭对李嗣源说："大事成于果断而败于犹豫，天下哪里有上将与叛卒共入贼城日后尚保平安无事呢？我愿做主公的马前卒，率兵做你的先锋，攻击大梁，您再引兵前往，并以此为根据地，方能保全无虞。"李嗣源听后大喜，遂命石敬瑭攻占大梁。石敬瑭不辱使命，攻下大梁。李嗣源进入洛阳，登基称帝，是为后唐明宗。老丈人当了皇帝，既是驸马又是功臣的石敬瑭的地位自然一步登天，掌握了后唐朝廷的军事大权。

公元933年，优柔寡断的李从厚即位，大权旁落，统治集团内部矛盾激化。李从珂发动兵变，前来夺位。石敬瑭此时却按兵不动，隔岸观火。

李从珂称帝后，石敬瑭的谋反已成为司马昭之心。李从珂采取了一系列措施来控制和监视石敬瑭。一日李从珂过生日，石敬瑭的妻子入宫祝寿，告辞时，李从珂说："你急着回去干什么？难道要和石敬瑭造反吗？"石敬瑭听到这些，更加疑惧，决心举兵叛变。

石敬瑭以大量优厚条件，先以割地为条件，然后又向契丹皇帝称臣，甘做儿皇帝，请求契丹出兵援助，起兵叛唐。于是，后唐军队遭到契丹兵的冲杀被打得大败。44岁的石敬瑭拜倒在年仅33岁的耶律德光脚下，说着"儿臣叩见父皇"的话。公元936年，石敬瑭被契丹皇帝耶律德光册封为皇帝，建立后晋；随后南下灭后唐，石敬瑭即后晋高祖。

石敬瑭在位6年，始终对契丹媚事奉承。他给耶律德光写信，每次都用"表"，称耶律德光为"父皇帝"，自己称"儿皇帝"。公元938年，契丹遣使册封给他为"英武明义皇帝"，他高兴万分，好生供奉。

石敬瑭给契丹进贡的财物不计其数。后晋府库枯竭，所有给契丹的贡品负担都转嫁到了百姓头上。在石敬瑭的残酷剥削下，后晋人民生活在水深火热之中，社会经济遭到了严重破坏。

即使石敬瑭对契丹如此顺从，但契丹皇帝还是对他不放心，也不把他放在眼里。公元942年，当了6年儿皇帝的石敬瑭终于暴病而亡，活了51年。

后晋出帝石重贵

生卒时间：公元914年—公元964年
在位时间：公元942年—公元946年

> 少帝以中人之才，嗣将坠之业，属上天不祐，仍岁大饥，尚或绝强敌之欢盟，鄙辅臣之谋略。奢淫自纵，谓有泰山之安；委托非人，坐受平阳之辱。族行万里，身老穷荒。自古亡国之丑者，无如帝之甚也。千载之后，其如耻何，伤哉！
> ——《旧五代史·晋书·少帝本纪》

石重贵的父亲石敬儒是石敬瑭长兄,父亲死后,石重贵被石敬瑭收为己子。

石敬瑭临死前,所立的太子是幼子石重睿,但石敬瑭死后,冯道却拥立石重贵为帝。石重贵即位第三天,便将石敬瑭养子的遗孀冯夫人纳为妃子。冯夫人得宠,其兄冯玉自然鸡犬升天,升为端明殿学士、户部侍郎,开始干预朝政,成为后晋的关键人物。

石重贵在石敬瑭死后,向契丹的告哀书只称孙不称臣,用家人的礼节而不用臣子的礼节。契丹主得知后大怒,下令准备南下攻晋。石重贵派杜威前去阻挡,结果杜威临阵倒戈,随契丹军队一同南下攻击开封,石重贵措手不及,结果开封攻破。

石重贵不愿投降,想自焚,但一听说契丹送来书函说,只要他投降就不杀他。石重贵马上令人灭火,召人起草降表,自称"孙男臣重贵"。于是,契丹封石重贵为负义侯,迁往契丹境内建州,后晋遂亡。到公元964年,石重贵死于建州。

后汉高祖刘知远

生卒时间:公元895年—公元948年
在位时间:公元947年—公元948年

> 在昔皇天降祸,诸夏无君。汉高祖肇起并、汾,遄临汴、洛,乘虚而取神器,因乱而有帝图,虽曰人谋,谅由天启。然帝昔莅戎藩,素亏物望,洎登宸极,未厌人心,徒矜拯溺之功,莫契来苏之望。良以急于止杀,不暇崇仁。燕蓟降师,既连营而受戮;邺台叛帅,因闭垒以偷生。盖抚御以乖方,俾征伐之不息。及回銮辂,寻堕乌号,故虽有应运之名,而未睹为君之德也。
> ——《旧五代史·汉书·高祖本纪》

刘知远原是李嗣源手下的将领,后来又协助石敬瑭称帝,因而获得军权。

公元942年,石敬瑭死后,刘知远便在河东招兵买马、扩充实力。公元947年,契丹南攻后晋,俘虏石重贵,各地百姓纷纷起义,反对契丹。刘知远决定兴兵自立,随后即位称帝,后汉建立。

刘知远称帝后,各地藩镇多不服其管辖,而河北、河南地区又完全被契丹占有,但刘知远并不急于出兵袭占,而是等待有利时机的到来。

契丹被反对他的人民起义搞得焦头烂额,于是北撤。刘知远采纳了郭威的建议,率军自太原出发,南下攻洛阳、开封。沿途后晋官员纷纷归附,刘知远宣布所有官员均留任原职,此举依附者更众。几天后,刘知远进入开封,改国号为汉,各地藩镇陆续上表称臣,其中包括据有重兵的天雄节度使杜威、天平节度使李守贞。

杜威归附后不久又反并把儿子送往契丹为质,请求援助。契丹于是派兵赶到魏州，协助杜威。刘知远立即率军亲征魏州。5个月后，杜威因城中粮尽，不得不开门投降。

次年，也就是公元948年年初，刘知远一病不起，不久就去世了。

后汉隐帝刘承祐

生卒时间：公元931年—公元950年
在位时间：公元948年—公元950年

> 隐帝以尚幼之年，嗣新造之业。受命之主，德非禹、汤；辅政之臣，复非伊、吕。将欲保延洪之运，守不拔之基，固不可得也。然西摧三叛，虽仅灭于欃枪，而内稔群凶，俄自取于狼狈。自古覆宗绝祀之速者，未有如帝之甚也。噫！盖人谋之弗臧，非天命之遽夺也。
> ——《旧五代史·汉书·隐帝本纪》

公元948年刘知远病死，其第二子18岁的刘承祐即位，但国政完全取决于几位重臣，争权夺利之事遍布朝廷。刘承祐极力想夺回权力，但握有兵权的史弘肇、郭威等武将是后汉实际的掌权者。

公元950年，刘承祐在心腹的配合下，将史弘肇等三人杀死。然后，刘承祐马上派人杀郭威。郭威知道后，立即率兵南下，刘承祐吓得藏入百姓家，结果被追兵搜出斩杀。

后周太祖郭威

生卒时间：公元904年—公元954年
在位时间：公元951年—公元954年

> 周太祖昔在初潜，未闻多誉，洎西平蒲阪，北镇邺台，有统御之劳，显英伟之量。旋属汉道斯季，天命有归。纵虎旅以荡神京，不无惭德；揽龙图而登帝位，遂阐皇风。期月而弊政皆除，逾岁而群情大服，何迁善之如是，盖应变以无穷者也。所以鲁国凶徒，望风而散，并门遗孽，引日偷生。及鼎驾之将升，命瓦棺而薄葬，勤俭之美，终始可称。虽享国之非长，亦开基之有裕矣。然而二王之诛，议者讥其不能驾驭权豪，伤于猜忍，卜年斯促，抑有由焉。
> ——《旧五代史·周书·太祖本纪》

郭威早年丧父，母亲携他改嫁，不久继父和母亲相继去世，郭威从此成为孤儿，过着十分贫困艰苦的生活。

郭威长大后，遂加入了地方节度使李继韬的帐下，成为李继韬的藩帅亲兵。公元923年，与梁结盟的李继韬被灭掉后梁的李存勖所杀，郭威于是又到了李存勖的军中。此间，郭威潜心读书，又娶得一位绝代佳人柴氏为妻，事业和生活有了新的起色，并收柴荣为子。

郭威先后跟随李存勖、李嗣源、石敬瑭，后来郭威又跟随刘知远，成为刘知远的心腹。公元946年，契丹灭后晋，郭威劝刘知远称帝，建立后汉，从此逐渐成为统帅大军重要将领。

公元948年，刘知远病死，郭威等人受命为辅佐大臣，拥刘承佑即位。这年10月，契丹入侵，郭威率大军迎战。契丹一听说郭威来了，便自行退兵，郭威于是班师回朝。刘承佑为夺回权力派人前来杀郭威，于是郭威在公元950年起兵灭掉后汉，并于第二年正月称帝，建立后周。

郭威即位后，安定下北部边境，同时开始集中精力处理内政，建立了一套能够励精图治的中枢领导班子。后不久，郭威就因病于公元954年去世.

后周世祖柴荣

生卒时间：公元921年—公元959年
在位时间：公元954年—公元959年

> 世宗顷在仄微，尤务韬晦，及天命有属，嗣守鸿业，不日破高平之阵，逾年复秦、凤之封，江北、燕南，取之如拾芥，神武雄略，乃一代之英主也。加以留心政事，朝夕不倦，摘伏辩奸，多得其理。臣下有过，必面折之，常言太祖养成二王之恶，以致君臣之义，不保其终，故帝驾驭豪杰，失则明言之，功则厚赏之；文武参用，莫不服其明而怀其恩也。所以仙去之日，远近号慕。然禀性伤于太察，用刑失于太峻，及事行之后，亦多自追悔。逮至末年，渐用宽典，知用兵之频并，悯黎民之劳苦，盖有意于康济矣。而降年不永，美志不就，悲夫！
> ——《旧五代史·周书·世宗本纪》

公元921年，柴荣出生，他的父亲是郭威皇后的哥哥柴守礼。柴荣自幼就随姑母在郭威家，郭威对这个内侄很是喜欢，收为养子。柴荣小时聪明伶俐，且为人谨慎。由于从小跟从原本贫寒的姑父郭威，行商走贩跑过许多地方，接触到下层社会各色人物。后来郭威担任军职，柴荣也跟随姑父逐步培养起军事和政治才能。

公元951年，郭威称帝建周，柴荣则以"皇子"身份担任澶州节度使，受封为太原郡侯,在地方上赢得了好名声。柴荣的政治才能和声誉深得郭威的欢喜,并在自己百年后将后周的皇位传给了他。

公元954年,郭威病逝,柴荣即位,是为后周世祖。此时,北汉趁后周国丧,领兵攻周。柴荣率军亲征,击溃北汉,并乘胜北上包围太原;后因粮草不济,不得不班师回朝。

通过这次出征,柴荣认识到整顿军纪的重要性,回都后进行了整顿军队的工作。对于作战有功的人,皆加官行赏,如赵匡胤因作战得力,升为禁军统帅殿前都点检。对于怯敌逃阵的人,则予惩罚。通过整顿军队,后周的军事实力得以加强,军队战斗力大大提高,为以后的征战提供了良好的基础。

大刀阔斧　全面改革

柴荣求贤若渴。只要有才能,不管名位资历,柴荣都设法搜罗来,加以录用,他还恢复久不举行的制科考试,广泛搜罗有用的人才。

柴荣还大力整顿吏治,反对贪污腐化。他自己自小艰苦朴素,称帝后依然保持了俭朴的作风,生活上力戒奢华。他严格法制,力求做到刑戮不滥、狱讼无冤。

在进行政治改革的同时,柴荣也加强国家的经济建设。

柴荣刚即位,就下令让军队中老弱伤痛自愿回家种田,还招抚各地流民,将无主荒地分配给流民耕种。柴荣还下诏减免租税,实行新税法。公元955年,柴荣下令毁佛,凡后周境内佛教寺庙,除有皇帝赦免的得以保留外,其余一律拆毁。公元958年,柴荣推行均定田租的改革,下令进行大规模的查田,实行均租。柴荣还注意兴修水利,并对京城开封进行了扩建。

文化事业方面,在整理历法、刑律、音乐等也做了有益的工作。柴荣请人制成《显德钦天历》取代了以前混乱不堪的历法,并加以使用。柴荣还命群臣编订《大周刑统》的新法律,颁布施行。柴荣又请人考正雅乐,使失传多年的唐代音乐得以恢复并流传到宋代。柴荣当皇帝的时间并不长,在日理万机、戎马倥偬之际,尚能注意文化事业,这在五代皇帝中是极为罕见的。

南征北战　统一中国

经过几年大力改革,后周已成为当时实力最强的国家,历史的发展让柴荣开始了统一中国的征程。公元956年,柴荣亲率大军南征南唐,取得江南大片土地并逼迫南唐称臣。公元959年,柴荣又亲自统军北伐契丹,后周大军沿途受到老百姓的欢迎,契丹的地方官吏纷纷投降或弃城逃跑,收复多座城池。正当攻势凌厉、进军顺利的关头,柴荣突然患病,攻势不得不停下来,北伐就此停止了。

公元959年,回到开封的柴荣病势越来越重,口里念叨着出师北伐死去,年仅39岁。

后周恭帝柴宗训

生卒时间：公元953年—公元973年
在位时间：公元959年—公元960年

> 夫四序之气，寒往则暑来；五行之数，金销则火盛。故尧、舜之揖让，汉、魏之传禅，皆知其数而顺乎人也。况恭帝当纨绮之冲年，会笙镛之变响，听讴歌之所属，知命历之有在，能逊其位，不亦善乎。终谥为恭，固其宜矣。
> ——《旧五代史·周书·恭帝》

公元959年，柴荣病逝，年仅6岁的柴宗训即位。

柴宗训即位后，百官均得以加官晋爵。赵匡胤被任命为宋州节度使，进封开国侯，掌握禁军兵权。公元960年，契丹联合北汉大举入侵，赵匡胤率军出战，部队刚到陈桥，将士们就将黄袍披到了赵匡胤身上。于是，赵匡胤率军开回开封，逼迫柴宗训禅位，后周遂亡。

柴宗训被赵匡胤封为郑王后，于公元962年离开开封，出居房州；公元973年去世，死因不明。

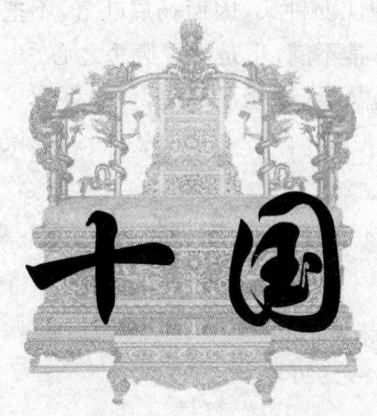

十国

吴武帝杨行密

生卒时间：公元852年—公元905年
在位时间：公元902年—公元905年

杨行密曾被派戍边，回来后因得罪主管调遣的军吏又被派出。杨行密大怒，将该军吏杀死，率众起兵；后被淮南节度使高骈所收，封为庐州刺史。

公元887年，高骈手下内讧，杨行密趁机扩大自己的实力攻下扬州，自称淮南留后。

公元894年，朱温与杨行密的冲突越演越烈。这年冬天，杨行密派人带着万余斤茶叶到汴州一带交易，朱温将茶叶全部夺去。杨行密一气之下向唐昭宗上表，讨伐朱温。随后，杨行密亲自率兵出征，大败朱温的援军，杨行密的势力又得以进一步扩大。

面对杨行密势力的不断膨胀，淮南周围的割据力量十分不安，于是与其展开大战，但均被杨行密各个击破，杨行密遂尽占淮南之地。

公元902年，杨行密建立了吴政权，当时唐王朝还未灭亡。

杨行密在搞好内政建设的基础上，于公元905年攻取了武昌。就在准备讨伐两浙的时候，杨行密病故。

吴景帝杨渥

生卒时间：公元886年—公元908年
在位时间：公元905年—公元908年

公元905年，杨行密长子杨渥继承皇位，成为吴政权的第二代皇帝。

杨渥与能征善战的父亲不同，生性懦弱，不懂军事，跟随杨行密出生入死的将士们都瞧不起他，因而兵权都被几个大将掌握，杨渥能直接指挥的只有数千亲兵。因

一个偶然的机会,杨渥灭掉江西钟氏,因而扬眉吐气,不把诸将放在眼里。这使得拥有大权的张颢、徐温二人非常不满,于是生了废杀之心。

公元908年,张颢、徐温二人谋杀了杨渥。

吴宣帝杨隆演

生卒时间:公元897年—公元920年
在位时间:公元908年—公元920年

公元908年,张颢、徐温合谋害死了杨渥。杨渥死后,张颢将所有大将全部召到满布士兵的大殿内,准备逼众将同意他即位。但众人还是逼迫张颢拥立了杨行密第二子杨隆演,杨隆演就这样上了台。

事后,徐温又杀掉张颢,掌握了大权并将杨隆演逐渐架空。公元912年,徐温与诸将拥杨隆演为吴王,徐温父子尽掌吴军政大权。

郁闷的杨隆演在徐温父子阴影下,于公元920年因病去世。

吴睿帝杨溥

生卒时间:公元900年—公元937年
在位时间:公元920年—公元937年

杨隆演的弟弟杨溥于公元920年即位。

不久,徐温暴病而死。儿子徐知诰全面接管了吴国大权,继续完成徐温尚未完成的事情。公元933年,徐知诰退居金陵,开始了他夺取帝位的重要一步。次年,徐知诰开始在金陵营造宫殿,准备逼杨溥迁都金陵。杨溥知道到了金陵,自己也就成了阶下囚,因此拒绝前来,大臣们也多不愿离开扬州。徐知诰见此计不成,于是让杨溥封自己为齐王,建立齐国。

公元936年,徐知诰派人到扬州逼杨溥禅位。第二年,杨溥终于被迫禅位,徐知诰自称"受禅老臣",为杨溥上尊号为"高尚思玄弘古让皇帝"。

公元937年,徐知诰派人刺杀,杨溥被害。

南唐烈祖李昇

生卒时间:公元888年—公元943年
在位时间:公元937年—公元943年

李昇即徐知诰,是徐温的养子。他小时候因战乱纷起,父母皆相继去世,收养他的伯父因无力养育,于是将他送进寺庙为僧。公元895年,杨行密将他虏走,作为义子收养,但因杨行密的儿子不容他,杨行密无奈,只得让他拜徐温为父。这样,他就成了徐温的养子,并改名为徐知诰。

这时,徐知诰终于摆脱了兵荒马乱的下层社会,在富足的家庭中接受教育,逐渐成为辅佐父亲徐温的良才。

徐知诰随着徐温权势的扩展,也逐渐步步高升。公元912年,徐温将他迁为升州防御史,徐知诰便开始一系列的改革。他组织农业生产,减轻农户的赋税负担,又整顿吏治,罢免贪污受贿的地方官吏,使当地社会局面大为好转。徐温见徐知诰在升州政绩斐然,便于公元914年加徐知诰为检校司徒,成为吴国的重臣。

徐温在逐渐掌握吴的军政大权后,便拥杨隆演为吴王,自己出任大丞相,又命长子徐知训驻广陵监督杨隆演。可徐知训很快就使得广陵出现变乱,徐温不得不命徐知诰率兵赶到广陵平乱安定秩序。徐温对亲生儿子徐知训的所作所为深为痛惜,渐渐地就把事业接班人交给了徐知诰。

公元919年,徐温、徐知诰父子拥杨隆演为大吴国王,杨隆演拜徐知诰为宰相,一直想当皇帝的徐温终于壮志未酬,一命呜呼。徐知诰便将父亲徐温手中的所有权力接管过来并加快了篡位自立的步伐。公元935年,徐知诰在要求杨溥迁都未果的情况下,决定要求分吴国领土建立齐国,完成了他篡位自立中重要的一步。到了公元937年,徐知诰逼迫杨溥禅位于己。

公元939年,徐知诰自称为唐皇室后裔,改名李昇,并改国号为大唐。李昇在位期间,一直采取保境息民的政策,将精力用于整顿内政上,进行了一些政治和经济改革,使得南唐逐渐发展成为当时中国经济文化最为先进的地区。

晚年的李昇为长生不老吞食丹药而死。

南唐元宗李璟

生卒时间:公元916年—公元961年
在位时间:公元943年—公元961年

公元943年李昇死后,太子李璟哭得很伤心,提出要让位给弟弟李景遂,大臣们力劝,李璟这才答应即位。

李璟即位后,在父亲灵柩前起誓,约定兄弟世世继位,后来又立李景遂为皇太弟。李景遂也很谦恭,曾取老子"功成名就身退"之意,将名字改为"退身",表示坚持不当皇帝,李璟这才立长子李弘冀为皇太子。李弘冀被立为太子后,害怕李景遂争夺皇位继承权,于是派人毒死了李景遂,而他不久也一命呜呼。

李璟不用元老宿臣,而信任原先在东宫侍候他的五人。这五人结党营私,排斥异己,被当时的人称之为"五鬼"。"五鬼"当权,使南唐朝廷内外腐败之风蔓延。李

璟又耗尽库藏对闽楚用兵,同时也失去了入主中原的机会。李璟把南唐国土损失近半,将相大臣上下离心,因此心灰意冷,于是下令去帝号,称国王,又将自己的名字改璟为景,以避周讳。

公元961年,赵匡胤篡位建宋,李璟就继续向宋称臣并迁往南昌。不久,李璟病逝。

南唐后主李煜

生卒时间:公元937年—公元978年
在位时间:公元961年—公元975年

公元937年,南唐元宗李璟的第6个儿子李煜出生。由于李煜的5个哥哥只有大哥李弘冀活到19岁,其他四个皆早夭,因此李煜实际上是李璟的次子。

李煜的父亲李璟不想当皇帝,李煜自己也不想当,但父子两人的命运都一样,都是在无奈中被推上皇位。太子李弘冀在毒死叔父之后不久便暴病而亡,于是这个皇太子位就轮到李煜。

南唐后主李煜

公元961年,李璟病死,李煜即位,开始了他亡国之君的统治生涯。面对强大的北宋,李煜的南唐只有继续称臣,毕恭毕敬。

李煜有很高的文学天赋,是中华词史上的杰出词人。公元954年,李煜与周娥皇完婚。婚后两人相亲相敬,感情弥笃,李煜为她写了许多诗词。经常是李煜写词,然后交给周娥皇谱上曲,由周娥皇演唱,两人配合得天衣无缝。

和李煜相亲相爱10年后,周娥皇一病不起。李煜对妻子的病情非常关心,常常陪在她的身边,细心照料。一个封建帝王能这样对待一个女子,在众多皇帝中的确少见。周娥皇最终还是撒手西去,李煜哭得是惊天地、泣鬼神,从此茶饭不思、政事不闻。直到周娥皇的妹妹(史称小周后)出现,李煜便和小周后又如胶似漆,但没持续多久,北宋就大举南征。

李煜本想保东南一隅以自立,但志在统一的赵匡胤根本不可能给他这个机会。公元975年冬,金陵城被宋军攻陷。李煜曾在自己的宫殿中堆了一堆柴火,但他根本就没有自杀的勇气。当宋军杀进宫后,李煜立即率群臣跪拜投降。

李煜被押到汴京,朝见赵匡胤。赵匡胤对李煜这个亡国之君倒也有仁慈之心,宣布赦免李煜等人。李煜就这样开始屈辱的阶下囚生活。

赵匡胤死后,宋太宗赵光义远比赵匡胤猜忌这个亡国之君。这时,李煜新作的"小楼昨夜又东风"和"一江春水向东流"等词句传开。赵光义得知后,认为李煜是贪怀皇帝之位，心存报复。

正好这天是李煜42岁生日，赵光义赐毒酒于他。就这样，南唐后主李煜在公元978年生日的晚上饮毒暴崩，结束了诗人的生命旅程。

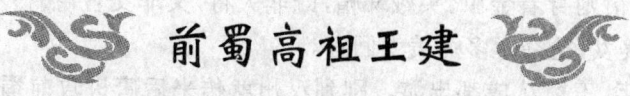

前蜀高祖王建

生卒时间：公元847年—公元918年
在位时间：公元907年—公元918年

王建祖上世代以卖饼为业，被人称为"饼师"。但他没有继承祖业，而是成了一个小混混，后被关入狱中。逃出后当了一名军卒。后来因为临阵勇敢，又有智谋，被擢为列校。

公元881年，黄巢起义军攻下长安，唐僖宗逃往蜀中，王建等五人被封为诸卫将军，号称"随驾五都"。当他们到达一座木桥时，木桥已被追兵点燃，烧得摇摇欲坠，王建就在前面为唐僖宗牵马，勉强走过木桥。唐僖宗感动得流下眼泪，将御袍脱下赐给王建，并说："这上面有朕的泪痕，你就留作纪念罢。"到达目的地后，唐僖宗马上让王建任壁州刺史、禁军将帅兼任州刺史，这在过去是没有先例的，从此王建决心自己开创基业。

王建经过多年经营，成为割地自重的一方诸侯。这时，北方形成了朱温与李克用两大对抗势力。朱李二人争雄之际，王建一心用在对蜀的开发上。他发展农业，扩充兵力，有效地巩固了他的统治。

公元907年，朱温去唐而代之，建立后梁。王建率众假惺惺地大哭三日后，即位称帝，建立前蜀，并借机起兵，表示要与李克用等会兵讨梁。

王建对据有兵权的武将们一直格外提防，不管是功臣、养子还是亲子，一概加以严惩，使得前蜀在建立不久就出现内讧。

王建最初想在他比较喜欢的王宗辂、王宗杰中选一个做太子，但他所宠爱的徐贤妃却设计使她的儿子、懦弱无能的王宗衍为太子。这王宗衍十分不争气，王建暗暗改立有才略的王宗杰，但还没有决定，王宗杰就暴病身亡，王建只好作罢。

公元918年，王建病死。

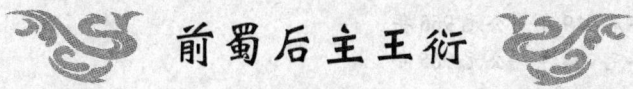

前蜀后主王衍

生卒时间：公元899年—公元926年
在位时间：公元918年—公元925年

公元918年，王衍即位。即位之后的王衍喜欢写艳体诗，喜欢四处游乐，就是不

喜欢管理朝政。皇太后、皇太妃和王衍的一些亲信站出来干政，一时间，前蜀政务混乱不堪。

王衍在京城中寻欢作乐，每到一处都要在墙壁上题上"王一来"。即位后的第三年，王衍声称亲征凤翔，率领嫔妃随从由成都向汉中进发，沿途奏乐而行。随从队伍有百余里，王衍则身着金甲、头戴珠帽，既非大将，又非文官，搞得不伦不类。王衍命人沿途搜寻美女，抢夺了多名美女回宫。

公元925年，王衍从成都出游。刚到汉州就传来后唐进攻前蜀的消息，但王衍不相信，认为是大臣们为阻挠自己出游而想出的办法，于是继续前行。没想到不久就遇到溃逃下来的败兵，王衍这才相信后唐大军已来，于是吓得赶紧返回成都。

后唐军队跟踪追击而来，沿途的前蜀守将或降或逃，几乎没有一个抵抗的人。王衍便向后唐军队投降，前蜀灭亡。

公元926年，后唐庄宗下令杀掉被押至洛阳的王衍及其一家。

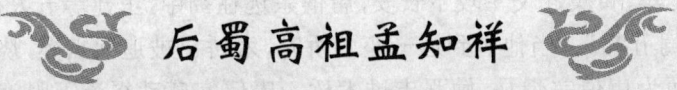

后蜀高祖孟知祥

生卒时间：公元874年—公元934年
在位时间：公元934年

孟知祥原是后唐将领，公元925年，后唐大军攻击前蜀，孟知祥随第二拨部队前往前蜀，半路遇到拿着刘皇后教令前去杀郭崇韬的宦官，孟知祥便日夜兼程赶往四川。

等孟知祥到达成都时，郭崇韬已在四天前被杀。当时蜀中人心惶惶，局势非常不稳。孟知祥于是整顿吏治，减免前蜀的苛税杂赋，以稳定民心。不久，李存勖被杀，李嗣源即位，孟知祥遂生了据蜀称帝的心。

自此，孟知祥苦心经营6年，终于占有了四川全境，于是便在公元934年称帝，建立后蜀，但不久他就因病死去。

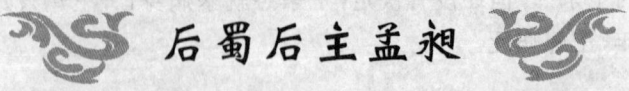

后蜀后主孟昶

生卒时间：公元919年—公元965年
在位时间：公元934年—公元965年

公元934年，孟昶即位，但后蜀的大权都被辅政大臣所掌握。直到公元948年，孟昶方才将大权收归自己手中。

因为中原大乱，割据政权无暇西顾，后蜀因而有了几十年的安定局面。孟昶实行了一些发展经济、改良政治的措施，使后蜀呈现短期的繁荣与富足，经济文化也取得较大发展。但孟昶非常好色,沉湎于房中术,不断地采选民女入宫。

公元964年,北宋大军攻入蜀境,沿途均高奏凯歌。到了公元965年,孟昶见已无险可守,于是投降,后蜀灭亡。赵匡胤将孟昶与太后、嫔妃及百官全部迁往开封,结果到开封七天后,孟昶就病死了。

闽国太祖王审知

生卒时间:公元862年—公元925年
在位时间:公元909年—公元925年

王审知是战国秦朝名将王翦的后代,年少时家穷,同王潮、王审邦三兄弟一齐务农为业。王绪起兵后,三人一同投奔王绪。他们作战勇敢,尤其是王审知,有勇有谋,常骑一白马在战场上驰骋,因此被人称为"白马三郎"。但王绪心胸狭小,有谁比他有本事他都要千方百计地加以杀害,因此,军中人人自危,王氏三兄弟更感到朝不保夕。于是,他们联合先锋将领,在竹林中设下埋伏,将王绪捕杀,军中顿时高呼万岁,一致推选王潮为主、王审知为副。公元886年,他们率军攻下泉州城,从此便以此为根据地,逐步扩大自己的实力。

公元892年,唐昭宗任命王潮为福州节度使。公元897年,王潮病死,王审知继位,在公元909年被后梁封为闽王。

王审知对外停息战争,与邻国友好相处,确保了闽国30年的平静。对内,王审知则发展生产、轻徭薄赋、整顿吏治、提倡节俭,同时又开辟海港、奖励通商。另外,他还广泛搜罗人才,建立学校,教育本地士人、秀才。文化经济一向落后的福建地区在这期间才有所发展。

公元925年,王审知病死。

闽国嗣主王延翰

生卒时间:?—公元927年
在位时间:公元926年—公元927年

公元926年,王延翰即位。王延翰喜好读书,精通经史。有一次,他拿着司马迁的《史纪》对大臣们说:"自古以来,闽就是一个独立王国,现在我不称王,更待何时?"大臣们知道他是什么意思,于是争先恐后地劝他称帝,不久他便自称大闽国王。

王延翰在福州城西建筑宫城"水晶宫",每天和嫔妃宫女们在里面玩乐,并不停抢掠民女到后宫中。其弟王延钧与王延禀劝他收敛,但他就是不听,使得兄弟间的矛盾愈来愈尖锐。

公元927年，王延钧与王延禀一齐举兵攻打福州城，不久便攻破，王延翰被当众斩于紫宸门外。

闽国惠宗王延钧

生卒时间：？—公元935年
在位时间：公元927年—公元935年

王延钧因兄长太过荒淫残暴，出兵杀了他，即位做了闽王，并于公元933年称帝，自称"闽国皇"。而称帝后的王延钧也大兴土木、游乐不止，终日与宠妃陈金凤相伴嬉戏，朝政多交由儿子王继鹏处理。

公元935年，王延钧病重，李仿便鼓动王继鹏与他一道率卫士冲入宫中，刺杀了王延钧。

闽国康宗王昶

生卒时间：？—公元939年
在位时间：公元935年—公元939年

王昶即王继鹏，他与李仿合谋将父亲王延钧杀死，自己即位做了皇帝。

王昶即位后，其荒淫残暴比父亲有过之而无不及，而且还非常信佛、道，即位当年，就在宫中修造三清殿，耗费黄金数千斤铸起玉皇大帝、元始天尊、太上老君三尊金像，日日在殿中跪拜，以此求取不老仙丹，国家大事则全都交给了道士决定。大臣们与王昶见面的唯一机会就是通宵达旦的宴饮和游乐。

王昶弄得国库空虚，便想方设法地不断加重百姓负担，使闽国朝野上下民怨沸腾。他又采取了更为严厉的措施，以防止有人推翻他的统治。

这时宫城失火，王昶怀疑纵火的人是连重遇，便想将他杀掉，结果消息泄漏，连重遇于是乘机叛乱，拥立王昶叔父王曦。王昶连夜逃到梧桐岭，被抓住押回京城缢杀。

闽国景宗王曦

生卒时间：？—公元944年
在位时间：公元939年—公元944年

公元939年，连重遇发动兵变，派人来请王曦，王曦以为是王昶派人来抓他，急忙逃到厕所中躲藏起来，直到弄清来者用意后方才出来。王昶死后，王曦没有立即称帝，3年后方才正式即位。

王曦还是跟前几任皇帝一样，酗酒暴虐、滥杀无辜又横征暴敛，弄得民不聊生。他对看不惯的朝中大臣不是杀头就是笞打。王曦还学习王昶在酒宴上杀人的做法，在每次宴饮时，都使用王曦称为"醉如泥"的特制的大酒杯，要求大臣们都要一饮而尽，结果大臣们因没有喝完或因酒后失言、失态被杀的人数不胜数。大臣们人人自危，朝不保夕。

公元944年，王曦与朱文进、连重遇等人喝酒，醉后王曦乘着酒兴暗指朱、连两人有异心。二人事后一直感到后怕，于是便与皇后合谋杀掉了王曦。

闽国天德帝王延政

生卒时间：？—公元951年
在位时间：公元943年—公元945年

王延政因屡劝王曦不要荒淫残暴，王曦不听，反而率兵攻打他，所以王延政气愤不过，便于公元943年在建州称帝，建立殷国，试图与王曦分庭抗礼。王延政做了皇帝后，不顾民力，与邻国连年征战；为了筹集军饷，又大肆搜刮民财，对百姓横征暴敛。

公元943年，王延政攻克福州，被拥立为闽王。南唐便乘闽国内乱不定的机会出兵攻打。闽国百姓非常希望唐兵能攻占建州，杀掉压迫他们的贪官污吏，便争相迎接唐兵。在闽国百姓的帮助下，南唐大军攻陷建州，俘虏王延政。

南唐把王延政及其家族迁往金陵居住，不久这位闽国末帝便暴病而亡。

楚国武穆王马殷

生卒时间：公元852年—公元930年
在位时间：公元927年—公元930年

马殷本是木工，趁黄巢起义进入军队逐渐升迁，于公元898年被唐王朝授予武安军节度使，之后便割据湖南自立。后梁建立后，马殷被封为楚王；后唐建立后就被正式封为楚国王，开始建宫殿，设百官。

马殷成为楚王后，在他的苦心经营下，楚国渐渐富庶，战事稀少。但到了晚年，马殷却纵情声色，不理政事。公元930年为解决兄弟争位的难题，临终前的马殷遗命马希声继立，并命马希声之后，兄弟依次继立。

楚国衡阳王马希声

生卒时间：公元898年—公元932年
在位时间：公元930年—公元932年

马希声即位后，不理朝政，生活糜烂，效仿好吃鸡的朱温，也爱吃鸡。就连其父马殷下葬时，他大吃鸡肉而没有悲伤的表情。马希声害怕后唐因而不敢称楚王，自动废去王号，被后唐封为武安、静江节度使，两年后即病逝。

楚国文昭王马希范

生卒时间：公元899年—公元947年
在位时间：公元932年—公元947年

马希范是马殷的第四子，在马希声病逝后即位。

公元934年，马希范被后唐封为楚王。后晋建立后，马希范仍旧向后晋称臣，以求偏安。公元939年，后晋加封马希范为天策上将军并让其开府置官，楚国的势力大增，诸蛮十州闻风前来归降，楚国的疆土向西、西南大大延伸。

楚国得到一个大好的发展机会，但马希范却整日沉湎于花天酒地之中，骄奢无度，大肆卖官，弄得民不聊生，怨声载道。公元947年，马希范终于在一片咒骂声中死去。

楚国废王马希广

生卒时间：？—公元950年
在位时间：公元947年—公元950年

公元947年，楚王马希范病死，他非常喜欢同母弟马希广，于是临终前将王位传给了马希广。马希范死后，楚国将臣曾在立嗣问题上争论不休，最后还是拥立了马希广。马希广即位时，楚国内外交困、一片混乱，南唐、南汉也准备趁机进攻楚国。公元948年，南汉便出兵攻楚，马希广此时已无法控制局面；加上其兄马希萼因没有当上楚王而趁机起兵，将楚都长沙攻陷，马希广也被捕获，随后同夫人、子女一起被处死。

楚国恭孝王马希萼

生卒时间：？
在位时间：公元950年—公元951年

马希萼在南唐的支持下，率兵进攻长沙将马希广捕杀，自己即位称王。

马希萼即位后，荒淫无度，将军政大权都交给马希崇。马希崇趁机发展自己的势力，于公元951年发动宫廷政变，马希崇自立为楚王。

随后，马希崇派人将被捉的马希萼押往衡山。路上押送的将官又将马希萼拥为衡山王，并征讨马希崇。马希崇向南唐求救，南唐大喜，于是派兵攻入长沙，马希崇投降，南唐于是任马希萼为江南西道观察使。

其后，马希萼去朝见南唐皇帝，结果被怕他在外作乱的南唐皇帝留在金陵，数年后病死。

楚国后主马希崇

生卒时间：？
在位时间：公元951年—？

马希萼同母弟马希崇借马希萼将大权交给他管理的机会，大肆扩张自己的势力，随后于公元951年发动政变，将马希萼捕获，押往衡山，马希崇自称楚王。

结果马希萼在路上就被押送的将官拥立为衡山王，声称要讨伐马希崇，马希崇不得已，向南唐求救，结果被南唐利用，率兵攻入长沙，马希崇只得投降，并被送往金陵。南唐皇帝封马希崇为永泰军节度使，居于扬州。后来马希崇投奔北周，北周封他为右羽林统军，最后病死。

南汉高祖刘䶮

生卒时间：公元889年—公元942年
在位时间：公元917年—公元942年

刘䶮，又名陟；其兄刘隐被朱温封为大彭郡王，后来占据了整个岭南。刘陟为刘隐占有岭南地区立下了汗马功劳，于是刘隐让他这个弟弟当了节度副使。公元911年，刘隐病死，刘陟继任。刘陟继立后，于917年登基称帝，建立越国，随后又改国号为汉。

即位后的刘陟，极尽享乐之能事，常常带着嫔妃奸臣四处巡游。每到一个地方，地方官都大肆铺张，极尽所能献媚。他曾对臣下说："朕没有尧、舜、禹、汤等古代贤王的才能，但至少也能做个风流天子。"公元934年，他建造了用黄金饰顶、白银铺地的昭阳殿，殿内设计有水渠，水下遍布珍珠，然后将水精琥珀雕刻成日月形状，镶嵌在东、西两棵玉柱的顶部，后来又修了比此殿更为壮观的南薰殿，刘陟后改名刘龑。

为了加强自己的统治，刘龑对国内人民是极尽残暴之能事，设置了灌鼻、割舌、肢解、炮炙等刑，还发明了水狱。他将毒蛇放于水中，再把犯人投入，犯人就这样活活被咬死。对实力与他相当或远远高于他的邻国，他常常以嫁女、纳贡等方法来换取和周边诸国的安宁。刘龑建立学校，恢复考试制度，每年录取进士等十余人，这在当时的历史条件下是十分难得的。

公元942年，刘龑暴病而亡。

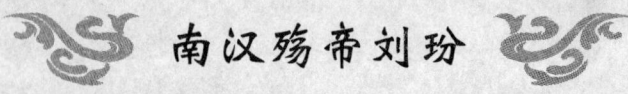

南汉殇帝刘玢

生卒时间：公元920年—公元943年
在位时间：公元942年—公元943年

刘龑第三子刘玢在给父亲守孝期间，就开始在宫中饮酒作乐，还命令宫中男女统统赤裸身体，不准穿衣服。宫中美女已经很多，但他还嫌不够，又常常将妓女带回宫中玩乐。

刘玢即位后，曾有希望即位的刘龑第五个儿子刘弘昌便与四哥刘弘熙密谋，找机会把刘玢废掉。公元943年，趁刘玢观看角斗喝酒烂醉如泥之际，刘弘熙的心腹迅速上前勒死刘玢，然后拥立刘弘熙为帝。

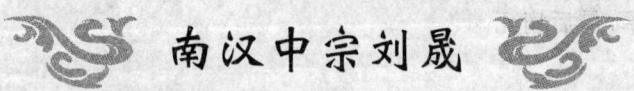

南汉中宗刘晟

生卒时间：公元920年—公元958年
在位时间：公元943年—公元958年

刘晟原名弘熙，密谋杀掉了刘玢后，在刘弘昌等的支持下自立为帝。

自己是如何上台的，刘晟心里非常清楚，因而把诸弟视作死敌。即位的第二年，刘晟就派人杀掉了刘弘昌，随后将自己的兄弟一一诛杀。屠杀结束后，他对所有大臣都不信任，只有帮他屠杀兄弟的宦官与宫人得到了其信任。

公元948年，刘晟经过对楚三年的战争，夺得宜州、连州等十州，并大败南唐援兵，就连后周都派使者来交好。北周使节临回国之时，刘晟把一些茉莉送给使节，使节就问这茉莉的名称，刘晟骄傲地回答说："此花名称小南强。"暗指南汉虽小，却十分强大。面对后周的日渐强盛，南方诸国人人自危，妄自尊大的刘晟却根本不在乎，更加穷奢极欲。

公元958年，刘晟病亡。

南汉后主刘鋹

生卒时间：公元943年—公元980年
在位时间：公元958年—公元971年

公元958年，刘晟的长子刘鋹即位。刘鋹即位后，将时间花费在出游和玩乐上，对国家大事漠不关心，使得朝政大权都被宦官所掌握。

公元961年，赵匡胤建立北宋。各地割据政权纷纷请降，赵匡胤也积极准备统一全国。在这种情况下，刘鋹的大臣建议他早作准备，要么就是向北宋朝贡称臣，要么就是修城练兵、准备抵抗，刘鋹对此置之不理。

公元970年，李煜奉旨致书刘鋹，劝其降宋。刘鋹大怒，将来使囚禁，拒绝投降。宋军于是大举伐汉。刘鋹吓得将珠宝财物装上十余只大船，想出海外逃，结果被宦官与士兵合谋将船盗走。刘鋹无奈，只得投降，被送至开封。

被送到开封的刘鋹倒也乐不思蜀，直到公元980年病死在开封。

荆南武信王高季兴

生卒时间：公元858年—公元928年
在位时间：公元924年—公元928年

高季兴本名高季昌，早年在汴州流浪，后来被富商收为家童。朱温占领汴州后，高季兴得到朱温赏识，从此为朱温东征西讨建立后梁出谋划策。朱温称帝后，高季兴被封为荆南节度使，开始成为一方诸侯。

公元912年，朱温被自己的儿子杀掉，后梁陷入内乱之中，高季兴遂拥兵自立，成为独立的割据势力，在十国中被称为荆南或南平。

高季兴虽然建立割据政权，但却是十国中国势最弱的一个政权。高季兴不得不采取了一条极为现实的国策，就是先后向南唐、晋、蜀等国分别称臣。这样，一方面可以得到大量赏赐，另一方面又可以暂时避免大兵压境之祸。

高季兴有一个嗜好，就是劫掠各国途经南平的使者。各国国君也知道南平实在太弱，又鄙视这位南平王，把他称为"高无赖"，或者叫"高赖子"，因此不怎么与他计较，但还是有人跟他计较了。公元927年，楚国派往后唐的使者自洛阳返回，途经南平时被高季兴劫掠，楚王马殷大怒，于是派兵讨伐南平，将南平军打得溃散而逃。楚军兵临城下，吓得高季兴赶紧将所抢财物送回求和。

此事不久，公元928年高季兴病死。

荆南文献王高从诲

生卒时间：公元891年—公元948年
在位时间：公元929年—公元948年

高季兴死后，其长子高从诲即位。契丹灭晋后，他向契丹称臣，然后劝刘知远称帝建北汉，并请求将郢州赐给南平，刘知远不允，他就与北汉断交，但不久因断交而导致北方商贾不至，境内资源贫乏，又遣使谢罪，请求和好。

公元948年，高从诲病死。

荆南贞懿王高保融

生卒时间：公元920年—公元960年
在位时间：公元948年—公元960年

高从诲死后，其第三子高保融即位。他放弃了父祖的做法，只向北方日渐强盛的后周称臣，年年上表纳贡，还帮助后周进攻后蜀、南唐。公元960年，高保融因病去世。

荆南侍中高保勖

生卒时间：公元924年—公元962年
在位时间：公元960年—公元962年

高保融死后，其弟高保勖因平素颇有治理才能，干练决断而被高保融立为继承人。但高保勖即位后却荒淫无度，大兴土木，弄得民怨沸腾。两年后，即公元962年，高保勖便死去。

荆南侍中高继冲

生卒时间：公元943年—公元973年
在位时间：公元962年—公元963年

高保勖死后，高保融长子高继冲即位。高继冲即位之后，便面临北宋统一南北的局面。公元963年，宋军假道南平讨伐湖南，途中将南平灭掉，高继冲降宋，之后闲居，到公元973年病死。

吴越武肃王钱镠

生卒时间：公元852年—公元932年
在位时间：公元907年—公元932年

公元852年，钱镠出生时家中传出兵甲马嘶声，其父认为这是不祥之兆，抱起他就要往井中扔，幸好被祖母苦苦拦下，钱镠这才捡回一命。钱镠从小就是个无赖泼皮，从不安心农作。在黄巢起义军攻打浙东的时候，钱镠用小股兵力保住了临安，因此被封为都指挥使，后来又提拔为节度使。

公元907年，朱温即位建立梁朝不久，钱镠表示愿意称臣。朱温十分高兴，封他做吴越王兼淮南节度使，对梁可不称臣而称吴越国。

公元923年，晋王李存勖称帝灭梁，他也急急遣使称臣，因而依然被封为吴越国王。钱镠将国家治理得井井有条，注重发展农业生产，兴修水利，被当地百姓称为"海龙王"。

公元932年，钱镠病逝。

吴越文穆王钱元瓘

生卒时间：公元887年—公元941年
在位时间：公元932年—公元941年

钱元瓘，是钱镠第五子，曾自告奋勇地去淮南做人质；回国后又率水军屡与吴军作战，官至镇海、镇东等节度使。等到即位后，他对外向后唐称臣，以保平安。后晋建国，他又向后晋称臣纳贡，而对内则减免租税、休养生息。

公元941年，杭州发生大火，皇宫也被烧尽，钱元瓘因大火得了恐惧病，之后病死。

吴越忠献王钱弘佐

生卒时间：公元928年—公元947年
在位时间：公元941年—公元947年

钱弘佐是钱元瓘第六子。钱弘佐即位时因年少而受到众将的轻视,因而接受命令时有怠慢之举,于是钱弘佐大怒,下令将怠慢者统统处死,一时众人肃然。

钱弘佐在位期间,为了缓和民愤,曾免租税三年,使得社会生产较发达。后来国政被丞相曹仲达、上统军使阚瑶与胡进思执掌,他便逐渐成为傀儡。公元947年6月,钱弘佐因病去世。

吴越忠逊王钱弘倧

生卒时间:公元929年—公元967年
在位时间:公元947年

钱弘倧是钱元瓘的第七子,在他即位后,未能改变权臣专政的局面,反而被执掌兵权的内牙统军使胡进思率军逼迫其退位,拥立其弟钱弘俶为王。钱弘倧被软禁,20年后死去。

吴越忠懿王钱弘俶

生卒时间:公元928年—公元988年
在位时间:公元947年—公元978年

钱弘俶是钱元瓘第九子,因权臣胡进思率军威逼钱弘倧退位而即位。他上台后减免租税、整顿内政,迅速安定了国内局势;对外则向后周及后来的北宋称臣纳贡。宋太祖即位后,他被召往开封,逼他献出吴越国的领地,于是公元978年,钱弘俶献地称臣,吴越国至此结束。

作为寄人篱下的降国君王,钱弘俶不得不谨慎克己、小心度日。每天早朝,钱弘俶一定会提前赶到宫门前等候。有一天早晨,风雨交加,大臣和节度使、国王没有一人赶来上朝,只有钱弘俶父子二人依然如故。宋太祖看后怜悯地说道:"你现在已经是中年人了,最好多避避风寒,我赦你从今天起,不用太早来入朝。"

钱弘俶靠这种小心谨慎,安度余生,直到公元988年病死。

北汉世祖刘崇

生卒时间:公元895年—公元954年
在位时间:公元951年—公元954年

少年时期的刘崇随兄长刘知远四处征战,逐渐成为拥有军权的将领。

刘崇与郭威等人素有不合。因此,刘承祐在位时郭威当政,刘崇就停止了财赋上交,开始积聚力量,图谋自立。公元950年,刘承祐被杀,刘崇便想趁机起兵,但不久就传来消息说,郭威等人将立刘崇长子刘赟为帝。刘崇当即罢兵返回,但事情发展令他难以预料。郭威将刘赟捕杀,然后自己登基称帝,建立了后周。

刘崇闻知后大怒,索性自己当皇帝,国号仍称汉,以表明他是后汉王朝的继承者。但是,建国后北汉实力太过薄弱,于是刘崇借契丹与后周抗衡,而契丹也想利用汉与周的矛盾从中渔利。

公元954年,郭威病故,养子柴荣继位,刘崇出兵伐周。柴荣亲自带兵出征,反将刘崇部队打得大败。不久,刘崇就因疾病缠身而死。

北汉睿宗刘承钧

生卒时间:公元926年—公元968年
在位时间:公元954年—公元968年

公元954年刘崇死后,刘崇的次子刘承钧即位为帝,改名刘钧。

刘承钧当上皇帝以后,北汉更加衰落,因而继续依附契丹,并认辽主为父皇帝,自称儿皇帝。到了公元968年,刘承钧重病不起,随后就病死了。

北汉少主刘继恩

生卒时间:?—公元968年
在位时间:公元968年

公元968年,刘钧病逝后,刘钧的养子刘继恩被立为帝,国家大权都交给一个云游道士郭无为。但时间长了,刘继恩也有把他灭掉的想法,于是便设计在宫中大宴群臣,但郭无为可能知道事情,所以没有到场。刘继恩见计谋落空,只好回到寝室里睡觉。刘继恩回到居室,刚刚卧下,乱兵就持刀进入,杀掉了刘继恩。

北汉英武帝刘继元

生卒时间:?—约公元992年
在位时间:公元968年—公元979年

刘继恩被杀后,仪表堂堂、颇通禅学的刘继元于公元968年被立为皇帝。当上皇帝的刘继元,一改过去谈禅读经、温文尔雅的风度,变得暴戾无常。

当时北汉外受契丹的欺侮,强大的北宋又时时威胁着其生存,而内部则无财无粮、国库空虚。公元975年,北汉与北宋之间又起冲突,于是刘继元在多次抗击北宋军队失败后向宋太宗投降。宋太宗将刘继元迁到开封。

公元992年,刘继元病死于开封。

北宋

宋太祖赵匡胤

生卒时间：公元927年—公元976年
在位时间：公元960年—公元976年

> 昔者尧、舜以禅代，汤、武以征伐，皆南面而有天下。四圣人者往，世道升降，否泰推移。当斯民涂炭之秋，皇天眷求民主，亦惟责其济斯世而已。使其必得四圣人之才，而后以其行事畀之，则生民平治之期，殆无日也。五季乱极，宋太祖起介胄之中，践九五之位，原其得国，视晋、汉、周亦岂甚相绝哉？及其发号施令，名藩大将，俯首听命，四方列国，次第削平，此非人力所易致也。建隆以来，释藩镇兵权，绳赃吏重法，以塞浊乱之源。州郡司牧，下至令录、幕职，躬自引对。务农兴学，慎罚薄敛，与世休息，迄于丕平。治定功成，制礼作乐。在位十有七年之间，而三百余载之基，传之子孙，世有典则。遂使三代而降，考论声明文物之治，道德仁义之风，宋于汉、唐，盖无让焉。呜呼，创业垂统之君，规模若是，亦可谓远也已矣！
>
> ——《宋史·太祖本纪》

陈桥称帝　杯酒释权

公元927年，赵匡胤生于洛阳夹马营，乳名叫"香孩儿"。年幼时的赵匡胤就文武双全，不但书读得不错，而且习武方面也表现出天赋，几年下来，已是一个弓马娴熟、小有名气的骑手。由于家道中落，新婚不久的赵匡胤不得不离家出走，前去投奔父亲旧时好友。但世态炎凉，他不但没有从这些有权有势的前辈那里得到关怀和帮助，反而受了不少的白眼和冷遇。

公元948年，21岁的赵匡胤投奔郭威，成为郭的部属。公元951年，郭威即位，国号周（后周），赵匡胤也因战功屡被提拔。

公元954年，周太祖郭威病逝，周世宗柴荣即位。同年2月，赵匡胤随周世宗北上抗击前来进犯的北汉，在高平（今山西晋城东北）展开大战，赵匡胤带领后周军队得胜。周世宗擢升赵匡胤为殿前都虞侯，并委以整顿禁军的重任。赵匡胤开始利用主持整顿的机会，发展自己的势力，之后伴随后周世宗不断地南征北战，赵匡胤逐渐升迁。赵匡胤不但交结武将，也与赵普、王仁瞻等文人来往，并网罗到麾下，成为心腹幕僚。

宋太祖赵匡胤

公元959年，周世宗因病去世，其7岁的儿子柴宗训即位，赵匡胤被提升为殿前都点检，掌握了后周军权。

公元960年的农历正月初一，后周君臣正在朝贺新年，赵匡胤指使人谎报军情，说是契丹与北汉联合入侵后周，小皇帝柴宗训立即令赵匡胤率领禁军前往迎敌。

正月初二，赵匡胤率兵来到离开封几十里的陈桥驿。刚安顿好，便有赵匡胤的亲信在营中煽动说：天边有两个太阳，正在搏斗，一日克一日，这是天命。士兵们一传十，十传百，很快军中都知道"一日克一日"这件事。当晚酒后，赵匡胤假装酒醉卧床睡觉。赵匡义、赵普与将领们商议兵变。第二天清晨，赵普、赵匡义率诸将至赵匡胤卧室，只见将校们手握刀剑挤在院子里，齐声高喊："诸军无主，愿策太尉为天子。"赵匡胤未来得及回答，一件象征着天子黄袍的黄色上衣就披在了他身上，众将校统统跪拜，高呼"万岁"。赵匡胤假意推拒，宣布："若要当皇帝，就必须听从我的命令，并不得纵兵大掠，对周帝及皇族加以保护。"众将表示愿"唯命是从"后，随之火速回师开封，在早已等候在京城的石守信等人的配合下入城。事已至此，柴宗训只得召集百官，宣读了别人替他准备好的"禅位制书"，"应天顺人"地将帝位让给了赵匡胤，后周灭亡。

当日，赵匡胤登位于崇元殿，受臣僚拜贺。次日，赵匡胤颁定国号为宋，宋朝正式建立，赵匡胤即宋太祖。

即位之初，赵匡胤采取以稳定京城、笼络后周旧臣为主的方针，对后周旧臣实行了官位依旧、全部录用的政策。但还是有人不满赵匡胤的登基。公元960年春，昭义军节度使李筠举兵反宋，北汉又出兵南下，声援李筠，在扬州的周太祖外甥李重进也起兵响应，一时声势浩大。赵匡胤本人亲征，平息了宋初的"二李之乱"。

解决了与后周旧臣的矛盾后，赵匡胤将矛头对准拥立有功且手握重兵的将领们。公元961年的一个夏夜，赵匡胤将石守信、王审琦等禁军高级将帅留下，设便宴招待他们。待酒酣耳热之际，赵匡胤屏退左右，长叹了一口气，说道："如果没有你们的出生入死，鼎立辅助，也就没有我今天这个天子。可我今天做了这个天子，又觉得做天子也太难了,远不如做节度使时快乐。自做了天子后,我从没有睡过一夜安稳觉。"石守信等人忙问:"陛下为何事如此忧虑?"赵匡胤说:"这还不明白,皇帝的位子,谁不想坐!"石守信等人听话中有话,又问:"陛下为何口出此言,如今天命已定,谁还敢再有二心?"赵匡胤苦笑着说:"你们虽然没有异心,可如果你的手下有那么一天,将黄袍披在你们身上,你们就是不想当这皇帝怕也不行吧?"众将听了,不由大吃一惊,急忙跪下哭泣道:"请陛下给我们指条生路吧。"赵匡胤见时机已到,便说:"你们不如将兵权交出来,然后我给你们高贵的官职和大批的赏赐,你们再买上一批好田宅,为子孙们留下一份产业,家中多置一些歌妓舞女,天天饮酒作乐,我也与你们互相结为亲家,君臣之间就再也不用互相猜疑,君臣和睦相处,这该有多好!"石守信等人听了这话,都急忙跪下向赵匡胤谢恩。第二天,他们都上书称自己有病,不适宜领兵征战,要求解除兵权。赵匡胤十分高兴,赏赐安抚一番后,随之宣布免去石守信、高怀德等人的禁军职务,让他们到地方州郡去作节度使。这就是历史上的"杯酒释兵权"。

"杯酒释兵权"后,赵匡胤将禁军完全掌握在自己的手中,并选拔了一批资历较浅的后辈武将担任官职,使其难以在禁军中形成根深蒂固的势力。

南北用兵　统一全国

五代十国末期,全国四分五裂。南北八个割据政权,严重威胁了北宋王朝的安全和宋初中央集权的巩固,面对这些强弱不一的割据政权,计划统一天下的赵匡胤也有些一筹莫展。

一个雪夜,在家休息的赵普,迎来了赵匡胤。赵匡胤进屋后,心情沉重地说:"我睡不着,所以想来和你聊聊,你觉得我是不是不应该先攻取北汉?"赵普沉默了良久,然后说:"北汉盘踞在太原地区,如果我们攻下太原,就要面对强敌辽国,我们不如先征服南方诸国,占有富庶的根据地,再回过头来解决北汉这块弹丸之地。"这就是北宋初年著名的"先南后北"的战略,即先消灭南方的几个割据政权,后消灭北汉政权,避免在统一南方以前与辽国发生正面的军事冲突。

于是,赵匡胤开始了他统一全国的进程。

公元963年,赵匡胤派兵"假道灭虢"灭南平,随后取得湖南。公元964年年底,仅用66天的时间就灭亡了后蜀。平定后蜀不久,赵匡胤曾先后两次进攻北汉,结果都以失败而告终,并且还损失了大量的精锐和辎重。赵匡胤痛定思痛,及时进行自我批评,决定继续实施"先南后北"的统一方针,于公元970年秋出兵攻取南汉,又于次年春攻克广州,南汉灭亡。

平定南汉后,赵匡胤准备挥师平定南唐。公元974年秋,赵匡胤兵分三路,从北、南、西三面向南唐进攻。在宋军进兵之前,南唐有个书生樊若水,因屡试不第,上书言事也没被李煜理睬,决定北投大宋。他经过反复探测,精确地计算出长江的宽度、水深、流速等各种数据,然后向赵匡胤献上在长江架浮桥之策。赵匡胤正愁北宋大军无法渡江,见到樊若水,马上赐他为进士及第,并按照他的设计打造战舰,作好了

渡江的准备。当总攻发起后,江北宋军通过采石矶浮桥,渡过了长江天堑。李煜根本没想到能在水深江阔的长江上搭桥,等他发现时,国都金陵已处于宋军的重重包围之中了。

宋军攻陷金陵城。李煜在宫内堆积了一大堆柴火,发誓与社稷共存亡,可他又没有自杀的勇气。当宋军杀进宫时,他为保命还是投降了。

灭南唐是赵匡胤统一南方的最后一仗,也是当时最大的一次江河作战。这次战争中的"浮桥渡江"、"围城打援"是赵匡胤战略部署中的得意之举,也是古代战争史上的创举。

公元967年,赵匡胤死去,宋太宗按照赵匡胤的既定方针,继续对吴越和漳泉施加压力,终于完全统一南方。随后,宋太宗灭亡北汉,延续了数十年之久的分裂割据局面终于结束,除了辽所控制的燕云十六州以外,汉族所聚居的中原地区和南方的广大区域重新获得了统一。

多措并举 加强集权

在统一全国的同时,赵匡胤还采取了一系列措施,巩固和加强了专制主义中央集权。

赵匡胤非常清楚地方军阀只要拥有重兵便可黄袍加身,包括他自己。因此,赵匡胤称帝伊始,首先通过"杯酒释兵权"削夺手握重兵的将领和地方节度使的兵权,并派文官出任地方官吏,将兵权收归中央。

在任命文官为地方官吏的同时,赵匡胤又下令地方官吏在一个地方任职不得超过3年,随后又收夺了地方上的财权。地方丧失了财权,自然也就无法屯兵自重了。随后又在百官中推行"官、职分离,互相牵制"的任官政策,削弱大臣的权力,使权力完全集中到自己一人手中。

赵匡胤还在隋唐以来的科举考试制度的基础上加以继承、改革和发展,并规定殿试不再有淘汰制度,只要参加过殿试,都可以有做官的机会,并称其为"天子门生"。同时,赵匡胤下令修复孔庙,开辟儒馆,沿用老学名儒,以劝励教化。赵匡胤认为,乱世用武,治世用文,对文臣加以重用。

这样,一方面是调整中央与地方、君主与臣下的关系,使地方的行政、财政、军事等等各方面的权力不断地向中央集中,最后又集中到皇帝一个人手中,形成了至高无上的君主集权制;另一方面又开科取士,重文用武,广罗人才,极力扩大这一专制统治的基础。在统一大局已定的情况下,赵匡胤创立了一整套为其后代奉若圭臬的"祖宗家法"。

公元976年秋天,赵匡胤猝然死去,享年50岁。

宋太宗赵炅（赵匡义 赵光义）

生卒时间：公元939年—公元997年
在位时间：公元976年—公元997年

> 帝沈谋英断，慨然有削平天下之志。既即大位，陈洪进、钱俶相继纳土。未几，取太原，伐契丹，继有交州、西夏之役。干戈不息，天灾方行，俘馘日至，而民不知兵；水旱螟蝗，殆遍天下，而民不思乱。其故何也？帝以慈俭为宝，服浣濯之衣，毁奇巧之器，却女乐之献，悟畋游之非。绝远物，抑符瑞，闵农事，考治功。讲学以求多闻，不罪狂悖以劝谏士，哀矜恻怛，勤以自励，日晏忘食。至于欲自焚以答天谴，欲尽除天下之赋以纾民力，卒有五兵不试、禾稼荐登之效。是以青、齐耆耋之叟，愿率子弟治道请登禅者，接踵而至。君子曰："得乎丘民而为天子"，帝之谓乎？故帝之功德，炳焕史牒，号称贤君。若夫太祖之崩不逾年而改元，涪陵县公之贬死，武功王之自杀，宋后之不成丧，则后世不能无议焉。
>
> ——《宋史·太宗本纪》

结束割据

公元939年，宋太祖赵匡胤的弟弟赵匡义出生。正是比赵匡胤小12岁的弟弟赵匡义和赵普等人积极地配合，才让赵匡胤能够篡位自立建立北宋。

赵匡胤当上皇帝，即任命赵匡义为殿前都虞侯，领睦州防御使。公元961年，赵匡胤任命赵匡义为开封尹，同平章事。同时，为了避讳，赵匡义改名为赵光义。赵匡胤也非常疼爱他这个弟弟。有一次赵光义生病，身为皇帝的赵匡胤亲手为他灼艾。赵光义失声叫痛，赵匡胤大概是要为其弟分担病痛，也取艾自灸。

公元976年，赵匡胤突然驾崩，于是赵光义就在灵柩前即位，是为宋太宗。

赵光义即位后，继续执行赵匡胤先南后北的统一策略。北宋完全统一南方，赵光义把主要兵力转向北方的北汉和辽政权。公元979年，赵光义消灭北汉，结束五代十国的割据局面。

赵光义携灭北汉之余威，率大军继续北上伐辽，兵不血刃地收得易、涿二州。旗开得胜，赵光义非常高兴，于是公元979年，赵光义率军与辽军在辽之南京（今北京）展开大战，结果大败而归。

公元986年，赵光义派宋军再次北伐辽国，又遭到惨败，其中大将杨业在雁门之战中战死。杨业死后，边境大震，辽军乘胜进入宋境抢掠一空，使宋朝边民蒙受重大损失。两次北伐失败后，赵光义对辽的政策逐渐改为了由攻到守。

文治天下

结束分裂局面后,赵光义将视线开始转移到文治上来。他开创、修补、完善了宋朝的各项典章制度,使之基本成为定制。两宋之人多言"祖宗之法",这"祖宗之法"即是指宋太祖宋太宗而言,其中宋太祖法度主要在于军事、政治方面,而宋太宗除了对宋太祖法度作了进一步完善外,又着重在文化、经济等方面建立了一整套法度规范。

赵光义完善了始于隋唐的科举制度,还非常重视发展文化事业,崇文院藏书十分丰富。赵光义组织文人编纂了《太平广记》、《太平御览》和《文苑英华》等书。这三大部书成为后人研究中国古代历史、文学的宝贵资料。

宋代的皇帝多注意从历史上汲取统治的经验教训,可以说是从太宗开始。太宗对大臣说:"朕历览前代书籍,发现君臣之际,大抵情通则道合,所以有事皆无隐匿,言论都可采用。朕励精求治,卿等作朕股肱耳目,如果施政有缺失,应当悉心上言说明,朕决不以居尊自恃,使人不敢说话。"

赵光义为政勤俭,而又不喜声色游猎,只是喜欢读书和书法。他对宗教也比较宽容,不过是重道教、轻佛教。

赵光义当上皇帝后,用很大一部分精力来确保皇位。赵匡胤的儿子赵德昭被逼迫自杀身亡;赵光义的弟弟赵廷美(赵光美,为避讳改名)也被逼忧郁而死。公元995年,赵光义年老,遂立他的儿子赵元侃为太子。至此,自赵光义即位以来的皇位继承问题最终得到解决。

公元997年,赵光义病死,享年59岁。

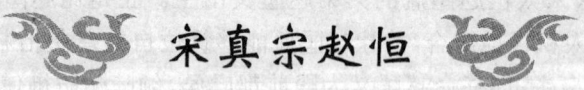

宋真宗赵恒

生卒时间:公元968年—公元1022年
在位时间:公元997年—公元1022年

> 真宗英悟之主。其初践位,相臣李沆虑其聪明必多作为,数奏灾异以杜其侈心,盖有所见也。及澶洲既盟,封禅事作,祥瑞沓臻,天书屡降,导迎奠安,一国君臣如病狂然,吁,可怪也。他日修《辽史》,见契丹故俗而后推求宋史之微言焉。宋自太宗幽州之败,恶言兵矣。契丹其主称天,其后称地,一岁祭天不知其几,猎而手接飞雁,鸨自投地,皆称为天赐,祭告而夸耀之。意者宋之诸臣,因知契丹之习,又见其君有厌兵之意,遂进神道设教之言,欲假是以动敌人之听闻,庶几足以潜消其窥觎之志欤?然不思修本以制敌,又效尤焉,计亦末矣。仁宗以天书殉葬山陵,呜呼贤哉!
>
> ——《宋史·真宗本纪》

公元968年,赵光义第三子赵恒出生。赵恒自幼就很聪明,深受伯父太祖和父亲太宗的喜爱,在公元995年被立为皇太子。

赵恒成为太子后,与宦官王继恩产生矛盾。王继恩趁太宗病重时,与人密谋,准备立赵恒的兄长赵元佐。幸好宰相吕端瞧出端倪,果断地在太宗驾崩前将赵恒找到,并在太宗灵柩前即位,保住了赵恒的帝位。公元997年,赵恒即位,是为宋真宗。

宋真宗即位后,首先将拥立有功的吕端等人提拔到政治核心,辅佐自己进行统治;然后贬黜和流放参与废立之人,使得朝中再无与自己意见相左之人,并下诏宣布,朝廷内外的文武百官都可以上书劝谏议论时政,表明了自己锐意改革、立志图强的决心。

在统治地位巩固后,赵恒便着手整顿吏治,采取了一系列措施以解决机构臃肿、贪污腐败、官吏冗滥、选举作弊等突出问题。赵恒也很注重人才的选拔和任用,他下令进行改革科举制,发展学校教育,以书院为主要教学形式的私学逐渐兴盛起来。在实行政治改革的同时,赵恒还采取了劝课农桑、赈恤灾民、减罢徭役、广兴屯田、奖励垦荒等等发展生产的措施,使得赵恒在即位之初的几年出现了后世所称的咸平之治的小康局面。

澶渊之盟

而面对来自北边的契丹政权和西边的党项政权的军事威胁,赵恒却胆怯懦弱、消极防御。契丹军队迅速南进到了澶州一带。消息传来,朝中大臣纷纷主张南逃以躲避契丹的进攻,而宰相寇准主张积极抗战,并力请赵恒北上亲征,赵恒只好硬着头皮北上澶州。几十万宋军见皇上亲征,无不备受鼓舞,士气大振,前线人民也纷纷协助官兵打击敌人。

契丹军见此形势,只得派使请求罢战议和。在寇准的坚持下,赵恒以不割地为原则,每年给契丹银30万两绢30万匹,从而达成协议,罢战言好。公元1005年,宋辽"澶渊之盟"签订。次年,党项也向北宋称臣,赵恒也照给银绢。

赵恒以巨大的代价,使宋朝的西部和北部边防暂时平安无事。澶渊之盟后,外部威胁暂时缓解,但朝廷内部矛盾却日益激化。

战后不久,赵恒听信小人进谗,将耿直的寇准以"过求虚誉,无大臣礼"为由罢相。此后的赵恒,再无御敌之决心,也无治国之励志,朝中尽为奸佞小人当道,朝政日乱,国力渐衰。

公元1022年,赵恒病死,享年55岁。

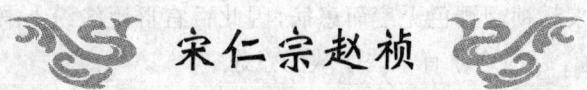

宋仁宗赵祯

生卒时间:公元1010年—公元1063年
在位时间:公元1022年—公元1063年

> 仁宗恭俭仁恕，出于天性，一遇水旱，或密祷禁廷，或跣立殿下。有司请以玉清旧地为御苑，帝曰："吾奉先帝苑囿，犹以为广，何以是为？"燕私常服浣濯，帷帘衾裯，多用缯绨。宫中夜饥，思膳烧羊，戒勿宣索，恐膳夫自此戕贼物命，以备不时之须。大辟疑者，皆令上谳，岁常活千余。吏部选人，一坐失入死罪，皆终身不迁。每谕辅臣曰："朕未尝罝人以死，况敢滥用辟乎！"至于夏人犯边，御之出境；契丹渝盟，增以岁币。在位四十二年之间，吏治若偷惰，而任事蔑残刻之人；刑法似纵弛，而决狱多平允之士。国未尝无弊幸，而不足以累治世之体；朝未尝无小人，而不足以胜善类之气。君臣上下恻怛之心，忠厚之政，有以培壅宋三百余年之基。子孙一矫其所为，驯致于乱。《传》曰："为人君，止于仁。"帝诚无愧焉。
>
> ——《宋史·仁宗本纪》

公元1010年，宋真宗赵恒第六子赵祯出生，生母李宸妃，后过继给章献皇后刘氏为养子。宋真宗曾生有5个儿子，但这5个儿子都相继夭折，因而赵祯出生时举宫欢庆，宋真宗更是视之为掌上明珠，并作为自己的唯一继承人。

公元1022年，宋真宗病死，年仅13岁的赵祯即位，是为宋仁宗。因年龄尚幼，所以朝政都由皇太后处理。此时的赵祯，并无心思也无兴趣关注朝政，他关心的是自己的书法。除了陪太后例定的坐朝听政外，赵祯就一门心思地投入到书法的练习中，以至于后来他的飞白书法在宋代皇帝中也是数一数二的。

● 宋仁宗赵祯

随着年龄的增长，赵祯渐以疏远太后为他立的皇后郭氏的办法，来表示对太后专权的不满。

直到公元1033年春，刘太后病死，赵祯这才正式亲政。

赵祯亲政以后，首先将太后在朝中的亲信全都贬为外官，然后迅速建立起与自己同为一心的统治集团，以便于以后的施政。赵祯还将郭皇后以无子为借口，废为尼姑，幽居长宁宫。

扫除掉太后的亲信后，赵祯再无心管理朝政，而是与宠妃尚氏、杨氏等人纵情声色、恣意享乐。后来赵祯因酒色无度而患病，因此百官群臣纷纷上书，要求整肃后宫，杨太后也亲劝赵祯，赵祯这才有了些亲政的意思。

这时，党项国主元昊于公元1038年正式称帝，建立西夏，并进行了一系列改革，使得西夏迅速强大。公元1039年，北宋与西夏发生延州之战，次年又发生定川之战，宋军两战均败。面对这种形势，赵祯不得不请求议和。直到公元1044年，元昊迫于辽的进攻,急于和宋抗辽,才答应称臣,同时提出巨额"岁赐"。赵祯马上答应了元昊的求和条件。

契丹此时也趁火打劫,于公元1042年初以大军压境来威胁赵祯,北宋又增加了对辽的纳银和绢。

庆历新政

此时的宋王朝,冗官冗吏局面日趋严重,朝臣互相倾轧成风。以范仲淹为代表的朝野忧国忧民之士担心国家兴亡,纷纷上书,要求变革图强。赵祯在严酷的现实面前,也隐约地感到了统治危机,便于公元1043年下令范仲淹主持"新政"。

"新政"在赵祯的支持下进行。但是,新政的实施从开始之日起,就遇到朝廷中保守势力的反对。"新政"触及了一部分人的既得利益,一大批贪官污吏和显官贵族的利益受到损害,因而首先发难、诽谤新政,反对声音越来越多。

这时发生多起农民起义,还有不少地方发生蝗旱之灾,赵祯都认为是实施新政所带来的结果,于是决意牺牲革新派、妥协反对派。"庆历新政"似昙花一现,赵祯力志图强的信念似流星般稍纵即逝。

公元1047年,贝州(今河北清河)宣毅军又发生了王则领导的起义。宋军费尽九牛二虎之力,历时3个多月方才将起义镇压下去,总算使处于焦虑之中的赵祯长舒了一口气。

公元1063年,赵祯病死,享年54岁。

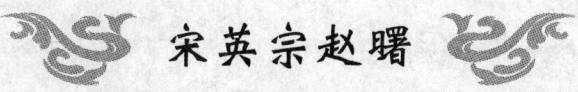

宋英宗赵曙

生卒时间:公元1032年—公元1067年
在位时间:公元1063年—公元1067年

> 昔人有言,天之所命,人不能违。信哉!英宗以明睿之资,膺继统之命,执心固让,若将终身,而卒践帝位,岂非天命乎?及其临政,臣下有奏,必问朝廷故事与古治所宜,每有裁决,皆出群臣意表。虽以疾疹不克大有所为,然使百世之下,钦仰高风,咏叹至德,何其盛也!彼隋晋王广、唐魏王泰窥觎神器,矫揉夺嫡,遂启祸原,诚何心哉!诚何心哉!
>
> ——《宋史·英宗本纪》

赵曙是濮安懿王赵允让第十三子,后被宋仁宗收为养子。公元1063年,宋仁宗赵祯因病暴崩,赵曙即位,是为宋英宗。

宋仁宗的葬礼搞得很隆重,拖垮了刚即位的赵曙,等到仁宗大敛之日,赵曙竟因

病差点不能成礼。自此以后,赵曙久病不愈,大权就交给垂帘决政的曹太后。

赵曙与曹太后不和,弄得朝野内外谣言四起,大臣们也忧恐不安,于是以司马光等人为首的大臣数次上书,加以劝谏。赵曙的老师刘敞等人也借古讽今,以"孝道"相劝。终于,赵曙在大臣们的劝谏下开始侍奉太后,曹太后撤帘还政。从此,赵曙正式亲政。

赵曙即位以后,尊礼生身父母濮王及诸夫人为亲,并下令称濮王及诸夫人的坟茔为园,即以园立庙,并封兄长为濮国公,主奉濮王祭祀的事情,尊崇濮王之礼因此而定。

赵曙励精图治,手下又有韩琦、欧阳修等有才之人为辅,北宋朝政为之一新。但西夏军屡次入侵,成为北宋西北边境的一大患,使赵曙不得不再谋国防,抵抗入侵。

而在朝廷内部,赵曙对当时皇亲国戚的奢侈糜烂也感到非常气愤,尽管想方设法地解决自仁宗以来的冗官问题,但因没有采取切实可行的有力措施,反而使之愈演愈烈。

外困内忧,弄得赵曙焦头烂额,不堪应付,他终于在公元1067年旧病复发,卧床不起,到最后撒手而去。

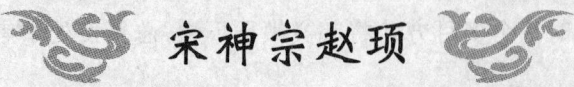

宋神宗赵顼

生卒时间:公元1048年—公元1085年
在位时间:公元1067年—公元1085年

> 帝天性孝友,其入事两宫,必侍立终日,虽寒暑不变。尝与岐、嘉二王读书东宫,侍讲王陶讲谕经史,辄相率拜之,由是中外翕然称贤。其即位也,小心谦抑,敬畏辅相,求直言,察民隐,恤孤独,养耆老,振匮乏。不治宫室,不事游幸,历精图治,将大有为。未几,王安石入相。安石为人,悻悻自信,知祖宗志吞幽蓟、灵武,而数败兵,帝奋然将雪数世之耻,未有所当,遂以偏见曲学起而乘之。青苗、保甲、均输、市易、水利之法既立,而天下汹汹骚动,恸哭流涕者接踵而至。帝终不觉悟,方断然废逐元老,摈斥谏士,行之不疑。卒致祖宗之良法美意,变坏几尽。自是邪佞日进,人心日离,祸乱日起。惜哉!
> ——《宋史·神宗本纪》

立志图新 推行新法

公元1067年,宋英宗病死,立为太子不久的赵顼仓促即位,是为神宗。
宋神宗赵顼即位之时,社会矛盾已经比较尖锐,宋初以来就出现的冗官、冗兵、冗费"三冗"问题愈演愈烈,百姓日生不满,小规模起义此起彼伏,因此必须在政治、财政、军事等方面进行一些改革,才能有效地维持国家机器的正常运转。

赵顼即位伊始,急于寻找一个能够全力帮助他改革的大臣作为臂膀。王安石就在这时脱颖而出。王安石曾给仁宗上了《上仁宗皇帝言事书》。宋仁宗没怎么看,未即位的赵顼倒看得很仔细,因而非常欣赏王安石。赵顼即位后,就把王安石召到身边,问他治国事宜。王安石的回答令赵顼耳目一新,于是赵顼命王安石写出《本朝百年无事札子》。赵顼看后大喜,便于公元1069年起用王安石为参知政事,并亲自督促王安石提出并推行了一整套新法。

新法分为富国、强兵和改革科举制度三个部分,许多措施直接触动了大官僚、大地主、大商人的利益,加上新法本身有许多不足,所以改革命令一出,朝野哗然,几乎各项新法都遭到强烈反对。

在这样的局面下,赵顼有些动摇,先后两次将王安石罢相,以平息反对的声音。被再次罢相的王安石于公元1086年病死,而赵顼还是将部分新法进行到底,其中改革官制与强化军兵保甲的制度成为改革的重心。由赵顼自己单独进行的改革被后人称为"神宗改制"。

赵顼不满北宋对辽和西夏一味妥协退让,因此与边境少数民族政权进行了多次战争,但大多是胜少负多。

位于现今越南北方地区交趾,不断在宋边境进行劫掠。公元1076年,赵顼派兵征讨交趾,将交趾打败,全部收复被交趾占据的失地。从此,交趾再不敢侵扰宋境。

公元1077年,赵顼派兵第一次讨伐西夏,取得自北宋开国以来宋对辽、夏战争中的空前大胜。公元1081年,赵顼再次征讨西夏,结果宋军大败,伤亡惨重。消息传到朝廷,赵顼悲痛难忍,竟临朝大哭。从此,赵顼彻底丧失了先前的雄心,维持原来对西夏的和议,每年向西夏交纳财物。

公元1085年,深受西北边境军事失败所打击的赵顼一病不起,不久就去世。

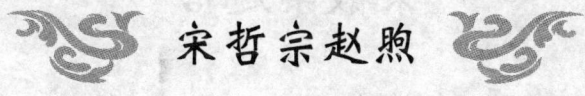

宋哲宗赵煦

生卒时间:公元1076年—公元1100年
在位时间:公元1085年—公元1100年

> 哲宗以冲幼践阼,宣仁同政。初年召用马、吕诸贤,罢青苗,复常平,登俊良,辟言路,天下人心,翕然向治。而元祐之政,庶几仁宗。奈何熙、丰旧奸桸去未尽,已而媒蘖复用,卒假绍述之言,务反前政,报复善良,驯致党籍祸兴,君子尽斥,而宋政益敝矣。吁,可惜哉!
>
> ——《宋史·哲宗本纪》

元祐更化

公元 1085 年春,宋神宗赵顼因病去世,赵顼的第六个儿子(前面五个均夭折)赵煦即位,是为宋哲宗。因赵煦年幼,朝政均由祖母高太后把持。

高太后掌握朝政大权以后,起用了以司马光等人为代表的大批守旧派人物,全盘否定并逐个废黜了赵顼在位时推行的一系列新法。一时间,朝野上下掀起了一阵清算新法之风,史称"元祐更化"。

赵煦年幼时很愿意念书,平时在宫中除了看书外,很少出去玩耍。当时高太后掌握朝廷大权,大臣们凡有奏事,都只向高大后请示禀报。有时赵煦偶尔问件事,大臣们竟没有一个人搭理。赵煦对人说:"垂帘之时,朕看到的只是大臣的脊背和屁股,他们的脸全转到太后那边去了!"赵煦和高太后感情危机也越来越深。高太后亲自为赵煦物色了一个自己喜欢的少女,并亲自立为皇后。大婚之后,赵煦理应可以亲政了,高太后仍没还政退位。

年轻的赵煦一直保持沉默,他在沉默中等待着亲政的那一天。

公元 1093 年,63 岁的高太后病逝,18 岁的赵煦得以亲政。不久,赵煦正式打出继承神宗事业的旗号,变法派人员回到了朝廷,王安石重新得到褒崇,元丰新法得到恢复。元祐大臣无论活着的还是死去的,其官职都被剥夺或追夺干净,高太后的亲信宦官也被编配充军。

赵煦和皇后孟氏的关系起初就不融洽。赵煦宠爱一个刘姓御侍宫女,不但在后宫与她形影不离,就连外出也时常带在身边。后来,刘氏因生了一个龙子赵茂而被册立为皇后,孟皇后被打入冷宫。

不幸的是,皇子赵茂出生两个月就生病夭折,赵煦遭此打击生病,多方医治无效病死,年仅 25 岁。

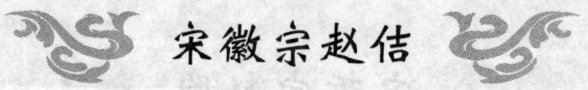

宋徽宗赵佶

生卒时间:公元 1082 年—公元 1135 年
在位时间:公元 1100 年—公元 1125 年

> 宋中叶之祸,章、蔡首恶,赵良嗣厉阶。然哲宗之崩,徽宗未立,惇谓其轻佻不可以君于下。辽天祚之亡,张觉举平州来归,良嗣以为纳之失信于金,必启外侮。使二人之计行,宋不立徽宗,不纳张觉,金虽强,何衅以伐宋哉?以是知事变之来,虽小人亦能知之,而君子有所不能制也。迹徽宗失国之由,非若晋惠之愚、孙皓之暴,亦非有曹、马之篡夺,特恃其私智小慧,用心一偏,疏斥正士,狎近奸谀。于是蔡京以猥薄巧佞之资,济其骄奢淫佚之志。溺信虚无,崇饰游观,困竭民力。君臣逸豫,相为诞谩,怠弃国政,日行无稽。及童

贯用事,又佳兵勤远,稔祸速乱。他日国破身辱,遂与石晋重贵同科,岂得诿诸数哉?昔西周新造之邦,召公犹告武王以不作无益害有益,不贵异物贱用物,况宣、政之为宋,承熙、丰、绍圣桥丧之余,而徽宗又躬蹈二事之弊乎?自古人君玩物而丧志,纵欲而败度,鲜不亡者,徽宗甚焉,故特著以为戒。

——《宋史·徽宗本纪》

浪子当朝　宠信奸佞

公元1082年,宋神宗第11子赵佶出生,他是哲宗赵煦的异母弟弟。赵佶自幼就对书法、绘画、丹青、骑射、蹴鞠,甚至豢养禽兽、侍弄花草怀有浓厚的兴趣,尤其是在书画方面他显露出了卓越的天赋。

在赵佶4岁那年,母亲就随刚死不久的神宗而去,因此赵佶行为逐渐轻佻放浪。一天,赵佶在园中蹴鞠,无意中将球踢到高俅身边,高俅遂显示出他过人的蹴鞠技术,因而赵佶对他日渐亲信、颇加重用。

赵佶在向太后面前则是一副知书达理的模样,对向太后极其敬重孝顺。因而公元1100

宋徽宗赵佶

年在无子嗣的哲宗病死后,向太后将赵佶招来灵柩前,宣布让他即位,是为宋徽宗。

即位后的赵佶俨然一副励精图治的样子,而向太后死后,赵佶就恢复了本来面目,首先将奸臣蔡京任命为宰相。赵佶在位26年,蔡京任相24年。除了蔡京,赵佶身边还有童贯、朱勔、梁师成等奸佞之徒。

收藏皇帝　丹青高手

赵佶的人生哲学是"太平无事多欢乐",即及时行乐。他在位26年,生活的腐朽糜烂在历代皇帝中是少有其比的。

赵佶修建了当时最知名的建筑之一的新延福宫,并下令收集天下最美好的东西以点缀,所以才会有童贯负责进行的"花石纲"。

赵佶收集的内容很广泛,除了象牙、犀角、金银、玉器、藤竹、织绣、花石等物外,还有前代的书法、名画、彝器、砚墨等等物品。他在宫中专门设立了一个御前书画所,由著名书法家米芾等人掌管,里面收藏了数以千万计的珍品。其中,有东晋二王的《破羌帖》《洛神帖》,以及唐代颜、欧、虞、褚、薛、李白、白居易的墨迹,光颜真卿的真迹就有800余幅;还有三国时曹不兴的《元女授黄帝兵府图》、曹髦的《卞庄子刺虎图》等丹青名画;赵佶收集了10000余件古代的钟鼎礼器,全都是商周秦汉之物。在他贮藏文房四宝的大砚库中,光端砚就有3000余枚,著名墨工张滋制的墨不下10万斤。

赵佶对收集来的古书画、彝器等潜心研究,还把大多收集到手的书法名画都重新装裱,亲自为之题写标签,以便保存。在装裱时,赵佶还有一定的格式,被后世称为"宣和装"。他还命人将历代著名书法家、画家的资料加以记录整理,并附上宫中所藏的各家作品的目录,编成《宣和书谱》和《宣和画谱》,为后世留下了美术史研究的珍贵史籍。赵佶还对所藏古彝器进行考证、鉴定,亲自编撰了《宣和殿博古图》。

赵佶生性轻浮,后宫充斥大量美女。同时,常趁夜溜出宫门微服潜行,名妓李师师由此出名。

赵佶还对道教非常痴迷,他把自己册立为"教主道君皇帝",蔡京、童贯等朝廷大臣也都兼任了道教官职,就连朝廷要提拔侍从以上的官员,也得先由算卦的道士推算他的五行休咎,然后再正式任命。一时间,道教风行全国。

被迫禅位　异邦偷生

赵佶曾派童贯带兵讨伐西夏,攻占了许多地方,逼得西夏奉表谢罪。与西夏交兵以来,宋朝确实从未取得过如此赫赫的战果。赵佶洋洋得意起来,与金签订海上之盟,共同夹击辽,收复了燕京。而公元1125年,刚与北宋联合灭掉辽的金兵便大举南侵,宋徽宗赵佶吓得赶紧让位给儿子赵桓,自己升任太上皇。退位后的赵佶,带着嫔妃宠臣向南逃跑,直到金兵从汴京城下撤退,赵桓派人请赵佶回京。赵佶这才又回到汴京。

公元1127年,金兵又来攻打汴京,不久城破,宋徽宗赵佶和宋钦宋赵桓均被俘虏,北宋灭亡。金兵在汴京劫掠一番后,赵佶和赵桓以及王公大臣贵族嫔妃等3000多人被金兵押着往北而去。同行的,还有赵佶苦心收集的大量古籍珍玩。

赵佶被押到金国都城拜见金太宗,金太宗封他为"昏德公"。不久,赵佶和赵桓等被迁到了韩州,金朝拨给十五顷土地,令他们耕种自给。

公元1135年春,宋徽宗客死他乡。7年后,棺材才被运回临安。

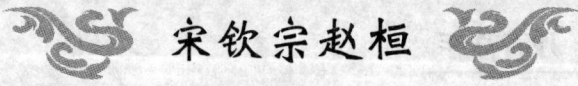

宋钦宗赵桓

生卒时间:公元1100年—公元1161年
在位时间:公元1126年—公元1127年

> 帝在东宫,不见失德。及其践阼,声技音乐一无所好。靖康初政,能正王黼、朱勔等罪而窜殛之,故金人闻帝内禅,将有卷甲北旆之意矣。惜其乱势已成,不可救药,君臣相视,又不能同力协谋,以济斯难,惴惴然讲和之不暇。卒致父子沦胥,社稷芜茀。帝至于是,盖亦巽懦而不知义者欤!享国日浅,而受祸至深,考其所自,真可悼也夫!
>
> ——《宋史·钦宗本纪》

强披龙袍　犹豫和战

公元1100年，宋徽宗的长子赵桓出生。赵桓资质虽不很鲁钝，却也算不上聪颖，一篇经文常常需要数日方能成诵。好在他读书习作比较勤奋，待人接物谦恭有礼，慢慢地也就给人留下了聪明仁孝的好印象。公元1115年，作为赵佶长子的赵桓，理所当然地成为了皇太子。

公元1125年冬，金兵大举南侵攻宋。宋徽宗赵佶无奈之中想到了禅位，于是便将太子赵桓召来。赵桓来到保和殿东阁，见赵佶半卧榻上，身边围着的都是朝中重臣，不由暗暗吃了一惊，对自己的太子地位不免有些担心。不过，接下来所发生的事情让他提到嗓子眼的心很快就落回到肚中，太师童贯将一领御袍披在了赵桓身上，赵桓当上了皇帝。

宋钦宗赵桓

靖康之耻　亡国遗恨

赵桓即位之初，还能以勤补拙，每天接见群臣、批阅奏报，常常忙到半夜。而公元1126年，赵桓定年号为"靖康"的第二天，金兵攻打汴京。当天夜里，赵佶便逃离汴京。朝中大臣们纷纷劝赵桓南迁，只有李纲坚持守城，赵桓只得留下。李纲与汴京军民同仇敌忾，逼得金兵只得解围退兵，粉碎了金兵想一举攻下汴京的企图。

随后，金兵卷土重来，将汴京再度包围。此时，李纲等主战派已经被罢黜，主和派把持了大权，因此不久汴京被金兵攻破。

公元1127年，赵桓被金兵扣为人质，同太上皇赵佶、皇后及亲王、皇孙、驸马、公主、嫔妃等押着退兵北去，北宋王朝200年府库蓄积被洗劫一空。

赵桓被押到金后，被封为"重昏侯"，意思是他和被金人封为"昏德公"的父亲赵佶加在一块是一昏再昏，此后，赵桓便在耻辱中生活，直到公元1161年死去。

南宋

宋高宗赵构

生卒时间：公元1107年—公元1187年
在位时间：公元1127年—公元1162年

> 昔夏后氏传五世而后羿篡，少康复立而祀夏；周传九世而厉王死于彘，宣王复立而继周；汉传十有一世而新莽窃位，光武复立而兴汉；晋传四世有怀、愍之祸，元帝正位于建邺；唐传六世有安、史之难，肃宗即位于灵武；宋传九世而徽、钦陷于金，高宗缵图于南京：六君者，史皆称为中兴，而有异同焉。夏经羿、浞，周历共和，汉间新室、更始，晋、唐、宋则岁月相续者也。萧王、琅琊皆出疏属，少康、宣王、肃宗、高宗则父子相承者也。至于克复旧物，则晋元与宋高宗视四君者有余责焉。高宗恭俭仁厚，以之继体守文则有余，以之拨乱反正则非其才也。况时危势逼，兵弱财匮，而事之难处又有甚于数君者乎？君子于此，盖亦有悯高宗之心，而重伤其所遭之不幸也。然当其初立，因四方勤王之师，内相李纲，外任宗泽，天下之事宜无不可为者。顾乃播迁穷僻，重以苗、刘群盗之乱，权宜立国，确虖艰哉。其始惑于汪、黄，其终制于奸桧，恬堕猥懦，坐失事机。甚而赵鼎、张浚相继窜斥，岳飞父子竟死于大功垂成之秋。一时有志之士，为之扼腕切齿。帝方偷安忍耻，匿怨忘亲，卒不免于来世之诮，悲夫！
> ——《宋史·高宗本纪》

公元1126年年初，金兵南下逼近北宋都城东京。宋徽宗的第九子赵构被命为使节，被两次派去金营求和，随后从金营逃出。

公元1127年，北宋被金所灭，消息传来，赵构决定移师应天府，随后在此即位，是为宋高宗，南宋开始。

即位后的赵构早就决定南逃。李纲非常反对,对赵构说:"自古以来,中兴的帝王都是起于西北,立足中原,控制东南。这大概是天下精兵健马都在西北的缘故。如果陛下坚持前往东南,将会使中原的抗金将士大失所望,今后要收复北方失地就更加困难了。"但赵构不顾李纲等人的反对,坚持南下。

就在赵构决意南逃的时候,北方军民的抗金斗争如火如荼。抗金老将宗泽积极与金军展开斗争,还有红巾军、八字军等著名的义军频繁活动,积极抗金。金见中原抗金力量日渐扩大,于是决定再次用兵,而赵构却乘船离开应天府,向南逃去。京师军民闻此消息,相聚啼哭,深知恢复无望。

宋高宗赵构

公元1128年春,赵构到达扬州,开始过起了醉生梦死的生活,全然不管金兵的大举南侵。公元1129年农历2月,金军逼近扬州,吓得赵构赶紧骑马而逃,向临安(今杭州市)逃去。随后,金再次举兵南下,准备捉拿赵构,消灭赵氏王朝。赵构又逃到海上呆了好长一段时间。直到金兵退走,赵构才结束海上朝廷的生涯,返回大陆。直到公元1132年,赵构的南宋朝廷重回临安。

金兵刚退,赵构与秦桧勾结起来,开始加紧了进行对金的议和活动,甚至不惜令秦桧以"莫须有"的罪名将抗金名将岳飞父子杀害。

岳飞,字鹏举,今河南汤阴县人。岳飞曾上奏朝廷,建议赵构乘金人在北方立足未稳之机,亲率大军收复失地。赵构对岳飞的北伐请求不仅不屑一顾,而且深恨不已,结果岳飞被削职。

面对金军的大举进攻,岳飞在江南坚持抗金斗争,并在抗金斗争中逐渐建立起了一支以英勇善战、纪律严明著称的岳家军。

公元1139年,宋金第一次绍兴议和成功,赵构、秦桧等人弹冠相庆,欣喜若狂。但随后金于次年撕毁和约,南下攻宋。赵构从苟且偷生的梦中惊醒,匆忙调兵遣将,命令岳飞进行抵抗。

岳飞奉命出师北进,亲自率领5万轻骑与兀术带领金军最精锐的拐子马决战大败金兵,取得了有名的郾城大捷。金军在郾城之战后,被岳飞部队的威风吓破了胆,以致发出了"撼山易,撼岳家军难"的哀叹。

随后,岳飞挥师直扑开封,屯集在这里的10万金军一触即溃,完全丧失了进行会战的勇气和能力。然而也就在此时,秦桧请求赵构给岳飞下达班师的命令。赵构竟每天连下十二道金牌,勒令岳家军立即退兵。岳飞接到班师的命令,流着眼泪说"十年之功,废于一旦。"异常悲愤,忍痛南撤。

为讨好金人,赵构指使秦桧将岳飞逮捕下狱,并于1142年1月以"莫须有"的罪名将这位抗金名将杀死狱中。当时,岳飞39岁。在临刑前,岳飞在狱案上挥笔写

下了"天日昭昭！天日昭昭！"八个大字。

公元1141年的宋金和议，使南宋成为金王朝的附属国。议和后，南宋要向金交纳巨额贡物。由于赋税沉重，国困民穷，各地农民纷纷起义。赵构仍不顾人民死活，大兴土木，举行盛大典礼，粉饰太平。

公元1161年秋，金兵60万大军南下，企图一举灭宋，赵构不得不下令亲征。这时转机来临，金国宫廷政变，致使金军北撤。南宋军队乘势收复两淮，大获全胜。这使得南宋抗金运动风起云涌。

面对这种局面，赵构无奈，于公元1162年下诏退位，自己当了太上皇。公元1187年，太上皇赵构病逝，享年81岁。

宋孝宗赵昚

生卒时间：公元1127年—公元1194年
在位时间：公元1162年—公元1189年

> 高宗以公天下之心，择太祖之后而立之，乃得孝宗之贤，聪明英毅，卓然为南渡诸帝之称首，可谓难矣哉。即位之初，锐志恢复，符离邂逅失利，重违高宗之命，不轻出师，又值金世宗之立，金国平治，无衅可乘，然易表称书，改臣称侄，减去岁币，以定邻好，金人易宋之心，至是亦浸异于前日矣。故世宗每戒群臣积钱谷，谨边备，必曰："吾恐宋人之和，终不可恃。"盖亦忌帝之将有为也。天厌南北之兵，欲休民生，故帝用兵之意弗遂而终焉。然自古人君起自外藩，入继大统，而能尽宫庭之孝，未有若帝。其间父子怡愉，同享高寿，亦无有及之者。终丧三年，又能却群臣之请而力行之。宋之庙号，若仁宗之为"仁"，孝宗之为"孝"，其无愧焉，其无愧焉！
>
> ——《宋史·孝宗本纪》

公元1129年，宋高宗唯一的儿子夭折。为了册立皇储，宋高宗不得不从太祖后代中选择。经过精挑细选，赵昚脱颖而出，被宋高宗选入宫中，交给张婕妤抚养。又为了让孤独无依的吴才人高兴，高宗又找来了另一个叫伯玖的交给吴才人抚养，于是，皇储之争就在两人之间展开。赵昚他们两人都是太祖之后，才能又不相上下，立谁为嗣，高宗犹豫不决，于是想出了一个令人难以预料的办法。

高宗分别给赵昚他们两人10个宫女，几天后将宫女召回，检验之下，赐给赵昚的10人仍是处女，赐给伯玖的10人都不是处女了。高宗没有告诉别人，但内心已知道孰优孰劣了。

公元1160年，高宗宣布立赵昚为皇子，随后又于公元1162年正式册立赵昚为太子，3个月后便将皇位禅让给了赵昚。于是，赵昚即位，是为宋孝宗。

即位前的赵昚就主张抗金,他非常讨厌秦桧的专权卖国。他知道,要想北伐抗金,就必须首先扶正朝野舆论,重用抗金之士。于是公元1162年,刚即位的宋孝宗赵昚下令为岳飞平反,并且录用岳飞的子孙。这一顺乎民心之举,使朝野上下,为之一振。

北伐失败　隆兴和议

公元1163年,赵昚重用张浚等抗金名将,展开北伐战争,结果失败。北伐失败,妥协派官员乘机大肆诋毁。孝宗见北伐不能取胜,于是动摇起来。公元1164年,南宋向金求和,订立"隆兴和议",议定:南宋不再对金称臣,改称侄皇帝;每年向金朝交纳的"岁贡"改称"岁币",并减10万之数;南宋把宋军收复的州郡割还金朝。和议签订后,南宋的地位略为改善,但仍是个屈辱的和约。

自此,孝宗失去北伐的壮志。公元1187年,81岁的太上皇高宗去世,宋孝宗为其极尽孝道,服丧期间,孝宗只吃素餐、形容憔悴。宫中有位姓吴的夫人担心他因此得病,于是偷偷让内侍在孝宗的素菜中掺上了一点鸡汤,孝宗发觉后勃然大怒,当即将吴夫人逐出宫门。

公元1189年,宋孝宗禅位给太子赵惇,自己当了太上皇。

孝宗退位后,儿媳皇后李氏千方百计离间孝宗父子,结果使得父子之间越来越疏远,儿子赵惇甚至一年不来见他,孝宗因此忧郁成病,随后于公元1194年病死。

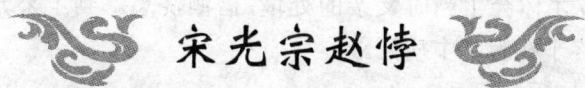

宋光宗赵惇

生卒时间:公元1147年—公元1200年
在位时间:公元1189年—公元1194年

> 光宗幼有令闻,向用儒雅。逮其即位,总权纲,屏嬖幸,薄赋缓刑,见于绍熙初政,宜若可取。及夫宫闱妒悍,内不能制,惊忧致疾。自是政治日昏,孝养日怠,而乾、淳之业衰焉。
>
> ——《宋史·光宗本纪》

公元1189年,宋孝宗不顾大臣们的劝阻,在紫宸殿举行了受禅之礼,由太子赵惇即位。

宋光宗即位后,想将一批为非作歹、干预朝政的宦官诛杀,整肃朝纲,结果被李后从中作梗,弄得自己郁郁寡欢,渐渐成了心病。太上皇孝宗听说儿子有病,急忙让御医细心调治,还亲自翻检医书,以治光宗的病。没想到光宗听信李后挑拨,坚决不肯去见太上皇。

光宗病好后,爱子心切的孝宗听说光宗病体痊愈,便召他相见。可李后没有告

诉光宗，而是自己一个人来见孝宗。孝宗问她："皇上不是病好了吗？怎么没有来？"李后装着忧虑的样子说："真是天有不测风云，陛下本来已经好了，可今天又偶染风寒，我只好一人前来见您。"孝宗担心地说："他正在壮年，便如此虚弱，将来该怎么办呢？"李后便趁热打铁："我也正为此不安。依我之见，皇上既然多病，就不如册立赵扩为太子，也好辅佐皇上，为国分忧，不知父皇您的意下如何？"孝宗反驳说："皇上受禅刚刚一年，就忙着册立太子，未免过于草率。这事关社稷，应从长计议。再说你一个妇道人家，怎能随便议论国事？"李后听了此言，又气又恼，回到宫中，立即找到光宗哭着说："寿皇（孝宗）将要废掉我，另立中宫，我们母子就要见不到陛下了！"光宗不解，便问怎么一回事，李后便添油加醋地叙说了一遍，说到最后还号啕大哭起来。光宗对李后的谎话深信不疑，于是向李后保证从此不见父亲。他说到还真做到，硬是一直没有去见父亲。

这孝宗想儿子想得两眼欲穿，渐渐忧郁成疾。公元1194年，68岁的孝宗病情越来越重，群臣急忙请光宗前去问候，他却与皇后出游去了。

孝宗病故后，光宗依然拒绝群臣的请求，也不肯主持孝宗的丧礼。这使得大臣们群情激愤，于是与皇太后合谋，逼光宗禅位。第二天，百官齐集，举行仪式。吴太后替太子披上了皇袍，接受百官朝贺，当了新皇帝。

此时光宗还被蒙在鼓里，直到新帝参拜他，方才知道。为此，他大发脾气："你们这些做臣子的，事先不报告我，就作这样决定。不过，现在既是我的儿子受禅，也就罢了。"于是，他做起了太上皇帝，退居泰安宫。

这时，光宗方才体会了当时父亲的处境，借酒浇愁。到了公元1200年，做了6年太上皇的光宗终于在寂寞中病死。

宋宁宗赵扩

生卒时间：公元1168年—公元1224年
在位时间：公元1194年—公元1224年

> 宋世内禅者四，宁宗之禅，独当事势之难，能不失礼节焉，斯可谓善处矣。初年以旧学辅导之功，召用宿儒，引拔善类，一时守文继体之政，烨然可观。中更侂胄用事，内蓄群奸，至指正人为邪，正学为伪，外挑强邻，流毒淮甸。频岁兵败，乃函侂胄之首，行成于金，国体亏矣。既而弥远擅权，幸帝耄荒，窃弄威福。至于皇储国统，乘机伺间，亦得遂其废立之私，他可知也。虽然，宋东都至于仁宗，四传而享国百年，邵雍称为前代所无，南渡至宁宗，亦四传而享国九十有八年，是亦岂偶然哉。惜乎神器授受之际，宁、理之视仁、英，其迹虽同，其情相去远矣。
>
> ——《宋史·宁宗本纪》

赵扩是宋光宗的第二子。公元 1194 年，因祖父宋孝宗驾崩而光宗不主持丧礼，大臣们在太皇太后的主持下逼光宗禅位，赵扩于是即位，是为宋宁宗。

赵扩能当上皇帝和提早当上皇帝，韩侂胄的功劳最大。韩氏是外戚，又是新任皇后韩氏的叔祖，因而朝中无人能够与之争雄。为了巩固自己的权势，公元 1198 年，擅权的韩侂胄将朱熹等 59 位正直之士统统罢黜，排挤出朝廷，史称"庆元党禁"。同时，韩氏将亲朋故友和爪牙塞进朝廷。而宁宗赵扩如同傀儡，一切任免官吏，唯韩氏之言是听。韩的亲故得势后，或公开纳贿，或诸官明码标价，无一不奸，无一不贪。

宋宁宗赵扩

韩氏想借伐金以巩固自己的地位，于公元 1198 年进行北伐。由于他的独断专行，加上内部矛盾重重，极不稳定，结果以失败告终。后来又准备第二次北伐，并起用辛弃疾指挥军事。但辛弃疾还没动身，就病死在家中。由于军费开支巨大，国库空虚，厌战情绪也随着前线的败绩，逐步升级。

在后方，也酝酿着一场反对韩侂胄的行动。最终在杨皇后指使下，史弥远等人先斩后奏，诛灭了韩侂胄。赵扩只得顺水推舟，下诏列举韩氏的罪行，将其抄家。随后，又将韩氏的亲信赶出朝廷，韩氏擅权的局面到此结束。

韩氏被杀后，宋金决定议和。公元 1208 年，宋金"嘉定和议"又一次增加南宋向金所纳"岁币"的总数。

战争结束后，南宋王朝的国政大权又落到诛杀韩氏有功的史弥远手中。史弥远牢牢地控制了朝廷大权，专权达 17 年之久，当时政局的混乱绝不亚于韩氏专权时代。

公元 1217 年，赵扩派兵北伐即将灭亡的金。到了公元 1224 年，双方长期的交战状态终于令金哀宗撑不下去了，于是派人同南宋通好，宋金双方进入休战状态。

在宋金战事停息不久，宋宁宗因病去世，享年 57 岁。

宋理宗赵昀

生卒时间：公元 1205 年—公元 1264 年
在位时间：公元 1224 年—公元 1264 年

理宗享国久长，与仁宗同。然仁宗之世，贤相相继。理宗四十年之间，若李宗勉、崔与之、吴潜之贤，皆弗究于用；而史弥远、丁大全、贾似道窃弄威福，与相始终。治效之不及庆历、嘉祐，宜也。蔡州之役，幸依大朝以定夹攻

之策,及函守绪遗骨,俘宰臣天纲,归献庙社,亦可以刷会稽之耻,复齐襄之仇矣。顾乃贪地弃盟,入洛之师,事衅随起,兵连祸结,境土日蹙。郝经来使,似道讳言其纳币请和,蒙蔽抑塞,拘留不报,自速灭亡。吁,可惜哉!由其中年嗜欲既多,怠于政事,权移奸臣,经筵性命之讲,徒资虚谈,固无益也。虽然,宋嘉定以来,正邪贸乱,国是靡定,自帝继统,首黜王安石孔庙从祀,升濂、洛九儒,表章朱熹《四书》,丕变士习,视前朝奸党之碑、伪学之禁,岂不大有径庭也哉!身当季运,弗获大效,后世有以理学复古帝王之治者,考论匡直辅翼之功,实自帝始焉。庙号曰"理",其殆庶乎!

——《宋史·理宗本纪》

公元 1224 年,宁宗赵扩病危。在他弥留之际,史弥远密谋废掉皇子改立赵昀。等到赵昀登上皇位后,方才宣召皇子。等得焦急的皇子一听召唤,连忙进宫。到宫门口,随从们都被拒之门外,皇子没有介意。入宫后,史弥远严密监视皇子,宣召百官入朝听旨。皇子奇怪:"今天是新天子即位之日,我怎么还站在臣僚的位置上?"周围便骗他:"殿下误会了。根据礼仪,在未读遗制之前,您仍应站在这里,等宣读遗制后,您就可以登位了。"皇子不再坚持。过了一会,烛影中有人登上御座,宣读遗制后,仪礼官高声呼喊,百官拜贺,皇子这才知道受骗了。理宗赵昀就在一场骗局中,登基即位。

理宗即位后,自然对将他弄上皇位的史弥远感恩戴德,因此在他即位后的九年时间里,史弥远将朝廷大权牢牢地控制在手中。直到公元 1233 年史弥远病死,宋理宗开始正式亲政,史氏专权的局面结束。

联蒙灭金

公元 1232 年,蒙古大军南下伐金,同时派使臣同南宋交好,并邀请南宋夹攻金,许诺灭金后,将金占领的河南之地归还南宋。宋理宗自然喜出望外,赶紧答应。

公元 1234 年,蒙宋联军攻破金哀宗所在的蔡州,金亡。灭金后,蒙古的诺言并没有全部兑现,将原先许诺的河南地一分为二,只归还了南宋一部分,双方军队各自撤回境内。

金灭亡后,宋理宗便在太庙举行了隆重的仪式。乘着兴头,大臣于是向宋理宗提出趁蒙古主力撤退之机,出兵收复三京(北宋时的西京洛阳、东京开封、南京应天府),占据黄河和潼关。此计一出,得到群臣的响应,也使得理宗想做"中兴之主"的欲念陡然而起,立即命令赵范准备出兵,顺利占领汴京,并未伤一兵一卒便占领了不设防的洛阳。这就是宋代历史上的"端平入洛"。

但"端平入洛"后的宋军被立即出兵南下的蒙古大军打得大败,"端平入洛"以宋军的溃败而告终。

公元 1235 年,蒙古派兵南进,大举攻宋,拉开了长达 40 年之久的蒙宋战争的序幕。

面对蒙军的虎视眈眈,理宗照样醉生梦死、不理朝政。奸臣当道的局面随之而来,这个奸臣就是贾似道。贾似道弄权,为解决宋理宗和众奸佞吃喝玩乐的花费,大量印刷纸币以解决经济危机;并于公元1263年还颁布施行"公田法"和"经界推排法"以大力敛财,这彻底使得南宋无力与蒙古对抗。然而,宋理宗并不知道这些。公元1264年,宋理宗因嗜欲过度,暴病而亡。

宋度宗赵禥

生卒时间:公元1240年—公元1274年
在位时间:公元1264年—公元1274年

> 宋至理宗,疆宇日蹙,贾似道执国命。度宗继统,虽无大失德,而拱手权奸,衰敝寖甚。考其当时事势,非有雄才睿略之主,岂能振起其坠绪哉!历数有归,宋祚寻讫,亡国不于其身,幸矣。
>
> ——《宋史·度宗本纪》

度宗口舌迟钝、呆头呆脑,本只是亲王,但宋理宗在位多年却只生过一个儿子,后来又不幸夭折,宋理宗便于公元1260年立度宗为太子。

对生性愚钝的度宗来说,当太子并非易事。他每天一早就得去向宋理宗问安,然后回宫,再然后前往会议所参与政务。这些事情都忙完后,他还得去听课,非常乏味。等到公元1264年,度宗一登上皇位,即将一切军国大事都交给大臣处理,将整个精力都用在"酒、色"二字上。

贾似道是拥立度宗的大功臣,度宗称他为"师臣",并将大权都交给了他。贾似道擅权,却不为政,将南宋军政事务视为儿戏。元军大举南攻,贾似道还故作姿态地要求上前线指挥,但暗地里就命宋度宗别让他去。宋度宗也害怕贾似道一走,自己就没了主见,便下诏留他,另派高达前去。可这贾似道嫉恨高达,便又千方百计阻止高达上前线。结果,贾似道的走狗将襄阳拱手让敌。元军遂势如破竹,顺江而下,南宋江山已无可救药。

公元1274年,蒙古铁骑逼近临安,一生昏庸的宋度宗在南宋江山社稷将要被南下的元军攻灭之前离开了人世,将亡国皇帝这个头衔让给了自己的儿子。

宋恭宗赵㬎

生卒时间:公元1271年—公元1323年
在位时间:公元1274年—公元1276年

恭帝4岁时，父亲宋度宗就暴病而亡，因太过年幼，便由宋理宗皇后谢太后垂帘听政。

蒙古铁骑大举南攻。公元1274年，元世祖忽必烈向扬州和杭州进击。就在这样的局面下，南宋的军政大权仍然被奸臣贾似道掌握，宋军的抵抗毫无力量，大臣们纷纷上书弹劾贾似道。谢太后只好将贾似道降职三级，派人监押到循州安置。在押送途中，作恶多端的贾似道备受折磨而死。

这时元军已攻下常州，并在常州城内进行大屠杀，临安危在旦夕。大臣们也纷纷投降，以至于后来上朝时只剩下六个大臣。见此局面，丞相陈宜中和谢太后只得暗地决定投降，随后在临安城里举行了投降仪式，脱去了黄袍的小皇帝恭帝及母亲全太后、谢太后等文武百官被押往大都。

公元1288年，忽必烈下令让恭帝去西藏学佛法，恭帝到了西藏的萨加大寺，并在那里住下，很快便学会了藏语藏文，后来还曾任该寺主持，改名为合尊法宝。就这样，一个曾经君临天下的帝王，出家当了和尚。

公元1323年，年过半百的恭帝被囚并死于河西，结束了他幼年帝、青年臣、中年僧、老年囚的一生。

宋端宗赵昰

生卒时间：公元1268年—公元1278年
在位时间：公元1276年—公元1278年

公元1276年，元兵攻陷临安，将恭帝、太皇太后谢氏和官僚宗室俘虏。随后，剩下的大臣又在温州拥立赵昰为帝。一些不甘就范的文臣武将，分别率领部分残兵到温州与恭宗的小朝廷会合，组成权力中枢，企图重整旗鼓，再复南宋江山。

这时，元军将扬州团团包围，久攻不下，只得派人进入扬州劝降扬州守将李庭芝，结果被其杀死。随后，元军又派使者拿来太皇太后谢氏的手谕招降，李庭芝便对使者说："我只听说过奉诏守城的，还没听说过奉诏投降的。"他拒绝了元军的劝降。之后，元军又多次派南宋降将去劝降李庭芝。当时扬州已成孤城，李庭芝手下也屡屡劝他，李庭芝都说："我只求一死，报宋帝之恩！"后来，元世祖又亲自下诏招降，结果李庭芝把来使杀掉，把诏书也烧了，继续率兵坚守。

端宗在福州即位后，便派使者召李庭芝赶赴福州。没想到李庭芝刚奉诏离城南下，他所托付的手下就献城降元。元军随后沿途追杀，李庭芝被俘并被杀害。

公元1278年，元军又大举进攻，将文天祥所率军队全歼，俘虏了文天祥。随后南下攻宋，将赵昰和他的小朝廷逼得在海上漂流了100多天。小皇帝赵昰无法再承受颠沛流离的海上生涯，病死在广州湾。

宋少帝赵昺

生卒时间：公元 1271 年—公元 1279 年
在位时间：公元 1278 年—公元 1279 年

> 宋之亡征，已非一日。历数有归，真主御世，而宋之遗臣，区区奉二王为海上之谋，可谓不知天命也已。然人臣忠于所事而至于斯，其亦可悲也夫！
> ——《宋史·卫王赵昺本纪》

南宋最后一个皇帝赵昺即位时年仅 8 岁。在元朝大军的穷追猛打下，赵昺逃到涯山，被元兵包围后被大臣陆秀夫抱着跳入海中。至此，南宋灭亡。

辽太祖耶律阿保机

生卒时间：公元872年—公元926年
在位时间：公元916年—公元926年

> 辽之先，出自炎帝，世为审吉国，其可知者盖自奇首云。奇首生都菴山，徙潢河之滨。传至雅里，始立制度，置官属，刻木为契，穴地为牢，让阻午而不肯自立。雅里生毗牒。毗牒生颏领。颏领生耨里思，大度寡欲，令不严而人化，是为肃祖。肃祖生萨剌德，尝与黄室韦挑战，矢贯数札，是为懿祖。懿祖生匀德实，始教民稼穑，善畜牧，国以殷富，是为玄祖。玄祖生撒剌的，仁民爱物，始置铁冶，教民鼓铸，是为德祖，即太祖之父也，世为契丹遥辇氏之离堇，执其政柄。德祖之弟述澜，北征于厥、室韦，南略易、定、奚、霫，始兴板筑，置城邑，教民种桑麻，习织组，已有广土众民之志。而太祖受可汗之禅，遂建国。东征西讨，如折枯拉朽。东自海，西至于流沙，北绝大漠，信威万里，历年二百，岂一日之故哉！周公诛管、蔡，人未有能非之者。剌葛、安端之乱，太祖既贷其死而复用之，非人君之度乎？旧史扶馀之变，亦异矣夫！
>
> ——《辽史·太祖本纪》

契丹族是我国北方很古老的少数民族之一，源自东胡的一个支系鲜卑。在我国史书中契丹这个名称最早出现在北魏时期。在当时契丹族分布在辽水流域一带，过着渔猎畜牧的氏族部落生活。

北魏后期，契丹形成了古八部，各部独立地和北魏政府保持着朝贡关系。到了隋朝，契丹各部为防卫突厥，开始互相支援，形成了初期较为松散的部落联盟。到了唐初，契丹就形成了以大贺氏为首的部落联盟。契丹首领后来率部归入唐朝，唐朝在契丹地区设置了行政机构,即松漠都督府,任命其首领为都督。

而唐朝后期的衰落则给契丹提供了独立发展的良机。在契丹八部中迭剌部发展最快,势力超过了其他七部。迭剌部的夷离堇（即部落的酋长或联盟的军事首长）一直由耶律氏家族世袭担任,到了阿保机的祖父担任迭剌部的夷离堇时,本部落已有了发达的牧业和农业,势力强大。

辽太祖耶律阿保机

少年英雄

公元872年,耶律阿保机便出生在契丹部落联盟首领"夷离堇"家中。

在这样的环境中成长起来的耶律阿保机,年龄尚小时就参加了对相邻部族的征讨战争,逐渐表现出卓尔不群、智勇双全的非凡气质。

正是祖父的能干,迅速发展了契丹的实力,为后来耶律阿保机完成契丹内部和关外少数民族的统一、建立契丹国奠定了基础。

耶律家族在掌握契丹部落联盟大权后,耶律阿保机以其出色的军事指挥才能,在对四邻的掠夺战争中屡屡获胜,声望因此倍增,被称为"阿主沙里"。公元900年前后,耶律阿保机成为契丹部落联盟掌管军政实权的于越夷离堇,并率军东征西讨,逐渐扩大契丹部落联盟的势力。

此后,唐朝末年的各地方割据政权如李克用、朱温等纷纷与耶律阿保机结盟,耶律阿保机也因此取得族外支持。此后,耶律阿保机便着力于契丹的内政,将主要精力用于大力发展契丹的社会经济。

称帝建国

公元907年年初,实际上已集契丹军、政、财、法大权于一身的耶律阿保机即可汗位,成为契丹的首领。以后几年间,契丹可汗耶律阿保机继续东征西讨,先后征服了北方大部分少数民族,完全统一了契丹部落。公元916年,耶律阿保机称帝,宣告契丹国的诞生。

耶律阿保机称帝后,集中精力创建契丹国家的各项政治制度。他制定契丹新的礼仪制度,又规定了各级官员的品秩次序,逐渐形成了较完善的统治机构。公元918年,在黄河沿岸的契丹故地建造皇都,标志着契丹社会从游牧时代的奴隶制度向农业时代的封建制度转变。公元920年,耶律阿保机为契丹造字,使契丹的文化得到进一步的发展。

耶律阿保机还为契丹制定了法律,完善了契丹国的行政机构,还大力加强了军队建设,契丹政权这时才颇具规模。

南侵未果

耶律阿保机认为，契丹族是中国人，因此他自己也应该可以做全中国的皇帝。所以，耶律阿保机梦寐以求的宿愿就是夺取河北、挺进中原、建立不朽功业。

公元924年开始，耶律阿保机大举西征使得各部族遣使人员，表示臣服，归属契丹统治。西征结束，经过短暂的休整，耶律阿保机又于公元925年东讨渤海，随后将渤海灭掉，高丽、铁骊等亦相继投降，归附契丹。

西征东讨已经顺利实现。可正当耶律阿保机酝酿夺取河北、挺进中原的时候，于公元926年不幸病逝，享年55岁。

辽太宗耶律德光

生卒时间：公元902年—公元947年
在位时间：公元927年—公元947年

> 太宗甫定多方，远近向化。建国号，备典章，至于厘庶政，阅名实，录囚徒，教耕织，配鳏寡。求直言之士，得郎君海思即擢宣徽。嘉唐张敬达忠于其君，卒以礼葬。辍游豫而纳三剋之请，悯士卒而下休养之令。亲征晋国，重贵面缚。斯可谓威德兼弘，英略间见者矣。入汴之后，无几微之骄，有"三失"之训。《传》称郑伯之善处胜，《书》进《秦誓》之能悔过，太宗盖兼有之，其卓矣乎！
> ——《辽史·太宗本纪》

母后支持

耶律阿保机有4个儿子，长子是皇太子耶律倍，他聪敏好学，性格和蔼，喜欢读书，能做文章诗赋；知音律，善绘画，还精通医药，但就是不喜欢武力。由于耶律倍汉族知识分子的气息太重，因此契丹族传统思想比较浓厚的母后述律氏并不喜欢他。

而二子耶律德光，虽也和父兄一样，熟悉汉族文化，写得一手好汉字，但相貌雄勇威武，精于骑射，还长期随父外出征战，累立功勋。耶律德光年仅20岁时就被任命为天下兵马大元帅，而且自幼对母亲就特别孝顺，因此得到母亲的喜爱。

公元927年，耶律阿保机死后，述律氏想立耶律德光为帝，便着手清除反对势力，为德光嗣继帝位扫平道路。耶律倍深知自己继位无望，决定让位给耶律德光，于是耶律德光在母后述律氏的支持下，即位称帝。

南侵扩张

耶律德光即位之后，集中精力整顿内政，巩固国内统治，并继承父亲耶律阿保机的遗志，将对外扩张政策进行到底；同时，在国内扩建都城，积极备战，准备随时大举南侵。

当时中原群雄割据的局面给了耶律德光机会。公元936年，耶律德光帮助比自己大11岁的"儿子"石敬瑭灭掉后唐，建立后晋，并获得中原的燕云十六州。

灭唐立晋后，在耶律德光扶持下做了皇帝的石敬瑭，对契丹称臣称子，毕恭毕敬。但耶律德光还是对石敬瑭不放心，仍然与南唐、吴越等政权交好，以牵制石敬瑭，以便为自己争取时间整顿内政、加强军备，为更大规模的南侵作准备。

在此期间，耶律德光改定官制，逐步建立起"以国制治契丹，以汉制待汉人"的南北两套政治制度。同时，耶律德光礼贤下士，重用汉族士人，为太祖朝所倚重的汉族士人加官晋爵。耶律德光还把一些贵族私城改置为朝廷属州，设官治理，改善奴隶的处境，并发展农业生产，劝导耕织，因而契丹国力蒸蒸日上。

石敬瑭死后，他的儿子石重贵做了皇帝，对契丹的态度就不是那么谦恭了。耶律德光便以此为由，于公元943年，大军南下攻晋，将后晋灭亡。

受挫而归

公元947年，耶律德光在开封举行登基仪式，改国号为大辽，但采取了一些激化民族矛盾的措施，使得中原百姓和原后晋官员非常不满，纷纷起兵反抗。

耶律德光见难在中原立脚，决定北还，在途中便得了怪病一命呜呼了，享年46岁。

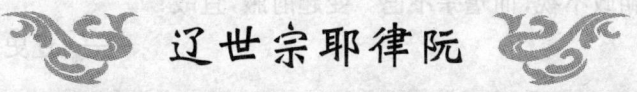

辽世宗耶律阮

生卒时间：公元918年—公元951年
在位时间：公元947年—公元951年

> 世宗，中才之主也，入继大统，曾未三年，纳唐丸书，即议南伐，即乏持重，宜乖周防，盖有致祸之道矣。然而孝友宽慈，亦有君人之度焉。未及师还，变起沉湎，岂不可哀也哉！
> ——《辽史·世宗本纪》

途中拥为帝

耶律阮是耶律倍的长子。他为人大方，耶律德光赐给他绢帛等物，都被他转手

再赠送给自己的亲朋挚友,由此落得一个好施与的名声。他与同僚相处也甚为融洽,且随同耶律德光南征,多立战功,因此威望越来越高。

公元947年,耶律德光狼狈地从开封北返途中病死,耶律阮在武将的支持下即位,是为辽世宗。

途中又被杀

公元947年,耶律阮回到上京,开始他的统治。耶律阮倾慕中原文化,在政治上重用汉族士人,在军事上信任投降的后晋将领,这就招致契丹贵族的不满。第二年,一场旨在推翻耶律阮统治的政变发生,但事情泄漏,被耶律阮镇压下去。稳固了自己的统治后,耶律阮集中精力准备南侵。公元950年,耶律阮亲率大军南征,夺取了大片土地。

公元951年,耶律阮再次准备南征,耶律阮与群臣祭祀后大宴而醉,结果被居心叵测的泰宁王察割趁机杀死。

辽穆宗耶律璟

生卒时间:公元931年—公元969年
在位时间:公元951年—公元969年

> 穆宗在位十八年,知女巫妖妄见诛,谕臣下滥刑切谏,非不明也。而荒耽于酒,畋猎无厌。侦鹅失期,加炮烙铁梳之刑;获鸭甚欢,除鹰坊刺面之令。赏罚无章,朝政不视,而嗜杀不已。变起肘腋,宜哉!
> ——《辽史·穆宗本纪》

嗜酒如命

耶律璟是辽太宗耶律德光的长子。公元951年,谋权篡位的察割杀掉耶律阮后,耶律璟杀掉察割,即位称帝,是为辽穆宗。

21岁的穆宗即位后,将治国扔给大臣,尽情去干他想干的事。

每到春天和秋天,穆宗就带着侍卫去打猎。打下猎物后,他必要饮酒作乐,大宴群臣,直喝得酩酊大醉。有时,穆宗能连续几个月住在山中,打猎饮酒,乐此不疲。

穆宗对饮酒,简直是一种执著。穆宗只要听说哪位大臣家里有好酒,便要登门拜访喝酒,喝到高兴处,就滥加赏赐。后来穆宗换上平民衣服,到闹市中的私人酒家去喝酒。因穆宗总是夜间酗饮、天明开始睡觉,大臣们就在暗地里给他起了个"睡王"的绰号。

穆宗只是打猎、喝酒,国家日渐衰弱,皇权也被严重削减,契丹贵族们争夺皇位的斗争年年发生。而此时,中原兴起的后周日渐强大。后周世宗柴荣于公元959年亲自征辽,一路势如破竹,只是因柴荣重病被迫停止北进,这才使辽避过了一劫。

杀人取乐

过分嗜酒严重地伤害了穆宗的身体,于是他下令广求天下延年益寿之药方。公元957年,一个女巫自称有绝方,药是男子之胆。穆宗采用了,于是他每吃一副药,就要杀一个人取胆,几年的时间几百名奴隶死在他的手里。

这件事情开了他残杀的先河。以后,他经常无故杀人,尤其是喝醉的时候,杀人几乎成了他取乐的一种游戏。

公元969年的春天,穆宗率大臣一起打猎。当天,打完猎的穆宗很高兴,便摆起了酒宴,与群臣狂饮,直喝到烂醉如泥。睡梦中,穆宗突然想要吃东西,就命守候在身边的近侍去给他拿饭,但迟迟没有拿来。穆宗大怒,于是大骂:"快把饭菜给朕送来,不然我把你们全都杀了!"奴隶听了这话,新仇旧恨一起涌上心头,决定干脆杀了穆宗。近侍们慢慢地走上前去,轻声叫着昏睡的穆宗:"陛下,饭菜送来了,请您用膳。"穆宗被摇醒,还没有等他睁开眼睛,两柄短刀已经一前一后同时刺进了他的胸膛。这个杀人如麻的穆宗,就这样死了。

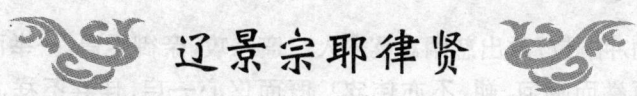

辽景宗耶律贤

生卒时间:公元948年—公元982年
在位时间:公元969年—公元982年

> 辽兴六十余年,神册、会同之间,日不暇给;天禄、应历之君,不令其终;保宁而来,人人望治。以景宗之资,任人不疑,信赏必罚,若可与有为也。而竭国之力以助河东,破军杀将,无救灭亡。虽一取偿于宋,得不偿失。知匡嗣之罪,数而不罚;善郭袭之谏,纳而不用;沙门昭敏以左道乱德,宠以侍中。不亦惑乎!
>
> ——《辽史·景宗本纪》

大难不死 继位为帝

耶律贤是辽世宗耶律阮的第二个儿子。公元951年,察割叛乱杀死世宗耶律阮,当时耶律贤刚满4岁,被御厨尚食官藏进柴木堆里,躲过了叛军的搜查。后来,耶律贤在民间度过了一段辛酸日子。即位的耶律璟没有儿子,便将耶律贤立为自己的子嗣。

公元969年春,耶律璟到怀州黑山游猎,被奴隶所杀。耶律贤听到消息以后,立

即赶赴黑山,在穆宗的灵柩前即位,上尊号为"天赞皇帝"。

重用汉臣 死于游猎

即位以后的耶律贤,一心想让国家强大起来。他把兵权抓到自己的手中,巩固了皇位。耶律贤开始重用汉人,使汉人的地位提高,同时采取了"重用汉臣,仿汉制国"的方针,使辽的经济有了进一步的发展,农耕土地和从事农耕生产的人口都有了显著增加,辽此时出现中兴的繁荣局面。

耶律贤因自幼体弱多病,在他统治的后期皇后萧燕燕掌管了军国大事。公元982年,身体不好的耶律贤硬撑着来到祥古山打猎,终因支持不住,在回上京的路上死在焦山,享年35岁。

辽圣宗耶律隆绪

生卒时间:公元972年—公元1031年
在位时间:公元982年—公元1031年

> 圣宗幼冲嗣位,政出慈闱。及宋人二道来攻,亲御甲胄,一举而复燕、云,破信、彬,再举而躏河、朔,不亦伟欤!既而侈心一启,佳兵不祥,东有茶、陀之败,西有甘州之丧,此狃于常胜之过也。然其践阼四十九年,理冤滞,举才行,察贪残,抑奢僭,录死事之子孙,振诸部之贫乏,责迎合不忠之罪,却高丽女乐之归。辽之诸帝,在位长久,令名无穷,其唯圣宗乎!
>
> ——《辽史·圣宗本纪》

太后严教 文武兼备

公元982年,耶律贤病死,年仅12岁的长子耶律隆绪即位,是为辽圣宗。

耶律隆绪由于年幼,萧太后正式临朝称制,被尊为"承天皇太后"。此后,她称制27年,在契丹社会中实行了全面化改革,使辽达到鼎盛时期。

她命令辅佐大臣耶律斜轸和韩德让协助自己主管朝政,派耶律休哥主管对宋朝的军事行动。她把自己的侄女嫁给了耶律斜轸,又让耶律隆绪和耶律斜轸约为密友,还把耶律隆绪的坐骑给了耶律休哥。萧太后处心积虑地采取了一系列旨在加强皇权的措施,使得文武大臣都死心塌地地效忠小皇帝耶律隆绪。

在萧太后的严格管束和调教下,耶律隆绪成为一名全方位发展的人才。他喜欢读书,尤其对唐代的《贞观事要》和《明皇实录》爱不释手。他还把白居易的《讽谏集》亲自用契丹文翻译出来,让契丹的大臣们都来传读。

大举伐宋　澶渊之盟

这时的北宋刚刚灭掉南唐，统一中原，正在国势盛强之时，志得意满中，他便有征讨辽国、收复幽云十六州的打算。公元986年，宋太宗赵光义北伐，宋辽雁门之战以宋军惨痛失败而告终。自此，宋辽之间军事实力对比发生变化，辽军由守势转为攻势。

公元1004年，耶律隆绪和萧太后亲率20万大军南下攻宋。宋真宗不顾主战派的反对，决定谈判议和，签订了"澶渊之盟"。澶渊之盟的签订，使得辽、宋之间政治、经济、文化交流日益频繁，中原许多先进的东西都传到契丹，促进了辽社会的繁荣和发展。

学唐比宋　走向鼎盛

公元1009年萧太后病死，耶律隆绪真正开始执掌国家。

耶律隆绪亲政后将国号改回"契丹"，然后营建新都中京，将许多重要的政务移到京城中办理。之后，耶律隆绪又扩大了科举制度的规模，决定针对汉人正式开科取士，把一大批汉族的优秀人才通过科举吸收到统治机构来。

耶律隆绪实行改革部族编制和同罪同罚两个政策。改革部族编制，使奴隶取得了平民地位，也使得辽从此消除了部落奴隶制的残余，彻底进入封建社会。而契丹民族和其他各民族犯罪后同罪同罚，则调和了阶级矛盾，改善了民族关系。

公元1011年，耶律隆绪下令按长安和开封城为蓝图，修建陪都大定府。

耶律隆绪统治时期，国家内部政治清明，臣民和顺，社会内部相对稳定。在处理对外关系上，耶律隆绪在和宋朝的交往中言而有信，严格按照和约上规定的条文办理。

宋真宗死后，耶律隆绪闻之也大病一场，并于公元1031年逝世。

辽兴宗耶律宗真

生卒时间：公元1016年—公元1055年
在位时间：公元1031年—公元1055年

> 兴宗即位年十有六矣，不能先尊母后而尊其母，以致临朝专政，贼杀不辜，又不能以礼几谏，使齐天死于弑逆，有亏王者之孝，惜哉！若夫大行在殡，饮酒博鞠，叠见简书。及其谒遗像而哀恸，受宋吊而衰绖，所为若出二人。何为其然欤？至于感富弼之言而申南宋之好，许谅祚之盟而罢西夏之兵，边鄙不耸，政治内修，亲策进士，大修条制，下至士庶，得陈便宜，则求治之志切矣。于时左右大臣，曾不闻一贤之进，一事之谏，欲庶几古帝王之风，其可得乎？虽然，圣宗而下，可谓贤君矣。
>
> ——《辽史·兴宗本纪》

公元1016年，耶律隆绪长子耶律宗真出生。耶律宗真的母亲耨斤升为顺圣元妃，她相貌丑陋，并不受耶律隆绪的宠爱。但这丑女野心却不小。公元1031年，耶律隆绪刚死，耨斤便自立为太后，乘机把军政大权也揽了过来。而刚刚即位的耶律宗真则不顾父亲在殡，晚上即召人喝酒、赌博，全然没有悲哀的神情。反而是北宋在听到耶律隆绪的死讯后，就下令禁止京师等地区音乐7天。

▌摧毁后党

耶律宗真即位后，耨斤的权力欲无限制地膨胀，母子俩的矛盾逐渐激化，以至于到公元1034年，耨斤和人密谋，想废掉宗真，另立自己的小儿子耶律重元。结果，耶律重元跑去向哥哥告密，使得这次政变流产，耨斤被废。

除掉耨斤集团后，耶律宗真开始"亲政"。他所谓的"亲政"，就是吃喝玩乐。为了寻求更多的刺激，他常常去围猎一些虎熊之类的猛兽，即使因此搭上许多人的性命，他也在所不惜。

▌佻巧之君

耶律宗真为人轻薄、放浪不羁。他最喜欢酗酒，经常微服光临街市酒肆，喝醉后调戏村姑市妇。他还很信僧道，经常请僧人讲经，提拔僧人当官。

耶律真宗将心思全用到吃喝玩乐上，对国家大事根本就不管，也因坐收30万"岁币"而懒得再劳师南征。耶律宗真在位的25年间，基本上属于太平岁月。由于每年得到北宋送来的巨额岁币，使得辽国内一片升平。后来只要一有机会，耶律宗真就命人跑到北宋要钱，每次都能满载而归。

▌两征西夏

耶律宗真曾把兴平公主嫁给西夏李元昊，但李元昊很讨厌身边的这个契丹女子，夫妻关系一直不睦，兴平公主因长期过着压抑的生活郁闷病死。耶律宗真就遣使前往责问，李元昊却不给其面子，辽夏关系便日渐恶化。公元1044年与公元1048年，耶律宗真两次亲征西夏，皆以失败而告终。

公元1055年，耶律宗真打猎时得病，死于行宫，终年40岁。

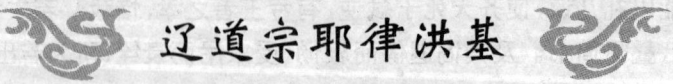

辽道宗耶律洪基

生卒时间：公元1032年—公元1101年
在位时间：公元1055年—公元1101年

> 道宗初即位,求直言,访治道,劝农兴学,救灾恤患,粲然可观。及夫谤讪之令既行,告讦之赏日重。群邪并兴,谗巧竞进。贼及骨肉,皇基寝危。众正沦胥,诸部反侧,甲兵之用无宁岁矣。一岁而饭僧三十六万,一日而祝发三千。徒勤小惠,蔑计大本,尚足与论治哉?
>
> ——《辽史·道宗本纪》

诛忠信佞

少年时代的耶律洪基性格沉稳、举止严毅,但作为储君后,身边都是趋炎附势的阿谀奉承之徒,很快就把他培养成了一个飞扬跋扈、刚愎暴戾的公子哥。

公元1055年,耶律宗真死后,耶律洪基即位。耶律洪基在位之初,宠信身边的奸臣萧革,而忠直之士或遭残害,或被排挤,朝政日趋黑暗。

耶律宗真的胞弟耶律重元因为没有当上皇帝,一直怀恨在心。公元1063年,耶律洪基到太子山打猎,耶律重元决定发动叛乱,没想到阴谋泄漏,耶律洪基平息了这场宫廷政变。

辽道宗耶律洪基

将耶律重元一伙统统诛杀,因为萧革的儿子作为耶律重元的女婿曾参与叛乱,萧革也被凌迟处死。

萧革死了,昏庸的耶律洪基旁边,又是耶律乙辛当道。公元1069年,耶律乙辛官拜太师,将军政大权全部掌握到自己手中。耶律乙辛从此专横跋扈,开门纳贿,凡是巴结讨好他的都得以升官,比较正派的大臣却横遭斥逐。当时敢于和耶律乙辛抗衡的只有皇后萧观音和皇太子耶律浚。

信奸杀亲

皇后萧观音曾经与耶律洪基恩恩爱爱,感情十分深厚,尤其是生了耶律浚之后,耶律洪基对她更加爱恋。而耶律洪基的儿子、皇太子耶律浚深得父亲的钟爱和器重。耶律浚不到18岁,耶律洪基就开始让他总揽朝政,这显然对耶律乙辛构成了严重的威胁。

萧观音自幼就喜欢音乐,尤善弹琵琶,因此和她来往的都是些有此特长的人,其中最密切的是伶人赵唯一。耶律乙辛就借这个机会,指使人诬告萧观音和赵唯一私通。耶律洪基大怒,当即勒令萧观音自尽。萧观音有冤无处诉,悲愤交加,含泪写下一首绝命词,自缢而死。耶律浚痛不欲生,高声喊道:"杀我母者,耶律乙辛也!"

在害死萧皇后后，耶律乙辛又将矛头对准了耶律浚。他指使人向耶律洪基报告，说太子耶律浚想弑父自立，耶律洪基暴跳如雷，当即下令将耶律浚废为庶人，囚于上京。耶律浚被押走时，仰天大呼："我何罪之有！"耶律洪基又下令将太子宫里所有役使之人全部诛杀，牵连被杀者不计其数。当时正值盛夏，尸体多得来不及掩埋，到处都散发着腐烂的臭气。耶律洪基把耶律浚囚禁在了高墙围成的院子里。公元1077年，耶律乙辛派人将耶律浚杀害。

太子被杀后，耶律洪基再没生子，直到耶律乙辛企图逃往北宋和私藏武器的事被揭发，耶律洪基才把他缢杀。

此后，耶律洪基彻底对国政失去信心，到了晚年，他变得喜欢念经求佛，整日无所事事。公元1101年，耶律洪基病死，终年70岁。

辽天祚帝耶律延禧

生卒时间：公元1075年—公元1126年
在位时间：公元1101年—公元1125年

> 辽起朔野，兵甲之盛，鼓行皞外，席卷河朔，树晋植汉，何其壮欤？太祖、太宗乘百战之势，辑新造之邦，英谋睿略，可谓远矣。虽以世宗中才，穆宗残暴，连遭弑逆，而神器不摇。盖由祖宗威令犹足以震叠其国人也。圣宗以来，内修政治，外拓疆宇，既而申固邻好，四境乂安。维持二百余年之基，有自来矣。降臻天祚，既丁末运，又觖人望，崇信奸回，自椓国本，群下离心。金兵一集，内难先作，废立之谋，叛亡之迹，相继蜂起。驯致土崩瓦解，不可复支，良可哀也！耶律与萧，世为甥舅，义同休戚，奉先挟私灭公，首祸构难，一至于斯。天祚穷蹙，始悟奉先误己，不几晚乎！淳、雅里所谓名不正，言不顺，事不成者也。大石苟延，彼善于此，亦几何哉？
> ——《辽史·天祚皇帝本纪》

继承衣钵

耶律延禧不到3岁的时候，父母双双被奸臣耶律乙辛诬陷杀害，耶律延禧和妹妹也被赶出宫中，寄养在萧怀忠家。耶律浚被害后，耶律洪基再无子嗣，便将兄妹俩接回宫中抚养。这时的耶律乙辛又想害耶律延禧，结果失败。后来耶律乙辛被罢官出朝，耶律洪基又逐渐明白了耶律浚的冤屈，悔恨莫及，耶律延禧这才得到祖父的疼爱。

耶律洪基煞费苦心地想把耶律延禧教育成一个贤德君主，还亲自拿出辽太祖、太宗用过的铠仗给耶律延禧看。公元1101年，耶律洪基病死，耶律延禧即位。

不堪一击

耶律延禧上台之时，辽朝的统治已经是危机四伏，统治集团内部争权夺势，奸臣占据了朝廷，国家则府库亏空，饿死的人不计其数，社会矛盾空前激化，人民起义此伏彼起。公元1102年，以赵钟哥为首的一股起义军打进上京的皇宫，劫走宫女、御物。此后，耶律延禧就更加残酷地对待起义人民。

这时，北方的女真完颜部逐步强大起来，而日趋腐朽的契丹统治者却加强了对女真的掠夺和压迫，引起了女真的极度不满，纷纷准备起义。

公元1115年，完颜阿骨打称帝建金，攻占了辽的东北重镇黄龙府。耶律延禧得知黄龙府失陷的消息后，急忙率兵亲征，被金军打得大败而归。两年后，耶律延禧再次派兵伐金，结果也被打得溃不成军。

丧家之犬

公元1118年，完颜阿骨打为了储备实力，与辽议和，将过去辽对北宋的所有条件全搬上和书。从此，辽每年要交给金银绢25万，更增加了辽境内人民的负担。公元1120年，金兵攻陷辽之上京。从此，金兵似风卷残云般，把耶律延禧赶得四处逃命，走上了逃亡之路。

西夏国王李乾顺派人请耶律延禧前往西夏，耶律延禧便径直渡过黄河，准备去西夏，结果路上听说金人已寄给李乾顺书信，以割给辽的土地为条件要他捉住耶律延禧，耶律延禧吓得不敢再去，又渡河返回。

耶律延禧东藏西躲，甚至在路上将干粮吃光了，只好脱下衣服向沿途百姓换吃的。直到公元1125年，耶律延禧终于无处可藏，被金抓获，一年之后病死，终年54岁，辽灭亡。

金太祖完颜阿骨打

生卒时间：公元 1068 年—公元 1123 年
在位时间：公元 1115 年—公元 1123 年

> 太祖英谟睿略，豁达大度，知人善任，人乐为用。世祖阴有取辽之志，是以兄弟相授，传及康宗，遂及太祖。临终以太祖属穆宗，其素志盖如是也。初定东京，即除去辽法，减省租税，用本国制度。辽主播越，宋纳岁币，以幽、蓟、武、朔等州与宋，而置南京于平州。宋人终不能守燕、代，卒之辽主见获，宋主被执。虽功成于天会间，而规摹运为实自此始。金有天下百十有九年，太祖数年之间算无遗策，兵无留行，底定大业，传之子孙。呜呼，雄哉！
>
> ——《金史·太祖本纪》

女真族是我国东北一个历史悠久的民族。唐末五代时期，契丹族崛起于中国北方，并且很快建立了辽政权，女真族逐渐为其控制。后来完颜部逐渐发展起来，统一了女真各部，形成了一个强大的军事部落联盟。

少年英雄

公元 1068 年，完颜阿骨打出生于女真族上层贵族家庭。他继承了父祖的尚武精神，年幼时就练得一身好武艺。后来跟随父兄四处征战，阿骨打往往身先士卒、足智多谋，为完颜部统一女真各部立下了汗马功劳。

公元 1113 年，完颜乌雅束病死，阿骨打继任为联盟长，称都勃极烈。通过一番艰苦征战后，阿骨打完成了对女真各部的统一，将精力集中到增强军事力量上。他鼓励农业生产、积蓄粮食,还修建城堡、购买兵器、加强军队训练。这时面对辽的欺压,阿骨打越来越难以忍受。公元1112年春,在天祚帝举行的"头鱼宴"上,阿骨打拒不跳舞,与天祚帝产生了正面冲突,阿骨打就下了反辽的决心。

横扫强敌

公元1114年秋,阿骨打起兵反辽。出征前,阿骨打历数了辽统治者的罪恶,祭祖誓师。阿骨打身先士卒,女真将士奋勇杀敌,很快取得了反辽战争中第一个胜利。随后,女真乘胜进攻另一军事重镇出河店。阿骨打采取机动灵活的战略战术又取得了出河店之战的胜利。之后,女真军队势力大增,逐渐与辽分庭抗礼。

公元1115年年初,阿骨打登基称帝,建立金国。

阿骨打称帝后,订立的第一个国策就是灭辽。公元1116年,阿骨打实现了对整个女真族的统一。为了集中力量攻打辽朝,阿骨打对高丽、西夏、北宋采取友善态度,一直和他们维持和平友好关系,并与北宋于公元1120年商定宋、金联合夹攻辽国,灭辽之后,北宋将以前输辽的岁币转输给金,金将后晋石敬瑭时割给辽的燕京一带汉地归还宋朝,这就是宋、金"海上之盟"。立盟后,金军迅速出击,在宋军的配合下于公元1122年攻占了燕京,直至最后将辽灭亡。

励精图治

即位后的阿骨打进行了一系列政权建设,并为巩固统治积极改革社会弊政,确立新的法制,规定法令面前没有贵贱的差别,对犯人刑、赎并行;同时,下令严禁女真人同姓结婚,提高了女真人的民族素质,革除了原始婚俗。

作为开国皇帝,阿骨打另一个大的贡献就是创建了女真文字。他令人仿照汉人的正楷字,结合本国语言创制了"女真大字"。在保留女真原有文化的同时,阿骨打还注重学习汉族的先进文化,重用汉族知识分子。

在经济建设方面,阿骨打为了保护和发展生产,严禁士兵掳掠,对征服地的人们多加安抚,减免赋税,以达到安定民心、发展生产的目的。阿骨打还实行了移民实内政策,下令山西部分汉人、契丹人充实到金的"内地",让他们自己随便挑选住地。与此同时,阿骨打还强令女真人向南迁移,进行屯田。

公元1123年夏,阿骨打于从燕京回师上京的途中,享年56岁。

金太宗完颜晟

生卒时间:公元1075年—公元1135年
在位时间:公元1123年—公元1135年

> 天辅草创,未遑礼乐之事。太宗以斜也、宗干知国政,以宗翰、宗望总戎事。既灭辽举宋,即议礼制度,治历明时,缵以武功,述以文事,经国规摹,至是始定。在位十三年,宫室苑囿无所增益。末,听大臣计,传位熙宗,使太祖世嗣不失正绪,可谓行其所甚难矣!
>
> ——《金史·太宗本纪》

公元1115年,完颜阿骨打称帝后,便将弟弟完颜晟立为帝位的合法继承人。完颜阿骨打每次出兵征战,完颜晟就在后方稳定和管理朝政。

公元1123年,完颜阿骨打在辽行将被攻灭时病死,将灭辽的功劳交给了他的继任者、自己的弟弟完颜晟。完颜晟即位后,便于公元1125年灭辽;两年后挥师南下,一举灭掉北宋;之后又准备携余勇攻灭南宋,最终失败,只得北返。

此后,完颜晟调整了工作重心,将内政建设放到工作的首位,开始了一系列旨在发展金国社会生产的改革。改革虽遭到一些旧奴隶主顽固势力的反对,但完颜晟仍继续实行他的改革。他多次下令严禁女真士兵骚扰汉人以误农时,严禁私役百姓,禁止将汉人变为奴隶,还多次减免农民的赋税。这些举措迅速增强了金的国力,巩固了金在中原地区的统治。

公元1135年,金太宗病死,终年61岁。

金熙宗完颜亶

生卒时间:公元1119年—公元1149年
在位时间:公元1135年—公元1149年

> 熙宗之时,四方无事,敬礼宗室大臣,委以国政,其继体守文之治,有足观者。末年酗酒妄杀,人怀危惧。所谓前有谗而不见,后有贼而不知。驯致其道,非一朝一夕故也。
>
> ——《金史·熙宗本纪》

▍汉家少年

公元1119年,完颜阿骨打的长孙完颜亶出生。太宗按太祖遗训,封太祖嫡孙完颜亶为帝位继承人。

完颜亶自幼便接受了汉文化教育,醉心于汉族先进的封建文化,从而与旧宗室大臣产生隔阂。长期的汉文化教育,使得完颜亶非常想进行汉化改革。等到公元1135年金太宗病死完颜亶即位后,他便开始汉制改革,实现他的抱负。

实行汉制

完颜亶尊孔养士,重用汉人,曾几次祭拜孔子庙,并将他的老师韩昉等汉人分别封官参与朝政。公元1148年,完颜亶又下令,在任命州郡地方长官时要参用当地的豪家名士,固此得到了汉族地主阶级知识分子的普遍支持。

同时,完颜亶下诏废除女真人勃极烈制,全面实行汉族官制。公元1138年,他又对官制进行了重大改革,颁行了新的官制及换官格,官兵们还可根据功勋授予不同封爵食邑,史称"天眷新制"。

完颜亶在礼仪方面也作了重要的改革。他设立了极其完备的京城制度,设置仪卫将军,禁止亲王以下佩刀入宫等,并令百官上朝时穿用朝服,行君臣之礼,自己也穿上了新制的冠服。完颜亶还以本国法制为蓝本,参考辽、宋法令,制定了一部系统的法典——《皇统制》。

内抚外和

改革官制后,熙宗恢复经济,发展生产,鼓励农民开荒垦田,同时将女真人内迁,计算每户人口数,然后由官府分给他们相应的官田。这就是历史上的"计口授田"。

对外,完颜亶正确地估计所面临的局势,于公元1139年与南宋议和,南宋对金称臣,每年贡银25万两,绢25万匹;金将河南、陕西归还南宋,并送还韦太后及徽宗的棺木。然而,宋金和议很快被撕毁。公元1141年,完颜亶下令出兵攻宋,结果被岳飞所帅部队迎头痛击,败师而回。完颜亶利用南宋内奸秦桧以"莫须有"罪名将爱国名将岳飞谋害。这样,在金的压力下,再次坐到谈判桌前的南宋接受金朝的封号,割地称臣。

金宋议和之后,双方之间出现了暂时的和平局面。

完颜亶虽文治武功颇有建树,但生活却骄奢淫逸、性格暴躁多疑。他多次大兴土木,每年还在全国范围内进行选美。到了他统治末期,更是纵情声色,不再过问国家大事。公元1149年冬,完颜亶被伺机政变篡权的海陵王完颜亮杀死,终年31岁。

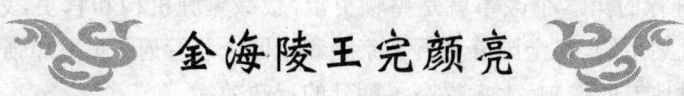

金海陵王完颜亮

生卒时间:公元1122年—公元1161年
在位时间:公元1149年—公元1161年

> 海陵智足以拒谏，言足以饰非。欲为君则弑其君，欲伐国则弑其母，欲夺人之妻则使之杀其夫。三纲绝矣，何暇他论。至于屠灭宗族，剪刈忠良，妇姑姊妹尽入嫔御。方以三十二总管之兵图一天下，卒之戾气感召，身由恶终，使天下后世称无道主以海陵为首。可不戒哉！可不戒哉！
>
> ——《金史·海陵本纪》

结党策变　弑君称帝

完颜亮是金太祖阿骨打庶孙，自幼便接受了汉文化，聪颖好学，18岁时就被授为奉国上将军。他作战勇猛，而且还足智多谋，后又得到梁王宗弼的赏识，逐渐成为金朝必不可少的重臣之一。

完颜亮对熙宗以太宗嫡孙身份继承皇位非常不满，认为自己是太祖庶孙，也能即位做皇帝，因此他逐渐搜罗、培植党徒，扩大自己的势力。

公元1148年，完颜亮更上一层楼，被拜为右相并兼都之帅，从而掌握了金朝的政治和军事大权。从此，完颜亮开始致力于把自己的心腹势力安插到各省台的重要位置上，从各个方面进行夺权活动。

这时的金熙宗，因两位重要辅佐宗干、宗弼相继去世，同时又失去了皇子，因而闷闷不乐，逐渐消沉下去，整天以酗酒玩乐为生，不再管理朝政。

公元1149年冬的一个晚上，完颜亮终于发动了政变。他率人闯入宫中，将熙宗乱刀砍死，随后自立为帝。

政变成功后，完颜亮为了保住帝位而大开杀戒，将守旧势力一一除掉后，又将反对他的太宗一系70多人全部杀掉，巩固了他的帝位。

推行改革　勤于政事

完颜亮巩固政权后，于公元1153年春率文武百官从上京会宁迁都燕京，从而为实现对中原的直接统治奠定了基础。

这时，完颜亮才开始进行他的改革。首先进行的便是加强皇权。他下令废除各路节镇及猛安谋克，取消猛安谋克上中下三等之分，只称"诸猛安谋克"，又下令重定荫叙法，削除八品用荫制度，并亲自修改亲王以下封爵等第制度。

完颜亮进行的第二个改革就是整顿吏治，裁减臃肿机构和官吏，划定了一整套的地方行政区划系统，将全国分为五大京路和十四个总管府。此举加强了中央集权，加强了中央对地方的控制，大大提高了朝廷的行政效率。

完颜亮逐渐完善各项司法制度，严禁官吏骚扰人民，并以勤惰与否作为对官吏赏罚的标准。完颜亮还禁止各级官员妄信神鬼、崇尚佛事。完颜亮提倡清廉节俭，他自己平日常穿补过的衣服，只吃鱼肉，不进鹅鸭，又规定朝官不得随便饮酒。

推行改革中，完颜亮也非常重视人才的培养和选用。从公元1157年起，他便下令开始设置女真族国子监,招收宗室、外戚、功臣及三品以上官员的子孙,年满15岁的入词赋经义学,不满15岁的入小学;另外,还设置算学、医学等十科,招收各族贵族子弟前来学习。为了更好地选拔人才,完颜亮大力发展科举制度,还亲自主持殿试,多次为考生出题,如"不贵异物氏乃足"、"忠臣犹孝子"、"忧国如饥渴"等。

放纵色欲　内变遭弑

完颜亮在称帝初期,还能勤于政事、生活俭朴,但随着时间的推移和帝位的巩固,逐渐放纵了自己的各种私欲。纵情声色成为他生活的主要组成部分。他即位之后,充斥后宫的嫔妃与隋炀帝相比有过之而无不及。他荒淫无度、无视伦理,连自己的亲外甥女及堂姐妹都不放过。他还经常召见百官家眷,见有年轻貌美者一定要想方设法搞到手。

完颜亮还梦想统一全国,做中国的正统皇帝。他于公元1161年发动侵宋战争,统一江南。但战争一开始,金军就出师不利。除了他自己率领的金军主力,其他3支部队均被击溃。着急的完颜亮准备渡过长江。由于急欲渡江,金军逃亡的人越来越多,完颜亮便大肆杀戮金军士兵,军中上下又恨又怕,加上这时金世宗在辽阳称帝,消息传来后,士气更加低落,完颜亮也越来越陷入孤立。于是,部将率兵哗变,冲入完颜亮帐中,用乱箭将其射死,其他亲信也纷纷被杀,太子完颜光英也在南京被害。就这样,海陵王朝灭亡了。

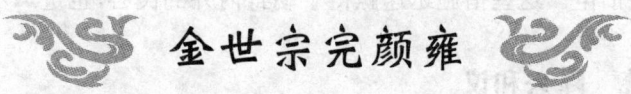

金世宗完颜雍

生卒时间:公元1123年—公元1189年
在位时间:公元1161年—公元1189年

> 世宗之立,虽由劝进,然天命人心之所归,虽古圣贤之君,亦不能辞也。盖自太祖以来,海内用兵,宁岁无几。重以海陵无道,赋役繁兴,盗贼满野,兵甲并起,万姓盻盻,国内骚然,老无畜养之丁,幼无顾复之爱,颠危愁困,待尽朝夕。世宗久典外郡,明祸乱之故,知吏治之得失。即位五载,而南北讲好,与民休息。于是躬节俭,崇孝弟,信赏罚,重农桑,慎守令之选,严廉察之责,却任得敬分国之请,拒赵位宠郡县之献,孳孳为治,夜以继日,可谓得为君之道矣!当此之时,群臣守职,上下相安,家给人足,仓廪有余,号称"小尧舜",此其效验也。然举贤之急,求言之切,不绝于训辞,而群臣偷刑部岁断死罪,或十七人,或二十人,安苟禄,不能将顺其美,以底大顺,惜哉!
>
> ——《金史·世宗本纪》

积聚势力　辽阳称帝

完颜雍很早就追随完颜宗弼等金朝名将从军，颇有军事修养，又娴于军事指挥，因而出任兵部尚书。金熙宗统治末年不理朝政，悼平皇后掌握了朝政大权，完颜雍把家里珍藏的传家宝白玉带献出来，方才保住了官职。

后来海陵王篡立，完颜雍又将家中珍藏的稀世奇宝献给海陵王，保住了性命。好色的海陵王又下诏，召他美貌的妻子乌林答氏入宫。乌林答氏无奈，而丈夫又不像个男子汉，根本不能保护自己，假意答应后在途中投湖自杀。完颜雍这时才后悔，后来为了表示对妻子的内疚和怀念，即位以后，便下诏追封乌林答氏为昭德皇后，并且终身不再册立皇后。

进军燕京　取代海陵

公元1161年，海陵王南下征宋，忍气吞声多年的完颜雍终于在亲信的支持下篡位称帝，是为金世宗。女真守旧贵族也纷纷跑来归附，以对抗不得人心的海陵王。

完颜雍称帝后，组成了最高军事机关元帅府，对海陵王的原有官员采取怀柔政策，使得海陵王更加孤立，不久被哗变的士兵杀死。海陵王被杀后，完颜雍立即派使向南宋提出了就地停战停火的建议，并以归还海陵所侵占的领土为停战条件。在进入中都后，完颜雍下令改变内部屠杀政策，并恢复了海陵王朝时被削职、降职的官员的官职，对曾跟随太祖、太宗立下汗马功劳而未曾受到迁赏的大臣封赏，并继续任用海陵王朝时的一些旧臣。这些措施迅速赢得了朝野内外的民心，也进一步巩固了统治。

睦邻友善　隆兴和议

公元1162年，金境内的契丹人发动叛乱，建立政权。完颜雍镇压叛乱后，对契丹由怀柔变为重兵管辖，使得国内出现相对稳定的局面。

完颜雍对南宋的态度是以和为主，同时在金宋边境部署重兵以防止南宋突然进攻，并以频繁的调兵遣将来逼使宋孝宗接受议和。公元1165年初，金军再次打败南宋军队，迫使南宋完全接受了完颜雍提出的议和条件。双方规定：南宋每年向金交纳岁币银20万两、绢20万匹，宋放弃占领的六州。双方仍以淮水到大散关为界。南宋皇帝不再向金朝称臣，改金、宋关系为叔侄关系，历史上称为"隆兴和议"。

对西夏政权和高丽王朝，完颜雍则坚持采取平等友好的外交政策，使得在他的统治期间金朝一直处在一种和平的外部环境中，为经济的恢复发展和政治的稳定创造了条件。

励精图治　金朝贤君

在稳定国内外局势后，完颜雍开始进行他的改革。他将海陵王所进行的汉化改革统统废除，恢复女真贵族的权益，下令禁止女真人穿汉服、与汉人通婚、改称汉姓。

不过，对于同样接受过正统的汉族文化教育的完颜雍，还是保留了一些汉化措施，如儒家的中庸思想和仁义道德。完颜雍在位期间，曾多次下诏选拔人才，还通过科举制度选拔人才。

公元 1189 年，完颜雍因病去世，享年 67 岁。

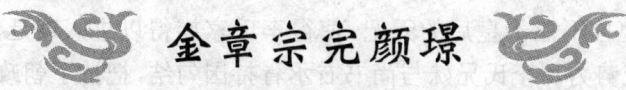

金章宗完颜璟

生卒时间：公元 1168 年—公元 1208 年
在位时间：公元 1189 年—公元 1208 年

> 章宗在位二十年，承世宗治平日久，宇内小康，乃正礼乐，修刑法，定官制，典章文物粲然成一代治规。又数问群臣汉宣综核名实、唐代考课之法，盖欲跨辽、宋而比迹于汉、唐，亦可谓有志于治者矣！然嬖宠擅朝，冢嗣未立，疏忌宗室而传授非人。向之所谓维持巩固于久远者，徒为文具，而不得为后世子孙一日之用，金源氏从此衰矣！昔扬雄氏有云："秦之有司负秦之法度，秦之法度负圣人之法度。"盖有以夫。
>
> ——《金史·章宗本纪》

继立皇位　锐意求治

完颜璟是完颜雍的孙子。父亲病逝后，金世宗将完颜璟保护起来，并没有立即立为皇太孙，而是将他封为原王，到地方去任职，让他熟悉地方政务；第二年又召回京中任右丞相，熟悉中央政务。经过一段时间的训练后，金世宗将其册立为皇太孙。公元 1189 年，金世宗病死，完颜璟即位，是为金章宗。

章宗以皇太孙的身份继承皇位，金世宗诸子当然不满，章宗严厉打击了对他皇位构成威胁的所有敌对势力。之后，他继续推行金世宗的"仁政"。

章宗加强官制改革，整顿三省六部的建制。公元 1198 年，章宗在中央设立提刑司，后改安抚司，掌管审察刑狱，弹劾官吏；公元 1206 年，在各地设立递铺，凡是元帅府、六部的文件，以及皇帝的旨令和各地的奏牌都可以入铺转送；公元 1208 年，精简户部官员，设置三司；公元 1204 年，制定了对文武官员的考课法，提高了行政效率。

章宗还非常重视朝廷的礼仪建设，改进并强化实施《大金仪礼》。

章宗为促进经济发展，也采取了许多重要措施。公元 1189 年，刚即位的章宗就下诏将官籍父、祖的奴婢全部赦免为平民，随后又下诏允许因贫困而卖身的奴婢赎放为良。公元 1191 年，章宗彻底废除了奴隶制度。

这时，金宋之间自隆兴和后一直保持和平共处的关系。章宗即位后，除了继续保持与南宋的和平友好外，他采取保边防宋的方针，对南宋实行严密防御。公元

1208年，金章宗与宋宁宗达成和议，双方互称伯侄，增岁币为30万，犒军银为300万两，宋金维持原来划定的边界。这次议和在历史上被称为"嘉定和议"。

宠爱嫔妃　后宫乱政

金章宗有一个叫李师儿的宠妃能诗会文，善于察言观色，因此深受章宗的宠爱，后又被册封为地位不亚于皇后的元妃，使得李氏家族得以进入朝廷，成为朝中一股颇有权势的外戚势力。李氏兄妹与尚书右丞胥持国勾结，把持了朝政。

章宗在位时妃嫔成群，但临死前也没有一个儿子。公元1208年，金章宗病死，享年41岁。

金卫绍王完颜永济

生卒时间：公元1171年—公元1213年
在位时间：公元1208年—公元1213年

> 卫绍王政乱于内，兵败于外，其灭亡已有征矣。身弑国蹙，记注亡失，南迁后不复纪载。
>
> ——《金史·卫绍王本纪》

公元1208年，金章宗病死，完颜匡等拥立金世宗七子卫绍王完颜永济为帝。

完颜永济即位之时，正是原臣属于金的蒙古逐渐强大起来的时期。公元1206年，不满附庸地位的蒙古各部推举铁木真为成吉思汗，建立蒙古汗国。公元1212年，成吉思汗便发动了南下伐金的战争。

完颜永济得到蒙古伐金的消息后，急忙派人前去求和，同时又令人指挥抵抗，但是金军屡战屡败。公元1213年，金兵与成吉思汗所率领的蒙古军队大战，结果金军几乎被全歼。经此一战，金军的精锐被消灭殆尽。

军事上的失败，使金朝廷发生内讧，完颜永济的皇位也朝不保夕。公元1213年，右副元帅胡沙虎等人发动兵变，攻入中都城中，将完颜永济劫持出宫，并随即杀害。

金宣宗完颜珣

生卒时间：公元1163年—公元1223年
在位时间：公元1213年—公元1223年

> 宣宗当金源末运,虽乏拨乱反正之材,而有励精图治之志。迹其勤政忧民,中兴之业盖可期也,然而卒无成功者何哉?良由性本猜忌,崇信嬖御,奖用吏胥,苛刻成风,举措失当故也。执中元恶,此岂可相者乎,顾乃怀其援立之私,自除廉陛之分,悖礼甚矣。高琪之诛执中,虽云除恶,律以《春秋》之法,岂逃赵鞅晋阳之责?既不能罪而遂相之,失之又失者也。迁汴之后,北顾有道之朝日益隆盛,智识之士孰不先知?方且狃于余威,牵制群议,南开宋衅,西启夏侮,兵力既分,功不补患。曾未数年,昔也日辟国百里,今也日蹙国里,其能济乎?再迁遂至失国,岂不重可叹哉!
>
> ——《金史·宣宗本纪》

宣宗是金章宗的兄长,出生时,因母亲昭华刘氏病死,被金世宗接到宫中,在宫中受到良好的教育。他15岁时,被封为温国公,26岁进封为丰王。

公元1213年,胡沙虎发动宫廷政变,劫杀完颜永济,他本想自己即位做皇帝,但思前想后,还是没有敢做这冒天下之大不韪的事。于是,他派人去请来金世宗的孙子完颜珣,拥立完颜珣为皇帝。

宣宗即位做了皇帝,因胡沙虎拥立有功,给他封官拜爵,胡沙虎自此专横跋扈,弄得朝野上下都想诛杀他。

这时,蒙古又来攻打。元帅高琪奉命出战,结果被打得大败而归。高琪害怕胡沙虎杀他,便先下手为强,将胡沙虎杀死。成吉思汗派使招降,宣宗立即派人到蒙古军中求和。蒙古提出了许多苛刻的条件,宣宗面对大军兵临城下的局面,只得一一答应。公元1214年,在蒙古军的步步进逼下,宣宗下令迁都,南迁至南京(今河南开封),以避其锋芒。

宣宗的南逃,极大地动摇了金朝廷内外的人心,朝中投降派纷纷叛金降蒙。成吉思汗得知宣宗南逃的消息,便派兵南下伐金。在公元1215年,中都城被蒙古大军攻破,宣宗将这座都城以及整个河北之地一起拱手让给了蒙古人。

面对蒙古军的严重威胁,朝中大臣竟想出了出兵攻宋、扩大金的疆土以摆脱危机的办法,宣宗竟也同意了。结果派出的金军不仅遇到宋军顽强抵抗,而且激起了金统治下的中原人民的抗金情绪,诸多起义队伍纷纷投宋抗金,金陷入了腹背受敌的局面之中。

尽管后期金在西北地区的抗蒙战争一度出现转机,但这并没有从根本上改变金的被动局面,仍处于蒙、宋、夏三面包围之中。此时的金朝,已经是四面楚歌、内外交困。

公元1223年,宣宗在忧郁中病死,享年61岁。

金哀宗完颜守绪

生卒时间：公元 1198 年—公元 1234 年
在位时间：公元 1223 年—公元 1234 年

> 金之初兴，天下莫强焉。太祖、太宗威制中国，大概欲效辽初故事，立楚、立齐，委而去之，宋人不竞，遂失故物。熙宗、海陵济以虐政，中原觖望，金事几去。天厌南北之兵，挺生世宗，以仁易暴，休息斯民。是故金祚百有余年，由大定之政有以固结人心，乃克尔也。章宗志存润色，而秕政日多，诛求无艺，民力浸竭，明昌、承安盛极衰始。至于卫绍，纪纲大坏，亡征已见。宣宗南度，弃厥本根，外狃余威，连兵宋、夏，内致困惫，自速土崩。哀宗之世无足为者。皇元功德日盛，天人属心，日出爝息，理势必然。区区生聚，图存于亡，力尽乃毙，可哀也矣。虽然，在《礼》"国君死社稷"，哀宗无愧焉。
>
> ——《金史·哀宗本纪》

公元 1223 年，金宣宗死后，完颜守礼登上皇位，改名为完颜守绪。

这时的金朝，外部已陷入南宋与蒙古南北夹击的困境之中，内部各地反金起义不断发生。完颜守绪却没有坐等灭亡，相反的是，他采取各种措施，励精图治，企图挽救金朝于危难之中。

他首先做的就是整顿吏治、加强法纪，要求各级官吏按国家制度秉公办事。对有法不依、徇私情而破坏法纪的贪官酷吏，将会以故意陷害他人罪而严加追究。他还广开言路，鼓励官民为国家大事献计献策。完颜守绪还任用了一批抗蒙有功的将帅，分掌军政，将贪官污吏、无用之辈统统罢官免职。

为了集中全力对付蒙古，完颜守绪立即停止与南宋的战争，将有生力量全部集中起来，用以抗蒙。为了寻求盟友，完颜守绪还找来西夏，联合起来共同对付蒙古。公元 1225 年，金夏双方议和，规定西夏对金称弟，不再称臣，互不侵扰。

经过这一系列的调整后，完颜守绪派兵与蒙古军队作战，在局部取得了胜利。公元 1227 年，西夏灭亡，蒙古军队得以合并军事力量，长驱入陕。面对蒙军的大规模进攻，三州节度使杨沃衍镇定自若，以身许国的精神指挥作战，多次战胜蒙古军，使蒙古军队不能前进。正在这时，成吉思汗病逝，蒙古军队被迫撤退，汴京的危机暂时解除。

公元 1229 年，成吉思汗的儿子窝阔台继位，又进一步加紧了对金的侵略。后来，蒙古军队将汴京城攻破，完颜守绪逃到了蔡州。

这时，南宋与蒙古签订和约，共同出兵灭辽。公元 1234 年，蒙古军队又攻破蔡州城，完颜守绪见大势已去，遂将皇位传给完颜承麟，随后自缢而死。

金末帝完颜承麟

生卒时间:？—公元 1234 年
在位时间:公元 1234 年

公元 1233 年年底,蔡州外城被蒙军攻破。随后,金哀宗便准备将这个烂摊子交给完颜承麟,宣布传位给他,完颜承麟当然不愿意,再三推让,最后金哀宗道出他的真心话:"朕将帝位传给你,是因为朕身体肥重,不能骑马逃奔。而你身体灵活矫捷,又有将才,万一你能够逃出,还可以使国祚不绝,这就是朕的愿望。"完颜承麟这才从金哀宗手里接过了这即将灭亡的金朝江山。

第二天,完颜承麟草草举行仪式之后,就急忙出去迎敌。这时,在城南的宋军已浩浩荡荡而来,吓得守城金兵弃门逃走,宋军攻入城中。完颜承麟被迫率众退保子城。金哀宗自知末日已到,便自缢而死。完颜承麟知道后,急忙带着百官去祭奠。正在祭奠之际,子城也被攻破,宋兵蜂拥而入,完颜承麟在混战中被杀,金也随之灭亡。

西夏

夏景宗李元昊

生卒时间：公元 1003 年—公元 1048 年
在位时间：公元 1032 年—公元 1048 年

李元昊的父亲李德明，曾受辽封为大夏国王，受宋仁宗封为夏国王。李德明奉行联辽睦宋政策，使党项部落得到了相对安定的环境。但李元昊却不像他父亲那样，他对李德明向宋称臣的卑躬屈膝尤其反感。

公元 1032 年，李德明死去，李元昊继承了父亲的地位。

建国称帝

李元昊一反父亲崇尚汉文化的传统，采取了一系列旨在保存和发展党项民族本身的文化特色的措施。

夏景宗李元昊

李元昊即位的当年就下达"秃发令"，规定党项部众限期三日，一律剃光头顶，穿耳戴重环，不服者处死。李元昊自己便率先实行。发式一改，服饰也随之变动。使服饰成为区别文武、尊卑的一个标志。随后，李元昊颁布了自己的年号，并参照汉字创建了党项文字，还建都兴庆府、确定官制、创建军队。即位后的短短六年中，李元昊迅速完成了政治、军事、文化等各方面的准备工作。

父亲李德明给李元昊留下了从河套到祁连山的广大地区的势力范围，但由于这一带的少数民族部落多以游牧为生，比较分散，不易管辖，而且有的部落并不是真心归附李德明，李元昊便从公元 1032 年开始对吐蕃发动了多次进攻，以削弱吐蕃的实力。公元1036年,在河湟地区的吐蕃部落归顺李元昊,李元昊随后完全控制了河西走廊。

公元1038年,李元昊即位登基建立西夏。

雄心勃勃的李元昊于公元1044年挑起了辽夏之间的战争,取得胜利之后与辽议和,这使李元昊的统治地位得以进一步巩固。此时在中国北方,宋、辽、夏三足鼎立的局面已经确立。

李元昊在位期间,为了巩固自己的帝位,曾采取各种措施以达到巩固皇权的目的。为了排除异己、防止外戚篡权,他实行了"峻诛杀"的政策,对皇太后的家族大加杀戮。后来,李元昊为太子宁令哥纳娶没藏氏,见其生得美艳动人,便自纳为妃,称为"新皇后"。没藏氏为他生下了一子李谅祚,李元昊更是宠爱这个没藏氏,并将其兄封为国相。没藏氏兄妹阴险歹毒,想把李谅祚立为太子,于是便策划了一场废除太子宁令哥的阴谋。太子宁令哥又因李元昊将原为自己所纳为妻的没藏氏夺去,气愤难忍,结果被没藏氏兄妹以借刀杀人计利用。

公元1048年元宵节,李元昊与大臣们宴饮到深夜。回宫后,正准备进入卧室,突然见宁令哥执剑挥来,李元昊躲闪不及,鼻子被整个削掉。这时,没藏氏兄妹预先埋伏的士兵纷纷跃出,救出李元昊,宁令哥被乱刀砍死。

李元昊被削去鼻子,又惊又气,结果当天晚上就不治而死,终年45岁。

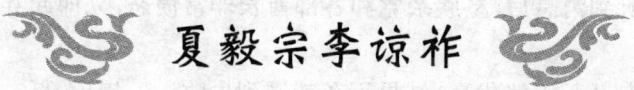

夏毅宗李谅祚

生卒时间:公元1047年—公元1067年
在位时间:公元1048年—公元1067年

公元1048年,李元昊伤重而死,刚满周岁的李谅祚被人抱着,在李元昊的灵柩前即位。

这个西夏历史上即位年龄最小的皇帝,还正在咿呀学语,因此西夏的军政大权被生母没藏氏和没藏讹庞掌握。没藏讹庞掌握大权后,专横跋扈,胡作非为,弄得夏、宋连年议价不决,引起冲突。公元1056年,太后没藏氏竟然被相好李守贵杀死,没藏讹庞赶紧亡羊补牢,将女儿嫁给李谅祚为后,由国舅变为国丈,继续总揽大权。

随着李谅祚年龄渐长,对没藏讹庞的专权日益不满,加上亲信将大臣们对讹庞的议论告诉他,就更增加了他对没藏讹庞的怨恨。

公元1061年,李谅祚与没藏讹庞的儿媳梁氏私通,被没藏讹庞的儿子发觉,父子二人遂密谋杀掉李谅祚。没想到密谋之事泄露,李谅祚先下手为强,诛杀了没藏讹庞家族,立梁氏为后。14岁的谅祚,兵不血刃地结束了没藏氏专政的局面,开始亲理国政。

公元1061年,李谅祚刚亲政,就下令以汉礼代替蕃礼,用汉礼招待北宋来使;随后又于公元1062年,李谅祚对李元昊设定的十二监军司作了调整,局部避免了旧制

度中军政合一、各监军司权力过大的弊病，加强了中央集权的统治。

李谅祚基本上采取联辽、睦宋、拉拢吐蕃的政策，与这三个包围西夏的政权周旋。对吐蕃，李谅祚用笼络的手段招诱吐蕃首领前来归附。对辽，李谅祚则年年纳贡称臣，借助辽的势力，对其他政权狐假虎威。而对北宋，李谅祚则采用和战交替的手段，从北宋手里捞到了大量好处。

公元1067年，李谅祚在骗得北宋大量银子后生病死去，年仅21岁。

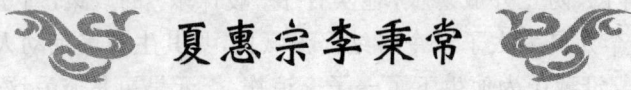

夏惠宗李秉常

生卒时间：公元1060年—公元1086年
在位时间：公元1068年—公元1086年

李谅祚死，他的儿子李秉常即位，是为夏惠宗。

年仅8岁的李秉常即位后，大权被皇太后梁氏和其弟梁乙埋所掌握，朝内形成了一个以梁太后、梁乙埋为首的母党集团。

公元1081年，年满21岁的李秉常对后党的专权不满，于是企图将黄河以南的不毛之地划归北宋，想借北宋的力量来对付梁氏。结果事情败露，李秉常被囚禁在兴庆府城外。听到消息后，皇族亲党和各部酋长非常愤怒，立即起兵反对梁氏，一时国中大乱。

宋神宗立刻分兵五路伐夏，结果不久就遭到失败。一年后，夏、宋之间又发生了"永乐之战"，西夏仍旧取得了胜利。

战争造成了西夏国内财力困乏、民不聊生的局面。在朝中大臣的呼声下，公元1083年，李秉常终于复位，仍然做他的傀儡皇帝。公元1086年，李秉常郁闷死去，年仅27岁。

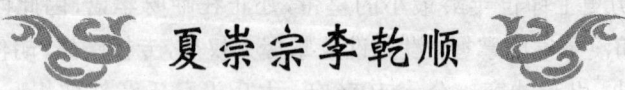

夏崇宗李乾顺

生卒时间：公元1084年—公元1139年
在位时间：公元1086年—公元1139年

李秉常病死后，又将傀儡皇帝的这个位子留给了他年仅3岁的儿子李乾顺。李乾顺即位时，皇族与后党之间互相倾轧的斗争如火如荼，但两个集团之间实力相当，谁也拿谁没办法。

公元1098年，梁太后率兵攻击北宋兵败而退。此次兵败后，辽派使臣到西夏，用药酒毒死梁太后并扶持李乾顺亲政，后党集团消亡。

李乾顺上台后,为求外部环境的稳定,将梁氏后党专权时的"附辽反宋"政策改为"附辽和宋",并向辽请婚。公元1105年,辽天祚帝将成安公主嫁给乾顺,辽、夏之间的关系更加密切了。

在外部环境相对稳定之后,李乾顺着手开始整顿内部。李乾顺大力提倡汉文化,下令在蕃学之外,特建教授汉学的"国学",并于公元1112年公布并实施了按照资格任用官吏的办法,对于擅长文学的人给予优待、因才任官。

在辽灭亡后,中原地区又被金占有。金对西夏一改辽所用的安抚手段,采用威逼利诱的手段逼夏投降。李乾顺向金称臣,并趁辽、北宋相继灭亡的机会,派兵将北宋在夏边境设下的城堡陆续攻占,西夏的疆域达到前所未有的广阔。

公元1137年,李世辅投奔西夏,李乾顺对其大加优抚,并于公元1139年命李世辅带兵攻打延安府,结果李世辅率众投宋,使得李乾顺气愤异常,不久病死。

夏仁宗李仁孝

生卒时间:公元1124年—公元1193年
在位时间:公元1139年—公元1193年

公元1139年,李乾顺的儿子李仁孝即位,是为夏仁宗。

李仁孝即位以后,西夏日益腐败的政局使得各种隐患纷至沓来。

他刚即位,辽将萧合达发动叛乱,企图拥立辽皇室后裔恢复辽国,李仁孝出兵平息叛乱。此时,西夏国内饥荒,加上官僚贵族的残酷盘剥,饥民们不得不举行起义。多个起义同时爆发,打得西夏官兵一时无力抵抗。李仁孝采取屠杀和瓦解相结合的办法,总算陆续镇压了各州的起义。

西夏人民起义,沉重打击了西夏贵族的统治,使李仁孝不得不采取一系列措施来缓和社会矛盾。

李仁孝首先制定了《新法》和《天盛律令》,作为封建制度确立的法律依据,同时规定赐田要按亩征收地租,土地占有者都要向国家交纳赋税。

在政治上,李仁孝将直接统治的地区分成27个州,进一步完善了中央官制和地方官制还规定了西夏官衙司署和州县的品第。李仁孝专门组织人员编纂了西夏文的《天盛年改新定律令》,通行全国。

在文化方面,李仁孝仿照宋制,实行科举,并于公元1147年正式策试举人,通过科举策试选拔人才,他还将崇宗时的"国学"进一步扩大。

李仁孝善于纳谏、禁止奢侈、整顿吏治,节约了国家的财政支出,对贵族和官僚起到了约束作用。

李仁孝的皇后罔氏虽出身于党项大族,但却非常崇拜汉文化,对李仁孝的执政多有帮助。李仁孝统治的半个多世纪,是西夏历史上的全盛期。

公元1193年,西夏历史上在位最久、寿命最长的皇帝李仁孝去世。

夏桓宗李纯祐

生卒时间：公元 1177 年—公元 1206 年
在位时间：公元 1193 年—公元 1206 年

公元 1193 年，西夏仁宗病死，年仅 17 岁的桓宗李纯祐即位。

李纯祐即位后，对内安国养民，对外附金和宋，基本上奉行仁宗时期的政治和外交方针，但根本无力扭转西夏政权由盛转衰的局面。此时，蒙古在漠北兴起，并且迅速强大，构成了西夏来自北方的严重威胁。

公元 1205 年，铁木真率兵向西夏进军，吓得桓宗紧张万分，只能坐观其变。蒙古军当时并无侵占西夏的打算，只是想抢掠人口和牲畜，因此他们在抢得大量人口、牲畜后就退兵而去。

仁宗之弟李仁友因在粉碎李得敬篡权谋国的阴谋中有功，进封为越王，不久便病死。其子李安全请求承袭越王爵位，桓宗不许，反而降封为镇夷郡王。李安全愤怒，因而萌发篡夺皇位之心。

公元 1206 年年初，李安全发动宫廷政变，废黜桓宗，自立为帝。2 个月后，桓宗死去，死因不明。

夏襄宗李安全

生卒时间：公元 1170 年—公元 1211 年
在位时间：公元 1206 年—公元 1211 年

公元 1206 年，镇夷郡王李安全发动宫廷政变，废黜桓宗，自立为帝。

此时，成吉思汗已经结束了蒙古草原的长期分裂局面，开始向外扩张。公元 1207 年，蒙古就发兵攻西夏，以试探西夏实力，见西夏军队确实无力抵抗后，便从公元 1209 年开始，大举进攻西夏。襄宗李安全无奈，只得向成吉思汗献女求和，于是蒙古军队班师回朝。

公元 1211 年，齐王李遵顼废黜襄宗李安全，自立为帝。李安全处心积虑夺来的皇位只坐了短短的 6 年。被废 1 个月后，襄宗就不明不白地死去。

夏神宗李遵顼

生卒时间：公元 1163 年—公元 1226 年
在位时间：公元 1211 年—公元 1223 年

李遵顼是西夏宗室齐王彦宗之子。他博学多才，中过状元，后被升为大都督府主，统领军兵，成为西夏皇族中具有威望的人物。

　　公元1211年，49岁的李遵顼继位。他想仿效崇宗乾顺时利用金国兴起、进攻辽朝的机会扩大疆域的办法，依附蒙古侵金扩土。神宗即位后5年之中，西夏破金多个城池。

　　公元1217年，蒙古攻金，神宗应蒙古的征调，派兵3万助攻，结果在宁州被金兵打得大败而回。蒙古西侵花剌子模，再次向西夏征兵。这时，西夏因连年用兵，军费耗用过大，拒绝出兵。蒙古见西夏不肯出兵，就发兵渡河进攻西夏。神宗逃奔西凉府，直到蒙古兵退，才返回国都。

　　神宗深感蒙古的威胁，改变了方针：联金抗蒙，联宋抗金，以求得自保。

　　公元1218年，神宗派使向金求和，但金宣宗恨西夏反复无常，拒绝讲和。神宗见联金不成，转而联宋。公元1219年，金宣宗南侵宋朝。神宗派使与宋将联络，联宋侵金，宋同意联合抗金。次年，西夏出师攻破金会州城。金宣宗恐慌，即向西夏请和。神宗正在胜利的兴奋之中，自然不许讲和；1219年9月，再攻巩州，结果大败而归。

　　神宗为保全自己，甘心做蒙古的附庸，但日渐强盛的蒙古已经对他失去了兴趣，多次遣使责令他退位。12月，在蒙古的威逼下，神宗不得不宣告退位，传帝位给次子德旺，做了西夏历史上唯一的"太上皇"。

　　公元1226年，神宗去世，终年64岁。

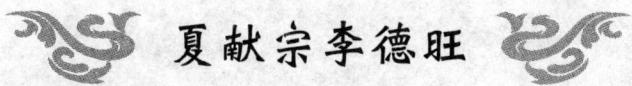

夏献宗李德旺

生卒时间：公元1181年—公元1226年
在位时间：公元1223年—公元1226年

　　公元1223年，42岁的神宗次子李德旺即位。

　　李德旺即位后，试图抗拒蒙古，结果遭到蒙古的征讨。公元1224年，蒙古从东面攻夏，将银州攻破，杀死数万夏兵。李德旺抗蒙失败，只得遣使与金议和，联金抗蒙，但这时金自身难保，哪还顾得上与西夏联合抗蒙。

　　此时的成吉思汗大军已从北路进入夏境，先后攻破西夏重要城池，西夏朝廷束手无策，献宗李德旺也于公元1226年逝世。

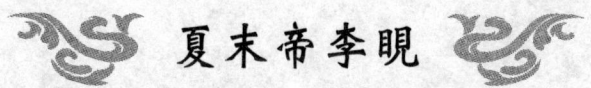

夏末帝李睍

生卒时间：？—公元1227年
在位时间：公元1226年—公元1227年

公元1226年,西夏献宗李德旺死,他的侄子李睍在仓皇之中被拥立为帝。

这时,蒙古大军已向西夏都城挺进。公元1226年10月,蒙古军队分别对西夏的政治、经济中心两路夹击,形成钳形攻势,成吉思汗则亲率大军合围中兴府。

公元1227年,成吉思汗派人到中兴府招降,遭到末帝的拒绝。此时,却又发生强烈地震,已被蒙古军队围困长达半年的中兴府城内房屋倒塌、瘟疫流行、粮尽援绝,军民大多患病,已经完全丧失抵抗能力。末帝在走投无路之下,只好向蒙古投降。这时,成吉思汗病死,蒙古军便按成吉思汗的遗嘱杀害末帝,进入中兴府屠城。至此,西夏灭亡。

元太祖铁木真

生卒时间：公元 1162 年—公元 1127 年
在位时间：公元 1206 年—公元 1127 年

> 帝深沉有大略，用兵如神，故能灭国四十，遂平西夏。其奇勋伟迹甚众，惜乎当时史官不备，或多失于纪载云。
>
> ——《元史·太祖本纪》
>
> 天下之势，由分而合，虽阻山限海、异类殊俗，终归于统一。太祖龙兴朔漠，践夏戎金，荡平西域，师行万里，犹出入户阀之内，三代而后未尝有也。天将大九州而一中外，使太祖抉其藩、蹈其途，以穷其兵力之所及，虽谓华、夷之大同，肇于博尔济锦氏可也。
>
> ——《新元史·太祖本纪》

新雄崛起

12 世纪在内蒙古的大草原上，分布着很多的部落。他们都过着游牧的生活，为了争夺牧地和牲畜，相互之间展开了长期的拼斗和厮杀。公元 1162 年，蒙古族部落其中一个乞颜氏族的首领也速该的儿子出生，名叫铁木真。

铁木真 9 岁时，也速该被塔塔儿部的人毒死。也速该死后，许多奴隶和属民纷纷离开乞颜氏族，其他一些部落也想借机吞并乞颜氏族。铁木真的母亲只好带着几个孩子和仅剩下的少数部众住在斡难河上游，过着困苦的生活。

年少的铁木真带着木枷巡走示众，受尽了侮辱，从此暗暗定下了恢复乞颜氏族地位的决心。之后，铁木真借助父亲的至交克烈部首领王罕和儿时伙伴力量逐渐壮

大,不少当时的旧属民又纷纷前来投奔,一些有名望的贵族也向铁木真靠拢。公元1184年,部族长联合会议上,铁木真被一致推举为乞颜氏部可汗。铁木真同时建立起了一套能够巩固自己统治地位的制度和一支战技高超、敢于冲锋陷阵的强大军队,为统一蒙古奠定了基础。

一统漠北

新建立的乞颜氏政权日益繁荣起来,铁木真的好友札木合无法容忍一个新的强大势力的出现,纠集了13个部落共3万人发动了

元太祖铁木真

"十三翼之战"。为避开强敌,铁木真暂时退却。得胜之后的札木合却非常残忍,他命令用70口大锅烹煮战俘,激起了很多同盟者的反感,很多人在这情况下前去投奔了铁木真。铁木真则采取笼络人心、分化瓦解的做法使自己力量壮大。同时,他跟金朝结成联盟,并接受金朝皇帝授予的"诸部统领"的官职。铁木真的政治权力大大提高,从此就利用朝廷命官的身份,开始号令蒙古部落和统辖其他贵族了。

公元1197年,铁木真解决了乞颜氏部内部叛乱问题,开始不断削弱旧贵族的权力和地位,迫使他们从属于自己,从而在他走向战功的道路上又跨出了重要的一步。

铁木真的崛起和壮大,直接对他的敌人产生了很大的威胁。公元1201年,蒙古11个部族的首领联合起来讨伐王罕与铁木真。铁木真在战斗中,脖颈血管被射伤,血流如注,部将用嘴吮血,精心守护,终于挽救了铁木真的生命。第二天,前来归顺的敌将哲别爽直地说:"从山上射伤你的就是我。如果你让我死,只不过溅污手掌大的一块土地。倘若饶我一命,我将为可汗赴汤蹈火。"铁木真非常喜欢这种直率和勇气,说:"作为敌人的人,总是避谈自己杀过人,采取过敌对行动。而你却直率相告,毫无忌讳,真可以作朋友。"其后,哲别成了一名骁勇善战的猛将。经过一番激烈的战斗,铁木真终于横扫塔塔儿部落,夺取了水草丰美的呼伦贝尔草原。从此之后,铁木真的部落同克烈部、乃蛮部成为蒙古草原上鼎足而立的三股力量。

铁木真经过精心谋划、艰难征战,铲除了草原上的一个又一个霸主。公元1203年,铁木真与盟友王罕反目成仇发生战争,随后将其打败,使王罕的克烈部归附,并于次年又大败乃蛮部落。从此,西起阿尔泰山、东至兴安岭的整个漠北草原上的各部落几乎全都成了铁木真家族的部属,铁木真成为漠北草原上的一代霸主。

帝国大厦

公元1206年春,铁木真召集贵族首领们在斡难河源举行大会,庄严宣布"大蒙古国"正式建立,自己为全蒙古的"大汗",号成吉思汗(成吉思汗意为"拥有海洋四方的大酋长")是全蒙古草原唯一的领袖。

成吉思汗开始了对蒙古国政权机构的建设，表现出非凡的组织才能和政治谋略。他在公元1204年整顿军马、建立千户制的基础上，进一步推广和加强了千户制。国家按千户征派赋税和调拨军队，所有民户都应在本管千户内"著籍应役"。

为确保至高无上的汗权，成吉思汗建立了一支更强大的由大汗直接控制的常备武装——亲卫军。护卫长担任着中央政府的职能。亲卫军成为成吉思汗整个大蒙古国军事力量的核心，是自己对外征战时最精锐、最可靠的中军。

公元1206年，成吉思汗任命蒙古国的最高行政官大断事官负责察明诈伪、施以刑法。

横扫千军　席卷欧亚

构建了蒙古帝国的基本骨架后，成吉思汗东征西讨，不断扩大自己的版图。公元1209年秋，成吉思汗第三次入侵西夏。西夏皇帝李安全答应了成吉思汗的条件，把他的女儿嫁给了成吉思汗。西夏因向金求援遭到拒绝，遂转而采取了臣服蒙古向金国进攻的政策。成吉思汗又开始向金朝发起了进攻。

公元1214年6月，成吉思汗率兵南下攻占中都。在对将士论功行赏、改编部队之后，成吉思汗又扬鞭策马踏上西征之路。

从1219年到1222年的几年，成吉思汗率领蒙古铁骑，在中亚、波斯的广大地区到处驰骋，给花刺子模国以毁灭性的打击。花刺子模是中亚的古国之一，13世纪前后，是中亚最强大的国家。公元1225年，成吉思汗凯旋东归，回到蒙古，持续七年的远征创造了世界征服史上的奇迹。

一代天骄

西征途中，成吉思汗为求长生不老之药，派人到山东莱州请全真教宗师丘处机。丘处机经过一年多的艰苦跋涉，终于在公元1222年春到达成吉思汗行营。成吉思汗见面就问："真人从远方来，有什么能使我长生的药吗？"丘处机指出："长生之道，清心寡欲；一统天下，不嗜杀人；为治之方，敬天爱民。"成吉思汗作了记录。

成吉思汗的西征，打开了东西方交通的道路。从这时候起，中国各族人不断进入中亚、波斯等地，中亚、波斯、阿拉伯以至欧洲的人们也不断来到中国。

公元1226年，成吉思汗再次征伐西夏。这时，夏献宗李德旺忧惧而死，其侄南平王即位。鉴于西夏军主力被歼，成吉思汗又于公元1227年继续南下攻金，进攻途中因积劳成疾，在营帐里离开了人世。

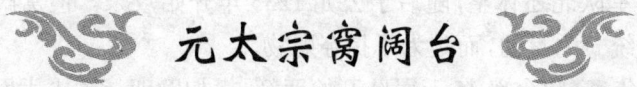

元太宗窝阔台

生卒时间：公元1186年—公元1241年
在位时间：公元1229年—公元1242年

> 帝有宽弘之量，忠恕之心，量时度力，举无过事，华夏富庶，羊马成群，旅不赍粮，时称治平。
>
> ——《元史·太宗本纪》
>
> 太宗宽平仁恕，有人君之量。常谓即位之后，有四功、四过：灭金，立站赤，设诸路探马赤，无水处使百姓凿井，朕之四功；饮酒，括叔父斡赤斤部女子，筑围墙妨兄弟之射猎，以私憾杀功臣朵豁勒，朕之四过也。然信任奥都拉合蛮，始终不悟其奸，尤为帝知人之累云。
>
> ——《新元史·太宗本纪》

定为汗储　随父远征

公元 1186 年，成吉思汗第三子窝阔台出生。窝阔台从小跟随父亲四处征战，成为一位骁勇善战的虎将。

在窝阔台四个同母兄弟中，窝阔台在功劳方面不让其他三个兄弟，而且还忠厚宽仁、举事稳健，看起来更像是一个足智多谋的政治家。成吉思汗为初具规模的蒙古帝国着想，打破蒙古的旧传统，擢升窝阔台为继承人。

窝阔台被确立为继承人之后，随同父亲踏上了讨伐花剌子模国的征程。窝阔台后来受成吉思汗的委派，成为最高指挥官。公元 1225 年春，窝阔台随父亲回到蒙古故土，结束了持续七年的历史性远征。

继承汗位　纵横欧亚

公元 1229 年，成吉思汗病死后，窝阔台被推举为蒙古大汗，是为元太宗。

窝阔台即位后，重用辽国宗室子弟耶律楚材等人，进一步健全了蒙古的法律和政治制度，并在中原地区维持原来的农业、手工业生产。窝阔台还在耶律楚材的建议下，学习中原汉儒家文化，兴办国学，考试儒生，并下令括编中原户口，制定赋役制度，为后来蒙古出兵南征奠定了坚实的财政基础。

公元 1235 年，窝阔台开始营建哈剌和林城（今额尔德尼召南）为大蒙古国的都城，也是当时的一个国际性城市。

经过一番改革，蒙古国力大增，窝阔台也有了更多的人力、物力和财力投入到统一战争中来。公元 1231 年，蒙古军攻入高丽，高丽王投降。公元 1234 年，蒙古灭金。灭金之后，蒙古军队北还休整，随后于公元 1235 年开始攻宋。但窝阔台时期的侵宋战争，并非是以统一为目的，而是为了掠夺财物。

公元 1235 年，窝阔台率 15 万军队开始西征，横扫欧亚。蒙古大军率先将亦的勒河下游的钦察部收降，随后征服莫尔多瓦。次年初，蒙古军分兵四路，一个月内连破莫斯科等十余城，然后蒙古军胁迫被俘的斡罗思人参加攻打公国首府弗拉基米尔城，五天之后攻破，继续向西攻打钦察草原西部地区，逼迫钦察余部迁往马扎儿（今匈牙利）。

公元1239年,窝阔台遣兵围攻斡罗思国都乞瓦,随后又攻入伽里赤国,破其都城弗拉基米尔沃沦和境内其他城市。公元1241年,蒙古军兵分两路,分别侵入孛烈儿(波兰)和马扎儿(今匈牙利)。拔都率军攻克佩斯城。沿途,蒙古大军烧杀抢掠,无恶不作,每攻下一座城池,都要进行屠城。

暴饮而殁

灭金之后,窝阔台就不再受亲征之苦,而是指派朝中的大将率师征伐;以后便嗜酒如命,亲近美色,耽于射猎,朝政几乎荒废。

当初成吉思汗把窝阔台立为自己的继承人,但对自己宠爱的幼子拖雷有一种愧疚之情,于是决定把老营、家室、军队和珍宝等交给拖雷,使得后来拖雷一系在蒙古贵族中实力最为雄厚,而窝阔台性格中更多的是残忍、苛暴、阴毒,他因嫉恨拥有重资和卓越军事才能的四弟拖雷,用计将他毒死。

公元1242年冬,窝阔台出猎,在行帐中畅饮美酒,直喝得酩酊大醉方才休息。第二天,左右发现窝阔台已经中风,不久死去,时年56岁。

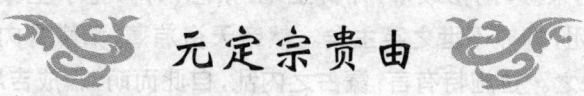

元定宗贵由

生卒时间:公元1206年—公元1248年
在位时间:公元1246年—公元1248年

> 定宗崩后,议所立未决。当是时,已三岁无君,其行事之详,简策失书,无从考也。
> ——《元史·定宗本纪》
>
> 定宗诛奥都拉合蛮,用镇海、耶律铸,赏罚之明,非太宗所及。又乃马真皇后之弊政,皆为帝所铲革。旧史不详考其事,谓前人之业自帝而衰,诬莫甚矣。
> ——《新元史·定宗本纪》

公元1240年,身染重病的窝阔台下诏,命征讨钦察、斡罗思等未服诸国的长子贵由班师返回蒙古本土。公元1241年,窝阔台病死,而贵由尚在途中,贵由的生母,皇后脱列哥那临朝摄政。

脱列哥那在摄政的5年中,擅弄权术,对推行"汉法"的耶律楚材及蒙古大臣极力排挤。因此,贵由即位之初,所面临的是蒙古内部局势动荡、宗王们各自为政、中央权力开始削弱、政事愈坏、民不聊生的局面。

按照蒙古习俗,汗位的继承人要经过忽勒台(诸王大会)选举,贵由在脱列哥那力争下成为蒙古第三任大汗。贵由即位不久,脱列哥那病死。摆脱了母亲的束缚后,

他开始整理朝政,陆续起用被母亲罢免的官员。

贵由一心想使自己的名声超过父亲,以得到众人的拥戴,结果所作所为皆画虎不成反类犬,于是便昼夜沉溺于酒色不能自拔,使身体日渐虚弱,常因病不理政务。

公元 1248 年,贵由借口去养病,亲率大军浩浩荡荡向西进发,想杀掉对他皇位最有威胁的拔都,在途中因病死去,享年 43 岁。

元宪宗蒙哥

生卒时间:公元 1208 年—公元 1259 年
在位时间:公元 1251 年—公元 1259 年

> 帝刚明雄毅,沉断而寡言,不乐燕饮,不好侈靡,虽后妃不许之过制。然酷信巫觋卜筮之术,凡行事必谨叩之,殆无虚日,终不自厌也。
> ——《元史·宪宗本纪》
>
> 宪宗聪明果毅,内修政事,外辟土地,亲总六师,壁于坚城之下,虽天未厌宋,贵志而殂,抑亦不世之英主矣。然帝天资凉薄,猜嫌骨肉,失烈门诸土既有之而复诛之。拉施特有言:蒙占之内乱,自此而萌,隳成吉思汗睦族固本这训。呜呼,知言哉!
> ——《新元史·宪宗本纪》

韬光养晦 终遂宿愿

公元 1208 年,成吉思汗的孙子拖雷的长子蒙哥出生。父亲拖雷被伯父窝阔台毒死后,蒙哥被窝阔台收养。尽管蒙哥得到伯父无微不至的照顾,但始终没有忘记要报杀父之仇,但现在的实力不足以同窝阔台对抗,因而把复仇深埋在心中装出一副谦恭的样子,十分卖力地跟随窝阔台四处征战且屡立奇功。

在每次战争中,蒙哥都身先士卒、奋不顾身,不仅消除了窝阔台家族对自己的猜忌,而且还在蒙古诸王中赢得了威望。公元 1251 年,蒙哥成为蒙古大汗。

有心革弊 无意分裂

蒙古大军进入中原后,处于奴隶制社会发展阶段的蒙古民族与中原高度发达的封建制度格格不入。窝阔台即位后,耶律楚材在窝阔台的支持下,进行了一系列改革。公元 1234 年随着窝阔台的动摇,耶律楚材的改革失败了,中原人民重又回到水深火热之中。

蒙哥即位后,面对这种局面,采取了一系列的应对措施,以解燃眉之急,但这些措施实际上并不能从根本上解决问题,结果是旧弊未去、新弊又来。

成吉思汗所建立的蒙古大帝国,是靠其兄弟子侄们东征西讨方才建立起来的。他们为成吉思汗流血牺牲,虽有对成吉思汗崇拜而卖命的因素,但最主要的还是受到成吉思汗"各分地土,共享富贵"的诱惑。成吉思汗倒也不食言,建国后不久,就把蒙古百姓及土地、牧场分封给了他的诸弟、诸子。然而,出于所征服地区民族、语言、文化各不相同,诸王都有极大的独立性,大蒙古帝国出现分裂的局面。

公元1252年,蒙哥下令重新编集户口,并在宗族、贵族中进行再分配。随后蒙哥将窝阔台的领地分别授给窝阔台的后人,以分而治之的办法,巩固了中央集权,也多少挽救了大蒙古国分裂的命运。

横扫西亚　身死四川

蒙哥即位后,继承了蒙古贵族热衷于对外战争的传统,继续向西用兵,相继征服了伊斯兰亦思马因派统治的木剌夷(在今伊朗)和哈里发统治的报达(今巴格达),在攻陷城池后进行了惨绝人寰的大屠杀。

公元1252年,蒙哥命忽必烈征讨大理,完成了对南宋王朝的合围,于是决定对南宋发动全面进攻。

蒙哥率领大军于公元1259年初包围四川重镇合州,切断了南宋援助部队与合州的一切联系。宋守将率领合州军民奋勇抵抗,蒙军连攻5个月不克,蒙哥为此暴跳如雷,亲临前线督战,结果被炮石击伤,一个月后便死于军中。

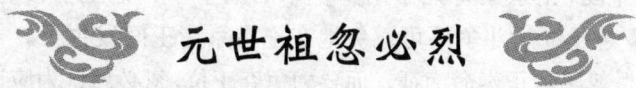

元世祖忽必烈

生卒时间:公元1215年—公元1294年
在位时间:公元1260年—公元1294年

> 世祖度量弘广,知人善任使,信用儒术,用能以夏变夷,立经陈纪,所以为一代之制者,规模宏远矣。
> ——《元史·世祖本纪》
>
> 唐太宗承隋季之乱,魏微劝以行王道、敦教化。封德彝驳之曰:'书生不知时务,听其虚论,必误国家。'太宗黜德彝而用微,卒致贞观之治。蒙古之兴,无异于匈奴、突厥。至世祖独崇儒向学,召姚枢、许衡、窦默等敷陈仁义道德之说,岂非所谓书生之虚论者哉?然践阼之后,混壹南北,纪纲法度灿然明备,致治之隆,庶几贞观。由此言之,时无今古,治无夷夏,未有舍先王之道,而能保世民民者也。至于日本之役,弃师十万犹图再举;阿合马已败,复用桑哥;以世祖之仁明,而吝于改过。如此,不能不为之叹息焉。
> ——《新元史·世祖本纪》

崇汉尊儒　治理汉地

忽必烈是蒙古帝国睿宗拖雷的第四个儿子，宪宗蒙哥的同母弟。

早在漠北的时候，忽必烈就同大批中原汉族士大夫取得了密切的联系，在忽必烈的周围渐渐形成了一个汉儒幕僚集团。这使得忽必烈的思想意识朝着不同于同辈皇兄弟的方向发展。忽必烈不仅自己努力接受、学习汉文化，还要其他蒙古贵族学习。

公元1251年夏，蒙哥继承汗位后，将漠南汉地军国庶事全部委托给忽必烈掌管。次年，忽必烈又得到关中地区作为封地。忽必烈采用汉法治理汉地，使中原地区得到了治理，人户逐渐增加，经济慢慢地恢复起来。

▲ 元世祖忽必烈

忽必烈在中原威望的日增，形成了对蒙哥汗权的威胁。公元1257年，蒙哥借口忽必烈刚打完仗又患有脚病，让他留在家中休息，解除了忽必烈的兵权。后来，在征宋的过程中，忽必烈重新又把东路军权控制在自己的手中。

先发制人　登上汗位

公元1259年夏，宪宗蒙哥死于南下伐宋的战争中。他生前没有对嗣位问题作出安排，这样，争夺汗位的斗争不可避免地在拖雷系诸王间发生了。

蒙哥去世时，忽必烈正奉命南征。而要力争夺王位，忽必烈认为应返回漠北。正好南宋贾似道派使讲和，忽必烈当即同意，断然把大军留在江北，自己率一支亲军先行。

公元1260年春，忽必烈在诸王及大臣的再三劝进下，终于在开平登上了汗位。紧接着，四月份，忽必烈的弟弟、备受蒙哥信任的阿里不哥在和林自称奉遗诏，在另一些王的拥戴下继承汗位。

宪宗蒙哥南征时，阿里不哥奉命留守，在政治上处于十分优越的地位。同时，他拥有留守军队，随从宪宗南征的军队也有一部分归附了他。蒙哥去世后，大军在攻宋前线，阿里不哥先发制人，派兵进至离忽必烈经营多年的根据地开平100余里的地方，给忽必烈造成了极大的威胁。而忽必烈取得了大部分王公贵族的支持，用武力很快迫使众叛亲离的阿里不哥于公元1264年夏归降。

解决了内部问题后，公元1264夏忽必烈迁都燕京，改燕京为中都，把中央政权机构设于此地；随后于公元1271年冬宣布改"大蒙古"为"大元"，取《易经》"大哉乾元"之义，表示国家广袤无疆。

攻灭南宋　结束分裂

即位的最初几年里，元世祖忽必烈致力于巩固汗位，对南宋只求维持现状。公元1273年夏，忽必烈发布伐宋诏书，命元军分兵两路南征南宋。元军一路势如破竹，公元1275年对临安合围，宋帝无可奈何地上表投降。此后，元军将赵宋王朝消灭，完全统一了全国。

忽必烈统一全国后，"效汉法，行变通"进行了一系列的改革措施，巩固了元朝在中原的统治地位。

公元1294年春，忽必烈病逝。

元成宗铁穆耳

生卒时间：公元1265年—公元1307年
在位时间：公元1294年—公元1307年

> 成宗承天下混壹之后，垂拱而治，可谓善于守成者矣。惟其末年，连岁寝疾，凡国家政事，内则决于宫壶，外则委于宰臣；然其不致于废坠者，则以去世祖为未远，成宪具在故也。
>
> ——《元史·成宗本纪》
>
> 成宗席前人之业，因其成法而损益之，析薪克荷，帝无愧焉。晚年寝疾，不早决计传位武宗，使易世之后，亲贵相夷，祸延母后。悲夫！以天子之尊，而不能保其妃匹，岂非后世之殷鉴哉。
>
> ——《新元史·成宗本纪》

权臣拥戴　登上皇位

铁穆耳的父亲真金，是忽必烈的次子，也是忽必烈的皇位继承人，但在公元1285年真金还没有等到即位称帝的那一天，就因病去世。真金之死，对年逾古稀的忽必烈打击很大，使他在重新确定继承人的问题上格外慎重。这时，铁穆耳已长大成人，率兵平定乃颜余党的叛乱，镇守北部边境，得到忽必烈的赏识。公元1293年，忽必烈在拖了八年之后，终于将铁穆耳立为皇太子。

一年之后，忽必烈便因病去世。虽说祖父在生前指定铁穆耳为皇位继承人，但如不经过参加诸王大会的诸王、贵戚的推选，就不能继位，因此铁穆耳奔赴上都，与拥有较强势力又是忽必烈长孙的大哥甘麻剌展开皇位争夺。不过，铁穆耳拥有母亲和重臣的支持，甘麻剌不是弟弟的对手，于是铁穆耳即位登基，成为元朝的又一任皇帝。

循规守成　和邻亲叛

铁穆耳登基后，基本上保留了世祖晚年当政的原班人马，大政方针上也具有元

世祖的遗风，使得铁穆耳上台后的几年之间政治相对稳定。

铁穆耳即位后，改变了对周边地区大量用兵的做法，恢复与周围各国的睦邻关系，和安南、缅甸、日本等国建立友好的外交关系。此后，元朝与各国使节往来不绝，中日双方的民间贸易也比较活跃。

但这时的西北边境，仍有叛军长期与元朝中央政府为敌。铁穆耳派出大军驻防西北，抵御叛军。双方一再发生战争，互有胜负。直到公元1302年，在元朝大军压境的局面下，叛军才向中央政府请求和解，铁穆耳答应了他们的请求。铁穆耳与西北的和解，结束了长达40多年的皇室内争，重新确立了中央在西方诸汗国中的宗主地位。

滥行赏赐　好大喜功

铁穆耳做皇帝之前，长年在外带兵，不谙朝政。做了皇帝后，为了争取蒙古贵族和大臣们的拥护，不惜倾尽国家财力赏赐给众人，使得元朝经济出现紊乱的严重后果。

到了晚年的铁穆耳变得好大喜功。公元1301年，他派兵征讨八百媳妇（今泰国北部等地），折腾了两年多，无功而返。后来，铁穆耳身患重病，不理朝政，皇后和中书右丞相分别掌握了朝廷大权，并以他们二人为中心形成两个互相对立的集团。

铁穆耳唯一的儿子德寿被立为皇太子，竟先于其父死去，铁穆耳因此没有再指定继承人。公元1307年，深受丧子之痛打击的铁穆耳在郁闷中病逝。

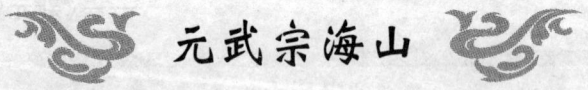

元武宗海山

生卒时间：公元1281年—公元1311年
在位时间：公元1307年—公元1311年

> 武宗当富有之大业，慨然欲创治改法而有为，故其封爵太盛，而遥授之官众，锡赉太隆，而泛赏之恩溥，至元、大德之政，于是稍有变更云。
> ——《元史·武宗本纪》

> 武宗舍其子而立仁宗，与宣公舍与夷而立穆公无以异。公羊子曰：宋之乱，宣公为之。然则英宗之弑，文宗之篡夺，亦帝为之欤！《春秋》贵让而不贵争，公羊子之言过矣。帝享国日浅，滥恩幸赏无一善之可日。独传位仁宗，不愧孝友。其流祚于子孙宜哉。
> ——《新元史·武宗本纪》

拥重兵　夺帝位

公元1307年,元成宗死后,皇位究竟由谁来继承就成了重中之重的问题。因元世祖生前有日后帝位必须传给真金太子之后的成约,依此应是元成宗长兄的长子今孙帖木儿,而元成宗的皇后和左丞相等准备拥立的是元成宗的堂弟安西王阿难答。而作为元成宗次兄的海山不太可能成为皇帝,但他的兄弟爱育黎拔力八达与母亲也以奔丧的名义回到京城,逮捕了左丞相和安西王阿难答等人,以"乱祖宗家法"的罪名将其诛杀。爱育黎拔力八达本想称帝,但他考虑到海山拥有重兵且能征善战,不敢造次,便把皇位让给了海山。

公元1307年,率三万精兵来争夺皇位的海山得知弟弟将皇位让给他后,大喜过望,立即赶到上都,登上了皇位,是为武宗。

穷挥霍　耽淫乐

武宗即位之初,下令恤征戍,免差税;开放山场湖泊,鼓励重儒尊道;还遣使祭祀孔子,又刻板模印《孝经》,遍赐诸王大臣,很想作为一番。

但他即位不久,就渐渐耽于荒逸、沉溺酒色,使元朝政局愈来愈坏。海山的奢侈、挥霍程度更超过元成宗。为巩固统治而大赏诸王、宗族,搞得国库空虚,入不敷出。公元1308年,由于江南发生大饥荒,政府财政更为困难,再加上海山大兴土木、建城修寺,财政危机再度出现。

海山特别尊奉西僧。他曾下诏,凡民众殴打西僧者截其手,骂西僧者断其舌。这使得僧人无所顾忌,成为当时祸害百姓的一大势力。

公元1311年,海山因淫乐酗酒过度,身染重病,不久病死。

元仁宗爱育黎拔力八达

生卒时间:公元1285年—公元1320年
在位时间:公元1311年—公元1320年

> 仁宗天性慈孝,聪明恭俭,通达儒术,妙悟释典,尝曰:"明心见性,佛教为深;修身治国,儒道为切。"又曰:"儒者可尚,以能维持三纲五常之道也。"平居服御质素,澹然无欲,不事游畋,不喜征伐,不崇货利。事皇太后,终身不违颜色;待宗戚勋旧,始终以礼。大臣亲老,时加恩赉;太官进膳,必分赐贵近。有司奏大辟,每惨恻移时。其孜孜为治,一遵世祖之成宪云。
> ——《元史·仁宗本纪》

仁宗孝慈恭俭,不迩声色,不殖货利。待宗戚勋旧,始终以礼,大臣亲老,

时加恩贵。有司奏大辟，辄恻怛移时，晋宁侯甲兄弟五人，俱坐法死，帝悯之，宥一人以养其父母。崇尚儒学，兴科举之法，得士为多，可谓元之令主矣。然受制母后，嬖幸之臣，觊权用事，虽稔知其恶，犹曲贷之。常问右丞相阿散曰：'卿日行何事。'对曰：'臣等奉行诏旨而已。'帝曰：'祖宗遗训，朝廷大法，卿辈犹不遵守，况朕之诏旨乎。'其切责宰相如此。有君而无臣，惜哉！

——《新元史·仁宗本纪》

先发制人　终登皇位

公元1307年，元武宗海山即位。海山为了感谢为在争夺皇位中立下汗马功劳的弟弟爱育黎拔力八达，便将他立为"皇太子"，从而确定了爱育黎拔力八达合法的皇位继承人资格。

爱育黎拔力八达年少时，祖母阔阔真便为他选定汉族儒学名士李孟做老师。在李孟的耐心指点下，爱育黎拔力八达深受儒学的熏陶，学有所成，锋芒初露。这时，铁穆耳身患重病，皇后卜鲁罕独揽大权。她担心爱育黎拔力八达争夺皇位，于是下令爱育黎拔力八达跟随生母离开大都。元成宗病死后，得知消息的爱育黎拔力八达立即赶赴大都，杀掉左丞相阿忽台等人，为元武宗海山的即位扫清了障碍并拥立其为帝。

公元1311年，元武宗海山病死，爱育黎拔力八达没有立即继位，而以皇太子身份执政。他宣布废除武宗设立的尚书省，恢复原来的中书省，并以祸国殃民等罪名将丞相脱虎脱等人处死；接着，又将元世祖忽必烈时期熟谙政务的老臣召至京城任职，初步组成中书省班子。

采取了这些措施以后，公元1311年，爱育黎拔力八达正式登上皇位。

尊孔崇儒　推行"汉法"

仁宗即位后，在李孟等汉人儒臣的辅佐下，确立了尊孔崇儒、推行"汉法"的政治方针，并一再勉励蒙古大臣了解和掌握儒学要旨和汉人政治。

他派人四处求寻儒家经典，让人将《大学衍义》一书译成蒙语，赐予朝臣。而他本人则在闲暇之时，潜心研读《贞观政要》和《资治通鉴》。

爱育黎拔力八达很重视人才的选拔与培养，并极力提倡大臣荐贤举能。公元1313年，仁宗下令正式实行科举。考试科目方面，蒙古、色目人试二场，汉人、南人试三场，命题则以"四书五经"为主。

在推行"汉法"政治的同时，仁宗推行经济改革。在他即位后不久，就下令恢复使用中统钞和至元钞，力图缓和政府的财政危机。但他的改革解决不了根本问题，他所进行的货币改革还是以失败而告终。仁宗又决定采用汉人传统的理财方法经理田赋。公元1314年，他分别派官员核查田地亩数，理算租税钱粮，以增加政府财源。这就是所谓的"延佑经理"。但此项改革遭到贵族及官吏的抵制，赋税改革也告失败。

公元1320年，身心疲惫的元仁宗爱育黎拔力八达去世，时年36岁。

元英宗硕德八剌

生卒时间：公元 1303 年—公元 1323 年
在位时间：公元 1320 年—公元 1323 年

> 英宗性刚明。然以果于刑戮，奸党畏诛，遂构大变云。
> ——《元史·英宗本纪》
>
> 英宗诛兴圣太后幸臣失列门等，太后坐视而不能救，其严明过仁宗远甚。然蔽于铁木迭儿，既死始悟其奸，又置其逆党于肘腋之地。故南坡之祸。由于帝之失刑，非由于杀戮也。旧史所讥殆不然矣。
> ——《新元史·英宗本纪》

硕德八剌的父亲元仁宗本来与哥哥元武宗协议，决定皇位是兄死弟承、叔死侄继的，但和一个死人的约定在仁宗看来不值什么。公元 1316 年，元仁宗把自己的儿子，14 岁的硕德八剌立为太子。

从小受到推行"汉法"较为积极的父亲的影响，耳濡目染，使得硕德八剌同蒙古草原马背上长大的贵族子弟大不同，能够比较容易接受汉族封建地主文化。

公元 1320 年，仁宗病死，硕德八剌素服寝卧地上，每天只喝一碗粥，哀毁过礼。3 月即位，是为元英宗。

元英宗硕德八剌

硕德八剌即位后，为了国强民富、摆脱困境、节约开支，他大胆裁减吏员，降低官秩；对各地的流民予以安抚，并多次减免赋税，减免格役征发。

英宗善于纳谏。中书省臣提议节制赏赐，英宗予以采纳。同年，太史院请求禁止下一年的兴作土功，英宗也接受了。

公元 1322 年，英宗趁一直阻挠自己改革的铁木迭儿和太后答已相继病死，开始进行一系列改革。新政的内容有以下几个方面：一是大规模起用汉族地主官僚及儒臣，二是罢徽政院及冗官冗职，三是行助役法，四是减轻徭役，五是审定颁行《大元通制》。

英宗所进行的改革，触犯了大多数保守的蒙古色目贵族的利益，引起了他们的抵制和反对。英宗的内弟御史大夫铁失，掌握宫廷的护卫权。他对新政非常憎恨，因为新政曾使他差点丢掉了官爵。铁失曾经依附于反对新政的铁木迭儿，铁木迭儿病死后，铁失急于寻找新的靠山。他找到了忽必烈太子真金的长孙也孙铁木儿，于是决定发动宫廷政变。

公元1323年,英宗在巡幸上都后,准备从上都向南出发,返回大都。这天夜里,英宗驻营于距上都30里的南坡店。深夜,铁失趁英宗熟睡之际将英宗杀死,史称"南坡之变"。英宗死时年仅21岁。

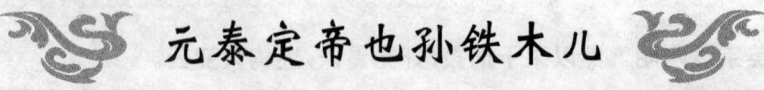

元泰定帝也孙铁木儿

生卒时间:公元1293年—公元1328年
在位时间:公元1323年—公元1328年

> 泰定之世,灾异数见,君臣之间,亦未见其引咎责躬之实,然能知守祖宗之法以行,天下无事,号称治平,兹其所以为足称也。
> ——《元史·泰定帝本纪》
>
> 孔子称叔孙昭子之不劳。泰定帝讨铁失等弑君之罪,虽叔孙昭子何以尚之。文宗篡立,欲厌天下之人心,诬蔑之辞无所不至。惜乎后世之君子,不引孔子之言,以论定其事也。
> ——《新元史·泰定帝本纪》

▌过河拆桥 大杀叛逆

公元1323年,元朝御史大夫铁失发动南坡之变,与也先铁木儿等人冲入元英宗行宫,将英宗杀死,拥立晋王也孙铁木儿为帝。铁失一伙之所以选中也孙铁木儿,是因为他是蒙古诸王中最强有力的军事游牧贵族首领,是保守的蒙古旧贵族的代表,对英宗新政怀有仇视。

也孙铁木儿即位后,任命也先铁木儿等人不同的官职。对此,宗王密陈泰定帝道:"也孙铁木儿等人合谋图逆,共弑先皇,其所以奉玺迎您,是怕陛下兴师问罪。若权归他手,陛下反被逆党所制,不如斩杀之。"也孙铁木儿当即将也先铁木儿等人统统杀死。自恃政变有功的铁失出城相迎,卫士们随即一拥而上,将其就地正法,并将其子孙全部诛灭。

为了防止自己死后再出现皇位继承之争,也孙铁木儿于公元1324年立5岁的儿子阿速吉八为太子。

▌笃信佛教 零星治绩

泰定帝佞信佛教,多次大修佛事,所费以亿万计。众僧徒每年所受赏赐不可胜计,披金带玉,无所不为,成为社会一大公害。

公元 1328 年,各地海啸、旱灾、地震等灾害接连发生,泰定帝除祈求佛祐外,对流民予以安抚,沿海各地建造浮屠 216 座,镇压海啸。

随后,也孙铁木儿因怀恋北方的生活,率皇后、太子等人向北巡幸上都,不再过问朝政。公元 1328 年,泰定帝病死于上都行宫之中。

元天顺帝阿速吉八

生卒时间:公元 1320 年—?
在位时间:公元 1328 年—公元 1328 年

阿速吉八是泰定帝也孙铁木儿的幼子,公元 1324 年被立为皇太子。

公元 1328 年,也孙铁木儿死后,身为左丞相的倒剌沙不知出于何种目的过了一个多月仍不立新君,致使朝野上下一片震动。于是,留守大都的燕铁木儿等人借机将元武宗海山的次子图帖睦尔推上皇位。

图帖睦尔宗即位的消息传到上都后,倒剌沙赶紧把也孙铁木儿的幼子阿速吉八抱上皇帝的宝座,改元天顺,史称天顺帝。

天顺帝即位后,倒剌沙便立即派兵南征,直逼大都。燕铁木儿将倒剌沙的部队击溃,随后北上包围上都,倒剌沙只得捧着皇帝玉玺出城投降,仅做了一个月皇帝的阿速吉八不知所终。

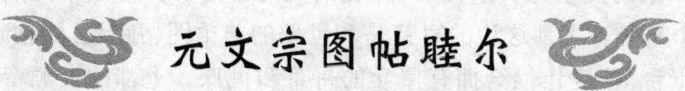

元文宗图帖睦尔

生卒时间:公元 1304 年—公元 1332 年
在位时间:公元 1328 年—公元 1332 年

公元 1328 年,也孙铁木儿在上都的行宫中死去,留守大都的佥枢密院事燕铁木儿将元仁宗的儿子图帖睦尔拥立为帝。而中书左丞相倒剌沙在上都将也孙铁木儿的儿子阿速吉八扶上帝位,并且率兵南下,直逼大都,内战爆发。两个多月后,两都皇位争夺战以图帖睦尔的胜利告终。

弑兄复位　宰相专权

图帖睦尔即位时,为了争取身在漠北、手握重兵的长兄和世㻋的支持,以牵制和威慑上都军队,许诺等长兄南返京城,自己立即让位给他。

公元 1329 年,图帖睦尔没有食言,将皇位让给长兄和世㻋。和世㻋信以为真,便在和林(今蒙古人民共和国哈尔和林)即位,是为明宗。图帖睦尔随后派燕铁木儿携带皇帝宝玺北上迎接,明宗接到皇帝宝玺后非常高兴,立即册封图帖睦尔为皇太

子，并开始提拔自己的亲信大臣进入各级官署。图帖睦尔和燕铁木儿本来的目的就是想先稳住明宗，然后寻找机会除掉明宗后再登基做皇帝。在他们的阴谋策划下，图帖睦尔从大都出发去接明宗，在相逢酒宴上图帖睦尔亲自下手将明宗毒死，随后重新登位。

燕铁木儿在图帖睦尔称帝、退位、复又称帝的阴谋中立下了汗马功劳。图帖睦尔即位后，便任命他为中书右丞相，加封太平王。公元1330年，图帖睦尔又让燕铁木儿独专相权；随后，又授予燕铁木儿开府仪同三司、上柱国、太师等11个头衔，国家的政治、经济、军事、法律等一切重大事务皆听由燕铁木儿裁决。

图帖睦尔处心积虑的谋划，就是为了登基做皇帝，可他还没在皇帝的宝座上坐满5年，就于公元1332年暴病而亡。

元明宗和世㻋

生卒时间：公元1300年—公元1329年
在位时间：公元1329年

和世㻋是元武宗海山的长子，如果事情发展顺利，他本该在叔父元仁宗死后就能当上皇帝。当时，海山兄弟俩之间曾达成协议：兄终弟及、叔侄相承。即在仁宗死后，由海山的长子和世㻋继承大统。然而，仁宗即位后立了自己的儿子为太子，将和世㻋封为周王，令他到云南去居住。

等到元仁宗的儿子元英宗死后，即位的又是泰定帝。泰定帝死后，上都和大都分别出了一个皇帝。大都这边的皇帝是和世㻋的弟弟图帖睦尔，图帖睦尔为了将上都的皇帝弄下台，答应让位给拥有重兵的哥哥和世㻋。上都的天顺帝被灭后，图帖睦尔没有食言，果然把帝位让给了和世㻋。于是公元1329年，和世㻋在和林之北登基称帝，是为明宗。

明宗即位后，首先将自己的心腹大臣分别安插在元代中央三大要害部门，分别负责政务、军队和监察的中书省、枢密院、御史台；随后，又将一批亲信任命为全国各主要地区的地方官，严重影响了图帖睦尔在地方上的势力范围。

面对明宗咄咄逼人的姿态，图帖睦尔自知难以直接对抗，于是在表面上做足文章，将明宗稳住。公元1329年，明宗在图帖睦尔的屡次邀请下，被铤而走险的图帖睦尔用毒药害死在宴席上。

明宗和世㻋在位仅8个月，终年30岁。

元宁宗懿璘质班

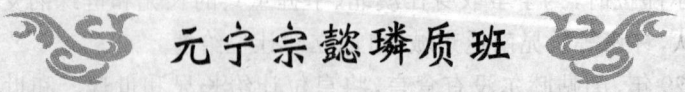

生卒时间：公元1326年—公元1332年
在位时间：公元1332年

> 燕铁木儿挟震主之威，专权用事。文宗垂拱于上，无所可否，日与文学之士从容翰墨而已。昔汉灵帝好词赋，召乐松等待诏鸿都门，蔡邕露章极谏，斥为俳优。况区区书画之玩乎？君子以是知元祚之哀也。《春秋》之义，未逾年之君称子。宁宗即位匝月而疡，乃入庙称宗；其廷臣不学如此，岂非失礼之大者哉。
>
> ——《新元史·文宗下 宁宗本纪》

元文宗图帖睦尔临死之际，为了赎回自己弑兄夺位的罪行，诏令在他死后立他兄长和世㻋的儿子为帝。

但他的遗言还是被把持朝政的燕铁木儿所篡改。文宗死后，燕铁木儿为继续专权，就请求皇后卜答失里立她的儿子古剌答纳为帝。卜答失里为了执行丈夫遗诏，予以拒绝。但由于当时和世㻋的长子远在广西，卜答失里只得于公元1332年10月立她所喜爱的次子、年仅7岁的懿璘质班为帝，是为宁宗。

然而，宁宗似乎没有当皇帝的福分。同年12月，在位仅43天的宁宗便匆匆离开了人世。

元顺帝妥懽帖睦尔

生卒时间：公元1320年—公元1370年
在位时间：公元1333年—公元1368年

> 惠宗自以新意制宫漏，奇妙为前所未有，又晓天文灾异。至元二十二年，白气起虚危，扫太微垣，台官奏山东应大水。帝曰："不然，山东必陨一良将。"未几，察罕帖木儿果为田丰所杀。其精于推验如此。乃享国三十余年。帝淫湎于上，奸人植党于下，戕害忠良，赞其成功。迨盗贼四起，又专务姑息之政，縻以官爵，萦以土地，犹为虎傅翼，恣其抟噬。孟子有言：安其危而利其灾，乐其所以亡者。呜呼，其帝之谓欤！然北走应昌，获保余年；视宋之徽、钦，辽之天祚，犹为厚幸焉。昭宗以下，文献无征。惟宣光八年之事，间存一二，故附一载于本纪云。
>
> ——《新元史·惠宗本纪》

诛除奸佞　终报父仇

明宗年仅7岁的二儿子懿璘质班只做了43天皇帝便一命呜呼，皇位由谁继承

又成了朝中讨论的重要问题。皇后卜答里失还是没有违背丈夫的遗诏，遣使去桂林将妥懽帖睦尔接回京城，并于公元1333年夏即位，是为元顺帝。

妥懽帖睦尔即位时，年仅14岁，朝中大权完全由伯颜和燕铁木儿两大家族垄断。而伯颜消灭了燕铁木儿家族独自掌权后，飞扬跋扈，无所顾忌，根本不把小皇帝放在眼中。妥懽帖睦尔对伯颜日益不满，于是有了除去伯颜之心。

公元1340年春天，妥懽帖睦尔借伯颜出游打猎之机，与心腹、伯颜侄子等人商量，驱逐伯颜，贬为河南行省左丞相，伯颜在途中郁郁而终。随后，妥懽帖睦尔立即追究父亲被毒死一案，下令撤除文宗庙主，将卜答失里削去后号，太子燕铁古思流放高丽，并在中途将其杀死。

铲除伯颜后，妥懽帖睦尔开始亲政，任命脱脱为中书右丞相，并于公元1341年任用脱脱进行改革，废除伯颜旧政，重振祖宗大业，恢复元朝盛世，史称"更化"。妥懽帖睦尔恢复了中断6年的科举取士制度，同时大兴国子监，并派人到曲阜祭祀孔庙，还下诏召集汉人文士编修辽、金、宋三史。

风雨飘摇　耽于淫乐

妥懽帖睦尔将大权都交给脱脱，自己躲在后宫恣意享乐、挥霍无度，又对贵族官僚大肆赏赐，结果造成国库入不敷出。这时，因黄河连年发生水患，脱脱提出"变钞"和"开河"的建议，结果"变钞"和"开河"成为元末农民起义的导火线。公元1351年，韩山童、刘福通发动起义，揭开了轰轰烈烈的元末农民大起义的序幕。

这时，妥懽帖睦尔的朝廷发生宫廷政变，妥懽帖睦尔的二皇后和皇太子密谋，准备逼迫妥懽帖睦尔退位。在咄咄逼人的阴谋面前，妥懽帖睦尔靠步步退让，方才保住了皇帝的宝座。

明军突进　元朝结束

就在元朝君臣互相倾轧、混战的同时，朱元璋在南方迅速崛起，在消灭剪除群雄后决定派兵北伐灭亡元朝。

当朱元璋的北伐军横扫中原，直逼大都时，元军却在因皇位的争夺而忙于内战。在得知潼关失守的消息后，元顺帝才慌忙组织部队迎战，但已没有丝毫战斗力的元军一战便溃。元顺帝见大势已去，急忙带着后妃太子狼狈逃往上都（今内蒙多伦）。徐达随后率军攻进大都，统治中国97年的元王朝就此灭亡。

公元1370年春，元顺帝死于痢疾，时年51岁。

明太祖朱元璋

生卒时间：公元 1328 年—公元 1398 年
在位时间：公元 1368 年—公元 1398 年

> 帝天授智勇，统一方夏，纬武经文，为汉、唐、宋诸君所未及。当其肇造之初，能沉几观变，次第经略，绰有成算。尝与诸臣论取天下之略。帝之雄才大略，料敌制胜，率类此。故能戡定祸乱，以有天下。语云"天道后起者胜"，岂偶然哉。
>
> 太祖以聪明神武之资，抱济世安民之志，乘时应运，豪杰景从，戡乱摧强，十五载而成帝业。崛起布衣，奄奠海宇，西汉以后所未有也。惩元政废弛，治尚严峻。而能礼致耆儒，考礼定乐，昭揭经义，尊崇正学，加恩胜国，澄清吏治，修人纪，崇风都，正后宫名义，内治肃清，禁宦竖不得干政，五府六部官职相维，置卫屯田，兵食俱足。武定祸乱，文致太平，太祖实身兼之。至于雅尚志节，听蔡子英北归。晚岁忧民益切，尝以一岁开支河暨塘堰数万以利农桑、备旱潦。用此子孙承业二百余年，士重名义，闾阎充实。至今苗裔蒙泽，尚如东楼、白马，世承先祀，有以哉。
>
> ——《明史·太祖本纪》

剃度为僧　从军起义

朱元璋出生在安徽濠州一个贫苦农民家里。他家世代都给地主种田，一年忙到头，却总是吃不饱饭。年幼时的朱元璋经常去村旁寺庙玩耍，寺内的长老抽空教他识文断字。朱元璋很聪明，日久便也粗晓些文字。

公元1344年，淮北地区大旱千里、瘟疫横行，病魔夺去朱元璋父母和三个哥哥的性命。17岁的朱元璋走投无路，到皇觉寺剃度为僧。而僧多粥少，坐吃山空。没办法，朱元璋也只得头戴破帽，背上包袱，加入了化缘讨饭僧的队伍中。

元末红巾军起义爆发后，公元1352年，郭子兴在濠州起义。朱元璋便投奔了郭子兴。入伍后，朱元璋打仗奋不顾身、身先士卒，又识得一些文字，深受郭子兴的赏识，不久便把自己的养女嫁给了他，即后来的马皇后。自此，朱元璋成了元帅郭子兴的女婿，身价顿升，兵士亦另眼看待。

明太祖朱元璋

为了壮大军事力量，朱元璋回到阔别多年的家乡募集兵马，小时候的伙伴徐达、周德兴等纷纷来投。郭子兴大喜，升朱元璋为镇抚总管。公元1354年春，手握兵权的朱元璋带着徐达等一班豪杰南下定远，武力夺取当地武装力量两万余精兵。朱元璋重新编制，加强训练，从而得到了一支战斗力很强的生力军。之后，郭子兴病死，朱元璋又成为这支起义军的首领，声势大振，四方归附。

养精蓄锐　逐鹿中原

在定远，冯国用和冯国胜两兄弟前来投奔朱元璋。朱元璋见冯家两兄弟熟读经书、精通兵法、广有谋略，便经常向他们请教治军取国的方法。有一次，朱元璋问取天下的大计，冯国用说："金陵龙蟠虎踞，向来是帝王之都，如能先夺取金陵作为根据地，然后四处征战。提倡仁义，以收人心，夺取天下是不难的。"朱元璋闻罢大喜，立即下令拔营向金陵方向进发。

进军途中，李善长前来投奔，朱元璋问他夺取天下之方略，李善长说："秦朝末年大乱，汉高祖也是平民出身。因为他豁达大度，知人善任，不滥杀无辜，所以只花了5年时间成就了帝业。现在元朝政治这样混乱，天下土崩瓦解，您何不向汉高祖学习呢？"朱元璋听后连连称善，当即留在身边帮助自己出谋划策。文人儒士的韬晦方略使朱元璋坚定了夺取天下的雄心壮志，加快了他横扫群雄、统一天下的步伐。

公元1356年春，朱元璋攻取金陵城。他在降卒中挑选了500人带到自己的营房，让他们环榻而寝。脱下战袍的朱元璋一觉睡到天亮。降卒从此对朱元璋的信任感恩戴德，攻打金陵城时冲锋陷阵、英勇杀敌，不久攻下金陵城。攻占金陵之后，朱元璋改金陵为应天府，并派兵陆续攻占应天周围的一些城镇和地区，控制住应天外围的各处战略据点。

在公元1357年，朱元璋胜利攻占徽州后，觅得老儒朱升。朱升当面给朱元璋谋划了一个具有历史意义的重大战略，就是"高筑墙，广积粮，缓称王"。这以后便成了指导朱元璋夺取天下的行动纲领。

公元1364年,军事势力日益增强的朱元璋在应天府自称吴王。一个月后,朱元璋乘胜亲征武昌得胜,湖广遂划入朱元璋统治的版图。公元1366年,朱元璋命人将小明王韩林儿沉入长江;同年,占领长江中下游。

公元1367年,朱元璋派徐达、常遇春率军25万人北伐中原。在北伐檄文中,他针对元朝统治者的残酷的民族压迫政策,明确提出"驱逐胡虏、恢复中华、立纲陈纪、救济斯民"的口号,并且宣布蒙古、色目人"有能知礼义,原为臣民者,与中夏之民抚养无异"。

徐达等率北伐大军,先后攻下了山东和汴梁。公元1368年,朱元璋称帝,建立明朝。在得知朱元璋称帝的消息后,北伐军士气大震,挥戈西进,一举攻下潼关攻进大都,元朝就此灭亡。

以法治国　发展生产

称帝后的朱元璋,继续南征北伐,完成了全国的统一。之后,他开始制定和实施一系列加强中央集权和发展社会经济的措施。公元1397年,几经修改的《大明律》正式颁布。

元朝灭亡后,朱元璋接手的是一个经济全面崩溃、生产大倒退的烂摊子。出身贫贱的朱元璋非常理解百姓的苦难,为让老百姓"安养生息",他制订和颁布了一系列有利于社会生产恢复和发展的措施。

面对战乱带来的人口锐减、土地荒芜状况,朱元璋下令禁止地主蓄养奴婢,将奴婢一律放为良民;并严格控制寺院的发展,增加劳动人口;同时奖励垦荒和实行屯田,免征3年的田赋;并鼓励农民种植经济作物,为纺织业的发展提供了丰富的原料;还采取轻徭薄赋的财税政策,以刺激经济的发展。这些措施的实施使得明初农民的积极性提高,社会经济出现了繁荣向上的景象。

朱元璋动员数以万计的农民投入水利的建设。至公元1395年,全国共开塘堰40987处,疏通河流4162处,修建陂渠堤岸5000多处。广西的灵渠、四川的都江堰等在朱元璋在位期间都先后得到了修复。

明察暗控　创新兵制

朱元璋采取各种措施,加强中央集权,巩固皇帝的统治地位。

公元1376年,朱元璋将元朝设置的"行中书省"废除,建立三司,之后废除宰相(中书省)制度,将大权集于一身,并以"图谋不轨"的罪名处死左丞相胡惟庸。

"开国第一功臣"李善长的女婿胡惟庸,依仗着李善长这个后台当上左丞相,在朝中大权独揽,独断专行,对政务经常自作主张,不向朱元璋请示。胡惟庸如此胡作非为,朱元璋决定除掉这个心腹大患。有一次,胡惟庸的儿子乘马车,不小心从车上跌下来摔死了,胡惟庸判车夫抵命。朱元璋知道后,勃然大怒,胡惟庸以为向车夫家

人赔偿点东西就行了,可朱元璋坚决不准,非要胡惟庸亲自偿命,胡惟庸听了害怕,遂有政变之心。

公元1380年,胡惟庸谎称其宅中井出甘泉,请朱元璋去观看。朱元璋信以为真,便起驾出西华门。途中被内使提醒,急忙回宫。随后,他侦知胡惟庸确有反心,立即下令逮捕胡惟庸,处死抄家。朱元璋又借胡惟庸案将那些危及皇家统治的官员罗织为胡党,数年间共杀掉了官员3万多人。

公元1382年,大权集于一身的朱元璋设立殿阁大学士,以帮助他阅读奏章,处理起草文书,以备顾问。

朱元璋重视加强对军队的控制。公元1380年,他将掌管全国军权的大都督府一分为五,各都督府只管军籍、军政,没有指挥和统帅军队的权力。朱元璋还把他的儿子分别封到各重要城镇去做亲王,用以监视控制各地的军事将领。

公元1382年,朱元璋设立特务机构锦衣卫,用于秘密侦察大小官吏的活动。

锦衣卫设立后,朝野内外、文武官员的活动受到了严密的监视。有一次,大学士宋濂在家设宴招待客人,第二天朱元璋问他:"昨天请客,喝酒了吗?做的什么菜?"宋濂如实做了回答。朱元璋笑道:"说得对,没骗我。"一天,国子监祭酒宋讷因为家里的夫人和小妾争风吃醋而躲在书房里生闷气。第二天,朱元璋见了宋讷问道:"昨天你在家生什么闷气呀?"宋讷照实做了回答。他吃惊地问朱元璋如何知道此事,朱元璋将一张画着宋讷昨天生气时的样子的画像递给他。他展图一看,方才醒悟,慌忙磕头谢罪。还有一个大臣在家与妻妾玩麻将,无意中丢了一张二万,怎么找也找不着。第二天上朝,朱元璋问这个大臣昨天在家干什么,该大臣如实说是在家与妻妾玩牌,请皇帝恕罪。朱元璋听后说:"你没有欺骗我,我不责怪你。"说完,他从袖中摸出一张二万扔给了他。

杀功臣立威,以猛治国

自胡惟庸案后,朱元璋便乘机屠杀为明朝立下汗马功劳的功臣。

开国大将、凉国公蓝玉,被锦衣卫告发谋反,朱元璋立即将其捕杀并抄斩三族,凡与蓝玉有接触的朝臣均以朋党为由族灭。蓝玉案先后诛杀15000多人,把军队中功高位显的元勋宿将,几乎一网打尽。

除胡惟庸、蓝玉两案外,所剩无几的功臣也先后被以各种罪鞭死或砍头。徐达是朱元璋小时候的玩伴之一,在消灭元朝军队的战斗中屡立战功。开国后,徐达小心翼翼地对待朱元璋这个玩伴,并将手中大权一并交出以求保命。朱元璋虽没有杀他,但趁他生最忌吃蒸鹅的背疽时偏偏赐蒸鹅给他吃。徐达知道皇帝是在要自己的命,只好含着泪水,当着使臣的面吃下了蒸鹅。没有几天,徐达就辛酸地离开了人世。

功臣先后被处死,只有汤和这个和朱元璋同村长大的放牛娃主动交出兵权告老还乡,从此闭口不谈国事才保住了终身。

公元1398年,朱元璋病逝,享年71岁。

明惠帝朱允炆

生卒时间：公元1377年—？
在位时间：公元1398年—公元1402年

> 惠帝天资仁厚。践阼之初，亲贤好学，召用方孝孺等。典章制度，锐意复古。尝因病晏朝，尹昌隆进谏，即深自引咎，宣其疏于中外。又除军卫单丁，减苏、松重赋，皆惠民之大者。乃革命而后，纪年复称洪武，嗣是子孙臣庶以纪载为嫌，草野传疑，不无讹谬。更越圣朝，得经论定，尊名壹惠，君德用彰，懿哉。
>
> ——《明史·恭闵帝本纪》

公元1398年，在祖父朱元璋去世后，因为朱元璋的长子朱标病死，朱标的儿子朱允炆登上了皇位，是为惠帝。

在听说父亲朱元璋的死讯后，朱棣立即南下，想最后看一眼父亲。朱允炆听说朱棣南下后，立即派人阻拦，促令他镇守封国，不得来京。朱棣本来就对未能成为太子而愤愤不平，现在又遭阻拦，更是怀恨在心。

手握重兵的诸王都对帝位虎视眈眈。朱允炆对此深感不安。经过一番深思熟虑后，他决定削藩，并与心腹大臣秘密策划削藩事宜。但此事很快泄漏，削藩的流言很快传遍京师内外。朱棣闻讯后，立即上书称病，暗地里私制兵器、招兵买马，企图以武力夺取皇权。

建文帝朱允炆

朱棣的行动，也很快被朱允炆获悉，便于公元1398年秋开始削藩行动。首先削除的，是位于开封的周王。次年，朱允炆又下令将岷王废为庶人，而湘王则全家自焚而死。接着，齐王被削为平民，代王被囚禁。

连废五王后，朱允炆便把矛头指向朱棣。朱棣见势不妙，便假装疯痴，以减轻建文帝的戒心。但朱允炆已下诏，密令谢贵和北平都指挥张信里应外合逮捕朱棣。结果张信向朱棣告密，朱棣遂于公元1399年秋起兵造反。为出师有名，朱棣以清君侧为借口，自称举兵为"靖难"。这就是历史上著名的"靖难之役"。

朱棣起兵后，朱允炆并没有正确认识到朱棣的实力，命人率军讨伐，结果有去无回。朱允炆又派50万人马出征，结果被朱棣击溃。兵败的消息传来，黄子澄害怕承担误荐之责，于是将消息封锁并向朱允炆撒谎说军队获胜，但因天寒难以用兵，所

以,暂退德州,等明年春天再战。

朱允炆信以为真,公元1400年春天到来的时候,屡屡催促用兵,结果又遭惨败。随后,朱棣率军一路过关斩将,向京城发动总攻。

公元1402年,朱棣的"靖难军"攻入京师后,朱允炆去向不明。后有人说朱允炆投火自尽。还有人说朱允炆并没有自焚,而是化装逃出京城,隐姓埋名,剃度为僧,浪迹天涯。这些传说难以定论,遂成为明史一大疑案。

明成祖朱棣

生卒时间:公元1360年—公元1424年
在位时间:公元1402年—公元1424年

> 文皇少长习兵,据幽燕形胜之地,乘建文孱弱,长驱内向,奄有四海。即位以后,躬行节俭,水旱朝告夕振,无有壅蔽。知人善任,表里洞达,雄武之略,同符高祖。六师屡出,漠北尘清。至其季年,威德遐被,四方宾服,受命而入贡者殆三十国。幅陨之广,远迈汉、唐。成功骏烈,卓乎盛矣。然而革除之际,倒行逆施,惭德亦曷可掩哉。
>
> ——《明史·成祖本纪》

装疯逃劫 挥师夺位

公元1360年,朱元璋第四子朱棣出生。朱棣相貌奇伟、聪明伶俐,从小就深受父母喜爱。10岁时被封为燕王,20岁就进驻了北平封国,并在岳父、明朝第一开国元勋徐达的教授下,逐渐显露一身杰出的军事才能。

太子朱标死后,朱元璋有意立酷肖自己的朱棣为太子。但朱棣不是皇后所生,即不是嫡出,没有被立太子的资格。朱元璋立朱棣为太子的想法说出后,即遭到众大臣的反对。公元1398年,明太祖去世,22岁的皇太孙朱允炆即位。

朱允炆即位后,就在心腹大臣的怂恿下开始削藩,下令将周王、岷王、代王、齐王的王爵先后削去,降为平民,而湘王则自焚而死。

明成祖朱棣

听到五王的命运后,早就作好准备的朱棣开始装疯卖傻,假装患有疯病。他整天披散着头发,在大街上发疯狂跑、大喊大叫。有时在街头上夺取别人的食物狼吞虎咽,有时又昏沉沉地躺在街边的沟渠之中数日不起。谢贵等人听说后,便借问候之名前来探查。当时正好是盛夏、烈日炎炎、酷热难耐,只见燕王府内摆着一座火炉,烈火熊熊,朱棣坐在旁边,身穿羊羔皮袄,还冻得瑟瑟发抖,他还在大声呼叫着喊冷。两人与他交谈时,朱棣更是满口胡言,让人不知所以然。张、谢二人见状,相互对视了一下就告辞了。但谁知燕王府官吏告密说:"燕王是装病,你们千万别受他蒙骗。"两人闻后,正在犹豫间,朱允炆密令张、谢二人和原为朱棣亲信的北平都指挥张信逮捕朱棣。

这时的张信犹豫不决,回到家中把事情告诉母亲,母亲说:"这件事不能这样办,我听说燕王应当据有天下,王者不死,难道是你一人所能逮捕的吗?"张信权衡利害,将此事密报于燕王朱棣。

朱棣当即计杀谢贵等人,并于公元1399年秋以"清君侧"为借口,以"靖难"为名,起兵南征。"靖难之役"爆发。公元1402年,朱棣率领大军,攻破京师。历时3年之久的皇位争夺战,终于以朱棣的胜利而告终。公元1402年,朱棣即位称帝,是为明成祖。

刚柔并用　迁都北平

朱棣即位后,首先就是将反抗的旧臣以残酷的刑法一一杀戮。旧臣景清在朱棣即位后,刺杀朱棣未成,结果被朱棣剥皮,悬于城门上,并将景清全家诛杀,而且还株连左邻右舍,甚至连他出生的村子也都斩尽杀绝。这种空前绝后的大清洗,史书称之为"瓜蔓抄",先后被杀的人达数万之多。

同时,朱棣对跟随他"靖难"夺位的功臣都给予提拔重用。此后,朱棣开始减轻刑法、停止滥杀,以尽快改变紧张局面。

为了加强北方的军事力量,防止外寇入侵,朱棣于公元1421年迁都北平。北迁后,朱棣将南京作为留都,并称南北两直隶。

恢复生产　对外开放

朱棣即位后,在加强皇权、创造安定团结的政治局面的同时,在经济上继续推行朱元璋休养生息、移民屯田和奖励垦荒的政策,努力恢复和发展遭受战争破坏的社会生产,使永乐朝的农业经济比洪武时代又有了新的发展。随着农业的繁荣,手工业和商业也取得了长足的进步和发展,造船业也有了相当大的发展。所造的航海船最大的长44丈、宽18丈,可乘载1000多人,并备有航海图和罗盘针等先进航海设备,这证明了我国是当时世界上最先进的造船国家。

朱棣重视科学文化事业的发展,注意文化典籍的搜集整理工作。公元1407年,朱棣令解缙组织编纂的《永乐大典》完成。

朱棣还十分注重对外交往。自公元1405年开始，他派郑和29年内7次下西洋，先后到达过今东南亚、印度洋沿岸和非洲东海岸等30多个国家和地区。每到一个国家，他们都以明朝使节的身份，向当地首领赠送皇帝朱棣的礼品，表示建立邦交、发展两国友好关系的诚意，并邀请他们来中国访问；此外，还同当地进行贸易，从各国换回了象牙、珍珠、珊瑚、香料等许多物品。人们称大明船队为"宝船"。郑和下西洋之后，许多国家的国王、首脑或使臣纷纷来到中国访问，建立了邦交和贸易关系。

致力安邦　五次远征

朱棣即位后，继父亲朱元璋在辽阳建立了辽东都指挥使司后，又下令设立了奴儿干都指挥使司。为了便于运输军需、贡赋物品和传递公文，朱棣还下令在元代驿站的基础上扩建、新建驿站，延长或新辟线路。这些干线东至朝鲜，西达今蒙古，东北抵达满泾站，西北通向今满洲里以北，形成了四通八达的交通网。

公元1410年起，朱棣先后四次亲征漠北，有效地防御和打击了蒙古鞑靼部的侵扰，但自己也耗费巨大。户部尚书夏元吉等人力谏罢兵，但朱棣不听，又于公元1424年发动了第5次亲征。

结果，此次亲征却没有找到任何敌人的踪影，反而因长途跋涉，使得征伐将士死伤疲惫、劳而无功。朱棣方才懊恼不已，只好下令班师回京。途中，他一病不起，于公元1424年病死，享年65岁。

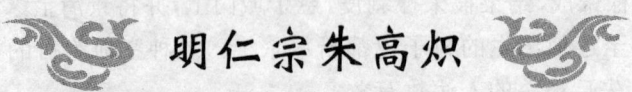

明仁宗朱高炽

生卒时间：公元1378年—公元1425年
在位时间：公元1424年—公元1425年

> 当靖难师起，仁宗以世子居守，全城济师。其后成祖乘舆，岁出北征，东宫监国，朝无废事。然中遭媒孽，濒于危疑者屡矣，而终以诚敬获全。善乎其告人曰"吾知尽子职而已，不知有谗人也"，是可为万世子臣之法矣。在位一载。用人行政，善不胜书。使天假之年，涵濡休养，德化之盛，岂不与文、景比隆哉。
> ——《明史·仁宗本纪》

公元1404年，明成祖朱棣的长子朱高炽被立为太子。

"靖难"之初，朱高炽坚守北平，为父亲朱棣的绝妙计策的实现立下奇功，但此后因身体肥硕又有足疾，不能骑射，因而在以后的战役中很少立功。而其弟朱高煦、朱高燧则跟随朱棣南征北战，战功卓著，尤其是朱高煦能征善战，深得朱棣宠爱。

后来，朱高炽又被陷入绝境的惠帝朱允炆施以离间计，派人将一封劝降的信送到朱高炽手中。接到信后，朱高炽心里一惊，思量了一下，将尚未拆封的信原封不动地送往正在前线作战的朱棣。有人将此事密报朱棣，称朱高炽与惠帝朱允炆私通谋反。朱棣听到报告后勃然大怒，决定下令抓捕太子。正在这时，朱高炽派的人匆匆赶到了。看了书信后，朱棣心中释然，收回了刚下的杀子之命。

朱棣登基称帝后，对究竟是立朱高炽还是立朱高煦为太子的事情久未决断，大臣们几次建议立储，他均未置可否。朱高炽和朱高煦的太子之争，也是文臣与武将之争。淇国公邱福等武将都主张立朱高煦，而兵部尚书金忠和翰林学士解缙等文臣则支持立朱高炽。

一天，解缙又就立太子之事劝说朱棣，朱棣没有应声。解缙见状，撇开朱高炽不说，夸赞起了朱高炽的儿子。原来，朱高炽的长子朱瞻基长得十分英俊聪明，深得朱棣钟爱。果然，解缙一提到他的"好圣孙"，便打动了他，不由默默地点了点头，逐渐倾向于朱高炽。后来，解缙又趁朱棣命众臣题《虎彪图》的机会，写了四言绝句一首："虎为百兽尊，谁敢触其怒？惟有父子情，一步一回顾。"读完诗句，朱棣深为所动，于是立即宣布立朱高炽为太子。

朱高煦没有当上太子，心中十分气愤，不久即迫害解缙致死。朱高煦拒绝回封国，私选卫士，纵容爪牙到处劫掠，还私下借用只有皇帝才能使用的乘舆器物。这使得朱棣终于认清了朱高煦，将其囚禁并打算废为庶人。此时，受尽朱高煦陷害的朱高炽找到父亲力劝，为朱高煦保住了王位。后来，朱高炽又在朱高燧的阴谋陷害中平安度过，保全了自己的太子地位。公元1424年，朱棣病逝后，朱高炽即位称帝，是为明仁宗。

体恤民众　严惩贪官

朱高炽从做太子到监国再到即位称帝，始终都坚持体察人民的疾苦，行恤民之政。

做太子时，他曾不止一次地奏免灾区的税粮。又趁将要迁都时，朱棣命令他先行前往北京做准备工作的机会，沿途寻访当地军民，查看百姓生活。

一天，朱高炽到达了山东邹县，在看到衣衫褴褛、面黄肌瘦的百姓手持篮筐在路旁采挖野菜、野草后，当即命令太监分赐宝纱，并亲自召集乡里老人询问疾苦，还命令山东布政使赶快发放官粟赈济百姓。布政使准备每人发给三斗，朱高炽嫌太少，命令每人发给六斗，并说："你别怕犯擅发仓粮的罪，见到皇上，我自会奏报。"朱高炽即位后，每当地方上遇到自然灾害时，他都下令减免田赋、发放官粮赈灾。

朱高炽对贪官污吏深恶痛绝。一旦发现官吏贪赃害民，他都严厉惩办，派遣御史十四人分巡各地，考察官吏。朱高炽还善于纳谏，多再次下令征诏直言。

公元1425年，朱高炽病逝，享年48岁，在位只有10个月。

明宣宗朱瞻基

生卒时间：公元 1398 年—公元 1435 年
在位时间：公元 1425 年—公元 1435 年

> 仁宗为太子，失爱于成祖。其危而复安，太孙盖有力焉。即位以后，吏称其职，政得其平，纲纪修明，仓庾充羡，闾阎乐业。岁不能灾。盖明兴至是历年六十，民气渐舒，蒸然有治平之象矣。若乃强藩猝起，旋即削平，扫荡边尘，狡寇震慑，帝之英姿睿略，庶几克绳祖武者欤。
>
> ——《明史·宣宗本纪》

公元 1398 年，朱高炽的长子朱瞻基出生。朱瞻基是明仁宗朱高炽的长子，从小聪颖过人、嗜书好学，深得祖父朱棣的喜爱，并深受祖父影响。朱棣还专门为朱瞻基编写了一本《务本训》，要他学而记之。祖父朱棣病逝后，朱瞻基被刚即位的父亲朱高炽立为太子。

公元 1425 年，朱高炽在位仅 10 个月便病逝，朱瞻基即位，是为明宣宗。

平定叛乱　镇压二王

宣宗即位不久，公元 1426 年，曾与父亲朱高炽争夺太子位的汉王朱高煦发动叛乱。朱瞻基在心腹大臣杨荣等人的谋划下平定了叔叔朱高煦的叛乱后，没有答应群臣要求处死高煦的主张，而是将朱高煦废为庶人，生活上还是予以优待，并将他囚禁于逍遥城。

公元 1429 年，朱瞻基满怀好意地前去看望朱高煦，朱高煦却将朱瞻基勾倒在地。朱瞻基勃然大怒，当即下令将朱高煦扣入一个 300 多斤重的大铜缸中，然后用木炭将铜缸埋起来，用火将朱高煦活活烧死。

与朱高煦共谋叛逆赵王朱高燧见此情况，主动交出护卫兵，小心翼翼地生活。

政清吏廉　以民为本

朱瞻基刚即位，便按惯例宣布大赦天下。他不仅重用"蹇夏"、"三杨"等一班富有经验的老臣，还非常注重发现任用新的人才，罢黜无所作为的庸吏，惩治贪官污吏，还命令各级官员举荐人才。

在朱瞻基的大力倡导下，蹇义、夏原吉等大臣向朱瞻基举荐了大批清廉正直的官员出任府、州长官。像后世传名的况钟，就是由蹇义等人推荐为苏州知府的。当时，苏州的赋役负担在全国是最重的，贪官污吏便趁此机会营私舞弊。况钟到任后，设计杀掉了一些奸吏，全部斥退了贪虐庸懦之辈，很快扭转了苏州官员贪污成风的局面,使苏州吏治为之一新。况钟得到了朱瞻基的信任,更得到了苏州百姓的拥戴。后来,况钟任满迁任,竟然有20000多名百姓请求让他再任。

由于朱瞻基起用了大批像况钟这样清正廉直的官员,使得宣德年间的政治较为清明。

公元1430年,朱瞻基在拜谒完皇陵返回北京的途中,见路旁地里有几个农民在耕地,便下了车,带着几个官员来到地里,与农民交谈,并接过农民手中的犁推了三下说:"朕只推三下,已感觉不胜劳累,更何况你们长年累月这样劳作了。人们常说劳苦者莫如农家,果然如此。"于是,他给农民每人赏钞60锭,感动得那几个农民长跪不起,连声高呼"万岁"。

朱瞻基提倡节俭、身体力行,并极力反对奢侈之风。在为他的父亲仁宗皇帝修建陵墓献陵时,他遵照仁宗的遗嘱,厉行节约,亲自规划,仅用3个月的时间就修成了陵墓。献陵在规模和耗资方面都比成祖的长陵少得多,为以后的几代皇帝的陵墓做了个好榜样。

公元1435年,朱瞻基病逝,享年38岁。

明英宗朱祁镇

生卒时间:公元1427年—公元1464年
在位时间:公元1435年—公元1449年;公元1457年—公元1464年

> 英宗承仁、宣之业,海内富庶,朝野清晏。大臣如三杨、胡濙、张辅,皆累朝勋旧,受遗辅政,纲纪未弛。独以王振擅权开衅,遂至乘舆播迁。乃复辟而后,犹追念不已,抑何其感溺之深也。前后在位二十四年,无甚稗政。至于上恭让后谥,释建庶人之系,罢宫妃殉葬,则盛德之事可法后世者矣。
> ——《明史·英宗后纪》

幼帝昏庸　王振擅权

公元1435年,明宣宗朱瞻基去世,9岁的朱祁镇即位,是为明英宗。宣宗去世前,因儿子朱祁镇年幼,所以在临终前立下遗诏,请太皇太后张氏垂帘听政,由杨士奇等一班老臣主持政务。因此,朱祁镇即位前期,明王朝基本上继承了仁宣时期的各项政策,社会有所发展。

但随着太皇太后的去世,杨士奇、杨荣、杨溥等三位重臣的年老病孤,宦官王振悄悄地浮出水面,窃取权力,干预朝政。

王振是山西蔚州人,少年时自阉入宫侍候太子,由于其善于逢迎,深得年幼的朱祁镇的欢心。朱祁镇即位后,王振便升任明朝宫廷中24个宦官衙门中最重要的司

礼监太监,负责管理皇帝奏章,代皇帝批答一切公文等重要职权。

随着地位的巩固和势力的加强,王振便渐渐放肆起来,结果差点被太皇太后下令处死。幸好英宗为王振求情,王振这才保住一条命。公元1442年,太皇太后张氏病死,王振再也没有什么可顾忌的。张太后一死,王振便打着旗号,摘去了朱元璋在宫门挂的一块写有"内臣(即宦官)不得干预政事,预者斩"的铁牌,广植私党,打击异己,弄得朝中一片混乱。面对这种混乱的局面,英宗不仅视而不见、无动于衷,反而认为王振忠心耿耿。

▌土木被俘　侥幸南归

正当英宗和王振将朝政弄得一塌糊涂的时候,北方蒙古瓦剌部逐渐强盛起来,并大肆扩张势力。

公元1449年,也先以明朝曾答应将公主嫁给他的儿子又失信为借口,于7月起兵,将明军的城堡一一攻陷,孤零零的大同城被围。

前线战败、告急的报告频频传到北京,朱祁镇顿时慌了手脚。他先是派人率兵前去迎敌,结果全军覆没,朱祁镇不得不找来王振和群臣商量对策。王振竭力劝说朱祁镇亲率兵马抗击。朱祁镇不顾诸大臣阻挠,听从王振的话,仅两三天的筹备,匆匆忙忙率50万大军出征。

也先得知朱祁镇亲征便佯装败退,诱使明军深入,将朱祁镇的前锋击溃。惨败的消息传来,已经深入大同的朱祁镇和王振吓得匆匆决定班师回京。也先立即派大队骑兵日夜追袭,很快将英宗重重包围于土木堡。

土木堡地势高没有水源,士兵们饥渴难耐,但挖地二丈多仍见不到一点水。也先假意讲和,指挥军队诈退。朱祁镇和王振见瓦剌退兵,信以为真,立即下令移营取水。干渴极了的明军立即争先恐后地找水,队形大乱,早有准备的瓦剌骑兵从四面八方向明军冲来,将明军冲得溃不成军、争相逃窜。朱祁镇眼看突围无望,索性下马,面南盘膝而坐。堂堂的明朝皇帝就这样被瓦剌士兵捉住,窝窝囊囊地做了俘虏。

朱祁镇被俘后,护卫将军樊忠把怒火集中到了王振身上,他猛喊一声"我为天下诛此贼",用铁锤朝王振的脑门砸去,王振就这样死去。这一仗,跟随英宗出征的50多名官员全部战死,50万明军精锐几近覆没。这就是历史上有名的"土木之变"。

朱祁镇被俘后,京师大乱,但在太皇太后和大臣于谦等人的坚持下,迅速作好迎击瓦剌的准备,并拥立朱祁钰登基称帝。

这一招使也先大失所望。在被于谦所率领的明军击败后,也先不得不裹挟朱祁镇返回,随后向明中央提出讲和,并将朱祁镇放回。朱祁钰本不想让哥哥朱祁镇回来,但在于谦的劝说下派人与也先议和。朱祁镇回到北京后,即被景帝送进了南宫幽禁起来,一住就是将近8年。

▌意外复位　曹石成祸

景帝的儿子立为太子一年后夭折,景帝受此打击,一病不起。对景帝和于谦不满的石亨、徐有贞和太监曹吉祥等人,看到景帝已经病入膏肓,便密谋发动宫廷政变。

公元1457年,徐有贞率军队直扑囚禁朱祁镇的南宫,找到朱祁镇后,跪伏在地,齐声请他复出登位。朱祁镇压抑住心头的惊喜与慌乱,答应了他们,在众人的簇拥下来到皇帝听朝的地方奉天殿。就这样,朱祁镇重新登上了皇帝的宝座。这就是历史上的"夺门之变",又称"南宫复辟"。

朱祁镇复辟后,病中的景帝没过几天就病死了。同时,朱祁镇将景帝旧臣于谦等一大批官员逮捕入狱,随后将于谦处死。

朱祁镇是在徐有贞、曹吉祥和石亨等人的帮助下复辟的,自然加以重用。曹吉祥联合了石亨,设离间计让朱祁镇将徐有贞贬罚戍边。

此后,曹吉祥、石亨便操纵了朝政大权。两人飞扬跋扈,大肆提拔亲信,借机培植党羽,扩充实力,横行朝中,使得朝中官员大都敢怒而不敢言。

朱祁镇对他们越来越不信任。公元1459年夏,朱祁镇以抗旨为由,将石亨处死。石亨下场使曹吉祥惊恐不已,便孤注一掷,准备发动军事政变,结果被宫员告发。朱祁镇下令逮捕曹吉祥,凌迟处死。

曹石之乱后,朱祁镇虽有心任用贤臣重治国家,但这时的国力已遭到极大削弱。公元1464年,年仅38岁的朱祁镇因病死去。

明代宗朱祁钰

生卒时间:公元1428年—公元1457年
在位时间:公元1449年—公元1457年

> 景帝当倥偬之时,奉命居摄,旋王大位以系人心,事之权而得其正者也。笃任贤能,励精政治,强寇深入而宗社乂安,再造之绩良云伟矣。而乃汲汲易储,南内深锢,朝谒不许,恩谊恝然。终于舆疾斋宫,小人乘间窃发,事起仓猝,不克以令名终,惜夫!
>
> ——《明史·景帝本纪》

临危当政　铲除宦党

公元1435年,朱祁镇即位以后,比他小一岁的弟弟朱祁钰13岁被封为郕王。朱祁镇被王振怂恿,出兵亲征蒙古瓦剌,朱祁钰也对哥哥加以劝阻。但朱祁镇对朱祁钰和群臣的进谏一概不听,结果被也先兵败土木堡,落得束手就擒。

"土木之变"的消息传到北京后,为了安定人心,太后在群臣的建议下,将朱祁镇年仅2岁的儿子朱见深立为皇太子,命朱祁钰监国,总理国政。

朱祁钰采纳了于谦的建议,将所有后备部队调进北京,以加强京师的守卫工作和安定人心,随后下令将王振的田地家产全部没收,抄家灭族。

铲除王振党羽后,使朱祁钰的威信得到提高。群臣群起上书太后,建议让朱祁钰早登大位,以此来安定人心,太后见英宗归回无望,于是决定由朱祁钰即位。

公元1449年,朱祁钰即位称帝,是为明代宗,又称景帝,遥尊朱祁镇为太上皇。

定朝安邦　祸起南宫

朱祁钰登基后,面临严峻的现实。这时也先押着朱祁镇,攻破紫荆关,直指北京城。在朱祁钰的周密安排和于谦等将领的出色指挥下,北京军民奋勇抵抗,在相持的5天里连败瓦剌军,逼其仓惶撤围西去。北京保卫战取得了辉煌的胜利,也为景帝的统治奠定了基础。

北京保卫战后,也先"挟天子以令诸侯"的阴谋彻底破产,无奈之下,不得不于公元1450年秋将朱祁镇送回北京。

此时,景帝并不希望朱祁镇回来破坏他的统治,但朱祁镇毕竟是回来了,景帝只得假惺惺地与朱祁镇大哭一场,然后便将朱祁镇送到了南宫软禁起来。

为了巩固自己的统治,景帝实行开明政治、广开言路、招贤纳士、以仁政治国的方针,采取了一系列措施,使政局渐趋稳定。

然而好景不长,公元1457年,朱祁钰病倒了。憎恨景帝和于谦的武清侯石亨、大臣徐有贞及宦官曹吉祥等人见此机会,准备发动宫廷政变,迎请太上皇朱祁镇复位。

正月十六日的深夜,徐有贞和石亨率一队士兵冲入朱祁镇住所南宫,簇拥朱祁镇直奔奉天殿,将英宗扶坐在龙椅上。

朱祁镇复辟后,废朱祁钰为成王,将朱祁钰在位时所重用的大臣逮捕入狱,并将于谦杀害。公元1457年,朱祁钰在西宫病逝,享年29岁。

明宪宗朱见深

生卒时间:公元1447年—公元1487年
在位时间:公元1464年—公元1487年

> 宪宗早正储位,中更多故,而践阼之后,上景帝尊号,恤于谦之冤,抑黎淳而召商辂,恢恢有人君之度矣。时际休明,朝多耆彦,帝能笃于任人,谨于天戒,蠲赋省刑,闾里日益充足,仁、宣之治于斯复见。顾以任用汪直,西厂横恣,盗窃威柄,稔恶弄兵。夫明断如帝而为所蔽惑,久而后觉,妇寺之祸固可畏哉。
> ——《明史·宪宗本纪》

两度为储　一朝登基

公元1449年的"土木之变"中,朱见深因父亲朱祁镇被俘,因而祖母张太后下令立他为太子,叔叔朱祁钰监国。不久朱祁钰称帝,是为明代宗。公元1452年,朱祁钰将自己的儿子朱见济取代朱见深成为太子,朱见深被改立为沂王。

"夺门之变"后,朱祁镇复辟,朱见深也很快恢复了太子的地位。公元1464年年初,明英宗病逝后,几经磨难的朱见深终于继位,是为宪宗,年仅18岁。

即位之初的朱见深,继续任用了一大批父亲信任过的老臣,提拔忠直之士,同时将影响很坏的太监王纶以结党为由逮捕下狱,并下令为蒙冤功臣于谦平反。这一切迅速得到群臣的支持。公元1465年,朱见深又派明军分别镇压了流民起义和瑶民起义,朝野因此对朱见深大为赞许。

正当朝野内外对朱见深的赞扬之声四起的时候,一个女人却迷住了朱见深,这个人就是万贵妃,原名万贞儿。

万贞儿是孙太后宫中的使女,朱见深出生后,孙太后命令万贞儿伺候这个将来的太子。万贞儿颇有心计,她非常清楚这个襁褓中的婴儿将会是大明王朝的皇帝,因此尽心尽力地伺候。朱见深即位后,竟将这位比自己年长17岁的万贞儿封为贵妃,两人关系如胶似漆。

万贞儿成为贵妃后,独享专宠,横行六宫,将位居正宫仅32天的吴皇后逼得被打入冷宫,后来被立为皇后的王氏也只是名义上的皇后而已。朱见深与万贵妃肆意享乐、大肆挥霍,连早朝也很少前去,大臣们纷纷上书劝谏,朱见深根本不予理睬。万贵妃由于年龄已过生育之期,并不能给朱见深孕育龙种,对怀孕的后宫妃子大加迫害,采取毒杀、堕胎等办法,使得朱见深日思暮想的皇子一直没有出生。直到公元1474年,才有一个太监悄悄告诉朱见深,有一个宫女已经替他生了一个儿子。朱见深便在大臣们的建议下,将这个儿子交给皇太后周氏抚养,并将其立为太子。万贵妃见此情况,索性让各个妃嫔多生几个皇子,以与太子争宠。于是一时间,皇宫内生龙子的喜讯接连不断。短短几年中,后宫的嫔妃就为朱见深生下了11个儿子。

汪直横行　痴迷春药

万贵妃嫌自己深居后宫,不能控制宫外局势,因此又找来一个太监以作外应,这个人就是汪直。汪直被万贵妃推荐给朱见深后,很快得到重用,并被授命成立并掌管新的特务机构——西厂。

在朱见深的支持下,汪直结党营私,屡屡制造骇人听闻的冤狱,到后来朝中公卿大臣,一遇到他都像避瘟神似地改道而行。大臣们不满汪直的胡作非为,便上书请求朱见深处罚他,朱见深不得不撤掉西厂。

不久,对汪直念念不忘的朱见深又恢复西厂,让汪直官复原职。汪直从此更是飞扬跋扈,大臣们没有放弃劝谏,但也不再像上一次扳倒汪直那样直接进言,而是旁敲侧击,从侧面提示朱见深,朱见深也渐渐地对汪直产生了怀疑。

公元1479年的秋天,朱见深让汪直巡视边疆,以此来试探汪直,而汪直却不明就理,沿途接受边官的讨好,奢侈铺张到了惊人的地步。此事被人密奏给朱见深知道,朱见深终于下定决心,将汪直及其党羽罢官驱逐,最终撤销西厂。

在消灭了汪直的势力后,朱见深又整日求道炼丹,沉溺于房事。太监梁芳便趁机向朱见深推荐了一个对房中之术很有研究的僧人,名叫继晓。继晓还为朱见深自制了一些春药,从而得到朱见深的宠信。朱见深从此深居宫中,政务更是混乱不堪,大臣们又纷纷上疏,继续劝谏,终于迫使朱见深摆脱梁芳、继晓的控制,并斥罢术士僧道500余人。

公元1487年,在万贵妃死于肝疾后朱见深也染上重病而亡,时年41岁。

明孝宗朱祐樘

生卒时间:公元1470年—公元1505年
在位时间:公元1487年—公元1505年

> 明有天下,传世十六,太祖、成祖而外,可称者仁宗、宣宗、孝宗而已。仁、宣之际,国势初张,纲纪修立,淳朴未漓。至成化以来,号为太平无事,而晏安则易耽怠玩,富盛则渐启骄奢。孝宗独能恭俭有制,勤政爱民,兢兢于保泰持盈之道,用使朝序清宁,民物康阜。《易》曰:"无平不陂,无往不复,艰贞无咎。"知此道者,其惟孝宗乎!
>
> ——《明史·孝宗本纪》

死里逃生 继位为帝

朱祐樘的母亲纪氏是宫中一个小小的女史,负责管理宫中藏书。一天,纪氏被偶然来到书房的宪宗幸之,自此有孕。在宪宗时的后宫中,是没有嫔妃敢怀孕生子的,这是被年龄已大、无法生子但又专宠的万贵妃残害的结果。公元1470年,宪宗长子朱祐樘出生。纪氏生下朱祐樘后,忍痛将他交给门监张敏,让张敏把他溺死。为人善良的张敏想到皇上无子,就背着万贵妃秘密抚养,从而保全了朱祐樘的生命。

6年后的一天,宪宗召张敏梳头,对镜叹道:"朕将老了,可是还没有儿子!"张敏立即跪下说:"皇

明孝宗朱祐樘

上并非无子!"宪宗大为惊诧,张敏接着把朱祐樘的事情告诉了他。宪宗大喜,立即派人把朱祐樘接来,随即命礼部定名,并册封纪氏为淑妃。但纪氏终究还是没能逃过厄运,不久就在新居永寿宫暴死。

公元1487年,宪宗病死,18岁的朱祐樘继位,是为孝宗。

大刀阔斧 革弊图治

孝宗即位后,面对父亲留下的一个"朝多秕政"的烂摊子,开始了大刀阔斧的革弊图治行动。

孝宗在极短时间内,对万贵妃的红人太监梁芳及礼部右侍郎李孜省等前朝奸臣给予了严厉的惩罚;随后又下令将那些冒领官俸的艺人、僧徒一概除名,使宫廷内为之一新。

罢斥完奸佞后,自然任用的就是贤能之人。孝宗时代有一批对朝廷忠心耿耿的大臣,为他的励精图治立下了汗马功劳,其中有孝宗最信任的王恕、极为赏识的马文升等等。孝宗和这些内阁大臣的关系极为融洽,对他们讲的话也是言听计从、每每称善。

孝宗还善于纳谏,在他上台不久,朝中就形成了大臣纷纷上书的局面。除早朝之外,孝宗开始增加"午朝",每天倾听大臣对政事的见解,作出重大决策。

孝宗极重民生,不仅减免灾区的赋税征收,还发放大批粮款进行赈济。同时,孝宗还令刘大夏等人专门负责整治黄河以及江南的水患,取得了较好效果。在孝宗统治的整个时代,实行的一系列富国强民的措施都自始至终地得以贯彻执行。

瑕不掩瑜 英年早逝

张皇后的兄弟张鹤龄在皇室中是最为飞扬跋扈的一个,闹得百姓无以为生。因此,在公元1505年春,李梦阳上书弹劾张鹤龄。孝宗在张鹤龄与其母天天在面前哭闹的情况下,不得不将李梦阳下狱;后来又将李梦阳复职,只是罚俸3个月,随后找到张鹤龄训斥,从此张鹤龄收敛了许多。从此,那些往日横行不法的权贵,只得收敛劣迹。

孝宗在执掌权力的最后一段时间里,全力以赴整顿朝纲,渴望帝国的振兴。正当此时,英年正当的朱祐樘忽然重病,于公元1505年病死,享年35岁。

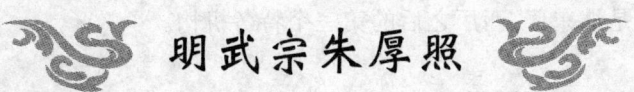
明武宗朱厚照

生卒时间:公元1491年—公元1521年
在位时间:公元1505年—公元1521年

> 明自正统以来，国势浸弱。毅皇手除逆瑾，躬御边寇，奋然欲以武功自雄。然耽乐嬉游，昵近群小，至自署官号，冠履之分荡然矣。犹幸用人之柄躬自操持，而秉钧诸臣补苴匡救，是以朝纲紊乱，而不底于危亡。假使承孝宗之遗泽，制节谨度，有中主之操，则国泰而名完，岂至重后人之訾议哉！
>
> ——《明史·武宗本纪》

一味玩乐　八虎横行

公元1491年，明孝宗的长子朱厚照出生，后来因弟弟夭折，朱厚照成为唯一的皇子。

朱厚照从小就非常聪明，老师当天安排的背诵作业，他常常是在第二天便能流畅地背出来。对父亲也非常有孝道，只要听说父亲来了，朱厚照都立即率东宫官僚前往迎接，并按照学过的礼节，恭恭敬敬地回答父亲的提问。可他并不是一个有定性的人。当父亲带他外出后，朱厚照就被外面的花花世界所吸引。从此，朱厚照一味玩乐，学业上逐渐荒废。而孝宗太过宠爱他这唯一的儿子，即使有人向他进谏，孝宗还是不以为然，放任自流。

公元1505年夏，孝宗因病去世，15岁的皇太子朱厚照即位，是为明武宗。

即位后的朱厚照非常厌烦枯燥的奏疏和繁乱的国家大事，既然想玩，自然身边少不了陪他玩的人，这个人就是太监刘瑾。

刘瑾善于揣摩朱厚照的心思，千方百计地寻找些鹰犬、歌伎、角抵之类的玩意来满足朱厚照的玩心，还经常陪着这个小皇帝出宫玩乐，自然就得到朱厚照的信任和宠爱，也就得到了想得到的权势。为了巩固自己的权势，刘瑾还收罗了马永成、高凤等7个太监相互勾结，骄横跋扈，人称"八党"或"八虎"。

有了刘瑾等人，朱厚照玩心更盛，经常率手持武器的太监在皇宫里驰骋，或整日泛舟于湖上。逐渐染上流氓习气的朱厚照竟然追逐宫女，溜出皇宫进妓院，酒后肆意闯入民宅调戏良家妇女，纵情玩乐，丑态百出。每次玩累了，就不再上早朝，大臣们多次劝谏，也无力改变。许多正直的大臣见此情况非常痛心，加上屡谏不听，于是心灰意懒，纷纷要求退休，回家颐养天年。朱厚照巴不得这些束缚手脚的大臣赶紧离开，于是随请随批，然后听从刘瑾等太监的怂恿，任用一些只会溜须拍马、阿谀奉承的小人，没过多久，朝中就成了奸佞小人的天下。公元1508年，明朝另一特务机构内行厂设立，是继东厂、西厂之后的第三个特务机构。

除正扶邪　奢靡淫乱

顾命大臣们眼见"八党"胡作非为，朝政日非，遂忍无可忍，联合上书，要求杀掉刘瑾。朱厚照在咄咄逼人的形势面前，只得同意对刘瑾等人处以死刑。但刘瑾得知这一消息后，当天夜里就带上另外七个人哭诉，并趁机进谗。朱厚照还是太宠爱这几个忠心耿耿陪他玩乐的太监,于是改变了主意,不但没有杀掉刘瑾等人,反而将他们分别一一擢升,将宫廷权力几乎全交给了刘瑾。而那些顾命大臣见此情形,个个心灰意懒,纷纷提出辞职回家。朱厚照也没有客气,在他们的辞呈上挥笔写了"钦准"。大臣们见朱厚照贬斥顾命大臣,纷纷冒死向朱厚照劝谏,结果被认为是对皇威的冒犯和轻蔑。朱厚照下令施以杖刑,削职降级。那几天,皇城内血肉飞溅、哭号震天,京城的各城门不时有遭贬官员及家眷的马车匆匆驶过。

忠臣们被贬的贬、被杀的杀,朝政大权自然落到刘瑾的手里。每当朱厚照玩乐兴致正浓的时候,刘瑾趁机将各司送来的疏奏让他御批,朱厚照很生气,呵斥刘瑾说:"无论什么事情都要我来管,还要你们这些人干什么?!"这正中刘瑾下怀。从此,刘瑾就将御笔抓了过去,俨然皇帝。民间流传着一句话:"北京城里有两个皇帝:一个坐皇帝,一个立皇帝;一个朱皇帝,一个刘皇帝。"

朱厚照将朝政交给刘瑾后,自己成天就寻找新的刺激玩乐。他非常喜欢皇宫外的平民生活,于是令宦官们在皇城内仿照宫外的市场,开设店铺,朱厚照自己则换上平民服装,当起了小商贩,与假装前来购买的宦官们煞有介事地讨价还价,以此为乐。后来,朱厚照又依从刘瑾的主意,下令在西华门外筑起了两厢有密室的宫殿,称之为"豹房",里面全是珍禽异兽和民间秀女,又让臣下找来西域地方的女子,留住在豹房密室中,待之如嫔妃。

朱厚照还喜欢大兴土木。陆续修建多处宫殿,耗资巨大。即便是朱厚照几次向全国加税,也是入不敷出,朱厚照便采纳了奸臣的意见,下令卖官。于是,卖官之风盛行,以至于出现了文官目不识丁、武官不能发一矢的情景。

刘瑾渐生做"真皇帝"之心,但阴谋还没有实施,就被与刘瑾有些矛盾的"八虎"之一张永告发。朱厚照听了后,还大惑不解地反问:"刘瑾他这是要干什么呢?他想要天下,朕给他不就完了?"张永说:"到那时候,陛下又该居于何处呢?"朱厚照这才醒悟过来,立即抓捕刘瑾,并亲自率领锦衣卫去查抄刘瑾,从刘瑾家中搜出了伪玺、穿官牌以及衣甲、弓弩、衮衣、玉带等违禁品及大量的钱财,还从刘瑾常常使用的扇子中发现了两把锋利无比的匕首!

半信半疑的朱厚照这才恼羞成怒,下令将刘瑾处以磔刑。刘瑾行刑的那天,许多人争相向刽子手买他的肉吃,以此发泄埋藏多时的怨恨。

北巡南游　害民害己

刘瑾集团消灭了,朱厚照并未汲取教训,又宠上佞臣江彬,继续他的玩乐。

这时,朱厚照闻知蒙古兵骚扰山西一带,将自己封为"总督军务威武大将军总兵官朱寿",率兵与蒙古骑兵激战。蒙古骑兵战死16人,退回塞外,而明军伤亡600余人,朱厚照也险些被俘。可他认为取得了重大胜利,立即向朝廷发回捷报,然后自己返京,传令群臣盛服郊迎"威武大将军朱寿"凯旋。

此后,朱厚照又以边关经常受北寇入侵为借口,多次北巡,路上游乐一番后带上大批美女"凯旋"。在阅尽塞上绮丽风光后,朱厚照又对细雨轻烟笼罩的南方产生

了兴趣。公元 1518 年，身在江西南昌的宁王朱宸濠发动叛乱。正当明军与朱宸濠激战并取得决定性胜利的时候，朱厚照认为可以南巡了，于是以南征为名出了京城。一路上，朱厚照捕鱼射雁，掠女夺妇，好不快活。9 月的一天，朱厚照划着小船在清江浦捕鱼捉虾时，翻船跌落水中，受了凉后便一病不起，于公元 1521 年死于豹房，时年 31 岁。

明世宗朱厚熜

生卒时间：公元 1507 年—公元 1566 年
在位时间：公元 1521 年—公元 1566 年

> 世宗御极之初，力除一切弊政，天下翕然称治。顾迭议大礼，舆论沸腾，幸臣假托，寻兴大狱。夫天性至情，君亲大义，追尊立庙，礼亦宜之；然升祔太庙，而跻于武宗之上，不已过乎！若其时纷纭多故，将疲于边，贼讧于内，而崇尚道教，享祀弗经，营建繁兴，府藏告匮，百余年富庶治平之业，因以渐替。虽剪剔权奸，威柄在御，要亦中材之主也矣。
>
> ——《明史·世宗本纪》

一朝登位 三年礼争

公元 1521 年，明武宗朱厚照病死，因为无子可继皇位，皇太后张氏采纳内阁大臣们的建议，将明宪宗朱见深的孙子、朱厚照的堂弟兴献王朱厚熜立为皇帝，是为明世宗。

15 岁的世宗即位后，面对朱厚照留给他的烂摊子，有着成年人的练达和果断：他重用杨廷和，并在杨廷和的辅佐下，诛杀武宗的佞臣江彬等人，贬"八虎"；两次裁汰了锦衣卫及内监局的冒滥军校、匠役 18 万余人；提拔了一些正直官员，委以重任；放走内苑的珍禽异兽，明令各地不许再献；减少漕粮。世宗一系列举动，充分显示了他的威仪，也巩固了他的统治地位。

随后，世宗还采取了另一个建立威信、巩固地位的措施，这就是给生父上封号的"礼仪"事件。

世宗是因明武宗朱厚照无子，兄终弟及而即位的。但即位后，世宗究竟是称自己的父亲还是称孝宗为"皇考"，引起了朝臣的争论。世宗当然想尊奉生父。而杨廷和等恪守礼法的大臣则认为，世宗既是以宗藩入统，就应称孝宗为"皇考"，而改称世宗的生父为"皇叔父"。世宗及其生母对此非常不满，但迫于群臣的压力做了让步，称孝宗为"皇考"。

到了公元 1524 年，世宗已巩固自己的帝位，便不顾杨延和等大臣的跪劝哭谏，强行将生父的神主迎到北京，摆放进奉先殿旁新建的观德殿内，上尊号曰"皇考恭穆献皇帝"。一场持续三年的"礼仪"之争，直到世宗给父亲上了尊号以后方才告一段落。

"壬寅宫变" 严嵩得宠

"礼仪"之争后，世宗逐渐迷信僧道，宠信奸臣。

世宗信奉道教，迫切祈求长生之术，但不遵循道家"清心寡欲"的教规，而是频频派人到民间挑选数千淑女充实到后宫，以供他淫乐。他对这些宫女残酷暴虐，激起宫女们的愤怒。公元 1542 年，几个宫女趁世宗熟睡之际企图用绳子勒死他，结果结绳时误拴成死扣，几个宫女勒了半天只是把他勒昏，并没勒死。眼看朱厚熜口吐白沫，快要没命，皇后闻声带太监赶到，总算使他逃过了一劫。造反的宫女全被处死，史称"壬寅宫变"。

皇帝不理朝政，必然会有奸佞之人趁机掌握国政大权，本是礼部侍郎的严嵩因善于阿谀奉承得到世宗赏识。48 岁才进入朝廷的严嵩，想方设法地取得了世宗的信任，并挑拨世宗将夏言赶出内阁，把内阁首辅换成了他。而无能的产嵩内阁把国家治理得混乱不堪，让崛起的北方民族找到了入侵的机会。

南倭北虏 严嵩遭劾

公元 1550 年，北方鞑靼部首领俺答率军南侵。世宗忙命兵部尚书丁汝夔组织防守，又下令各地军队前来勤王。可是，前来勤王的军队在严嵩的指使下，坚守不出，任凭俺答纵兵大肆掠夺。以后俺答又曾两次兵临北京城下，大肆掠夺，世宗仍是不敢派兵出征。

由于海防荒废，从辽东经山东到广东漫长的海岸线上，日本的倭寇不断进行侵扰。后来，明军出现了名将戚继光与俞大猷等军事将领。公元 1564 年，戚继光等大将率军击败倭寇，使倭寇不再侵扰我国沿海一带，南方趋于平安。

在沿海将士们浴血奋战的时候，朝廷中的战场也在无形厮杀。严嵩当政的 20 多年里，朝中官员升迁贬谪，全凭贿赂多寡而定，很多忠臣都被严嵩加害致死，这时徐阶出现了。徐阶起初深藏不露，处理朝政既光明磊落，又善施权术，顺利地升到了礼部尚书兼东阁大学士，参与机务。

徐阶为了达到置严嵩于死地的目的，他利用皇帝信奉道教的特点，设法表明罢黜严嵩是神仙玉帝的旨意，世宗对严嵩不信任了。严嵩失宠，朝廷官员上疏弹劾严嵩贪赃枉法、乱朝败政，加上徐阶在一旁鼓动，世宗立即下令将严嵩罢官。严嵩倒台之后，徐阶代为首辅，使嘉靖一朝在最后的 5 年里稍有些起色。

公元 1565 年，一生喜服丹药的世宗由于服食了方士献来的金石药，顿时鼻孔流血，不省人事，次年病死，享年 61 岁。

明穆宗朱载垕

生卒时间：公元 1537 年—公元 1572 年
在位时间：公元 1567 年—公元 1572 年

> 穆宗在位六载，端拱寡营，躬行俭约，尚食岁省巨万。许俺答封贡，减赋息民，边陲宁谧。继体守文，可称令主矣。第柄臣相轧，门户渐开，而帝未能振肃乾纲，矫除积习，盖亦宽恕有余，而刚明不足者欤！
> ——《明史·穆宗本纪》

凤愿天成　无为而治

世宗有过 8 个儿子，但其中 5 个夭折，只有二子朱载壑、三子朱载垕、四子朱载训长大成人。在立储的时候，年龄较大的朱载壑自然成为太子，10 年后太子载壑死。如果按照"有嫡立嫡、无嫡立长"的礼仪，本应由朱载垕晋封为太子，可世宗听信道士"二龙不能见面"之说，迟迟不立太子。

当时的形势对朱载垕极为不利，不光是自己的弟弟朱载训加强活动争立太子，就连当时权倾朝野的内阁首辅严嵩对朱载垕也相当冷淡。而公元 1565 年，朱载训病死，朱载垕成了唯一的皇位继承人，从此不再担心废立问题。

公元 1567 年，世宗病逝，30 岁的朱载垕即位，是为明穆宗。

穆宗即位后，立即将引起朝野怨声不止的世宗弊政大部分废止。经过一番初步治理，朝政有了一番新气象。但穆宗治国之道是无为而治，他把日常朝政都推给内阁，连对大臣的操纵、协调的责任也统统放弃。这样一来，大臣们的互相倾轧就开始了，在大臣的相互攻击中，穆宗显得无能为力。

整顿边防　隆庆和议

内讧未了，外患又起。公元 1567 年秋，蒙古俺答部和土蛮部同时进犯，使京师陷入战争的恐慌中。穆宗赶紧命大臣们讨论京师守备和边境作战策略，谭纶、俞大猷、戚继光这三位抗倭名将很快得到穆宗的批准，负责整治华北边防。几位名将到任后，雷厉风行地进行整顿，边防确实达到了军容严整、士气大增的要求。

在加强军事力量的同时，穆宗积极寻求与俺答为首的蒙古各部改善关系的途径。这时，俺答的孙子把汉那吉前来投奔，穆宗采纳张居正的建议，给把汉那吉授官赐赏，积极展开了对俺答的攻心战。

这一切终于使得蒙古鞑靼部首领俺答接受了明朝献俘言和的条件，将汉奸赵全等十几人捆起来，送到明军大营，向明朝称臣。公元 1570 年，穆宗在皇宫主持了和议仪式,史称"隆庆和议"。

此后,穆宗又回到后宫,在几个太监的引导下纵情玩乐起来。他玩遍了后宫又出城游玩,玩遍了京城四周又想去南海游玩,结果遭到以徐阶为首的大臣们的竭力反对。但劝谏的结果是:吏科给事中石星被打得皮开肉绽,昏死过去;失宠的内阁首辅徐阶也因太监们的坏话而不得不回家养老。

穆宗于是更加纵情声色,使得短短几年时间里,本来身体强健的穆宗耗尽了精力,在公元1572年一次早朝中,穆宗突然中风,随后于第二天死去,年仅36岁。

明神宗朱翊钧

生卒时间:公元1563年—公元1620年
在位时间:公元1572年—公元1620年

> 神宗冲龄践阼,江陵秉政,综核名实,国势几于富强。继乃因循牵制,晏处深宫,纲纪废弛,君臣否隔。于是小人好权趋利者驰骛追逐,与名节之士为仇雠,门户纷然角立。驯至悊、愍,邪党滋蔓。在廷正类无深识远虑以折其机牙,而不胜忿激,交相攻讦。以致人主蓄疑,贤奸杂用,溃败决裂,不可振救。故论者谓明之亡,实亡于神宗,岂不谅欤。
>
> ——《明史·神宗本纪》

名师严教 万历新政

朱翊钧是穆宗的第三子,公元1572年,穆宗中风而崩,于是不满10岁的朱翊钧继位,是为万历皇帝。

朱翊钧5岁的时候,就被父亲批准读书。他的老师便是名相张居正。张居正对万历的教诲可谓孜孜不倦。为了让这个小皇帝学习为君之道,张居正让万历读《大学》、《尚书》等典籍,将尧、舜以来贤君恶主之事汇编成《帝鉴图说》。后来,张居正又从历代皇帝的实录和明太祖的《宝训》中,分门别类地编成《创业艰难》、《励精图治》、《勤学》等40本书让朱翊钧阅读。

明神宗朱翊钧

张居正行事端正,似乎永远是智慧的象征。他很注重外表,袍服每天都像崭新的一样折痕分明。他不开口则已,一开口便能点中事情的要害,这些使少年朱翊钧极其敬畏。李太后对此极为赞赏,每当朱翊钧不用

功的时候,她便把张居正搬出来,说:"告诉张先生吧,怎么样?"或者"这叫张先生知道了可如何是好?"朱翊钧立刻就范,但也暗暗滋生不满和报复的情绪。

朱翊钧即位后的前十年,是万历朝最为昌盛的时期,当时国泰民安,太仓的积粟可用10年,国库的钱财多达400余万。当然,这主要是张居正励精图治的结果。

张居正是穆宗在东宫时的亲信,公元1567年被遴选入阁后,张居正便向穆宗上了一封《陈六事疏》,主张实行改革。朱翊钧即位后,张居正成为了内阁首辅,于是这些改革纲领正式付诸实施。

改革最先从整顿吏治着手。公元1573年,整顿吏治的措施"考成法"出台了,重点清查官吏的腐败问题和提高政权机构的办事效率。此令一出,朝野震动,吏治与办事效率有了明显的改观,为其他改革的推行奠定了基础。随后,进行了经济方面的改革。张居正裁减冗官冗费、控制皇室费用,并于公元1577年施行"一条鞭法"的赋役制度,使生产和货币经济都得到充分发展。在军事方面,张居正施行整顿军备,加强边防的方略,从而确保了明王朝边防的巩固。对此,朱翊钧非常满意,他曾为此褒扬张居正说,"先生公忠为国,所用的人没有不当的"。

清算树威　不理朝政

公元1582年,张居正去世。朱翊钧最初十分悲痛,他特意下诏罢朝数日以致哀,追赠张居正上柱国的荣衔以为表彰。但是不久,朱翊钧的态度却来了个180度的大转弯。

促使朱翊钧对张居正态度改变的,便是曾被张居正设计陷害而被罢官回家的前内阁首辅高拱。高拱临死前,曾写了一本《病榻遗言》,里面揭露了早年张居正和冯保等人的一些丑恶事情。这本书被辗转呈到朱翊钧的手里,朱翊钧看后大怒,就将冯保逐出宫去,查没其财物。

冯保被抄后,朱翊钧下一步就将矛头对准了张居正。朱翊钧下令追夺张居正的上柱国荣衔并查抄其家,使得张家几近家破人亡。

在对张居正和冯保清算报复之后,为显示皇帝的绝对权威,朱翊钧指挥军队进行了宁夏之役、播州之役和抗日援朝战争,三战皆捷。

在"万历三征"后,独掌大权的朱翊钧开始消极怠政起来。他日夜纵情酒色,还逐渐学会了抽大烟、玩花鸟;后来索性以"圣体违和"为由,免了早朝,大臣的章奏、他的批示、谕旨,全靠内监传达。直到公元1615年,因要解决自己宠爱的郑贵妃的"梃击案",他才召见过一次群臣。

万历时期,全国官员短缺的现象也令人震惊。公元1612年时,内阁仅1人,六卿仅1人,都察院连续8年无正官,全国半数以上的府没有知府,而新科文武进士及教职数千人,却待命在京无人管。

横征暴敛　挥霍无度

万历在酒色享乐的同时,极尽铺张浪费之能事。在他的带动下,朝廷兴起一股奢靡之风,不久就将国库掏空了。为了继续维持庞大的花销,万历开始了敛聚钱财的活动。

首先,朱翊钧让官吏向他"进奉",并把进奉财物的多少作为衡量官吏是否效忠皇上的标准。他平白无故地把太监拖来拷问,兜一阵圈子后,就要他们献金银珠宝。头脑灵活立即献上的,当即释放;执迷不悟的,就往死里打。这样搜刮上来的钱财毕竟为数不多,朱翊钧于是又将手伸向百姓。他借口乾清、坤宁两宫被烧需要大笔款子修建,抽调大批太监充当"矿监"、"税使",分派到全国各地,搜刮民脂民膏。这就是有名的"采榷之祸"。

当时征税的对象,不仅是商人、土地所有者,就连官吏、农工等也都成了征税的对象,凡是涉及房屋、车船、米、麦、鸡、猪、牛、马等等,没有一样不纳税。而矿监们更是随便指鹿为马,不论田园房屋,一经指中就可以敲诈一笔。有的还借口找矿,到处挖掘坟墓,搜取金银陪葬品,害的人民苦不堪言。

内外交困 伐金大败

朱翊钧统治的中后期,政治极端腐败,加上水、旱、蝗之灾连年不断以及矿监税使肆无忌惮地压榨,使得人民的反抗斗争遍及全国。公元1601年,江南就爆发了一次明朝末年最有声势、组织最严密的反矿监税使斗争。

与此同时,北方的女真族迅速崛起。统一了女真各部的努尔哈赤,于公元1616年称帝,建立后金,并以"杀祖杀父之仇"等"七大恨"告天,誓师伐明,很快攻克抚顺。

朱翊钧这时才着急起来,命令兵部调集了约10万人马,企图将后金一举歼灭。公元1619年,明军与后金军展开"萨尔浒之战",明军大败,从此明军与后金的军事力量对比发生逆转,明军转入防守。

此时的朱翊钧已经是风烛残年,又受到如此沉重的打击,便于公元1620年夏死去,时年58岁。

明光宗朱常洛

生卒时间:公元1582年—公元1620年
在位时间:公元1620年—公元1620年

> 光宗潜德久彰,海内属望,而嗣服一月,天不假年,措施未展,三案构争,党祸益炽,可哀也夫!
>
> ——《明史·光宗本纪》

偶然出生　册立艰难

朱常洛出生以前，母亲王氏仅仅是慈宁宫里侍奉皇太后的一名宫女。有一天，神宗去给皇太后请安，想洗手，王氏就端过一盆水凑近皇上，于是被临幸。几个月后，王氏的身孕便逐渐显露出来。此时的神宗仍不知道他有了儿子，只是皇太后问起，并将详细记载了这件事的"起居注"摆在神宗面前，神宗这才认下了这个还未出世的孩子，并照太后旨意，先将王氏封为才人，之后又封为恭妃。

公元1582年，朱常洛出生。当时的后宫中只有朱常洛这么一个皇子，因此深得皇太后的宠爱。

公元1586年，他的弟弟朱常洵的降生，给朱常洛的命运带来重大变化。朱常洵是极受神宗宠幸的郑贵妃的儿子。神宗的想法，自然是立这个他所宠爱的贵妃的儿子为嗣。有些大臣怕"子以母贵"，神宗会"废长立爱"，因此上奏要求早立太子，而另一批受郑贵妃指使的大臣则极力阻挠，因此朝中开始了长达15年的建储之争。

神宗对立朱常洛为太子的请求十分反感，然而皇太后却支持"立长"。一天，神宗去请安时，太后问为什么不尽快册立常洛。神宗吭哧了半天说："他是宫女的儿子。"太后一听勃然大怒，斥责道："你也是宫女的儿子！"这话吓得神宗从此不敢再公开反对立长子，但依旧长期不立太子。

朱常洛到11岁一直没有接受正规教育。大臣们一直争取立朱常洛为太子，但神宗没有松口，于是采取迂回战术，请求按太子预教的祖制，为朱常洛配备一套东宫官属，教他读书，并学习为君之道。神宗虽然反对，但还是在大臣的坚持下，下令举行预教典礼。

朱常洛非常珍惜这个来之不易的机会，对父亲的种种刁难都默不作声地忍受了。大臣们也认为他勤于苦读、聪颖不凡而不断向神宗称颂。神宗终于在立储之争中败下阵来，于公元1601年将朱常洛立为太子。

磨难重重　"梃击案"发

朱常洛被安排住在条件非常差的慈庆宫，并规定未奉召不得入见。神宗也不维护他作为太子的地位和尊严，三番五次地停止他的出阁讲学。朱常洛的长子朱由校出生，神宗对这个喜讯也无动于衷。

公元1611年，朱常洛的生母王恭妃病重，朱常洛请求再三才被准许前去探望。来到母亲寝宫前，朱常洛见大门上着锁，很为母亲遭到冷落而难过。此时，王恭妃患眼疾双目已经看不见了，她用颤抖的手上下摸着朱常洛说："我儿已经长这么大了，为娘死而无憾矣。"不久，王恭妃病逝。神宗迟迟不赐谥号，直到大臣们催促，神宗才赐谥肃靖皇贵妃。为此，朱常洛一直耿耿于怀，等他即位后，立即尊谥母亲为"孝靖皇太后"，并归葬定陵。

朱常洛很清楚，父亲对自己这个太子根本就不放在心上，再加上郑贵妃为首的反对势力，朱常洛的太子地位摇摇欲坠。

公元 1615 年夏天，一个大汉手持枣木棍棒闯进了朱常洛居住的慈庆宫企图行凶，结果被宫中的内侍抓获。随后便查清这是一桩谋害案，并牵扯到了郑贵妃的两个内侍身上。朝中大臣借此机会，指责郑贵妃是此案的主谋，要求查办。郑贵妃吓坏了，只得跑去向神宗哭诉。神宗也没办法，只好叫她去找皇太子朱常洛，让朱常洛为郑贵妃开脱。

朱常洛倒也宽宏大量，为保全郑贵妃的面子，关键时刻倾向神宗，请求父亲予以解决。于是，神宗在辍朝 25 年之后亲自出面了断此案，下令将凶手处死，其余有关人犯被发配边地，不再细查。

梃击案后，朱常洛的太子位总算是稳固了。郑贵妃为了将来不遭报复，对他加倍逢迎，经常将钱财、珠宝、美女赠与他。从此之后，朱常洛满面春风，竟将以往的屈辱全抛在脑后，恣意放纵，耽于享乐。

▌如愿即位　命丧红丸

公元 1620 年，明神宗死去，朱常洛即位，是为明光宗。由于他在太子地位巩固后，为弥补以前的损失，极力纵情酒色，有时一夜竟临幸几个女子，因此在登上皇位之前身体就早已空虚不堪。他在登基大典上脸色苍白、浑身微颤，只能勉强支撑到仪式结束。

朱常洛在短短一个月的执政时间里，在群臣的帮助下，首先是罢矿监税使，停止任何形式的采榷活动，随后给边防增加饷银，再之后就是补官缺，使朝中各部满了额数。

做完这几件事情后，由于病情加重，朱常洛服下了官员李可灼调制的一枚红色药丸不久，便撒手归西了。这就是明末"三案"中的"红丸案"。

明熹宗朱由校

生卒时间：公元 1605 年—公元 1627 年
在位时间：公元 1620 年—公元 1627 年

> 明自世宗而后，纲纪日以陵夷，神宗末年，废坏极矣。虽有刚明英武之君，已难复振。而重以帝之庸懦，妇寺窃柄，滥赏淫刑，忠良惨祸，亿兆离心，虽欲不亡，何可得哉。
>
> ——《明史·熹宗本纪》

公元 1620 年，在祖父明神宗和父亲明光宗相隔一个月先后辞世后，明光宗朱常洛的长子朱由校即位，是为明熹宗。

朱由校能够即位称帝,东林党人杨涟在其中所起的作用举足轻重,甚至为筹办朱由校的登基大典,满头黑发和须眉竟然在几天之间都变成了白色。朱由校非常感动,连声称他为"忠臣"。朱由校的即位,也是东林党人取得的重大胜利。

拥立朱由校即位后,东林党人将保护郑贵妃的党派都一一清除,一时如日中天。当政后,东林党人停止了神宗时期的一些弊政;对发生重灾的地方进行了赈济;减轻了某些地区的赋税;恢复了张居正的官荫,并给建文时期的方孝孺等人平了反。然而,东林党人在国家大政方针的决定上并无大的作为,神宗末年的状况没有得到根本的改变。

明熹宗朱由校

醉心木工　阉党专权

正当东林党人在前廷当政的时候,后宫中却悄悄崛起了一股政治势力,这就是魏忠贤太监集团。

魏忠贤的兴起,要源于朱由校的奶妈客氏。朱由校即位后,客氏这个"假皇母"竟然在后宫中摆出不可一世的架子来。这时,客氏又在宫中遇到一个和她有同样出身、同样野心的太监魏忠贤,两人一拍即合,随即串通一气、狼狈为奸。

魏忠贤本已娶妻生有一女,但因欠了一屁股赌债,加上其妻也离他而去,走投无路的魏忠贤只得净身入宫,做了太监。遇到客氏后,两人一见钟情,形成了太监、宫女过假夫妇生活的关系。朱由校即位后,客氏将魏忠贤引荐给朱由校,从此两人就成了朱由校的亲信,对两人恩宠有加。

朱由校是个爱玩的皇帝,玩马、玩狗,花样翻新,层出不穷。魏忠贤为了擅权,倒也能想出些让朱由校乐此不疲的玩招来。朱由校喜欢名马,爱好骑马射猎,魏忠贤便搞了许多名马送给他,朱由校为之逐匹命名,然后骑马在宫中纵横驰骋。朱由校顽皮成性,常常上树掏鸟窝、下水抓鱼。有一次,他在掏鸟时不慎从树上摔下来,摔的头破血流,但他拍拍被扯烂的衣服,接着往树上爬。还有一次,朱由校在宫内大阅兵,在一旁看一个小太监装药点火,结果火药爆炸,小太监被炸飞了一个胳膊。站在一旁的朱由校被炸得灰头土脸,幸好没有受伤。看见被炸断胳膊的小太监,他反而是哈哈大笑,根本没有害怕的表情。

除了爱玩,朱由校最喜欢的事情还是土木建筑、木工制作。他为人聪明,手也很巧,凡是他见过的木器用具、亭台楼阁,回去后便能依样制作出来。朱由校常在宫中亲自动手建造回廊曲室,手操斧锯,忙得不亦乐乎。朱由校还擅长细致的雕刻,他做的砚床、梳匣都是自己制作,自己油漆。他雕刻的八幅屏,在小小的天地里雕刻的花鸟虫鱼、人物走兽都栩栩如生。他创造的水中傀儡戏，技巧备至，鬼斧神工。

朱由校在做木工活的时候最烦人打扰，即便是天大的国家大事，朱由校也无暇顾及。魏忠贤充分利用了他的这个脾气，每次朱由校忙于设计制作时，他便拿着奏章去请示，朱由校便不耐烦地说："我都知道，你们去办吧！"于是，朝廷的大权一步步被魏忠贤掌握在手中，朝中无论大事小事都必须先请示魏忠贤。于是，魏忠贤开始培植自己的势力，党羽众多，俨然成了明王朝的"皇帝"。

客魏横行　祸国殃民

魏忠贤和客氏控制了朝政大权，便与东林党人之间产生了激烈的斗争。

公元1624年，魏忠贤假传圣旨，陆续将东林党数十人罢斥，朝属几乎为之一空，东林党的天下彻底失掉。年底，魏忠贤的党羽诬陷杨涟、周朝瑞、左光斗等东林党人收受贿赂将其投入监狱。杨涟等人无医无食，屡受重刑，先后被折磨而死。

魏忠贤把持的东厂成为最恐怖的特务机关，京城内外人们对东厂畏之如虎。一次，两个人在酒馆喝酒。其中一个喝醉了，大骂魏忠贤，另一个就怕他惹祸，劝他别说。这时门外进来一个人，故意挑逗那个醉者，那醉者乘着酒劲说："他能奈何得我？能剥了我的皮吗？"那人冷笑一声，亮出了东厂番役的身份，将那醉者绑去活活剥了皮。

魏忠贤在宫外大肆屠杀，客氏便在宫内对朱由校的嫔妃任意杀戮，连张皇后也不放在眼里。张皇后喜静厌游、通达事理、深明大义，对国事家事都有一定的看法。这就与朱由校的性格水火不容。张皇后看到客氏、魏忠贤横行霸道、乱国乱政，心中十分气愤。有一次，张皇后在读《史记》，朱由校玩得满脸是汗，跑进来了，问张氏读的是什么。张氏说是《赵高传》。"赵高？谁是赵高？"朱由校问。张皇后气愤地说："大奸似忠，毒如蛇蝎，指鹿为马，颠倒黑白，坏秦朝天下的小人！"

客氏担心张皇后控制朱由校，所以时时对他提防、限制。公元1623年，张皇后怀孕，客氏便命令心腹宫女致其流产。这样一来，再无其他嫔妃生育，朱由校没有一个子嗣。

一病不起　托付社稷

但魏忠贤的好日子也没有持续多长时间，身体非常强健的朱由校自公元1626年春划船落水以后，身体便日渐虚弱，竟然一病不起。

朱由校的重病使张皇后忧心忡忡。而朱由校这几年只顾着玩，竟然没有留下一个子嗣，因此张皇后最担心的是皇位的嗣继问题。朱由校同父异母的弟弟信王朱由检是朱由校唯一的弟弟，沉毅又冷静、深明大义、素有贤名，因此，张皇后看中了朱由检，并把信王推荐给病重的朱由校。朱由校表示同意，于是大位就传给了他这个弟弟。

公元1627年，朱由校病死，年仅23岁。

明思宗朱由检

生卒时间：公元 1611 年—公元 1644 年
在位时间：公元 1627 年—公元 1644 年

> 帝承神、熹之后，慨然有为。即位之初，沈机独断，刈除奸逆，天下想望治平。惜乎大势已倾，积习难挽。在廷则门户纠纷。疆场则将骄卒惰。兵荒四告，流寇蔓延。遂至溃烂而莫可救，可谓不幸也已。然在位十有七年，不迩声色，忧勤惕励，殚心治理。临朝浩叹，慨然思得非常之材，而用匪其人，益以偾事。乃复信任宦官，布列要地，举措失当，制置乖方。祚讫运移，身罹祸变，岂非气数使然哉。迨至大命有归，妖氛尽扫，而帝得加谥建陵，典礼优厚。是则圣朝盛德，度越千古，亦可以知帝之蒙难而不辱其身，为亡国之义烈矣。
>
> ——《明史·庄烈帝本纪》

▌肃正朝纲　整顿吏治

公元 1627 年，朱由检的哥哥朱由校病死，信王朱由检即位，是为明思宗。

朱由检登基后，接手的是一个政治腐败、军事衰弱、经济崩溃、满目疮痍的大明江山。

朱由检把全部精力投入到治理国政中去，企图使明帝国起死回生。他先罢除了为皇室服务的织造、烧造、采办等一切不急之役，与民休息；停止了皇宫的一切土木营造，削减自己和后妃们的吃用开支；撤回了天下镇守太监，严禁宦官干政；严禁官僚结交太监；向边镇发去银两，安定军心；戒谕官僚结党，建立完备的监察制度；明令提高政府的工作效率；下诏免除了许多受灾地方的赋税。

明思宗朱由检

▌不动声色　剪除阉党

皇位初步巩固后，朱由检开始集中精力对付客魏集团。客氏和魏忠贤也在处于观望之中。为了试探这个新君，魏忠贤提出辞去东厂职务，朱由检没有批准，而客氏提出出宫，朱由检则马上同意。魏忠贤的爪牙照样得到朱由检的信任，这就暂时稳住了魏忠贤及其党羽。

那些不满魏忠贤的大臣们看出了端倪,于是纷纷上疏弹劾魏党。朱由检见有大臣支持,便展开了对付魏党的行动。朱由检先是切断了魏忠贤的左右臂膀,然后下诏公布魏忠贤的罪行,将客魏家产籍没收、子孙等人充军边远。魏忠贤在途中上吊自杀于旅舍,客氏被打死。之后,朱由检又亲自选拔言官,这些新进言官以清除魏党为己任,言路渐趋清明。

自奉节俭　殚精竭虑

由于国家财政困难,朱由检多次减少皇室的开支,并亲自带头穿浆洗过的旧衣。为他讲课的大臣曾看到过他衬衣袖口磨烂,吊着线头。宫中旧有的金银器皿皆摒而不用。朱由检有时晚上看奏章到深夜,肚子饿了就让太监拿几个零钱去买点宵夜。

朱由检的勤政超过任何帝王,白天接见群臣,晚上看章奏,军情紧急时他连续几昼夜不休息。朱由检吃穿用住,也概不讲究,声色犬马统不沾身。有一次,他正在批奏章,忽然闻到一股特殊的香味,随之觉得血液沸腾、阳兴思春。他觉得奇怪,仔细搜索殿内,最后发现一个小太监坐在大殿角落里,香味是从他手中的那炷香中发出的。经过盘问,才知道这是宫中旧规,那香是特殊秘方配制的。朱由检立即让内侍毁掉秘方,再也不许制造使用。

内外交困　国势颓萎

在对满族政权的"辽事"方面,朱由检毅然起用以骁勇善战著称的袁崇焕,将整个对金防务交给了他,袁崇焕也打了很多漂亮仗。

公元1629年10月,皇太极率军直扑明朝京城北京。袁崇焕得到情报,立即带着明军赶到北京,和后金军队展开激战。

金军突然进攻北京,引起了全城震动。率军南下的皇太极对袁崇焕既佩服又嫉恨,于是巧用反间计,广泛散布金兵绕道进京是袁崇焕引入关的消息。朱由检听后,深信不疑,于是逮捕了袁崇焕,并命人接替袁崇焕的职务。2个月后,后金军队退去,朱由检于是下令将袁崇焕凌迟处死,从而自毁了长城。

这时,明末农民起义军也呈燎原之势,陕西义军张献忠、李自成等部逐渐发展壮大。

公元1643年,李自成率军攻占西安,建立大顺政权。同年,张献忠在武昌建立政权,接着挥师入川,在重庆建立基业。同年9月,潼关之战,孙传庭兵败被李自成农民军所杀,朱由检手中最后一张王牌也丧失。公元1644年,李自成亲帅大军,直扑北京。面对天下四分五裂的局面和李自成的猛烈进攻,朱由检已经无能为力了。

李自成逼近京师的消息传到了京城。朱由检手拿奏疏浑身颤抖、痛哭流涕地说:"朕非亡国之君,事事皆亡国之象。祖宗的天下一旦失去,朕有何面目去见祖宗。朕宁愿亲自率兵前往决战,身死沙场无恨,只是死不瞑目!"听到朱由检要亲自出马,陈演等大学士个个报名请替。李建泰尤其迫切。他表示愿出私财饷军,抵挡李自成的进攻。朱由检大喜，当即决定李建泰以督师辅臣身份"代朕亲征"。谁知李建泰刚出北京城，就处处受阻，不久就在保定投降了大顺军。随着京师日益危急，朱由检拼尽气力支撑局面。

兵临城下　自缢煤山

公元1644年，大顺军大举攻城，守城太监打开城门迎降，李自成占领了外城。

听到外城陷落的消息，朱由检长叹一声，回宫处理后事。他命人拿来破旧衣服给太子穿上，送出时说："今天你们是太子、王子，明天就是普通百姓，学会保护自己，逃命去吧。"他还下令所有皇后嫔妃统统自裁，随后拿着剑发疯似地四处巡游，砍死了几个嫔妃，然后来到他最喜爱的次女、16岁的长平公主所住的寿宁宫。这时，长平公主已准备自缢，看到父亲进来，长平公主不由大叫一声"父皇"，就朝朱由检扑过来。朱由检声嘶力竭地大喊一声："你为什么要生在皇家？"一剑砍去，长平公主左臂被砍中顿时倒在血泊中。随后他又去昭仁殿杀了三女昭仁公主。

最后，朱由检登上北京煤山，用三尺白绫自缢而死，历经16帝276年的大明王朝就此终结。

清

清太祖努尔哈赤

生卒时间：公元 1559 年—公元 1626 年
在位时间：公元 1616 年—公元 1626 年

> 太祖天锡智勇,神武绝伦。蒙难艰贞,明夷用晦。迨归附日众,阻贰潜消。自摧九部之师,境宇日拓。用兵三十馀年,建国践祚。萨尔浒一役,翦商业定。迁都沈阳,规模远矣。比於岐、丰,无多让焉。
>
> ——《清史稿·太祖本纪》

英雄少年多磨难

生活在白山黑水之间的女真族是我国东北最古老的民族之一。明初,女真分为四大部,这就是建州女真、海西女真、东海女真和黑龙江女真。明正统七年,建州女真被明政府分为建州卫、建州左卫和建州右卫,合称"建州三卫"。

公元 1559 年,努尔哈赤出生在建州左卫。他的先祖许多人受明朝册封,担任指挥使、都督佥事、都督等官职。他的祖父觉昌安为建州左卫都指挥,父亲塔克世为建州左卫指挥。

努尔哈赤童年的时候,已经家道中衰。他小的时候没有上过学,少年时就开始在家里劳动。10 岁时母亲去世,继母刻薄阴毒,因此努尔哈赤 19 岁就分家单过。父亲塔克世听了继母的挑唆,给他产业极少,根本就不够维持生活。努尔哈赤常到山里挖人参、采木耳等,将这些东西运到抚顺马市(集市)去卖,贴补家用,后投奔了外祖父王杲。王杲是个汉化较深的女真人,在他的影响下,努尔哈赤勤奋好学,粗通汉文,受汉文化的影响很深。

公元1574年，明辽东总兵李成梁率兵消灭王杲，王杲及其家属被杀。机智的努尔哈赤当即跪在李成梁面前痛哭流涕，因而被李成梁收为随从和侍卫。此后，自幼练习骑射的努尔哈赤屡立战功，受到李成梁的赏识和器重。3年后，对外祖父被杀怀恨在心的努尔哈赤借口回家成亲离开李成梁另立门户。此后，努尔哈赤游历于辽东地区，生活阅历、军事才能都得到了充分提升。

一统女真各部

公元1583年，建州左卫苏克素护部图伦城主尼堪外兰引导明军镇压阿台。在攻打古勒城时，明军在尼堪外兰的唆使下，误杀了努尔哈赤的祖父和父亲。噩耗传来，努尔哈赤悲痛欲绝，愤然责问明朝驻边官吏。明政府自知这件事做得理亏，遂将努尔哈赤祖、父遗体送还，并让他承袭了祖父的建州左卫都指挥使官职。努尔哈赤强忍心头怒火，接受了明朝的抚慰，从此与明朝结下深仇大恨。

此后群龙无首的建州，成为努尔哈赤一展手脚的天地。于是，他打起为祖、父报仇的旗号，以"遗甲十三副" 25岁起兵，开始了统一女真各部的事业。虽初起时仅是一支兵少将寡的弱小势力，但经多次征战，很快成为女真诸部中最强大的力量。

努尔哈赤对内在政治上"定国政，禁悖乱，缉盗贼，法制以立"；在经济上加强"互市交易，以通商贾"，因此满洲民殷国富；在军事上建立一支"出则备战，入则务农"的部队，对外则推行"远交近攻之术"，一方面拉拢蒙古，团结朝鲜，与明朝仍然保持臣属关系，以取得明廷的信任；另一方面对邻近的女真各部，采取恩威并行的武力统一办法，推动和加速了女真各部统一的进程。

努尔哈赤打败仇敌尼堪外兰攻占图伦城后，首先控制了整个苏克素护部。他用了30多年的时间，统一了建州女真和海西女真的全部以及"野人"女真大部，结束自元明以来女真社会长期分裂和动乱不安的局面。

随着女真各部走向统一，努尔哈赤在政治、经济、军事与文化等方面采取了许多改革措施。他命人创制满文（见蒙古文字、女真文字），将其作为本民族文字开始应用推广；又在原有女真狩猎的"牛录"组织的基础上，建立八旗制度；接着又置理政听讼大臣5人、扎尔固齐10人，与八旗旗主共同佐理政务，这些措施从而加强了社会组织和行政管理。

建都称汗

公元1616年，努尔哈赤在赫图阿拉称汗，建立"大金"（史称后金），自此公开与明抗衡。公元1618年4月，努尔哈赤在精心准备后，率领众军民，祭祖告天，宣读"七大恨"伐明誓词。这"七大恨"是：一恨无端杀我父祖；二恨撕毁盟约，出兵助叶赫；三恨明军连年入境掠夺，扣我使臣11人，逼我杀10人换取；四恨将原许配我的叶赫之女改嫁给蒙古；五恨发兵驱逐我部所统的三地民众，不让三地民众种田收割；六恨我奉天征讨叶赫时,遣使对我辱骂;七恨明逼我把所俘虏的哈达人退还,结果被叶赫所掠取。这"七大恨"使努尔哈赤为伐明找到极好的借口。宣誓完毕,努尔哈赤申明军纪,然后率军南下攻明,开始了建立清朝的艰苦创业历程。

和明朝的战斗

公元1618年,努尔哈赤击退进攻萨尔浒的明军。萨尔浒战役堪称军事史上的又一以少胜多的经典战役。萨尔浒之战后,后金与明之间的军事力量对比产生逆转,后金开始由防御转为进攻。随后,努尔哈赤于公元1621年打赢了辽沈之战,取得了整个辽东地区。并在公元1625年迁都沈阳,后几经征战又取得了辽西地区,将进攻的矛头指向山海关。从此,努尔哈赤开始走上和明王朝争夺全国统治权的道路。

公元1626年,努尔哈赤以10万兵力攻打宁远城,经过三天三夜激战,后金士兵死伤无数,努尔哈赤自己也受了伤。但宁远城在明崇祯帝任用的名将袁崇焕的坚守下,依然固若金汤,巍然屹立。寒风中,努尔哈赤眺望着暮色中的宁远城,长叹一口气,率残兵撤回沈阳。

生平未有的失利使努尔哈赤难以接受这一结果。撤回沈阳不久,年近七旬的努尔哈赤一病不起,于公元1626年病逝。

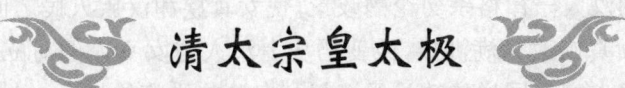

清太宗皇太极

生卒时间:公元1592年—公元1643年
在位时间:公元1626年—公元1643年

> 太宗允文允武,内修政事,外勤讨伐,用兵如神,所向有功。虽大勋未集,而世祖即位期年,中外即归于统一,盖帝之诒谋远矣。明政不纲,盗贼凭陵,帝固知明之可取,然不欲亟战以剿民命,七致书于明之将帅,屈意请和。明人不量强弱,自亡其国,无足论者。然帝交邻之道,实与汤事葛、文王事昆夷无以异。呜呼,圣矣哉!
>
> ——《清史稿·太宗本纪》

精心谋划 继承汗位

公元1592年,努尔哈赤第八子皇太极出生。皇太极的生母叶赫那拉氏很受努尔哈赤的恩宠。子以母贵,她所生的儿子自然也得到了努尔哈赤的疼爱。在努尔哈赤众多儿子中,皇太极是很早就接受教育的一个,以至于在努尔哈赤军中众多的战

将几乎都是不识字的文盲,只有皇太极够得上一个粗通文墨的"秀才"。

因连年战争,父兄经常出征作战,皇太极7岁以后,努尔哈赤就把大部分家政交给了他。处理这样繁杂的家政,是个极好的锻炼机会。而皇太极根本无须父亲多加指点,就能把繁杂的事物处理得井然有序。皇太极12岁时,生母孟古格格撒手西天。失去母亲的关爱,促使皇太极更加努力学习、仰慕父汗。

公元1612年秋,年方21岁的皇太极第一次跟随父兄出征作战,自此逐渐成为父亲麾下一员能征善战的大将,皇太极也在戎马生涯中逐渐提高了自己的军事才干。努尔哈赤于公元1616年称帝后,命年轻的皇太极和次子代善、侄子阿敏、五子莽古尔泰四人做辅政四大贝勒。努尔哈赤逐渐将皇太极作为自己的继承人着力培养。皇太极也没有辜负父亲期望,成为了努尔哈赤的得力助手。

皇太极一生中第一件大事,就是在父汗努尔哈赤死后登上大汗宝座。他继承汗位面临六大不利因素:一幼年丧母,二父亲太忙,三外公仇家,四排行居中,五没有同胞,六母未封后。长期在家族中处于不利地位,使皇太极怀大志、藏玄机,在大位争夺上暗设机关、巧施谋略。最终努尔哈赤死后,深得父亲信任和兄弟拥护的皇太极被推举为后金大汗,并于公元1626年顺理成章地继承帝位,是为清太宗。

革弊鼎新　四向开疆

皇太极继位后,首先解决的是民族矛盾问题。由于努尔哈赤统治后期坚持执行对敢于抗拒的汉人一律格杀勿论的政策,使女真族和汉族人民之间的矛盾日益激化。皇太极把女真族改为满洲族,改变历史上汉人与女真人的对立仇恨,随后又颁布法令,满人、汉人享有同样的政治经济权利。这些措施的执行,很快消除了统治区域内汉族人民的反抗情绪,使后金的政权得到进一步巩固。

为顺应历史发展趋势促进后金政权的封建化进程、皇太极派人丈量土地,将各处余地归公,发给民户耕种,不许旗主、贵族再立庄田;又把原来每13名壮丁编为一庄改为每8名壮丁编为一庄,"其余汉人,分屯别居,编为民户",并下令编审壮丁,解放部分奴婢为编民。这些措施使满族贵族的特权受到一定制约,有利于发展农业生产。

皇太极努力学习汉族文化,重用汉族知识分子,其中范文程受到皇太极的重用。每逢参与军政大计,皇太极总问:"范章京知道吗?"遇有奏事不当之处,总是说:"为什么不和范章京商量呢?"大家说"范章京也这么说",皇太极就认可。有一次范文程在皇宫里进食,看着满桌佳肴美味,想起老父亲,停箸不食。皇太极明白他的心思,立即派人把这桌酒席快马送到范文程家里。后来,范文程做到内秘院大学士,成为皇太极手下有名的谋臣。

公元1632年,皇太极废除"与三大贝勒,俱南面坐共理朝政"的旧制,改为自己"南面独坐",继而寻机削除异己、铲除三大贝勒势力。他仿明制,设内三院、六部;停"王贝勒领部院事",独主政务;并设都察院和理藩院,建立起一套较为完备的国家机构。他命人将老满文改造成新满文;同时为了扩大兵源,他创立了汉军八旗和蒙古八旗。为了联络蒙古和西藏,他还大力扶植和宣扬喇嘛教。

皇太极在位期间充分研究当前军事形势,在即位后"邦家未固"时制定了对明廷采取议和、先进攻朝鲜和蒙古再挥师南下攻明的策略,并通过两次出兵朝鲜,统一蒙古和黑龙江流域。在巩固了内部统治并基本上消除了来自朝鲜和内蒙的威胁后,皇太极于公元1636年在沈阳正式称帝,定国号"大清"。

从此,皇太极全力以赴发动对明朝战争。同年,他命多尔衮、岳托率军南侵,攻破城池50多处,虏获人口46万,金银百余万两。为了从正面打开山海关,他发动了锦州战役。明廷派蓟辽总督洪承畴率军前往援助锦州祖大寿,皇太极亲自指挥作战。公元1642年松山城陷,洪承畴被俘,祖大寿在锦州投降。在降服松山、锦州后,清军占领了除宁远外的明朝关外全部城镇。自此,大明江山岌岌可危,再加上李自成等农民起义军一再折腾,清军入关南下统一全国已经是水到渠成。

公元1643年,正当清军为南下灭明作着精心准备时候,皇太极却为所宠爱的妃子宸妃去世而悲伤过度,加上他的精力已被多年操劳政务和四处征战耗尽,这个清朝实际上的开国皇帝猝死于清军入关的前一年,享年51岁。

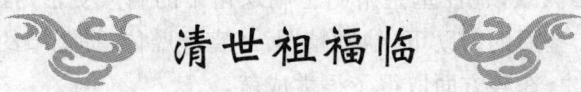

清世祖福临

生卒时间:公元1638年—公元1661年
在位时间:公元1643年—公元1661年

> 顺治之初,睿王摄政。入关定鼎,奄宅区夏。然兵事方殷,休养生息,未遑及之也。迨帝亲总万几,勤政爱民,孜孜求治。清赋役以革横征,定律令以涤冤滥。蠲租贷赋,史不绝书。践阼十有八年,登水火之民于衽席。虽景命不融,而丕基已巩。至于弥留之际,省躬自责,布告臣民。禹、汤罪己,不啻过之。书曰:"亶聪明作元后,元后为民父母。"其世祖之谓矣。
> ——《清史稿·世祖本纪》

大清皇位 从天而降

顺治皇帝福临是清太宗的第九子,母亲是永福宫庄妃,即孝庄文皇后。作为皇太极的第九子,福临是很难有机会登上帝位的。但由于皇太极长子肃亲王豪格与皇太极弟弟多尔衮之间剑拔弩张的皇位争夺斗争,让福临尽得渔翁之利。公元1643年,皇太极带着"储嗣未定"的遗憾猝死后第6天,6岁的福临登上帝位,由叔父睿亲王多尔衮及郑亲王济尔哈朗辅政。

迁鼎燕京　励精图治

顺治帝即位后，正值李自成的农民起义军攻占北京。明朝末代皇帝崇祯以三尺白绫吊死在北京煤山上。遇事一向果断的多尔衮采纳汉人范文程的建议，打起了为崇祯帝报仇的旗号，在明朝降将吴三桂的带领下直入山海关，击败了李自成领导的农民军。清军长驱直入，开进了北京城。

公元1644年，顺治进入紫禁城，十月初一即皇帝位于武英殿，宣布清王朝正式对全国实行统治。

在剿灭李自成的大顺军和南明政权后，被胜利冲昏头脑的多尔衮下达"剃发令"并宣布"留头不留发，留发不留头"，激起全国人民日益高涨的反剃发斗争，使得多尔衮焦头烂额，在一次射猎中坠马受重伤而死。多尔衮的死从而使得多年来遭受其压制的年仅14岁的顺治得以亲政。顺治亲政后的第一件举措就是将摄政王多尔衮生前所有爵位全部追夺，并下令没收其财产，挖出尸体，斩首示众。

顺治是清王朝入关后进行统治的第一个皇帝。他天资聪颖，读书勤奋，吸收先进的汉文化，摆脱了先辈落后民族的草莽作风，转而具有文人学士之风。为了使新兴的统治基业长治久安，他注重整肃明王朝遗留下的腐败吏治，推行与民生息的政策。在其母孝庄文皇后的帮助下，他励精图治，宵旰靡倦，提倡节约，减免苛捐杂税，广开言路，网罗人才，在各方面取得了很大成就。

当时清朝没有完全统一中国，顺治于公元1662年使郑成功收复了被荷兰人长期统治长达38年的台湾。一个统一的多民族封建王朝终于完成了草创。

笃信佛教　痴情天子

顺治笃信佛教，他自幼就对佛教非常向往，并对外国传教士礼遇有加，支持他们传教。其中，最有名的是外国传教士汤若望，深得他的宠爱。

顺治有两后、十五妃，而真正被他视为国色天香、红粉知己的是董鄂妃。他对董鄂妃一见钟情，至死不渝。公元1656年，董鄂氏被册为"贤妃"，一个月后再晋为"皇贵妃"并举行了十分隆重的册妃典礼，并颁恩诏大赦天下。在清一代近300年的历史上，因为册立皇贵妃而大赦天下的，这是绝无仅有的一次。

当他宠爱的董鄂妃去世后，顺治也受到了巨大的精神打击转而消极厌世，身体日渐虚弱多病。公元1661年，他前往观看亲信太监吴良辅的剃发出家仪式，回宫后便卧床不起，不久因天花而死，年仅24岁。他是清朝历史上唯一公开皈依禅门的皇帝。

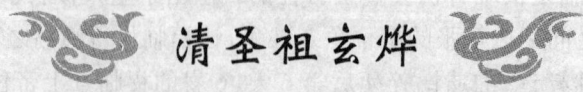

清圣祖玄烨

生卒时间：公元1654年—公元1722年
在位时间：公元1661年—公元1722年

> 圣祖仁孝性成，智勇天锡。早承大业，勤政爱民。经文纬武，寰宇一统，虽曰守成，实同开创焉。圣学高深，崇儒重道。几暇格物，豁贯天人，尤为古今所未觏。而久道化成，风移俗易，天下和乐，克致太平。其雍熙景象，使后世想望流连，至於今不能已。传曰："为人君，止於仁。"又曰："道盛德至善，民之不能忘。"於戏，何其盛欤！
>
> ——《清史稿·世祖本纪》

少年登基

康熙帝名玄烨，是顺治的第三子，从小受到祖母孝庄太后的喜爱，特命苏麻喇姑负责照看玄烨，教他读书写字。孝庄太后经常言传身教，希望他能继承大统，成为一代明君。但顺治帝并不喜爱这个儿子，而是一心一意想立董鄂妃所生的四子为太子，但四皇子很早夭折，才将注意力集中到这个年幼却有壮志的皇子身上。

公元1661年，顺治帝一病不起，弥留之际，在母亲孝庄太后的坚持下，顺治帝宣布由玄烨继承皇位，并令索尼、苏克萨哈、鳌拜、遏必隆四人辅佐，然后驾鹤西去。几天后，8岁的玄烨即位称帝，因其年号康熙，又称康熙帝。

● 清圣祖玄烨

智擒鳌拜　初现锋芒

康熙即位之时，清朝由于初建，面临百废待兴的局面。而康熙虽然当了皇帝，但因为年幼，国家人事的决断基本掌握在四位辅政大臣手中。这四位辅政大臣中，索尼居首位，总掌启奏批红等大权，但年老力衰；排在第二位的苏克萨哈富有才干，但与鳌拜不和；其后的遏必隆则为人圆滑，不与人争锋；对权力最有野心的是鳌拜。为了在索尼退下之后掌控朝政，鳌拜一方面拉拢遏必隆，一方面借圈地事件打击苏克萨哈。在处理朝政时，鳌拜十分专横，根本不将康熙帝放在眼中。康熙以退为进，在祖母的支持和帮助下，一方面避免与鳌拜发生正面冲突，一方面韬光养晦，专心学习治世本领，并寻找适当时机剪除鳌拜。

公元1667年，索尼病逝。12岁的康熙决心废除四大臣辅政体制，实行亲政。7月，实行亲政大典。康熙虽然亲政，但原有辅政体制却未能发生变化。为了使康熙能够及早亲政并迫使遏必隆和鳌拜也交出权力，苏克萨哈在康熙亲政第六天上书请求退

隐。在康熙尚未作出反应之际，鳌拜罗织了24条罪状陷害苏克萨哈，并强迫年少的康熙将其处死。这时的鳌拜更加肆无忌惮，朝廷所有政事均由其决断；对于康熙帝的有些诏令，他也敢公开抗旨。这些使康熙意识到该是剪除鳌拜的时候了。康熙考虑到鳌拜亲信党羽遍布朝野，所以决定设计将其铲除。

康熙表面上麻痹鳌拜，私下选择一群身强力壮的少年练习扑击之术，做他的侍卫，组成善扑营；然后与索尼的儿子、自己的叔丈人索额图制定擒拿鳌拜方案。公元1669年5月，康熙决定采取行动。他首先将鳌拜的党羽以各种名义派出，然后派人将鳌拜召入宫中。鳌拜进宫像往常一样大发淫威，康熙一声令下，侍卫一拥而上，将其捆绑。这个横行数年的权臣顿时做了阶下囚，鳌拜的党羽在此之后也被一一清除。剪除鳌拜后，康熙废除辅政体制，收回了朱批大权，自此才真正开始了亲政。

平定三藩　收复台湾

所谓"三藩"，是指镇守云南的平西王吴三桂、镇守福建的靖南王耿精忠和镇守广东的平南王尚可喜之子尚之信。自清初以来，他们各霸一方，形成几股割据势力。"三藩"都拥有大量武装。他们仗着自己日益壮大的力量，飞扬跋扈，不听约束，给满清很大威胁。康熙帝认为"藩镇久握重兵，势成尾大，非国家利"，决定下令"撤藩"。

公元年1673年，吴三桂在云南发动叛乱；接着，福建耿精忠也叛乱。在短短数月之内，滇、黔、湘、桂、闽、川六省陷落，一时局面相当混乱。之后，变乱扩大到广东、江西、陕西、甘肃等省。

叛乱消息传到北京后，年轻的康熙采取了坚决打击的措施。公元1676年10月，福建耿精忠在清军进攻下被迫投降。广东的尚之信也于1677年投降，闽、粤以及江西都先后平复。1678年8月，吴三桂死。此后，清军先后收复湖南、广西和四川。1681年，清军攻破昆明，吴世璠自杀，云贵悉平。自此，28岁的康熙完成了平定三藩的大业。

三藩平定不久，割据台湾的郑氏家族发生内乱，康熙又把精力放在收复台湾上。1681年7月，康熙下诏"以施琅为福建水师提督，与将军总督等统舟师进取澎湖、台湾"。1683年，施琅率领战舰3百，精锐水师2万，进攻澎湖。经过7天激战，清军占领了澎湖，进驻台湾。1684年，清政府设立台湾府，使中国重新归于统一。

两战雅克萨　三征准噶尔

正当康熙用兵平定三藩收复台湾时，野心勃勃的沙俄侵略者在亚欧大陆上不断向东扩张，并侵入了我国黑龙江地区。沙俄的侵略是康熙的心腹大患，在平定三藩后，他任命萨布素为黑龙江将军，开始武装抗俄的军事防御。

公元1685年和1686年，康熙命令清军两次进攻盘踞雅克萨的俄军，遏制了沙俄对华侵略的野心。失败的沙俄侵略军希望议和，被康熙接受。公元1689年，清朝与沙俄代表签订了《尼布楚条约》，这是中国和近现代欧美国家签订的第一个条约，划定了中俄东部边界线，整个外兴安岭以南、黑龙江和乌苏里江流域的广大地区被确认为中国的领土。

康熙在收复雅克萨之后，立即着手平定噶尔丹。噶尔丹在沙俄的支持下，四处吞并其他蒙古各部。面对要不要平叛的问题，朝廷内部又发生了激烈争论。康熙认为噶尔丹一日不除，边陲便一日不宁，只有平定叛乱才能巩固国家统一，先后于1690年、1696年和1697年三次亲自率军出征，终于平定了为时10年的噶尔丹叛乱，粉碎了沙俄分裂中国的阴谋，巩固了西北边疆。

自康熙时期至19世纪中期，中国在北起外兴安岭，南至南沙群岛的曾母暗沙，西起巴尔喀什湖和帕米尔高原，东抵鄂霍次克海、库页岛和台湾广大的领土内，实现巩固了全国的统一，加强了中央集权，成为当时世界上强大的国家。

整顿吏治　发展生产

康熙帝在进行统一大业的同时，采取了一系列有利于社会经济恢复和发展的措施。

康熙大力颂扬清官廉吏，非常信任被自己誉为"天下廉吏第一"的于成龙等人。康熙鼓励垦荒，从1671年起陆续放宽垦荒起科年限，并规定垦荒有成绩，据开垦多少，给予不同官职。到康熙末年，全国荒地基本上都得到了开辟。1669年，康熙下令废除圈地令，并规定所圈土地应退还给农民。1685年，康熙又规定民间新垦田亩，一定程度上限制了贵族旗主的经济扩张，有利于自耕农民。康熙还下令将明朝藩王的庄田改为"更名田"，并减轻赋税，令征收赋税以康熙50年人口为准，此后滋生人丁，永不加赋。

康熙恢复和发展生产的另一项重要措施就是兴修水利，治理黄河、淮河和运河。他本人对水利和测量学也很有研究。30年的治河过程中，他曾6次南巡。从第三次南巡后，治理黄河的工程基本上是由他亲自设计实施。

康熙中期以后，因战乱而遭到严重破坏的手工业逐步得到恢复和发展。至乾隆年间，江宁、苏州、杭州、佛山、广州等地的丝织业都很发达，江南的棉织业、景德镇的瓷器都达到了历史高峰。至18世纪中叶，清朝人口也大大增加。

文化昌盛　礼教复兴

康熙是中国历史上少有的嗜书好学的帝王。他5岁入书房读书，不论寒暑，甚至废寝忘食；又喜好书法，"每日写千余字，从无间断"。他读四书"必使字字成诵，从来不肯自欺"。

康熙思想文化上提倡程朱理学，重视史籍，下令编纂《清文鉴》（满文字书）、《康熙字典》等，开一代整理与雕印文化典籍之风。除此之外，他还著有1147首诗词。康熙很注重科学，尊重科技人才。他认真学习了代数学、几何学、地理学、地震学、天文学、医学、解剖学、农学、气象学等自然学科知识并重视科技的推广应用。

康熙一生勤政，每天凌晨3点起床，处理政务。康熙从亲政之日起，到去世之前，除因生病、三大节、重大变故外，几乎是没有一天不听政的。康熙理政不仅"勤"而

且"慎"。康熙一生谨慎，对于关系国计民生的大事反复调查、慎重决策。"勤政实为君之大本，怠荒实亡国之病源"是康熙常说的名言。很多官员为了讨好皇上敬献美女，康熙对这种腐蚀冷眼对待极为反感。这些做法，在封建社会帝王中确实罕见。

康熙在做了61年的皇帝后，于公元1722年病逝，成为历史上在位时间最长的皇帝。

清世宗胤禛

生卒时间：公元1678年—公元1735年
在位时间：公元1722年—公元1735年

> 圣祖政尚宽仁，世宗以严明继之。论者比於汉之文、景。独孔怀之谊，疑於未笃。然淮南暴伉，有自取之咎，不尽出於文帝之寡恩也。帝研求治道，尤患下吏之疲困。有近臣言州县所入多，宜釐剔。斥之曰："尔未为州县，恶知州县之难？"至哉言乎，可谓知政要矣！
>
> ——《清史稿·世宗本纪》

韬光养晦　终登皇位

公元1678年，胤禛出生，生母为孝恭仁皇后乌雅氏。雍正年轻时跟从顾八代、徐元梦等学习经史，又与禅僧接近，稍懂佛学；后跟随清圣祖亲征噶尔丹，掌管了正红旗大营。

康熙末年，他同其他皇子争为储君。胤禛之所以能登上皇位，主要不是因为他比其他兄弟聪明，而是因为他性格的两面性。在做皇子的时候，能够"掩短显长"：其长，诚孝皇父、友爱兄弟、勤勉敬业；其短，残忍苛刻、猜忌多疑、虚伪急躁。而其虚伪造作将"残忍苛刻、猜忌多疑"的性格掩盖，所以在角逐皇位时，诸兄弟失败，而胤禛独胜。公元1722年，圣祖驾崩，45岁的雍正继承帝位。

清世宗胤禛

整顿吏治　杜绝贪污

雍正帝盛年登基，复杂的社会矛盾为他提供了施展抱负和才干的机会。

康熙末年，官僚贪污问题日趋严重，加上康熙对边疆多次用兵，造成了国库空虚钱粮短缺。雍正即位后，首先为富民富国采取了一系列相应措施。

我国古代以银、铜为货币，征税时有一定附加费，称"耗羡"或"火耗"，一向由地方州县征收，作为地方办公及官吏们的额外收入。州县随心所欲，人民负担甚重。雍正毅然实行"耗羡归公"，将此项附加费变为固定税额，由督抚统一管理，所得税款，除办公费用外，作为"养廉银"，大幅度提高官吏们的俸入。这样，既减轻了人民负担，又保证了廉政的推行。这就是所谓的"高薪养廉"。

摊丁入亩 兴修水利

公元1726年，雍正实行"摊丁入亩"的赋役制度。同时，为了解决人口日益增长所需粮食问题，更加严格地执行传统的重本抑末方针，鼓励垦荒，强调粮食生产，反对种植经济作物，并反对开矿和发展手工业。

雍正注意兴修水利，除治理黄河、建筑浙江海塘外，开展营田水利，修筑和疏浚水渠。与此同时，雍正实行社会改革，打击残存的蓄奴制度，对社会发展起了积极作用。

立军机处 机密奏折

明代权力集于内阁，故有权相产生。雍正为把权力进一步集中在皇帝手中，创立军机处，为皇帝出主意、写文件，理政务，"军国大计，罔不总揽"。其特点是处理政事精简速密。军机大臣直接与各地、各部打交道，了解地方情形，传达皇帝意旨。此机构存在200年，直至清末。

密折制度则向皇帝直接呈送，直达皇帝本人。雍正扩大了可向皇帝上奏折的人数，不同身份的官吏可以及时反映情况、报告政务，使皇帝洞察下情，以便及时制定政策，也使官员们可以相互监督。

改土归流

雍正在位期间还注意同少数民族的关系及外交关系。我国西南及其他一些少数民族聚居的地区实行土司制度，其职务为世袭，仅名义上接受清朝的册封。土司们生杀予夺、骄恣专擅。这种制度妨碍了国家的统一和地区经济文化的发展。

公元1726年，雍正大规模推行改土归流政策，废除了云南、贵州、广西、四川、湖南各地的许多土司，改成和全国一致的州县制度。"改土归流"是一场严重的斗争，许多土司武装反抗，雍正坚决派兵平定，加强了中央对该地区的统治，也促进少数民族地区的经济文化的发展。

次年，清政府同俄国订立了《布连斯奇条约》和《恰克图条约》，在划定中俄边界及处理两国通商问题等方面，维护了国家主权。

雍正在位的13年，政绩卓然。但就在他执政几见成效时，却于公元1735年在圆明园猝然离世。死因众说纷纭，至今仍为历史之谜。

清高宗弘历

生卒时间：公元 1711 年—公元 1799 年
在位时间：公元 1736 年—公元 1795 年

> 高宗运际郅隆，励精图治，开疆拓宇，四征不庭，揆文奋武，於斯为盛。享祚之久，同符圣祖，而寿考则逾之。自三代以后，未尝有也。惟耄期倦勤，蔽於权倖，上累日月之明，为之叹息焉。
>
> ——《清史稿·高宗本纪》

爱新觉罗·弘历是雍正第四子。弘历自幼聪明，六岁就学，过目成诵，甚得其祖父康熙的喜爱。康熙曾为其慎择良师，进行多方面教育。由于弘历行事恩威并施、手段宽猛相济，雍正时常指派他作为自己的钦差出京办事。政治上的能力，使其逐渐得到了雍正的恩宠。

在雍正元年，弘历就被以"秘建皇储"的方式确立为继承人。雍正将传位诏书置于乾清宫的"正大光明"牌匾后，直到自己驾崩后方可打开。公元 1735 年，雍正驾崩，乾隆顺利继承皇位。

清高宗弘历

文治武功　康乾盛世

乾隆即位后，首先面对的是逐渐升温的朋党之争。乾隆上台伊始，便明确表明痛恨朋党之争，禁止私立朋党，以警告当时朝廷如日中天的鄂尔泰和张廷玉两派。同时，他又对两派一视同仁，使得两派既严重对立，又兢兢业业地效力朝廷。

乾隆即位之初，实行宽猛互济的政策，务实足国，重视农桑，停止捐纳，鼓励垦荒，以"宽猛相济"理念施政，对"摊丁入亩"、"火耗归公"等措施执行得非常彻底。为了贯彻"改土归流"，乾隆对贵州云南等地的少数民族采取安抚为主、征讨为辅的手段，将少数民族苗族的叛乱很快平定。

这些措施使得清朝国力发展到一个新的高峰，乾隆统治期间与康熙、雍正三朝合称"康雍乾盛世"（或称康乾盛世）。

"十全老人"

在强盛的国力支持下,乾隆利用清朝强大的军事力量和少数民族之间的隔阂,两次平定西北的准噶尔部,一次平定新疆回部,两次征服西南的大小金川,一次镇压台湾林爽文起义,一次出征缅甸,一次出征越南和两次出征尼泊尔的廓尔喀。乾隆的丰功伟绩主要是在对边疆和封国的征讨中取得的。他对自己的武功也非常得意,于公元1792年亲自撰写《十全武功记》并命人建造碑亭,用汉、满、蒙、藏4种文字刻在碑上,得意地自封为"十全老人"。他有如下功绩:1747年:平大小金川;1755年:平准部;1757年:再平准部;1759年:平回部;1769年:平缅甸;1776年:再平大小金川;1788年:平台湾;1789年:平越南;1791年:平尼泊尔;1792年:再平尼泊尔。乾隆最大的功绩是征服准噶尔汗国,开辟新疆省。在十全武功中分为三个——平准部、再平准部、平回部。190万平方公里辽阔疆土的开辟,仅此就足以成为中国历史上不可磨灭的丰功伟绩。

乾隆帝一生著文吟诗,笔墨留于大江南北,其诗作竟达42000余首。乾隆帝重视文物典籍的收藏与整理,清宫书画大多是他在位时期收藏的,并还令将内府珍藏编成《石渠宝笈》、《西清古鉴》等。乾隆一改以前打压下级知识分子的做法,转为拉拢他们。他将大量知识分子召集到一起,编撰了多部大型典志书。最突出的文化成就是:在全国范围内征集图书,以著名文人纪昀为总裁,组织了包括戴震、姚鼐等人在内的360余人,历时15年,编写了我国历史上最大的丛书《四库全书》。但编制《四库全书》的过程中,乾隆也曾下令对中国古籍进行了大量的胡乱删毁,对中国文化造成了空前的破坏,且其在位期间文字狱也从来没有停止过。

风流皇帝

乾隆儒雅风流,他的风流是历史出名的。他曾多次平定叛乱,俘获叛乱少数民族首领,收俘少数民族人民的民心。乾隆一生俘获无数女人的心,唯独只有少数民族首领霍集占的妻子香妃没有成为乾隆的俘虏。香妃身上生来就发有一种异香,不用涂脂抹粉就散发香味,而且香气袭人。乾隆对这个爱妃绞尽脑汁,用尽办法,香妃也还是没有把这个风流皇帝放在眼里,而是时时刻刻思念死去的丈夫,对杀死他丈夫的乾隆恨得咬牙切齿。后来皇太后知道以后,生怕这个香妃害死自己儿子,趁乾隆天坛祭祀时将香妃赐死。乾隆知道后,赶紧飞奔回宫,但香妃已自缢而死。乾隆难过万分,命人将其厚葬。

乾隆做太子时,曾与一个雍正的妃子开玩笑,在这个妃子梳头的时候从后面将其抱住,双手捂住她的眼睛。结果妃子一时惊慌,用梳子打破了乾隆的头。第二天乾隆进宫看望他的母亲,皇后看到他头上的伤痕,追问缘由,乾隆帝支吾了半天,说出事情的经过。皇后大怒,立即将这个妃子赐死。乾隆跑到这个妃子房间,此时妃子已经自尽。乾隆十分悲痛,便用手弄了些朱砂,在妃子脖子上按了手印说:"是我害了你,你如有灵,20年后再来与我相聚。"20年后,乾隆从当侍卫的差役中发现

正在当值的和珅,怎么都觉得面熟,后来仔细一想,倒觉得和珅跟死去的那个妃子很像,于是把和珅召来,看他脖子上恰有一个手指般印痕的痣,便认定是那妃子托身,从此对和珅宠爱有加。此虽野史,也是短短时间内和珅从一个小小的侍卫以火箭般的速度青云直上一直升到官至领侍卫内大臣、议政大臣、文华殿大学士、首席军机大臣的一个合理的解释。无论这位历史著名的贪官和珅怎样弄权贪污,并不昏庸的乾隆都不惩治他,还把宠爱有加的和孝公主许配给他儿子丰绅殷德,可见乾隆对和珅的宠爱非同一般。

乾隆做了60年皇帝,后因不敢超过康熙61年的在位时间。他于公元1795年传位给嘉庆帝,自称太上皇。

公元1799年,乾隆无疾而终,享年89岁。

清仁宗颙琰

生卒时间:公元1760年—公元1820年
在位时间:公元1796年—公元1820年

> 仁宗初逢训政,恭谨无违。迨躬莅万几,锄奸登善。削平逋寇,捕治海盗,力握要枢,崇俭勤事,辟地移民,皆为治之大原也。诏令数下,谆切求言。而吁咈之风,未遽睹焉,是可慨已。
>
> ——《清史稿·仁宗本纪》

■ 幸为皇储 曲折亲政

乾隆曾立过两位皇太子,都幼年夭折,为此他十分伤心,命令大臣不准提立太子之事。到乾隆38年,乾隆帝62岁了,已无法回避这个问题。这时乾隆帝在世的皇子有6位,相对而言永琰为人比较忠厚,学习比较努力,行为举止也比较得体,最终在公元1773年被秘密立为皇储。

乾隆帝即位时发誓在位时间不超过祖父康熙,于是他在公元1795年公布了永琰的皇太子身份。第二年乾隆禅位,称"太上皇帝",永琰即位。但朝政仍被太上皇乾隆帝控制,颙琰暂时居住在毓庆宫。

随着太上皇乾隆逐渐衰迈,受乾隆宠信的和珅逐渐揽权,嘉庆帝投鼠忌器,只能不露声色、韬光养晦,和和珅巧妙周旋。

公元1799年,乾隆死后,嘉庆帝开始亲政。他以迅雷不及掩耳之势在国丧期间拘禁、诛杀了乾隆晚年宠幸的贪官、权臣和珅。和珅被抄家时,其总家产折合白银达到了8亿两。民间流传有"和珅跌倒,嘉庆吃饱"的说法。

镇压起义　不遗余力

乾隆末年以来,国内阶级矛盾尖锐,大清帝国已经开始由盛转衰,国内起义此起彼伏。

乾隆刚退位就爆发了白莲教大起义,朝廷多次派兵围剿,起义军虽然受到一些打击,但仍然如火如荼。嘉庆亲政后,他通过诛杀和珅来缓解民怨,并把几年来镇压起义不力的责任推给和珅,另一方面实行剿抚兼施的两手政策。嘉庆经过6年的艰苦努力,于公元1805年将起义镇压下去。这次起义使清王朝元气大伤,此后清朝的统治逐渐走向衰落。

由于政府对民众的压榨加剧,东南沿海部分民众被迫下海为盗,后来进一步发展为反清起义。直到公元1810年,起义才被镇压。公元1813年,北方又爆发天理教起义,部分天理教徒在太监接应下冲进皇宫,义军最终因寡不敌众,被全部消灭。随后,各地的天理教起义陆续被镇压。

狂澜既倒　徒唤奈何

在政治上,面对乾隆末年的种种弊端,嘉庆帝也努力扭转。

乾隆末年权臣当道,言路堵塞。嘉庆帝决定结束文字狱。他"诏求直言,广开言路",鼓励大家向皇帝提意见,褒奖起复了部分乾隆朝以言获罪的官员。

乾隆后期吏治败坏,贪污腐败严重。对此,嘉庆帝一方面重用王杰、董诰等清廉的老臣,自己平时生活也比较节俭。另一方面,他"整饬内政,整肃纲纪",每天一大早就起身阅读祖宗实录、批阅奏章,早饭后还召见大臣,对于拖拉延搁的现象严斥不贷。他还多次要求地方官员对民隐民情据实陈报,力戒欺隐、粉饰、怠惰之风。

嘉庆时期人多地少的矛盾愈发严重,人民普遍吃不饱饭。对此,嘉庆帝只能采取一些治标不治本的措施。当时东北大片土地没有开发,但满族统治者出于维护统治等原因,禁止汉人迁居东北,嘉庆帝也未改变这一政策。

嘉庆时期皇族堕落严重,他们受国家包养、不思进取,犯法后还不受司法制裁。嘉庆帝亲自作了《宗室训》用于教育皇族。另外,由于八旗子弟由国家供养,不仕不农不工不商,时间一长便腐化堕落、一无所能。对此,嘉庆帝也只能延续祖先的做法,一方面用政府的钱替八旗子弟还债,另一方面感化教育。嘉庆帝还试图采用"京旗移垦"的办法,把部分北京的八旗子弟迁往东北,但由于八旗子弟的抵制而很难推行。

虽然嘉庆帝为解决各种社会问题做出了种种努力,但收效甚微。

对外交往　闭关锁国

英国从雍正朝开始不断对中国输入鸦片,嘉庆帝进一步严格推行鸦片禁令,对抑制鸦片泛滥有一定作用,但坚持海禁闭关阻碍了外贸发展。

在和西方国家的交往中,嘉庆帝坚决维护国家主权。而闭关锁国、盲目自大的传统观念，也使其对外来事物采取盲目排斥态度，失去了一次融入世界的机会。

公元 1820 年，嘉庆帝在承德避暑山庄毫无任何预兆的情况下猝然离开人世，终年 61 岁。

清宣宗旻宁

生卒时间：公元 1782 年—公元 1850 年
在位时间：公元 1820 年—公元 1850 年

> 宣宗恭俭之德，宽仁之量，守成之令辟也。远人贸易，构衅兴戎。其视前代戎狄之患，盖不侔矣。当事大臣先之以操切，继之以畏葸，遂遗宵旰之忧。所谓有君而无臣，能将顺而不能匡救。国步之濒，肇端於此。呜呼，悕矣！
> ——《清史稿·宣宗本纪》

清宣宗，爱新觉罗·旻宁，原名绵宁。绵宁年幼时好学，间习武艺；10 岁跟随祖父乾隆打猎获鹿，乾隆大喜，赐黄马褂、花翎。

道光帝是清代唯一一位以嫡长子身份即位的皇帝。父嘉庆皇帝本来就对绵宁很赞赏，在镇压白莲教起义之事中绵宁的表现更是坚定了嘉庆帝传位于他的决心。当时反清复明的组织天理教非常活跃，一部分义军准备趁嘉庆皇帝出宫之际拿下北京，他们的主攻目标是紫禁城。义军在太监的带领下进入宫中，此时嘉庆皇帝正在避暑山庄，正在乾清宫上书房读书的绵宁得到报告后，带着另外两位亲王冲了出去，用鸟枪当场射杀了两个义军。这时清军援兵到了，冲进紫禁城的义军被全部杀害。事后，绵宁得到了嘉庆皇帝的赞许，称赞他"忠孝兼备"并封他为"智亲王"。

公元 1820 年，嘉庆帝去世，绵宁继位为帝。

平定张格尔叛乱

道光帝即位初期做的第一桩大事就是平定张格尔叛乱。

公元 1826 年，乾隆年间处死的大和卓波罗尼敦的孙子张格尔利用南疆维吾尔族人民对清朝压迫的不满情绪及其宗教影响煽动叛乱，纠集起数万人攻占了喀什噶尔（今喀什）、英吉沙尔等四城，企图复辟和卓家族统治。道光皇帝调集清军三万余人入疆平叛，在新疆人民的帮助下击败张格尔，收复四城，并于年末诱执张格尔，押赴北京，道光下令将其寸磔喂狗。

平定张格尔叛乱对于维护国家的统一和领土完整以及西北边疆的和平安定很有意义，这是道光帝一生最大的功绩。

鸦片战争

道光处于历史转折的关键时刻,"守其常而不知其变"。来自东南海上的鸦片流毒使他寝食不安,最后下决心严厉禁烟。公元1839年初,道光任命林则徐为钦差大臣,到广东禁烟。林则徐将收缴的鸦片,共19179箱、2119袋,总计1188127千克,在虎门当众销毁。这是历史上规模最大、销毁数量最多的一次禁烟行动。

虎门销烟也引发了中英之间的紧张关系。公元1840年6月,英国远征军到达中国海面,鸦片战争爆发。随着战事的发展,英军围困珠江口、攻占浙江定海、直逼天津大沽,使得道光大为震惊,忙派琦善等人与英军谈判;最后道光外妥协,将林则徐、邓廷桢等主战派查办,重新开放广州。

然而,英军并不满足于此,他们继续对虎门、宁波、厦门等地进行攻击,并于1842年攻占吴淞。公元1842年,清政府与英国签下了中国近代史上的第一个屈辱不平等条约——《南京条约》。条约规定:中国割让香港给英国,赔偿英国共2100万银元;开放广州、福州、厦门、宁波、上海为通商口岸等等。此后,清政府又与法、美等国签定了中法《黄埔条约》和中美《望夏条约》,使中国沦为半殖民地社会。

中国从此由古代步入近代,道光帝也就成为唯一的跨古代和近代的皇帝。

天子抠门　举世无双

公元1818年,还是太子的绵宁随父亲嘉庆皇帝前往盛京祭奠先祖。嘉庆皇帝特意把他领到了清宁宫东暖阁,又叫人从仓库里拿来了太祖努尔哈赤、太宗皇太极用过的遗物,对太子说:已经没人会用的糠灯、牛皮制成的蠢笨的乌拉。看着这些简陋的物品,他懂得了父皇的苦心。

道光帝非常节俭,他使用的只是普通的毛笔、砚台,每餐不过四样菜肴,除了龙袍外,衣服穿破了就打上补丁再穿。他穿的套裤,膝盖处破了,让人在上面补了一块圆绸,这就是一般说的打掌。臣子效法他。一次,他见军机大臣曹振镛裤子膝盖处有补缀痕迹,便问:"你的套裤也打掌吗?"曹振镛回答:"裤子易做,但花钱多,所以也打补丁。"道光帝又问:"你裤子打掌要多少钱?"曹说:"要三两银子。"道光帝说:"你们在宫外做东西便宜,我在宫内就要五两。"道光帝厉行节俭,内务府却阳奉阴违,道光帝感觉这终究不是个办法,于是,折中办理,删改则例,减少贡品数量、种类。比如,规定辽阳的香水梨以后每年进200个。盛京官员跟皇上说:"皇家那么多人口,200个梨哪里够吃?道光帝说:不吃,留着上供用,200个足够了!"一次皇后生日,道光帝决定为皇后祝寿,满朝亲贵重臣赴宴,众多文武百官心想皇家御宴将是何等排场,不料开宴才见一人一碗打卤面。

小改小革

道光在内外交迫中忧愁成疾,开始还勉强支撑着临朝办理政事,进行了一系列的改革:第一是漕粮海运,减低政府运费。第二是将纲盐法改为票盐法,打破了食盐运销的垄断,降低盐价,促进了盐的销售,增加了盐税,剥夺了官员利用盐政营私的途径。第三是打破了乾隆中叶以来的封矿政策,允许矿藏开采,这对开发资源,提高人民生活起了积极作用,并对于吏治整顿也有所帮助。

公元1850年,节俭一生的道光外耻未雪、内忧未除,饱含一腔恨和愁溘然长逝。

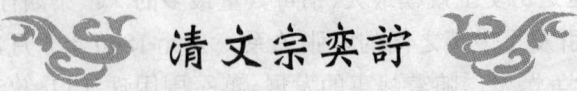

清文宗奕詝

生卒时间:公元1831年—公元1861年
在位时间:公元1850年—公元1861年

> 文宗遭阳九之运,躬明夷之会。外强要盟,内孽竞作,奄忽一纪,遂无一日之安。而能任贤擢材,洞观肆应。赋民首杜烦苛,治军慎持驭索。辅弼充位,悉出庙算。乡使假年御宇,安有后来之伏患哉?
> ——《清史稿·文宗本纪》

藏拙示仁 巧斗奕䜣

道光帝生育过8个儿子,但论年龄、资质,能被选为皇储的阿哥就只有两个,就是四阿哥奕詝和六阿哥奕䜣。由于四阿哥奕詝的母亲孝全成皇后英年早逝,所以奕詝是由六阿哥奕䜣的母亲静妃养育的。平时小哥俩儿虽然不是一母所生,但关系一直很好。道光帝也很彷徨,不知道奕詝和奕䜣哪个更有才干能继承大统,所以就准备用打猎和面谈来观察、斟酌选出皇储。

很快,打猎的日子就到了。所有的阿哥都井然有序地来到了木兰打猎场。打猎前,四阿哥奕詝的老师杜受田就对他说:"阿哥论英武,是比不上六阿哥的。阿哥到了木兰围场万万不可开弓放箭,一定要空手而归。若是皇上问起,你就说现在正值春天,万物复苏,生气盎然,正是动物繁育的季节,若是在此时对它们展开杀戮,岂不是太残忍了吗?"奕詝很信赖杜受田,就牢牢记住了杜受田的话。而六阿哥奕䜣的老师却叫奕䜣尽力发挥多打猎物。

打猎正式开始了,奕䜣意气风发地打起猎,并且满载而归。而奕詝却是一箭不发,两手空空。道光帝看到两个儿子形成了鲜明的对比,很是吃惊,便问奕詝原因。奕詝就对道光帝说:"皇阿玛,儿臣看到现在正值烟花三月,所有的动物都开始生息繁衍。如来佛就以慈悲为怀,曾割下自己的肉给鹰吃。如若这时,儿臣用冰冷的弓箭将他们一网打尽,太过残忍了。这都是佛祖不愿看到的结果。"道光对四阿哥奕詝的回答很满意,认为他有帝王的仁慈和宽大的胸襟,慢慢开始对四阿哥奕詝产生好感。

还有一次,道光认为自己时日不多了,便把两个儿子叫到身边来,问他们倘若自己百年之后如何治理国家。出发前,奕䜣的老师杜受田对奕䜣说:"阿哥论口才是比不过六阿哥的,待会儿皇上问你时,你就嚎啕大哭,说皇上永远不会死去,永远轮不到自己当皇帝!"奕䜣记住了这些话。待到道光帝询问两个阿哥如何治理国家之时,奕䜣讲得头头是道,口若悬河。而轮到奕䜣讲时,奕䜣却泣不成声,抽噎着说:"皇阿玛这是什么话?皇阿玛行善积德,得苍天庇佑,永远也不会死去。哪里轮得上吾辈当上皇帝呢?"道光帝更加喜欢奕䜣了。道光帝病死,公元1850年,20岁的奕䜣正式即位。

内忧外患　不平等条约

咸丰刚刚即位,就于公元1851年元月爆发了太平天国农民起义。洪秀全以"拜上帝会"为名,在广西桂平县金田村发动起事。在两年的时间里,太平军先后攻取了汉阳、岳州、汉口、南京等南方重镇,于1853年定都南京,颁布《天朝田亩制度》,制订官制,建立了太平天国。由于太平军没有集中力量全力进行北伐以及咸丰六年(1856年)太平天国内部的"天京事变",使清王朝获得了喘息的机会。咸丰依靠汉族地主曾国藩、左宗棠等人和外国侵略者的援助,镇压了太平天国运动。

正在咸丰镇压太平天国之时,英、法两国于公元1856年再次对华宣战,史称"第二次鸦片战争"。而俄国却乘火打劫,蚕食中国领土。对于英法俄等国的侵略军,咸丰又妥协求和,被迫同各侵略国签定了《天津条约》、《北京条约》、《瑷珲条约》等不平等条约,迫使清政府进一步对外开放国门,并割让了大片土地,使中国进一步沦为半殖民地半封建社会。

沉湎声色　纵欲自戕

咸丰面对国库空虚、军伍废弛、吏治腐败、西方列强虎视眈眈的这样一副烂摊子一筹莫展,于是他沉湎于声色。他即位的第二年,就下令挑选秀女入宫。他尤其宠爱其中一个名叶赫那拉·玉兰的姑娘(就是日后的慈禧)。以后,他又几次从满、蒙两族的官宦人家挑选秀女,并破除祖宗规制选汉族秀女入宫。其中最受宠爱的是牡丹春、杏花春、武林春、海棠春四人,时人称之为"四春娘娘",居于圆明园。

公元1860年9月,英法联军由天津登陆,逼近北京,咸丰慌忙携带皇后和那拉氏、四春娘娘等宫眷100多人逃往热河避暑山庄。不久,英法联军攻入北京,并纵火烧毁了有"万园之园"之称的圆明园。事后,咸丰派恭亲王奕䜣和侵略军谈判,以割地赔款的代价求得议和,但是他仍然不敢回京,迟迟不肯动身。

公元1861年,咸丰开始生病,而且病情日益严重。他宣召载垣、端华、肃顺、景寿等八位大臣进寝室接受顾命,下令立长子载淳为皇太子。因皇太子年幼,咸丰要他们尽心辅佐。第二天,咸丰在内忧外患中病死在热河避暑山庄。

清穆宗载淳

生卒时间：公元 1856 年—公元 1875 年
即位时间：公元 1861 年—公元 1875 年

> 穆宗冲龄即阼，母后垂帘。国运中兴，十年之间，盗贼划平，中外乂安。非夫宫府一体，将相协和，何以臻兹？洎帝亲裁大政，不自暇逸。遇变修省，至勤也。闻灾蠲恤，至仁也。不言符瑞，至明也。藉使蕲至中寿，日新而光大之，庸讵不与前古媲隆。顾乃奄弃臣民，未竟所施，惜哉！
>
> ——《清史稿·穆宗本纪》

▌年幼继位　少不更事

公元 1856 年，同治帝载淳出生，他的出生使一直渴望有儿子的咸丰帝高兴异常。载淳的生母叶赫那拉氏由懿嫔晋封为懿妃。1861 年咸丰帝病死，6 岁的载淳继位，由载垣、端华、肃顺等 8 位顾命大臣辅政。这一年的 10 月，载淳的生母慈禧太后不满 8 位大臣专权，联合东宫慈安皇太后和恭亲王奕䜣合谋发动"辛酉政变"。在护送咸丰帝梓宫回京之际，慈安、慈禧和小皇帝先行到达，采纳了恭亲王建议，将载垣、端华、肃顺处死，其他五人革职或遣戍，实行两宫太后"垂帘听政"，自己掌握实权，改年号为"同治"，以第二年为同治元年。

西太后慈禧议任命政王奕䜣主持政务，依靠曾国藩、李鸿章、左宗棠等一批重臣，实行借洋兵剿逆的政策，先后镇压了太平天国、捻军、苗民、回民起义，使清王朝得到暂时稳定，慈禧并在奕䜣集团的主持下，与其互相配合，推行新政。新政的主要措施是成立总理衙门、设立同文馆、办新式学校、派留学生出洋、办厂开矿、修筑铁路等，实行学习西方近代化举措，开始走向开放、进步，这一时期被清朝统治阶级称为"同治中兴"。

▌傀儡政权　饮恨而死

同治幼年是一个少不更事的顽童，成为母亲西太后手中的工具和傀儡。公元 1873 年正月，同治帝亲政，时年 18 岁。他亲政时，诏"恪遵慈训"，就是要遵守圣母的懿旨。他亲政后也办了些事，在西苑紫光阁会见日本国大使副岛种臣、俄国大使倭良嘎里、美国大使镂斐迪、英国大使威妥玛、法国大使热福理、荷兰国大使费果荪，并接受他们呈递的国书。同治亲政只有一年多的时间，他亲自主持经办的一件大事就是重修圆明园，但遭到大臣诸多劝阻，暂时作罢。

同治虽贵为一国之君，但没有皇帝应有的尊严，生活上又遭受母亲监视和干涉，只有恣意纵情,频频出宫寻花问柳。时间一长,同治染上了梅毒,身体迅速垮了下来。为顾全皇家的声誉,宫中对于同治患梅毒之事多方掩饰,只说是出天花。病危之际,西太后没有给予应尽的母爱,只有皇后阿鲁特氏不断看望同治,为他擦洗身子,以尽夫妻之情。而西太后仍不喜爱,借故大骂皇后。19岁的同治于公元1875年病逝。不久,皇后因无法承受西太后的虐待殉节而死。

清德宗载湉

生卒时间:公元1871年—公元1908年
在位时间:公元1875年—公元1908年

> 德宗亲政之时,春秋方富,抱大有为之志,欲张挞伐,以湔国耻。已而师徒挠败,割地输平,遂引新进小臣,锐意更张,为发奋自强之计。然功名之士,险躁自矜,忘投鼠之忌,而弗恤其罔济,言之可为於邑。洎垂帘再出,韬晦瀛台。外侮之来,衅自内作。卒使八国连兵,六龙西狩。庚子以后,怫郁摧伤,奄致殂落,而国运亦因此而倾矣。呜呼,岂非天哉!
>
> ——《清史稿·德宗本纪》

公元1875年同治皇帝病死,无子嗣继承皇位。按常规嗣皇帝应从载淳下一辈近支宗室中择立。这样做,慈禧太后就升任太皇太后,无法继续控制清王朝大权。所以,慈禧一意孤行,选择载淳的叔伯兄弟醇亲王奕譞之子载湉继承皇位,她也成为当然的养母,再次垂帘听政。慈禧的安排注定了载湉悲剧的一生。年少的光绪没有人身自由,只有把全部心思投入到读书中去。他有一个好帝师翁同和。当过同治帝师傅的翁同和也力图把他培养成一位有作为的青年皇帝。光绪得到这个好老师的谆谆教诲,逐渐充实自己的知识,也逐渐有了参政意识。

政治婚姻

公元1889年,19岁的光绪皇帝举行大婚典礼。慈禧假惺惺地宣布归政。光绪的一位皇后和两个妃子都是慈禧做主选的。皇后不是别人,正是慈禧亲弟弟桂祥的女儿叶赫那拉氏。慈禧选自己的侄女为皇后,为的是在把朝政交给光绪后,还能利用皇后来控制和操纵皇帝,起码可以监视和掌握皇帝的一举一动。而光绪的一位妃子珍妃对光绪的同情和体贴,激起了光绪对未来的憧憬和热情,同时也引发了他要在政治上摆脱束缚并有所作为的欲望。珍妃貌美端庄,性情机敏。大婚后的数年间,他与珍妃共同度过了一生中显得较为轻松的时光。

甲午战争

就这样,年轻的光绪亲政了。公元1894年,中日甲午战争爆发,光绪帝主战。光绪帝早已看出这是日本的圈套,他直接命令朝鲜牙山南路叶志超与进入朝鲜北部的清军夹击侵朝日军。他多次下令加兵饷,停止慈禧太后挪用海军军费。李鸿章没有听取光绪的意见,结果初败牙山,继败平壤。日本乘势内侵,连陷九连、凤凰诸城,大连、旅顺相继丢失,复据威海卫、刘公岛,日本夺我兵舰,海军覆没。当不得已批准《马关条约》时,他以朱笔写下一段话,要求全军上下竭力一心,兴革自强,表明他振新国家的决心。

戊戌变法

甲午战争的失败和中日《马关条约》的签订,使中国进入了半封建统治的深渊。第二年,俄国取东北路权,占领旅大,英租威海卫,法取广州湾,举国震惊。在列强瓜分中国的危机中,康有为上书光绪帝,要求变法。民族危机激起了光绪帝的爱国热情,公车上书启发了他变法的决心。在康有为、翁同和等人的劝导下,公元1898年,光绪帝冲破重重阻力,颁布了《明定国是诏》,宣布变法维新。其支持变法的目的在于巩固清朝统治,希望自己有所作为而不当"亡国之君",利用变法从慈禧手中夺回最高统治权。

光绪帝的这一举动必然引起慈禧太后的反对。慈禧气急败坏地从颐和园赶到紫禁城,怒斥光绪道:"我抚养你20多年,你竟然听信小人的话,想谋害我!"光绪吓得脸色发白,浑身颤抖:"我没那个意思。"慈禧骂道:"蠢东西,今天没我,明天还会有你吗?"于是,她下令把光绪囚禁在中南海瀛台,同时下令搜捕维新派人员。康有为、梁启超逃亡。只有谭嗣同抱定为变法牺牲的决心还在到处活动营救光绪帝。入狱后,在狱中他题诗一首,留下了广为传颂的名句:"我自横刀向天笑,去留肝胆两昆仑!"他与康广仁、刘光第、林旭、杨锐、杨深秀六人并称为"戊戌六君子",于1898年就义于北京菜市场。

八国联军侵华战争

公元1900年,八国联军入侵,北京沦陷。慈禧太后携光绪帝逃往西安。支持变法的光绪宠妃珍妃力主皇帝应留京抗战,慈禧太后对她早有切肤之恨,临行前令人将她推入井中溺死,后被留守宫内的太监捞出,葬于西直门外。慈禧为了钳制社会舆论,伪善地宣称珍妃因随銮不及殉难宫中,并追封其为恪顺皇贵妃。而此时的光绪帝竟只能下跪恳求而无力阻止慈禧太后的肆虐。第二年自西安回銮后,光绪帝仍居瀛台,形同废帝,唯行光绪年号而已。

光绪帝本来体质孱弱,加之多年的抑郁与愤懑,公元1908年11月14日先慈禧太后一天去世。

清宣统帝溥仪

生卒时间：公元1906年—公元1967年
即位时间：公元1908年—公元1911年

> 帝冲龄嗣服，监国摄政，军国机务，悉由处分，大事并白太后取进止。大变既起，遽谢政权，天下为公，永存优待，遂开千古未有之奇。虞宾在位，文物犹新。是非论定，修史者每难之。然孔子作春秋，笔则笔，削则削。所见之世且详于所闻，一朝掌故，乌可从阙。倘亦为天下后世所共鉴欤？
> ——《清史稿·宣统皇帝本纪》

登基—退位

宣统帝溥仪，是道光皇帝的曾孙，光绪皇帝弟载沣的长子。

1908年10月，慈禧太后和光绪同时生了重病。在光绪皇帝临死前一天，慈禧太后也行将不起，由于光绪皇帝无后，慈禧太后在中南海召见军机大臣，商量立储人选。军机大臣认为内忧外患之际，当立年长之人。慈禧太后听后勃然大怒，只得最后议定，立3岁的溥仪为帝，并让溥仪的亲生父亲载沣监国。大臣将此事告知光绪皇帝后，因为溥仪是自己的亲侄子，又让自己的亲弟弟监国，光绪皇帝十分满意。接着，光绪、慈禧在两天中相继死去。半个月后，溥仪在太和殿即位，由光绪皇后隆裕和载沣摄政。就这样，溥仪登上了大清王朝末代皇帝的宝座。

1911年辛亥革命暴发，次年2月，隆裕太后被迫代溥仪颁布了《退位诏书》，溥仪退居紫禁城中的养心殿，宣告了清王朝的灭亡和延续了2000多年的封建帝制的结束。中华民国宣布成立，并优待清室，让宣统在紫禁城继续做了12年的皇帝。

成立伪满洲国

1917年7月，张勋带领辫子军入京，和康有为等保皇党一起宣布溥仪复辟。12月，在全国一片声讨中，溥仪再次宣告退位。1924年11月，冯玉祥派鹿钟麟带兵入紫禁城，逼溥仪离宫，历史上称这为"逼宫事件"。溥仪搬进北府（载沣王爷的居处），继而又逃进日本公使馆。不久，被日本人护送到天津。1932年3月，日本扶持溥仪为日本傀儡政权"满洲国"的执政，建年号为"大同"；1934年改国号为"满洲帝国"，改称皇帝，改年号为"康德"。这段期间内，溥仪虽然名义上贵为皇帝，但是实际上所有重大决定都要得到关东军的批准，为有名无实的傀儡皇帝。

清

国民—战犯—公民

日本在第二次世界大战中失败后，满洲国解体。1945年8月，溥仪被日本关东军挟持，准备去日本。在沈阳东塔机场候机时，溥仪被空降的苏联红军逮捕。溥仪被带到苏联境内，先后被拘押在赤塔、伯力监狱，后来与其他"满洲国"战犯经由苏联政府移交给中国政府，陆续在哈尔滨战犯管理所和抚顺战犯管理所受到十年的再教育与思想改造。

1959年12月，溥仪经中华人民共和国最高人民法院根据特赦令予以释放。中华人民共和国主席毛泽东的特赦令说："该犯关押已经满十年。在关押期间，经过劳动改造和思想教育，已经有确实改恶从善的表现，符合特赦令第一条的规定，予以释放。"从此，溥仪成为中华人民共和国公民。

释放后的溥仪被分配到北京植物院，开始了普通人的生活，后来到全国政协文史资料研究委员会任资料专员，并担任第四届全国政协委员。

1967年，溥仪患尿毒症因医治无效，逝世。

中国自公元前221年秦始皇称皇帝，到1912年宣统皇帝退位，历经2132年。溥仪是清朝最后一位皇帝，也是中国历史上的最后一位皇帝。

后　记

本书即将付梓之际，涌现诸多感激……而本书的面世，将对我们是一个极大的鼓舞和鞭策。

写人的历史同写时代的历史完全是两回事，这种工作并不属于历史学的领域，而是属于一种力求忠于史实的文学领域。为描绘人物斑斓多彩的一生、追随他们人生历程的节奏，我们尽力做到本书资料为有案可查的史实，同时也开始了大量搜集、寻找、积累资料的过程。写作中的同仁，为了一个共同想法和目标，为了能够完成最好的作品，一致全力去做的想法贯穿整个过程。感谢好友迟敬义、于少鹏成为我志同道合的伙伴，不辞辛苦地共同完成此书。

在编辑整理过程中，我们也得到诸多师长亲友的指导和帮助。

首先感谢青岛理工大学琴岛学院。感谢学院隋玉桂董事长、栾明董事长和王晓元院长在工作生活上给予我无微不至的关爱和照顾，隋玉桂董事长对我的鼓励和鞭策虽没有过多言词，却自始至终如影随形。一如她的品格和办学信念，成为烛照我心跳动的希望之火。正是她一贯的坚定与信任，使我一个大病初愈的人重拾信心，得以在文学的园地里愉快地耕耘。

更让我感动的是大姨父王一民，文学艺术界德高望重髦耋前辈。他不顾年高体弱，提供许多资料的同时挥毫题写书名给予鼓舞。大恩不言谢，唯有涕零满怀。同时感谢兄长王福来和历史老师徐建军认真阅读书稿后的肯定和鼓励；感谢2009年动画春晚总导演一闪的封面设计；感谢作家高伟、刘海军主编、孙美群董事长、王株梅馆长、韩卫红女士等诸多师友一直以来的支持关心与帮助；感谢李德欣先生和青岛学院图书馆相关老师提供的图书资料方面的支持。感激之情无以言表，在此一并表示崇高的敬意。

作为一个历经生死的人，爱是我前进的一切动力……

所以，我深深感谢父母赋予我自身生命中顽强与坚韧品格，使我今生永不言败。

感谢姐姐李新宇手足相抵，血脉至亲，相互支撑。

感谢挚友谭婷婷，感谢你曾经与我患难与共的8年，感谢前进的道路始终有你的相伴。

还有我最好的同学及好友：龙毅、张程、陈蕾、于妮、陈月玲、姜倩、王霞、彭立冲、曹宏、于巧林、韩敬靖、王学坤、吴丹华、葛雪娟等，是你们一直的陪伴与帮助，带给我快乐、温暖与鼓励。

最后衷心铭谢盛唐公司的鼎力支持与大力赞助，使本书得以正式出版。

感恩节之际特写此文，以此铭志。

李新静

2013年6月

参考文献

1. 柏杨. 中国历史年表 [M]. 海口：海南出版社，2006
2. 詹子庆. 中国古代史 [M]. 北京：高等教育出版社，1986
3. 耿刘同. 中国皇家里文化汇典 [M]. 长春：吉林人民出版社，1997
4. 谭起骧. 简明中国历史地图集 [M]. 北京：中国地图出版社，1991
5. 李雪慧. 中国皇帝全传 [M]. 北京：中国华侨出版社，2008
6. 文物出版社编. 中国历史年代简表 [M]. 北京：文物出版社，2001
7. 柏杨. 中国人史纲 [M]. 中国友谊出版社，1998
8. 朱绍侯. 中国历代宰相传略 [M]. 郑州：大象出版社，1997
9. 柏杨. 中国帝王皇后亲王公主世系录 [M]. 北京：中国友谊出版社，1986
10. 老铁. 中国帝王辞典 [M]. 济南：明天出版社，1989
11. 乔继堂. 中国皇帝全传 [M]. 北京：中国社会科学出版社，2003
12. 刘博，杨柳. 帝都 [M]. 北京：当代世界出版社，2006
13. 汴浩史. 中国皇后全传 [M]. 北京：中国文史出版社，2006
14. 仓圣. 中国历代皇后 [M]. 哈尔滨：黑龙江出版社，2006
15. 司马迁. 史记 [M]. 北京：中华书局，1963
16. 班固. 汉书 [M]. 北京：中华书局，1962
17. 范晔. 后汉书 [M]. 北京：中华书局，1973
18. 陈寿. 三国志 [M]. 北京：中华书局，1964
19. 房玄龄. 晋书 [M]. 北京：中华书局，1974
20. 沈约. 宋书 [M]. 北京：中华书局，1974
21. 萧子显. 南齐书 [M]. 北京：中华书局，1972
22. 姚思廉. 梁书 [M]. 北京：中华书局，1973
09. 姚思廉. 陈书 [M]. 北京：中华书局，1972
10. 魏收. 魏书 [M]. 北京：中华书局，1974
11. 李百药. 北齐书 [M]. 北京：中华书局，1972
12. 令狐德棻. 周书 [M]. 北京：中华书局，1971
13. 李延寿. 南史 [M]. 北京：中华书局，1975
14. 李延寿. 北史 [M]. 北京：中华书局，1974
15. 魏征. 隋书 [M]. 北京：中华书局，1973
16. 刘昫. 旧唐书 [M]. 北京：中华书局，1975
17. 欧阳修. 新唐书 [M]. 北京：中华书局，1975
18. 薛居正. 旧五代史 [M]. 北京：中华书局，1976
19. 欧阳修. 新五代史 [M]. 北京：中华书局，1974

20　脱脱．宋史［M］．北京：中华书局，1977
21　脱脱．辽史［M］．北京：中华书局，1974
22　脱脱．金史［M］．北京：中华书局，1975
23　宋濂．元史［M］．北京：中华书局，1976
24　张新奇．二十六史［M］．海口：海南出版社，1999
25　张廷玉．明史［M］．北京：中华书局，1974
26　赵尔巽．清史稿［M］．北京：中华书局，1998